한국 장애인복지의 역사

오세영 지음

신정

일러두기

1. 단행본, 정기간행물, 신문 등은 겹낫표(『 』), 논문, 법 등에는 홑낫표(「 」)를 사용했다.
2. 장애, 장애인과 관련한 명칭은 그 시대에 사용되었던 명칭을 그대로 기술하였다.

서문

이 책은 장애인의 역사, 장애인운동의 역사, 그리고 장애인복지의 역사를 연속선상에 놓고 우리나라 장애인복지의 역사를 고찰한 것이다. 역사 속에서 장애인이 어떠한 삶을 살았고, 사회적으로 어떠한 존재였으며, 장애인 당사자가 사회를 변화시키기 위해 어떠한 노력을 해왔는가, 그리고 시대마다 장애인과 관련된 일련의 복지제도들은 어떠한 변화를 거쳐 왔는가 등에 주안점을 두었다. 궁극적으로는 이러한 역사적 고찰을 통해 우리나라 장애인복지의 본질을 찾는 데 목적을 두었다.

이 책의 집필 동기는 대학에서 오랫동안 장애인복지를 강의해 오면서 제도 중심의 교육에 대한 한계를 느꼈기 때문이다. 장애인복지의 역사를 이해하지 않고서는 현 장애인복지의 제도나 정책의 본질을 이해할 수 없다고 생각했다. 그래서 역사적 관점에서 장애인복지를 가르치고 싶었다. 그러나 이 책의 집필은 나에게는 무모한 도전이었다. 충분한 분량의 사료가 발견되지 않아 많은 어려움을 겪은 데다 한학에 문외한이어서 전근대의 장애인복지를 기술할 때 한문으로 된 고서(古書)를 읽을 수 없었기 때문이다. 그나마 국사편찬위원회에서 『조선왕조실록』을 번역하여 인터넷 홈페이지에서 제공하고 있는 것은 대단히 감사한 일이었다. 결국, 부득이하게 선학들의 노고를 빌릴 수밖에 없었다. 하지만 이러한 무능은 나를 좌절하게 만들기도 했고, 몇 번이고 포기하고 싶었지만, 장애인복지를 공부하는 학도들에게 조금이나마 도움이 되었으면 하는 바람을 가지고 용기를 내어보기로 했다.

장애인복지의 역사 연구가 미흡한 상황에서 이 책을 쓰기로 결심한 후 역사학자들의 연구 성과를 적극 활용하기로 마음먹고 줄곧 역사책과 논문에 매달렸다. 근대 이전의 장애인사(史)를 기술함에 있어 정창권 선생님의 많은 연구가 너무나도 큰 도움이 되었다. 아마 정 선생님의 연구들이 없었다면 근대 이전의 장애인의 삶에 관한 부분은 기술이 불가능했을 것이다. 조선시대의 장애인복지역사 기술은 박광준 선생님과 최익한 선생님의 연구에 크게 의존했다. 또한, 조선시대 구빈정책의 핵심이라고 할 수 있는 환곡제도에 관해서는 문용식 선생님과 송찬섭 선생님의 논문으로부터 큰 도움을 받았다. 일일이 열거할 수 없지만, 그 밖에도 많은 전문 연구자들에게 큰 빚을 졌다. 그 많은 사료들을 찾아서 정리하고, 연구해 놓은 결과물들을 보면서 역사학자들의 노고에 존경과 경의를 표하지 않을 수 없었다. 이 자리를 빌려 진심으로 감사를 드린다.

근 · 현대 장애인복지역사의 기술에 있어서도 선학들의 도움을 빼놓을 수 없다. 특히, 장애인운동사에 관해서는 김도현, 김윤정, 유동철, 조문순, 박은수 등 여러 선생님들의 연구에 많이 의존하였다. 이 역시 감사드린다. 제한된 지면에 일일이 열거는 못하지만, 참고문헌의 저자들이 주신 도움과 가르침에도 깊은 감사를 드린다.

이러한 선학들의 연구성과가 없었다면 이 책은 열매 맺지 못했을 것이다. 덕분에 여기 저기 흩어져 있는 조각들을 모아 퍼즐 맞추듯 장애인복지의 역사를 어렴풋하게나마 엮을 수 있었다. 어쩌면 내가 한 작업은 기존 연구 성과들을 짜깁기하는 데 지나지 않을지 모른다. 선학들의 긴 고뇌와 밤새움의 결과를 허락도 없이 그저 정리해서 옮겨 놓았기 때문이다. 누에는 뽕잎을 먹고도 비단실을 뽑아내는데, 불초의 편집자는 모든 분들께 누를 끼치지는 않았는지 심히 염려스럽다. 만일 그렇다면 용서를 구한다.

나는 이 책을 집필하는 내내 마음이 먹먹했다. 굴곡의 역사! 억압과 차별의 고통 속에서도 결코 투쟁의 끈을 놓지 않았던 장애인들의 피눈물 나는 노력에 경의를 표한다. 이 책을 통해 장애인들의 노력이 독자들에게 고스란히 전달되기를 바란다. 아울러 이 책이 장애인에 대한 올바른 역사적 사실 이해에 도움이 되었으면 한다.

끝으로 여러 가지로 모자람이 많지만, 기꺼이 출간을 허락해 주신 최용구 사장님께 감사드리며, 상호 신뢰와 정의(情誼)로 관계를 맺어온 장만동 전무님을 비롯한 직원들께도 감사드린다.

2025년 7월 무더운 여름날

신룡벌 연구실에서 저자

차례

제2장 개화기의 장애인복지 / 67

제3장 일제강점기의 장애인복지 / 107

제4장 미군정 및 한국전쟁기의 장애인복지 / 133

제5장 권위주의시대의 장애인복지 / 165

제6장 민주정부시대의 장애인복지 / 207

제7장 IMF 경제위기 이후의 장애인복지 / 257

서장

장애인복지의 역사를 어떻게 바라볼 것인가

서장
장애인복지의 역사를 어떻게 바라볼 것인가

장애인복지역사 연구의 의의와 방법

역사를 배우고 이해하는 데 중요한 관심사는 과거와 현재 사이의 관계이다. 인간은 누구나 역사적 존재이고, 역사 속에 서 있으므로 역사를 바로 알지 못하면 현재를 알 수가 없다. 역사를 바로 이해함으로써 현재 우리 사회가 안고 있는 문제의 본질을 꿰뚫어 볼 수 있고, 이를 토대로 문제의 근본적 해결방법을 찾을 수 있다. 오늘날 형성된 장애인복지제도들은 어떻게 형성되었으며, 역사적 의미는 무엇인가? 왜 사회의 불평등이 존재하게 되었고, 장애인에 대한 억압과 차별은 좀처럼 철폐되지 않는가? 인간의 존엄성이 보장되고 누구나가 자유와 평등의 권리를 누리 수 있는 사회, 인간의 꿈과 희망을 행동기준으로 삼고, 더욱 인간답게 살아갈 수 있는 사회, 불평등과 불공정이 청산되고 정의가 바로 서는 사회는 가능할 것인가? 앞으로 우리는 어떻게 될 것인가? 이러한 의문들을 하나씩 해결해 가는 것이 곧 역사를 이해하는 과정이다. 역사를 바로 알아야 우리 자신과 우리 사회의 미래를 설계할 수 있을 것이다.

그렇다면 장애인복지의 역사를 어떻게 기술할 것인가? 저명한 역사가 카는 『역사란 무엇인가?(*What is History?*)』(E. H. Carr, 김현택 옮김, 2016)를 통해서 과거에 관한 사실이 모두 역사적 사실이 아니며, 역사적 사실들은 역사가들이 '선택한 것'일 뿐이라고 주장한다. 그에 의하면, 모든 역사적 사실들은 역사가들의 해석상 선택의 결과로 등장한다. 따라서 역사가는 소수의 중요한 사실들을 발견하여 그것들을 역사의 사실로 전환시켜야 함과 동시에 중요하지 않은 수많은 비역사적 사실을 버려야 하는 이중의 임무를 지닌다. 이렇듯 역사라는 것이 우리 사회에 일어나고 있는 모든 일을 다 기술할 수는 없다. 장애인복지의 역사도 마찬가지다. 설령 모든 사실을 다 기록한다고 하더라도 그것이 모두 역사가 될 수는 없다. 모든 사실은 역사적으로 의미가 있을 때 비로소 역사가 되는 것이다. 즉, 모든 역사는 역사적으로 의미 있는 사건(historically significant event)을 기록하는 것이다. 마찬가지로 장애인복지의 역사에는 수없이 많은 역사적 사실들이 존재하지만, 그것을 모두 다 기록할 수는 없다. 역사적으로 의미 있는 사실들을 선택하여 기술해야 하는데, 그 판단과 선택은 전적으로 역사가의 몫이다. 따라서 본 연구도 필자의 선택된 역사의 기술이며, 그 내용도 역사가들이 쓴 역사를 토대로 쓰여진 것이다.[1)]

또한, 한국 장애인복지의 역사는 장애인의 역사, 장애인운동의 역사, 장애인복지의 역사, 이 세 가지로 구분해서 바라보아야 한다는 것이 필자의 기본적인 입장이다. 기존의 연구들을 보면, 장애인복지의 역사를 장애인의 역사로 기술하고 있는가 하면, 장애인운동의 역사로 기술하고 있기도 하며, 이 세 가지가 뒤섞여 기술되고 있는 경우도 있다. 그러나 장애인의 역사 자체가 장애인복지의 역사가 될 수는 없고, 장애인운동의 역사 또한 그 자체가 장애인복지의 역사가 될 수 없다. 장애인의 역사와 장애인운동의 역사 그리고 장애인복지의 역사는 연속선상에 놓고 함께 바라봐야 한다는

1) 이러한 관점은 졸고(2024)에서 피력한 바 있다.

것이 필자의 생각이다.

먼저, 장애인의 역사는 역사 속에서 장애인이 어떻게 정의되어 왔는가를 살펴보는 것이다. 역사 속에서 장애인이 어떠한 삶을 살았고, 사회적으로 어떠한 존재였는가를 고찰하는 것이다. 즉, 장애인의 삶과 사회적 인식을 고찰하는 것이 장애인의 역사라 할 수 있다. 일반적으로 우리가 지니는 장애에 대한 인식이나 지식은 주관적이며, 장애를 부정적으로 보는 선입관에 의한 경우가 적지 않다. 그럼에도 불구하고 장애인복지를 이해하고자 할 때, 그 주제인 '장애'를 먼저 이해할 필요가 있다. 물론 장애라고 하는 것은 그 사회가 장애에 대해서 어느 정도 인식하고 받아들이느냐에 따라 달라지는 상대적인 개념이기 때문에 그리 간단한 문제는 아니다. 그러나 장애에 대한 인식은 장애인의 삶의 방식은 물론 장애인복지정책의 방향을 결정짓는 요인이 될 수 있으므로 매우 중요하다. 예컨대, 장애를 비극으로 보면, 장애인은 비극적인 사건이나 환경의 희생자로 취급받을 것이며, 그 희생에 대한 보상을 주는 방향으로 정책이 조정될 것이다. 그렇지 않고 장애를 사회적 억압으로 보면, 장애인은 사회의 집단적 희생자가 되며, 개인적 보상보다는 사회적 억압을 줄이는 방향으로 정책이 조정될 것이다. 이처럼 장애에 대한 정의는 그것을 어떻게 인식하느냐에 따라 달라질 수 있는 개념이며, 이러한 인식의 변화는 장애인복지정책의 변화를 가져온다는 점에서 매우 중요하다.

또한, 장애를 정의하는 사람이 누구냐에 따라 역시 장애인의 삶의 방식과 정책이 크게 달라질 수 있다. 예컨대, 장애를 의료전문가 집단이 정의하면 모든 장애는 질병이고, 따라서 모든 장애인은 환자로 취급받게 된다. 이럴 경우 정책의 방향도 치료적인 것에 초점이 맞추어질 것이다. 반면에 장애인 당사자들이 장애를 정의하면, 장애는 사회적 불이익이나 활동의 제약으로 정의되며, 장애의 발생원인도 개인적 요인이 아닌 사회적 요인, 즉

차별과 배제로부터 발생한다고 본다. 따라서 정책의 방향도 개인적인 치료보다는 사회적 불이익과 제약을 줄이는 방향으로 조정될 것이다.

이와 같이 장애에 대한 정의는 그것을 어떻게 인식하느냐, 또 누가 정의하느냐에 따라 달라질 수 있는 개념이며, 이러한 인식의 변화는 정책의 변화를 가져올 수 있다는 점을 인식하는 것이 장애인복지를 이해하는 데 있어서 매우 중요하다.

두 번째, 장애의 역사는 단순히 차별과 배제의 역사만이 아니라 권리투쟁의 역사였다. 장애인들은 권리투쟁의 역사적 주체들이었다. 따라서 장애인운동의 역사는 역사 속에서 장애인에 대한 차별과 억압을 철폐하고, 그들의 인권 확보와 나아가 사회변화를 위해 어떠한 노력을 해왔는가를 고찰하는 것이다. 사실 장애인운동의 개념은 연구자의 관점에 따라 다양하게 접근되고 있기 때문에 그 정의를 내리기는 그다지 쉬운 일은 아니다. 예를 들면, 장애인운동을 장애해방을 목적으로 하는 운동으로 보는 시각(김상호, 1994)이 있는가 하면, 장애인의 인권에 바탕을 두고 사회통합을 지향하는 운동으로 보는 시각(김윤정, 1997)도 있다. 그뿐만 아니라 장애인운동을 장애모순을 극복하는 노력으로 정의하는 경우(장애우권인문제연구소, 2001)도 있고, 장애인이 처한 억압적이고 불평등한 현실을 바꾸어 내는 활동으로 바라보는 시각(김도현, 2007)도 있으며, 사회운동의 일종으로 보는 시각(이인영, 2001)도 있다.

한편, 장애인운동이라는 용어 대신에 사회행동의 복지적 측면을 강조하여 '장애인복지운동'이라는 용어를 사용하는 경우도 있다. 예컨대, 서경석(1993)은 장애인복지운동의 개념을 "오랜 역사적 소산으로서 존재하는 장애인에 대한 편견과 차별을 불식시키고 인간으로서의 존엄과 권리의 회복을 통해 인간다운 삶을 보장받기 위한 것이다"라고 정의하였다. 그는 장애인복지운동 역시 장애와 관련한 문제들을 개인과 사회와의 관계로 이해하고, 편견 및 차별 등의 사회문제 해결을 통해 장애인의 사회통합을 추구한다는 점에서 장애인운동과 유사하다고 보았다. 그러나 곽정란(2003)의 지적처럼, 장애인복지운동은 복지대상자로서 권익을 요구하는 것이기 때문에 당사자의 요구는 복지정책의 수준에 따라서 받아들여질 수밖에 없는 한계점이 있다. 또한, 당사자의 역할보다 전문가의 역할을 강조함으로써 장애인 당사자의 주체적인 권리 주장이 어려워진다고 할 수 있다.

마지막으로 장애인복지의 역사는 시대마다 장애인과 관련된 일련의 복지제도들이 어떠한 변화를 거쳐 왔는가를 고찰하는 것이다. 장애인복지의 역사 고찰은 단순한 제도의 나열이 아니라 그 본질을 파악하는 데 주안점이 두어져야 한다. 장애인복지의 본질을 정확히 알아야 장애인의 존엄성과 자유를 확대하고, 사회적 불평등과 차별을 제거하여 장애인들의 삶을 한 단계 높은 차원으로 옮겨 놓을 수 있는 미래를 설계할 수 있기 때문이다.

본 연구에서는 장애인복지의 본질을 이해하기 위해 시대적 배경을 살펴보았다. 즉, 사회경제적 상황, 정치적 상황, 문화적 상황 등 다양한 차원의 요인들을 살펴봄으로써 장애인복지제도의 형성과 발전을 이해하고자 노력했다. 이러한 관계들 속에서 장애인복지의 형성과 발전과정 그리고 역사적 특성을 파악하고, 장애인복지발전의 원동력이 무엇인지를 이해할 때 올바른 장애인복지의 역사 이해가 가능하다고 판단했다.

이와 같은 관점에서 본 연구에서는 역사 속에서 장애인이 어떻게 정의되어 왔고(장애인의 역사), 역사 속에서 장애인 당사자가 사회를 변화시키기 위해서 어떠한 노력을 해왔으며(장애인운동의 역사), 그 결과 시대마다 장애와 관련된 일련의 복지제도들은 어떠한 변화를 거쳐 왔는가(장애인복지의 역사)를 살펴볼 것이다.

한국 장애인복지역사의 시대구분

일반적으로 역사를 고찰할 때 시대구분이 관건이다. 역사 자체가 시간의 흐름을 중요한 특성으로 하기 때문에 장애인복지의 역사를 기술하고자 할 때 시대구분은 불가피하다. 시대구분은 수 세기에 걸친 연구범위 속에 포함되는 수많은 사상, 사건, 그리고 역사적 사실들을 중심으로 이루어진다.

한국 장애인복지역사의 시대구분을 근대 이전부터 현재까지로 삼고 있는 연구는 아직 발견하지 못했다. 거의 유일한 연구인 이성규(2011)의 연구는 전통시대부터 기술하고 있으나, 간략한 서술에 그치고 있다. 이성규는 한국 장애인복지역사의 시대구분을 ① 전통시대 및 대한민국 정부 수립 이전, ② 장애 특수화 단계(대한민국 정부 수립 이후~1960년), ③ 장애 일반화 초기 및 보호 단계(1961~1976년), ④ 장애 일반화 정착 및 제도 도입 단계(1977~1988년), ⑤ 장애 대중화 초기 및 제도 정착 단계(1989~1997년), ⑥ 장애 대중화 성숙 및 제도 발전 단계(1998~2007년), ⑦ 장애 개별화 및 인권성숙사회 준비기(2008년 이후)의 7단계로 나누었다. 이성규의 연구는 시대, 장애담론, 제도를 혼합하여 서술하고 있는데, 우리나라에서 단행본으로 출간된 역사서로는 처음이 아닌가 싶다.

한국재활재단(1996)은 연대별 구분을 선택하고 있는데, 대한민국 정부 수립 이후부터 10년 주기별로 구분하고 있다. 조흥식(2006)도 대한민국 정부 수립 이후부터 제도와 담론을 중심으로 한국 장애인복지의 역사를 기술하고 있다. ① 방치단계(대한민국 정부 수립 이후 1960년), ② 단순보호 단계(1961~1976년), ③ 재활 초기 단계(1977~1980년), ④ 제도 도입단계(1981~1988년), ⑤ 복지사업 추진단계(1989~1997년), ⑥ 복지 인프라 구축단계(1998~2002년), ⑦ 무장벽 사회실현 초기 단계(2003~현재) 등으로 구분하였다.

이처럼 대한민국 정부 수립 이후부터 한국 장애인복지의 역사를 기술하고 있는가 하면, 1960년대부터 기술하고 있는 연구도 있다. 예컨대, 신용호

(2001)는 다음과 같이 4개의 단계로 나누고 있다. ① 제1기 장애인 인권의 암흑기(1960~1970년대), ② 제2기 장애인 인권의 초보적인 대응(1980~1986), ③ 제3기 장애인문제의 정치세력화(1987~1989), ④ 제4기 장애문제의 사회화(1990년 이후)의 단계이다. 김용득과 이동석(2003)도 장애 담론 중심으로 ① 시설에의 수용 등 보호 단계(1961년부터), ② 훈련과 교육 등 재활단계(1977년부터), ③ 제한적인 경제적 지원단계(1989년부터), ④ 제한적인 사회적 지원단계(1998년부터 현재까지), 이렇게 4단계로 구분하였다.

한편, 1980년대를 기점으로 삼는 연구도 있다. 예컨대, 고병진의 연구는 ① 장애인 인권의 암흑기(1980년대 이전), ② 인권의 초보적인 대응기(1981~1986년), ③ 장애인문제의 정치세력화기(1987~1989년), ④ 장애인문제의 사회화기(1990~1995년), ⑤ 비장애인과의 사회통합 지향기(1995년 이후)로 구분하고 있다. 이인영(2001)의 연구는 ① 인권에 대한 초보적인 대응기(1980~1986년까지), ② 장애운동의 활성기(1987~1995년까지), ③ 영향의 정치시기(1996년부터)로 크게 3개의 단계로 구분하고 있다.

이처럼 한국 장애인복지역사를 기술할 때 시대구분은 다양한데, 다만 대부분 1960년대 이후를 기점으로 기술하고 있음을 알 수 있다. 그러나 본 연구에서는 근대 이전의 시대와 근대 전환기인 개화기, 그리고 일제강점기, 미군정기 및 한국전쟁기는 시대별로 별도로 기술되어야 할 만큼 장애인의 삶과 사회적 인식 및 복지제도의 성격이 구분될 수 있다고 판단하여 시대구분에 포함시켜 기술을 시도하였다. 따라서 본 연구의 한국 장애인복지역사의 시대구분은 근대 이전, 개화기, 일제강점기, 미군정기 및 한국전쟁기, 권위주의시대, 민주정부시대, IMF 경제위기 이후의 7개 단계이다.[2)]

---

2) 박광준은 『한국사회복지역사론』(2013)에서 여러 선행연구를 검토하면서 한국사회복지발전의 시대구분을 6단계로 구분하였다. 즉, 근대 이전, 일제식민지시대, 미군정과 정부수립 및 한국전쟁 시기, 권위주의시대, 민주정부시대, 경제위기 이후의 단계가 그것인데, 본 연

근대 이전의 장애인복지는 조선시대까지의 기간 중 장애인의 삶과 사회적 인식을 고찰하고, 장애인복지와 관련한 중요한 복지제도들을 소개한다. 다만, 이 시기의 장애인만을 대상으로 하는 복지제도에 관한 기록은 찾아볼 수 없었다. 이 시기의 복지제도들은 왕의 명령에 따라 임기응변적으로 이루어진 경우가 많았으며, 장애인에 대한 복지는 일반 복지정책에 포함해서 실시했던 것으로 이해된다.

근대 전환기인 개화기의 장애인복지는 1876년 개항부터 일제에 의해 조선이 강점된 1910년까지의 기간 중 장애인의 삶과 사회적 인식을 고찰하고, 장애인복지와 관련한 중요한 복지제도들을 살펴본다. 다만, 개화기의 장애인복지도 불안정한 시대적 상황에서 장애인만을 대상으로 하는 별도의 복지정책은 찾아볼 수 없었다. 장애인은 별도의 구제대상이 아니라 빈민이나 이재민, 걸인 구호와 관련된 일반적인 구제에 포함되어 있던 것으로 보인다. 이 시기의 공공복지정책은 갑오개혁으로 인한 조선시대의 기존 진휼방식의 변화로 설명된다. 그러나 개화기는 개화사상과 신교육사상이 유입되면서 민간에서 장애인에 대한 새로운 형태의 접근이 이루어지는데, 이른바 시각장애인과 청각장애인을 대상으로 특수교육이 시작된 시기였다.

일제강점기의 장애인복지는 이 시기에 장애인은 어떠한 삶을 살았고, 사회적으로 어떠한 존재였는가를 고찰하고, 이들에 대한 조선총독부의 복지정책은 어떠했는가를 살펴본다. 이를 위해 먼저, 일제강점기의 시대적 배경을 살펴보고, 장애인의 삶을 장애의 유형별로 구분하여 포괄적으로 살펴본 후, 이들에 대한 사회적 인식은 어떠했는지를 살펴볼 것이다. 그리고 조선총독부가 실시한 장애인복지정책을 검토한다.

구에서는 이를 벤치마킹하였다. 시기 구분에 있어서 차이가 있다고 한다면, 본 연구에서는 개화기를 추가하였고, 일제식민지시대를 일제강점기로 표현하였다.

미군정기 및 한국전쟁기의 장애인복지는 해방 이후부터 한국전쟁 종결 시기까지의 장애인의 삶과 사회적 인식을 고찰하고, 미군정과 대한민국 정부의 복지정책을 검토한다. 다만, 미군정기는 물론 대한민국 정부수립 이후 한국전쟁기까지는 장애인만을 위한 법령이나 제도는 찾아보기 어려웠다. 이 시기에도 장애인은 독립된 복지의 대상이 아니라 일반 사회문제에 포함되어 다루어졌다. 특히, 미군정기에는 해방을 맞이하면서 귀국한 전재민의 빈곤문제가 매우 심각했기 때문에 이들에 대한 미군정의 구호정책을 검토하고, 아울러 민간단체의 전재민 구호활동을 살펴볼 것이다. 한국전쟁 이후는 장애인문제가 정책적으로 다루어지기 시작한 시기였다. 다만, 이 시기의 장애인복지는 장애 일반을 대상으로 한 것이 아니라 상이군경을 주요 대상으로 한 것이었다. 따라서 이와 관련한 법률과 제도를 검토하고, 아울러 외국민간원조단체의 구호활동도 함께 살펴본다.

권위주의시대의 장애인복지는 1961년부터 1987년까지 시기의 장애인의 삶과 사회적 인식을 고찰하고, 장애인운동과 장애인복지제도들을 검토한다. 이 시기는 경제성장을 통한 빈곤해소를 국가목표의 우선순위로 둔 시기이며, 장애인문제를 개인적 차원에서 사회적 차원으로 새롭게 인식하기 시작한 시기였다. 또한, 이 시기는 장애인운동이 싹트기 시작한 시기였다. 따라서 이 시기부터는 장애인운동의 역사를 장애인운동의 유형별로 구분하여 살펴보고, 그에 따른 장애인복지정책에 대해 검토한다.

민주정부시대의 장애인복지는 1988년부터 1996년까지 시기의 장애인의 삶과 사회적 인식을 고찰하고, 장애인운동의 역사를 살펴보고, 그에 따른 장애인복지제도들을 검토한다. 이 시기는 개발독재의 국가정책에 대한 국민의 대규모 저항으로 민주주의를 획득한 이후 경제위기를 맞이하기까지의 시기이며, 정치적으로는 한국의 정치체제가 권위주의체제에서 민주주의체제로 이행하기 시작한 시기였다. 한국 장애인운동사에서 새로운 전환기를 맞이한 것도 바로 이 시기였다. 1987년 민주항쟁과 더불어 1988년부터 장애인운동이 본격화되기 시작했다. 이 시기 장애인운동은 대정부 투쟁의 형태로 나타났는데, 주로 법과 제도를 만드는 데 집중되었다. 특히, 양대 법안이라 불리는 「심신장애자복지법」 개정과 「장애인고용촉진법」 제정운동은 장애인운동에 큰 영향을 미쳤다. 아울러 이 시기는 장애인 이동권운동과 참정권운동이 싹트기 시작한 시기였다.

마지막으로 IMF 경제위기 이후의 장애인복지는 1997년부터 현재까지 시기의 장애인의 삶과 사회적 인식을 고찰하고, 장애인운동의 역사와 그에 따른 장애인복지제도들을 검토한다. 1997년 말에 불어 닥친 IMF 경제금융위기는 한국사회에 전례 없는 사회문제를 발생시킨 충격적인 사건이었다. 이를 계기로 한국사회는 근본적인 경제사회구조의 변화를 경험하였으며, 이는 사회보장제도는 물론 장애인의 삶과 장애인운동 및 복지정책에도 큰 영향을 미쳤다. 최근에는 국내뿐 아니라 전 세계를 뒤덮었던 코로나19 팬데믹은 한국사회를 완전히 바꿔놓았다. 코로나19 팬데믹 상황에서 장애인들은 더욱 격리되고 차별적 조처로 인해 가중된 고통을 겪어야만 했다. 본 연구에서는 이 시기에 장애인의 삶과 현실을 통계를 통해 들여다보기도 하고, 장애인 열사들의 죽음을 통해 이 시대의 장애인의 삶을 돌아보았다. 한편, 이 시기 장애인운동은 투쟁의 주체 및 성격, 투쟁방식에서 많은 변화를 가져왔다. 우선 투쟁 주체의 중심이 경증장애인에서 중증장애인으로 바뀌었고, 투쟁방식도 매우 다양해졌다. 그뿐만 아니라 이슈나 운동영역도 다양해졌다. 그 결과 장애인복지제도가 확대되었다.

정리하면, 본 연구의 한국 장애인복지역사의 시대구분은 근대 이전, 개화기, 일제강점기, 미군정 및 한국전쟁기, 권위주의시대, 민주정부시대, 경제위기 이후의 7개 단계이다. 그 각각의 단계에서 시대적 배경으로 정치 · 경제 · 사회적 배경을 검토하고, 장애인의 역사, 장애인운동의 역사, 장애인복지의 역사로 구분하여 그 내용과 특징을 고찰할 것이다. 다만, 근대 이전은 시대가 워낙 광범위하므로 시대적 배경은 생략한다. 그리고 장애인 운동의 역사는 1960년대 이후 태동하였기 때문에 권위주의시대부터 기술한다.

제1장

근대 이전의 장애인복지

삼국시대~조선후기

제1장
근대 이전의 장애인복지

1. 장애인의 역사

1) 장애의 명칭과 유형

삼국시대에는 장애인에 대한 공식명칭이 어떻게 사용되었는지 불명확하지만, 『삼국사기』에는 종종 불능자존자(不能自存者)라는 표현이 발견된다. 예컨대, "고구려 고국천왕 16년(194) 10월에 중외(中外)[3]의 관리에게 명하여 환과고독과 늙고 병들고 빈핍(貧乏)으로 인한 불능자존자를 박문(博問)하여 구휼하게 하였다"(『삼국사기』 권16 「고구려본기」 4)라는 기록이 있고, 백제에서도 "비류왕 9년(312) 2월에 사자(使者)를 보내어 백성의 질고(疾苦)[4]를 순문(巡問)하였다. 그때 환과고독으로서 불능자존자에게 곡식을 한 사람에게 3석씩 주었다"(『삼국사기』 권24 「백제본기」 2)라는 기록이 있다. 신라의 경우도 "미추왕 3년(264) 3년 3월에 황산에 순행하여 나이 많이 먹은 이와 가난으로 인한 불능자존자를 존문하여 진휼하였다"(『삼국사기』 권2

---

3) 나라 안팎 또는 조정과 민간을 아울러 이르는 말.

4) 병에 걸려 겪는 괴로움.

「신라본기」 2)라는 기록이 발견된다. 하지만 이 불능자존자의 개념 속에는 비단 장애인만이 아니라 나이를 먹거나 가난으로 인해 스스로 생계를 꾸려나가기 어려운 사람들도 포함되는 것으로 이해된다.

장애인에 대한 명칭은 고려시대에 뚜렷해졌다.[5] 고려시대에는 장애인을 독질자(篤疾者) · 폐질자(廢疾者)라 불렀다. 『고려사』의 기록에는 고려시대 왕들이 환과고독, 독질자, 폐질자 등에게 잔치를 베풀고 물건을 하사했다는 내용이 나오는데,[6] 여기서 독질자, 폐질자 등이 바로 오늘날 장애인을 일컫는 말이었다. 이 용어는 조선시대에도 사용된다.

『조선왕조실록』에 독질(篤疾) · 잔질(殘疾) · 폐질(廢疾)이란 용어가 자주 등장하는데,[7] 조선시대에는 장애의 개념과 범주가 법으로 규정되어 있었다. 조선의 기본법전인 『경국대전』 권4 병전 「면역(免役)」조를 보면, 신체와 정신의 손상 정도에 따라 독질, 폐질로 구분했다. 독질은 난치의 병으로 지랄병, 청맹과니, 팔다리 넷에서 둘을 쓰지 못하는 사람을 가리키고, 폐질은 천치(정신이 온전치 못한 사람), 벙어리, 난쟁이, 곱사등이, 팔다리 넷에서 하나라도 쓰지 못하는 사람을 가리켰다(윤국일 역, 1998: 400). 잔질의 기준은 손가락 두 개가 없거나 발가락 세 개가 없으며 손발에 엄지가락이 없는 경우로 규정하고 있었다. 하지만 잔질의 기준은 상당히 유동적이었다.[8] 또

---

5) 이하의 내용은 정창권(2005; 2011; 2024)의 내용을 참조하여 정리하였음을 밝혀둔다.

6) 예를 들면, "기사(己巳)에 개경의 남녀 가운데 80세 이상인 자와 중환자, 폐질자에게 술과 음식, 차, 피륙 등을 내리되 차등 있게 하였다"(『고려사』 「세가」 권12, 현종 13년 9월). "경자에 나이 80세 이상의 남녀와 의부 · 절부 · 효자 · 순손 · 환과고독 · 독질 · 폐질자를 대궐의 뜰에서 왕이 몸소 향연하고 선물을 하사하되 차등 있게 하였다"(『고려사』 「세가」 권12, 예종 원년 9월)라는 기록이 있다.

7) 예를 들면, "호조에서 아뢰기를, 지금 농망기를 만났으니, 농사에 힘써야 될 건장한 남녀에게는 모든 환곡을 주고, 농사를 지을 수 없는 환과고독과 잔질, 폐질 및 빌어먹는 자에게만은 진제(賑濟; 진휼곡)를 주도록 할 것입니다. 하니, 임금이 그대로 따랐다"(『세종실록』 19권, 세종 5년 2월 4일)라는 기록이 있다.

조선시대 사람들은 정신질환을 심질(心疾)이라 일컬었고, 그 증상이 생기면 '광(狂)'에 이른다고 생각했다. 조선시대에도 장애를 '병'으로 규정했고, 장애인을 병에 걸린 사람으로 보았음을 알 수 있다.

한편, 장애의 원인은 오늘날과 다소 차이가 있었다. 오늘날은 질병이나 교통사고, 산업재해, 환경재해 등으로 장애를 입는 경우가 많으나, 과거에는 각종 질병이나 전염병, 생활사고, 전쟁, 형벌 등이 장애의 주요 원인이었다. 장애 유형도 오늘날 볼 수 있는 모든 유형의 장애인이 존재했는데, 다만 부르는 명칭은 조금씩 달랐다(정창권, 2005; 2011; 2024).

먼저, 신체장애로 시각장애인과 청각 · 언어장애인, 각종의 지체장애인이 있었다. 전통시대 시각장애인은 크게 '두 눈을 실명한 사람'과 '한쪽 눈을 실명한 사람'으로 구분된다. 두 눈을 실명한 사람은 기록상으로는 맹인(盲人) 또는 고자(瞽者)라고 하였다. 일반적으로는 소경, 봉사, 맹인, 판수 등 다양하게 불렀다. 그리고 한쪽 눈을 실명한 사람은 문헌 기록에선 일목(一目)이나 묘목(眇目)이라 표현하였다.

청각 · 언어장애인의 경우는 문헌에서는 듣지 못하는 사람을 '귀머거리 롱'자를 써서 농자(聾者), 농병(聾病)이라 하였고, 말하지 못하는 사람은 '벙어리 아'자를 써서 아자(瘂子)라 하였다.

지체장애인은 전통시대에도 오늘날처럼 그 종류가 다양했다. 다리가 하나뿐인 사람, 다리를 저는 사람, 두 다리가 불편한 사람, 등이 굽은 사람, 윗입술이 벌어진 사람, 키가 작은 사람, 한쪽 팔다리를 쓸 수 없는 사람 등이 그들이다. 대개 다리가 하나뿐인 사람은 기록상으로 일족(一足)이라고 표현되었고, 다리를 저는 사람은 '절뚝발이 파'자를 써서 파자(跛者)라고 했다. 두 다리가 불편한 사람은 벽자(躄者), 등이 굽은 사람은 융질(癃疾)

---

8) 예컨대, 시각장애인인 맹인의 경우, 어떤 경우에는 폐질, 어떤 경우에는 간질, 독질이라 하는 등 상황에 따라 달리 규정하고 있었다고 한다(정창권, 2005: 14-15).

또는 귀배(龜背), 구루(拘屢) 등으로 표현되었다. 키가 작은 사람은 주유(侏儒)라 했고, 윗입술이 벌어진 사람은 언청이로, 한쪽 팔다리를 쓸 수 없는 사람은 반신불수로 불렸다.

그리고 정신장애로 조현병, 지적장애, 뇌전증 장애 등이 있었다. 과거 조현병은 주로 광질(狂疾)이라 하였고, 기타 심질, 광병(狂病)이라고도 하였다. 전통시대 지적장애는 '헤맬 미'자와 '병 질'자를 써서 미질(迷疾)이라 하거나 혹은 그냥 '어리석을 우(愚)'라고만 표현하였다. 뇌전증 장애는 간질(癎疾)이라 불렀다.

그 외에 기형아, 왜소증 장애인, 양성인, 성 기능 장애인 등이 있었다. 왜소증 장애인은 키가 작은 사람을 말하며, 양성인(兩性人)은 남녀 두 체(體)를 한 몸에 가진 사람을 말한다. 본래 양성인은 장애와는 무관하지만, 과거엔 인도를 어지럽힌다고 부정적으로 인식하거나 병인(病人) 취급을 받았다. 성 기능 장애인은 과거에는 생식기가 불완전한 남자를 흔히 고자(鼓子)라 하였다. 이들은 또 '고자 엄'자를 쓴 엄인(閹人)이나 '불 화'자를 쓴 화자(火者)라 불리기도 했는데, 화자는 남성의 성기를 거세할 때 불로 지져 마무리했다고 해서 붙여진 명칭이라 한다.

이상 살펴본 바와 같이 근대 이전의 사람들은 장애인을 대개 병에 걸린 사람, 말하자면 병신 혹은 병자라 불렀고,[9] 기록상으로는 중국의 전통에 따라 독질자 · 잔질자 · 폐질자로 기록되었다. 이때까지만 하더라도 '불구자'라는 용어는 사용되지 않았다.

9) 이때의 병신은 질병의 의미로 사용되었지, 오늘날처럼 비하의 의미로 사용되지 않았음에 유의해야 한다.

2) 장애인의 삶과 사회적 인식

정창권의 『역사 속 장애인은 어떻게 살았을까』(2011)의 내용을 들여다보면, 과거의 장애인은 비록 과학기술이 발달하지 못해 몸은 좀 불편했을지라도, 장애에 대한 편견은 훨씬 덜하여 사회에서 비교적 자유롭게 살았다. 일반 사람들과 스스럼없이 장난치고 여행을 다녔으며, 심지어는 살인사건이나 간통 사건을 일으키기도 했다고 한다. 또 살아가는 데 불편한 것이 있으면 함께 모여 임금께 상소하는 집단행동을 벌이기도 했다고 한다. 근대 이전에는 신분에 따라 장애인의 삶이 달랐을 뿐 장애인에 대한 편견이나 차별도 그다지 심하지 않았다고 그려진다.[10)]

삼국시대

삼국시대엔 장애를 '병(疾)', 특히 심하거나 고치기 힘든 병으로 인식했다. 당시엔 의약이 발달하지 않아 질병이나 사고, 노화 등으로 누구나 언제든지 심한 병에 걸릴 수 있고, 그럼 곧바로 장애를 입을 수도 있었다. 또 어쩌다가 병이 치료되면 장애에서 벗어날 수도 있었다. 삼국시대엔 오늘날처럼 정기적으로 복지를 제공하는 것이 아니라 흉년이나 전염병, 전쟁 같은 국가적 재난이 발생하면, 사회적 약자층인 환과고독, 장애인 등을 우선으로 지원했다. 그것조차도 자립능력이 있으면 굳이 지원해 주지 않았고, 가난하여 자립할 수 없는 경우에만 지원해 주었다. 윌렌스키와 르보(Wilensky & Lebeaux)의 개념을 빌리자면, 삼국시대 장애인에 대한 복지는 잔여적 복지를 원칙으로 하고 있었다.

10) 이하의 내용은 정창권의 연구(2011, 2024)를 주로 참조하였으며, 필요한 경우를 제외하고는 출전을 따로 명기하지 않는다.

고려시대

고려시대는 중국으로부터 잔질, 폐질, 독질 등 장애 명칭이 유입되었고, 장애인에 대한 처우도 제도화되고 다양해졌다. 고려시대에는 국가적 위기시는 물론 평상시에도 환과고독과 함께 장애인을 구휼했으며, 시정(侍丁) 제도를 마련하여 자립이 어려운 장애인에게는 친척 중 한 명의 부역을 면제시켜 그를 봉양하도록 했다. 만약 봉양할 친척이 없는 경우엔 동서대비원(東西大悲院)[11]에 들어가 거처하도록 해주었다. 또 고려시대 왕들은 환과고독과 장애인을 위해 자주 궁궐에서 잔치를 베풀고 물품을 차등 있게 나눠주는 '은사제도'를 실시했다. 나아가 맹승(승려 차림의 맹인 점복 · 독경사)이나 맹인악사와 같은 장애인의 전문직업과 관직제도를 만들어 그들의 사회활동을 도왔다. 이러한 사회적 여건하에서 맹인들은 복업[12]을 통하여 생활을 영위해 나갔다. 그와 함께 고려시대 장애인은 능력이 뛰어나면 높은 관직에 오르기도 하였다.

조선 전기

조선시대 장애인도 삼국이나 고려시대처럼 평소엔 다양한 직업을 갖고 생계를 유지해야 했다. 이 시기는 자급자족형 농업사회로 장애인도 비장애인 못지않게 할 일이 많았다. 오늘날처럼 기계문명이 발달하지 않아서 크고 작은 모든 일을 사람이 직접 손으로 해야 했기 때문이다. 정창권(2024)

---

11) 설치연대는 명확하지 않으나, 정종 2년(1036년) 11월 동대비원을 수리했다는 기록(『고려사절요』 권4)이 있는 것으로 보아, 그 이전에 설립되었음을 알 수 있다. 대자대비(大慈大悲)의 불교 정신에 따라 중질환자 · 폐질자에 대한 구제와 의료보호를 목적으로 당시 수도였던 개경의 동쪽과 서쪽에 각각 하나씩 설립하여서 동서대비원이라 한 것이다.

12) 복업은 광종 9년에 과거제도에 포함되었고, 공양왕 원년(1389)에는 잡학을 십학으로 확대 설치하여 관학으로 발전하게 되었는데, 일부의 맹인들은 자섬부사(종5품)와 강안전 시위호군(종4품)의 벼슬도 받았다고 한다(임안수 · 송영욱, 1997).

의 연구에 따르면, 당시 평민층 장애인은 집안에서 방아 찧기나 밥하기, 옷 짓기, 빨래하기, 청소하기, 아기 돌보기, 심부름 등 각종의 가사노동뿐 아니라 논밭에 나가서 곡식의 씨뿌리기, 김매기, 거름주기, 수확하기 등 온갖 농사일을 하며 살았다고 한다. 물론 기근이 들어 굶주리면 환과고독과 함께 가난한 장애인을 우선으로 구휼해 주었다. 또한, 조선정부는 교육에 있어서 통합 학교와 교육을 지향했고, 고용에서도 장애 유무에 상관없이 개인의 자질과 능력을 더욱 중시했다. 이에 따라 조선시대 장애인은 사회에서 다양한 활동상을 펼치며 살았던 것으로 기록되고 있다. 물론 조선은 신분 사회였기 때문에 장애인도 신분에 따라 사회적 역할과 처지가 달랐다. 대체로 지배층은 정치나 학문, 예술 등 정신적 노동에, 피지배층은 농업이나 상업, 수공업 등 육체적 노동에 종사했다. 기타, 신분이 낮거나 직업이 없는 장애인은 사회적으로 천대받거나 곱지 않은 시선을 받았다.

그러나 전반적으로 조선시대엔 장애에 대한 편견이나 차별이 그리 심하지 않았다는 연구들이 많이 발견된다. 방귀희 외(2014)의 연구에 따르면, 조선시대에는 언제든지 병이 치유되면 장애도 사라지는 일시적인 현상으로 여겼다. 장애인도 특별한 집단으로 인식되지 않았다. 단지, 신분에 따라 장애인들의 삶이 크게 달랐을 뿐이다. 장애를 가지고도 왕이나 관료로서 활약한 인물들이 많았다. 예컨대, 세종도 시각장애를 앓았고, 등이 굽은 지체장애를 가진 허조는 정승이 되어 관료로서의 소임을 다했다. 소현숙(2017)의 연구에서도 조선시대 장애인은 단지 몸이 불편한 사람일 뿐 특별히 장애인이라 천대받지 않았고, 엄연한 사회적 일원으로서 자신들의 특성에 맞는 직업이 주어졌다고 말한다. 그에 따라 사회적으로 장애 유무보다 개인적 자질이나 능력을 중시했고, 양반층의 경우는 과거를 보아 높은 관직에까지 오를 수 있었다.[13)]

한편, 조선시대에는 전문직업을 가진 장애인들도 있었다. 시각장애인은 점복업에 종사하거나 독경사로 활동했는데, 그중 능력이 뛰어난 사람은 과거시험을 통해 서운관에서 근무할 수 있었다. 서운관은 조선시대엔 관상감[14]으로 바뀔 뿐이었다. 이것은 조선의 기본법전인 『경국대전』에 직업이 없는 장애인, 특히 시각장애인을 위해 별도의 전문직업과 관직제도를 마련하여 자립할 수 있도록 규정하고 있었기 때문에 가능한 일이었다.

또한, 조선정부는 시각장애인 독경사 단체인 '명통시(明通寺)'를 설립하여 단체활동과 후진 양성을 하도록 지원하였다. 명통시는 세계 최초의 장애인단체로 알려져 있다. 명통시에 소속된 시각장애인들은 평소 독경이나 점복을 하였으나, 또한 나라의 큰 제사도 관장하였다.[15] 특히, 가뭄이 들면 명통시의 시각장애인들이 중심이 되어 기우제를 지냈으며, 이에 따라 국가에서 명통시에 노비를 내리거나 건물을 고쳐주고 혹은 쌀을 하사하기도 하였다.[16] 명통시는 당시 국가의 지원을 받는 엄연한 공적 기관이었다.

그리고 조선시대엔 장악원[17] 소속의 관현맹인제도를 만들어 그들의 전

13) 정창권(2024)에 의하면, 조선시대엔 장애의 유무보다 개인의 자질이나 능력을 더욱 중시했기 때문에 양반층의 경우 시각 · 청각 · 언어 · 지체 · 척추 · 정신 등 어떤 유형의 장애를 갖고 있다 할지라도 과거시험을 보아 관직에 나아갈 수 있었고, 종9품 미관말직에서 정1품 정승의 지위에까지 오를 수 있었다. 지금까지 밝혀진 영조 때의 장애 관료나 관리만 해도 김재로, 채제공, 유봉휘, 서명균(이상 정승), 홍중주, 홍현보, 이덕수, 유수원, 황윤석, 이진, 이병연(이상 관료와 지방관) 등 무려 11명이 존재했다고 한다.

14) 『경국대전』에 의하면, 관상감은 천문, 풍수, 책력, 기상 관측, 시간 측정 등의 일을 담당했는데, 대개 천문학, 지리학, 명과학으로 나뉘었다. 이 중 명과학은 점을 쳐서 미래의 운수를 알아내는 곳으로, 고려시대부터 맹인들이 전문적으로 담당했다. 이들을 '명과맹'이라 하였다(정창권 2024: 46).

15) 태종 2년 7월에는 맹인들을 명통시에 모아 기우제를 지내게 했다(『태종실록』 4권)는 기록이 있다.

16) 태종 17년(1417) 6월에는 선공감에 명하여 명통시를 개수하도록 하고, 노비 10명을 사급하여 명통시의 시설관리를 지원했으며(『태종실록』 33권), 국가에서는 매년 콩 20섬, 쌀 30섬을 주어 나라를 위하여 공불 축수하도록 했다(임안수 · 송영욱, 1997: 85).

17) 『경국대전』에 따르면, 장악원은 조선시대 음악을 가르치는 부서로 악사와 악생, 악공 이외

문적인 음악 활동을 도왔다.[18] 관현맹인은 궁중 내연(內宴)에서 관현합주나 가무 반주를 맡았던 맹인 음악인들이다. 이들은 전공 분야에 따라 당악과 향악의 관현맹인으로 나누어져 여기(女妓)들의 춤이나 노래에 맞추어 반주하였다. 이러한 맹인 음악인들을 두었던 이유는 다음과 같다. 첫째, 내외법이 엄격했던 그 당시 여자들만이 있는 궁중 내연에 보는 악공들이 들어갈 수 없었기 때문이다. 둘째, 관습도감[19]의 창기가 사죽(絲竹: 현악기와 관학기를 아울러 이르는 말)과 장고를 배우지 못하였을 때 궁중의 잔치와 제향을 위하여 관현맹인에게 임시로 반주를 하게 하기 위함이었다. 셋째, 실업인을 없애려는 목적도 있었다(임안수 · 송영국, 1997: 86).

한편, 조선시대에는 오늘날과 같은 장애인운동은 아니지만 장애인들의 생계를 위한 과감한 집단행동도 엿볼 수 있다. 당시 시각장애인들은 생계유지가 어려우면 임금에게 자신들의 어려운 사정을 호소하기도 했다. 그때마다 임금은 해당 관리에게 명하여 쌀이나 콩, 베 등을 내리도록 하였다. 아래의 두 기록은 임금이 생활이 어려운 시각장애인들에게 양식을 내려주었다는 이야기이다.

에 별도로 관악기와 현악기를 연주하는 관현맹인을 두고 있었다. 관현맹인도 명과맹처럼 종9품 체아 벼슬이었고, 천인은 종6품에서 그쳤다(정창권, 2024: 47).

18) 관현맹인이 설치된 시기는 정확하게 알려지지 않았다. 그러나 세종 6년(1424) 7월에 맹인과 박연 등 26명이 거문고와 비파 연주를 직업으로 삼아 생계를 이어왔는데, 근래 국상으로 인하여 음악을 정지하여 살아가기가 어렵다고 상언하였을 때 왕이 각기 쌀 한 섬씩을 주도록 한 일이 있었다(『세종실록』 25권; 임안수 · 송영국, 1997: 86에서 재인용). 이로 보아 세종 초에 관현맹인제도가 설치된 것으로 짐작할 수 있다.

19) 조선 전기 음악에 관한 행정사무를 관장하기 위해 예조 밑에 두었던 관아의 하나로 1393년에 설치되었다. 관습도감은 1457년(세조 3) 악학(樂學)과 병합될 때까지 60여 년 동안 봉상시(奉常寺) · 전악서(典樂署) · 아악서(雅樂署) · 악학 등 예조 산하의 음악 기관과 함께 음악에 관한 업무를 나누어 맡았으며, 주로 습악(習樂)에 관한 임무를 관장했다(한국민족문화대백과사전).

임금의 행차가 개성 유후사(留後司)에 이르렀다. 맹인 20여 명이 궁핍함을 고하니, 창고에서 묵은쌀 각각 한 석씩을 내려주도록 명하였다(『태종실록』 29권, 태종 15년 2월 8일).

임금이 사냥하는 것을 금교역 서산에서 보시고 수레가 개성에 이르니, 유후 한옹과 부유후 이적이 여러 부로(父老)와 회회인(回回人: 투르크계의 위구르 무슬림)들을 인솔하고 영빈관 앞에 봉영하였다. 또한, 맹인 114명이 수레 앞에서 궁핍함을 고하므로 유후사에 명하여 쌀 40석을 주게 하였다(『세종실록』 4권, 세종 1년 5월 3일; 정창권, 2011: 77에서 재인용).

아래의 기록은 세종 때 혼자 사는 여성 시각장애인들이 자신들이 빌린 환자를 갚을 수 없으니 대신 저화(楮貨)[20]로 갚게 해달라고 호소했다는 내용이다. 이처럼 당시 여성 시각장애인들도 경제적 어려움을 해결하기 위해 북을 치며 왕에게 호소하기도 했는데, 그때마다 임금은 별다른 조건 없이 그들의 요구를 들어준 것으로 보인다.

서울 안의 맹인으로 혼자 사는 여자 29인이 북을 치고 호소하기를, "일찍이 환자(還子)를 받아먹었으나 가난한 탓으로 수를 채워 바치지 못하겠사오니, 저화(楮貨)로 대신 바치기를 원합니다." 하므로, 호조에 명하여 그들의 소원을 들어주라고 하였다(『세종실록』 18권, 세종 14년 11월 28일).

조선시대 장애인들은 각종 역에서 면제되었다. 그러나 때로 탐관오리들에 의해 법이 제대로 지켜지지 않기도 했다. 그래서 장애인들은 집단행동을 통해 암행어사에게 자신들의 억울함을 호소하기도 하였다.

20) 고려 말과 조선시대 초에 발행한 지폐.

> 병든 사람들이 한번 어사(御史)가 나온다는 말을 듣고는 억울함을 풀 수 있을 것이라고 여겨 고자, 봉사, 벙어리, 바보, 다리가 없는 자, 팔이 없는 자, 중풍이 든 자, 악질(惡疾)이 든 자, 전신을 가누지 못하는 자, 팔다리의 뼈가 부러진 자가 등에 업히거나 말을 타고 뜰로 모두 모여들었습니다. (…) 삼가 바라건대 전하께서는 병든 자의 군역을 면제하는 법을 신명(伸明)하여 팔도의 감사와 병사에게 교서를 내려 수령들을 엄하게 신칙해서 그들 모두의 군역을 면제시키게 하소서. 그렇게 하면 쓰러져 넘어진 전하의 동포들이 전하의 어진 은덕을 입을 수 있을 것입니다(김성일, 『학봉전집(鶴峯全集)』 제2권, 소(疏); 정창권, 2011: 79에서 재인용).

조선 후기

조선 후기에 가면서 장애인에 대한 사회적 인식이 조금씩 부정적으로 변화하기 시작했다. 예를 들면, 숙종은 시각장애인을 불러 송경(독경)을 하게 했는데, 이를 강하게 반대하는 신하들이 있었다. 조선 후기에 시각장애인의 독경에 대한 사회적 인식이 좋지 않았음을 짐작할 수 있는 대목이다. 조선 초기에는 궁궐에서도 시각장애인을 불러들여 제사를 지내기도 했는데, 조선 후기에 이르자 금기시했던 것이다. 현종 때에는 정신질환이 있는 경우 상주(喪主)에서 배제된 사실이 발견되는데(정창권, 2011: 95-97), 조선 후기에는 정신장애인에 대한 인식도 매우 부정적이었음을 짐작할 수 있다.

또한, 1572년 강원도 횡성에 들어가 은거했던 안석경(安錫儆)의 산문 『소고성전(小高城傳)』에서 발달장애인에 대한 주변 사람들의 태도를 엿볼 수 있다. 그는 다음과 같이 전하고 있다.

> 소고성은 사람들의 연민과 비웃음을 온통 받았다. 그가 말하는 것을 들은 사람은 반벙어리라 하고, 대답하는 말을 들은 사람은 반 귀머거리라고 했다. 게다가 뜻은 열리지 않고 기골이 약해 빠져서 보통 사람이 힘쓰는 일은 열에 하나도 제대로 하

지 못했다. 지혜는 오곡(五穀)이나 분별할 정도였다. 목이 말라도 목마르다는 말을 하지 않았고, 굶주려도 배고프다는 말을 꺼내지 않았다. 굶주리고 목마를 때 남이 먹고 마시는 것을 보아도 멍하니 먹고 싶어 하는 기색이 없었다. 먹고 마실 것을 주면 사양하는 법이 없었고, 다 먹고는 고맙다는 말도 하지 않았다. 한겨울에 해진 솜옷을 얻으면 한여름까지 그대로 입으면서 더워서 괴롭다고 한탄하지 않았다.

나이가 들어 구레나룻과 수염이 희끗한데도 배필이 없었다. 어떤 사람이 말했다. "내가 장차 너에게 짝을 얻어 주려는데 어떠냐?" 그는 급히 고개를 저으며 "몰라, 몰라" 했다. 그 사람이 말했다. "네가 모른다고 하는 것은 무슨 뜻이지?" 그는 "몰라, 몰라"라고만 하고 다른 말이 없었다. 그 사람이 웃고는 그를 불쌍히 여겼다. 이웃 마을에서 한번은 흙일이 있었는데, 소고성더러 작은 도랑을 도맡아 치게 했다. 그러자 그는 도랑 안으로 들어가 몸을 굽혀 삽을 들고 힘에 겨워 씩씩대며 이따름 허리가 아파 신음하면서도 종일 한 번도 허리를 펴고 쉬지 않았다. 사람들이 모두 그를 불쌍히 보았다. 한 사람이 말했다. "부처님이 만약 자리를 비우게 된다면 소고성을 대신시킬 수 있을 거야." 모두 크게 웃었다. 또 언제는 마을 사람에게 도구를 빌려 나무하려고 아침을 먹고 산에 올라갔는데 큰비가 내렸다. 나무를 해서 반 짐쯤 되었을 때 모두 내다 버리더니 말했다. "내일 틀림없이 가득 지고 와야지." 그러고는 빈손으로 돌아왔다. 사람들이 비웃으며 "반짐이라도 너희 집을 따뜻하게 할 수 있을 텐데 어째서 버렸느냐?"라 해도 "몰라"라고만 했다. 혀와 입술이 뻑뻑해 어눌한 말이 잘 들리지 않고 귀도 좋지 않아서 큰 소리로 해야 듣고, 작은 소리는 알아듣지도 못했다. 이 때문에 말하지 않을 수 없을 때만 말하고, 꼭 들어야 할 것만 들었다. 화창한 봄날이면 이따금씩 땅을 쓸고 단정히 앉아 자리 앞만 똑바로 보며 눈길조차 돌리지 않았다. 검불이 뒤섞이고 개미가 왔다 갔다 해도 무엇을 보고 있는지 알 수 없었다(정민 · 이홍식 편역, 2017: 257-258; 최옥채, 2022a: 270-271에서 재인용).

장애인 당사자가 일상에서 겪는 한계를 조롱거리로 삼는 이웃 사람들의 모습에서 당시 장애인들의 고충을 짐작할 수 있다.

한편, 식자층에 의해 쓰인 잔질 · 폐질 · 독질자라는 용어와 달리, 민중들이 즐겨 쓴 '병신'이라는 용어에는 장애인에 대한 차별적 시선이 각인되어 있었다. 조선 후기 장애인에 대한 인식을 문학 텍스트와 탈춤 등을 통해 분석한 박희병(2003)은 18세기 중반 이래 병신이 경멸적인 의미를 지니게 되었다고 지적하였다. 그에 의하면, 장애인에 대한 차별적 시선은 특히 탈춤에서 잘 나타난다. 양반의 무능력함과 부도덕함을 풍자하기 위해 양반을 병신으로 설정하고 조롱하고 희화화했던 것이다. 탈춤을 통해 양반을 병신으로 표상함으로써 민중은 사회적 약자로서의 자신의 정당성을 확보하고자 했다. 이에 따라 '병신'이라는 용어는 차별적이고 배타적이며 경멸적인 용어로서 민중 속에 자리 잡게 된 것이다.

이처럼 전통시대 장애인에 대한 사회적 인식은 긍정적인 시각과 부정적인 시각이 모두 포함되며 동정과 혐오의 양극단이 공존했다고 볼 수 있다. 일각에서는 전통시대 장애인에 대한 시각을 매우 부정적으로 보고 있지만,[21] 이 시기는 장애인으로서의 차별보다 신분에 따른 차별이 더 컸기 때문에 생활 수준 역시 신분에 따라 다를 수밖에 없었을 것이다. 그렇다 하더라도 소현숙(2017: 293)의 지적처럼, 전반적으로 차별받는 집단으로서 장애인이라는 범주가 적극적으로 형성되어 있었던 것은 아니었다. 그러므로 장애인에 대한 사회적 인식도 매우 유동적이었다고 보아야 할 것이다.

21) 이규태(1983)는 속담집에서 장애인에 관한 속담을 가려내어 장애인의 이미지를 분석했는데, 88개의 장애인 관련 속담 중 긍정적 이미지를 담은 속담은 단 2개였다고 지적하고, 장애인에 대한 일반적 인식은 매우 경멸적이었다고 주장하였다. 또한, 조성렬(1987)도 속담에 나타난 장애인들은 사리판별에 무분별하고 자기중심적이며, 미천한 인간으로 그려지고 있다고 주장했다. 심재우(2006)는 조선 후기 경상도 단성현의 호적대장 분석을 통해 당시 호적상에 기록된 장애인은 주로 평민 이하 신분의 신체장애인이었으며, 매우 불안정하고 힘든 삶을 살았다고 주장했다.

2. 근대 이전의 장애인복지

1) 진휼정책

전통시대에는 나이가 들거나 거동이 불편하거나 가난하여 생계가 곤란하거나 가족이나 직업이 없는 장애인은 국가가 직접 나서서 진휼하였다. 진휼(賑恤)이란 각종 재해에 의해 피해를 받은 백성과 빈민의 기근과 추위 등을 구제하기 위해 식량과 현물을 무상으로 지급하는 모든 일을 일컫는다. 오늘날로 말하자면, 이재민 구호 및 공공부조의 성격을 지닌다고 할 수 있다. 진휼은 빈곤한 자의 직접구제로서 가장 오래된 구제형태이다. 빈민에게 식량이나 소금, 옷 등을 제공하는 것은 삼국시대 이후 가장 자주 시행된 국가의 공공복지였다.

삼국시대의 진휼정책

삼국시대에는 장애인복지를 위한 별도의 부서는 없었으나, 때때로 환과고독과 함께 복지정책을 펼친 것이 삼국사기를 통해 발견된다. 『삼국사기』에 나타난 최초의 진휼 기록은 백제 시조 온조왕이 즉위 33년에 가뭄으로 굶주린 백성을 위로 하고 도왔다는 내용에서 찾을 수 있다(최익한 지음, 송찬섭 엮음, 2013: 15-16). 그리고 백제 비류왕 9년 2월에 사(使)를 발(發)하여 백성의 질고를 묻고 환과고독, 불능자존자에게 곡식을 한 사람당 3석씩 주었다(『삼국사기』 권24 「백제본기」 2)라는 기록도 남아 있다.

신라의 경우는 비교적 많은 기록이 남아 있는데, 몇 가지만 소개하면 다음과 같다. 유리왕은 즉위 5년 11월에 왕이 국내를 순행하다가 한 늙은 할미가 주리고 얼어 거의 죽어가는 모습을 보고 옷을 벗어 그를 덮어 주고 음식을 먹인 후 유사에게 명하여 환과고독, 노병, 불능자존자에게 음식을 주어 부양케 하였다(『삼국사기』 권1 「신라본기」 1). 선덕왕도 원년(632) 10월에 사람을 파견하여 국내의 환과고독으로 자존할 수 없는 자를 진휼하였다(『삼국사기』 권5 「신라본기」 5)는 기록이 있으며, 성덕왕과 흥덕왕 역시 환과고독에 대하여 진휼한 기록이 남아 있다(『삼국사기』 권8 「신라본기」 8~10).

한편, 고구려의 경우에도 여러 왕에 의해 진휼이 시행된 것을 확인할 수 있는데, 고구려 태조왕 66년(118) 8월에 현량(賢良)과 효순(孝順)을 천거하게 하고, 환과고독과 노병자로 자활치 못하는 사람을 위문하고 의 · 식을 주었고(『삼국사기』 권15 「고구려본기」 3), 또한 고국천왕 16년 7월에 서리로 곡식을 해치어 백성이 주리므로 창고를 열어 진급하였으며, 10월에는 왕이 질양(質陽)에 사냥할 때 노상에서 어떤 사람이 앉아 우는 것을 보고 그에게 의 · 식을 주고, 중외의 관리에게 명하여 환과고독과 노병 빈핍으로 불능자존자는 널리 물어 구휼케 하였다(『삼국사기』 권16 「고구려본기」 4). 아울러 통일신라시대에도 진휼사업은 계속되었다. 즉, 경덕왕 6년 겨울에 눈이 오지 않고 백성이 기근과 병에 걸려 사자(使者)를 10도에 보내어 안무케 하였고(『삼국사기』 권9), 동왕 14년 7월에 왕이 죄인을 사하고 노병과 환과고독을 존문(尊問)하여 곡식을 차등 있게 주었다(『삼국사기』 권9 「신라본기」 9).

이처럼 진휼은 벌써 삼국시대부터 실시되었음을 알 수 있다. 그러나 삼국시대의 진휼은 제도화되어 있지 않았으며, 일시적이고 임시적인 성격이 강했다.

고려시대의 진휼정책

고려시대에도 삼국시대의 민생구휼제도가 계속되었으며, 구제사업은 한층 더 제도화되었다. 『고려사』를 보면, 진휼제도는 은면지제(恩免之制), 재면지제(災免之制), 환과고독진대지제(鰥寡孤獨賑貸之制), 수한질여진대지제

(水旱疾厲賑貸之制), 납속보관지제(納粟補官之制)가 있다.

은면지제는 은혜를 베풀어 세금을 면제하는 제도이다. 개국, 왕의 즉위, 순행, 불사, 국가의 경사, 반란 후에 왕이 베푸는 은전이 주를 이루었다. 이는 삼국시대에도 가끔 있었던 행사다.

재면지제는 재해에 대해 세금을 면제하는 제도이다. 이재민에게 조세·부역·형벌 등의 전부 혹은 일부를 감면해 주었다.

환과고독진대지제는 환과고독에게 진대하는 제도이다. 즉, 빈곤하여 자활할 수 없는 홀아비, 과부, 고아, 독거노인 등 4궁은 삼국시대로부터 구휼의 대상이었으며, 고려시대에도 우선 보호의 대상이었다.

수한질여진대지제는 수재, 한재, 전염병에 대해 진대하는 제도이다. 주로 이재민에게 쌀, 소금, 죽, 무명, 베, 의약, 주택 등을 급여하였다. 구제사업 중 실시 빈도가 가장 높았으며, 국가재정이 가장 많이 소요되었다.

납속보관지제는 납속하여 관직을 얻는 제도이다. 이 제도는 국가재정이 고갈되었을 때, 이를 보충하기 위하여 일정한 금품을 낸 사람에게 관직을 주는 것으로 진휼을 위한 재정조달책이었다.

고려시대에 국가가 구휼사업을 시행하게 된 것은 자연재해, 기근, 질역(疾疫), 전란, 국가적 행사 또는 왕실에 관련되는 일 등 여러 동기에 의해 이루어졌다. 그중에서도 장애인과 관련된 내용은 환과고독과 유행병에 대한 구제책이라고 할 수 있는데, 다음의 사례에서 보듯이 독·폐질자에 대한 구휼정책에 있어서는 기민(飢民)들과 같이 곡포를 내려주는 경우가 많았다. 장애인은 노동능력이 없었기 때문에 이들에게 곡포를 주는 것도 구제책이 되겠으나, 치료를 해야 하는 장애인들에게는 약을 주는 것도 중요한 구휼방법이었다(임안수·송영욱, 1997: 79).

성종 9년(990년) 10월에 왕이 서도에 행차할 때, 80세 이상이 된 자와 독질이 있는 자에게 곡포(穀布)를 차등 있게 주었고(『고려사』 권3), 동왕 10년(991년) 10월 왕이 서도에 순행할 때 질역으로 실농(失農)한 자에게는 조부(組賦)를 면제해 주며, 독 · 폐질자에게는 약을 주었다(『고려사』 권80; 임안수 · 송영욱, 1997: 79에서 재인용).

고려 공민왕 때는 독질, 폐질 등 장애가 있는 사람들에게 대대적으로 진휼하였는데, 원년(1351)에는 왕명으로 사궁 및 독 · 폐질자를 보호하게 하였고, 공민왕 5년(1356)에는 천신가(賤臣家)의 기유미(祈有米)를 시가보다 싸게 매출하여 그 수입금으로 사궁 및 폐질자를 구제하였다(임안수 · 송영욱, 1997: 80). 다음의 사료에서 보듯이 임금은 또한 중앙뿐 아니라 지방의 소재지 관아에서도 장애인들을 진휼하도록 하고 있다.

공민왕 원년 2월에 유지하기를, "환과고독과 독질 · 폐질이 있는 자에게 소재지의 관사에서 진휼하여 때를 잃음이 없도록 하라"고 하였다. 12년 5월에도 하교하기를, "환과고독과 폐질이 있는 사람은 소재지의 관사에서 마땅히 사람들을 구휼할 것이요, 궁핍하여 스스로 생활할 수 없는 자 또한 불쌍하게 여겨 소재하고 있는 관사에서 힘써 진휼하도록 하라"고 하였다(『고려사』 권 34; 정창권, 2011: 111에서 재인용).

그리고 고려의 왕은 수시로 장애인에게 의료를 제공했으며, 잔치를 베풀어 음식이나 의복 등 생필품을 하사했다. 그리고 80세 이상 되는 노인과 장애인에게 각각 그들을 봉양할 사람을 한 명씩 주었다.

현종 9년(1018)에는 황무(黃霧)로 인하여 4일간이나 자욱하고 개경에는 유행병을 앓는 사람이 많아지자 왕이 의원을 보내서 치료케 하였고(『고려사』 권4), 원종

2년(1260)에는 왕이 80세 이상 되는 노인과 환과고독, 독 · 폐질자에게 각각 그들을 봉양할 사람을 한 명씩 주었다(『고려사』 권25; 정창권, 2011: 111에서 재인용).

여기에서 장애인에게 그들을 봉양할 사람을 한 명씩 주었다는 대목은 주목할 만하다. 오늘날로 말하자면, 장애인활동지원제도의 활동지원사를 제공한 것과 유사하기 때문이다.

조선시대의 진휼정책[22)]

조선시대에는 진휼사업이 한층 더 강화되었다. 조선시대의 기본법전인 『경국대전』 호전(戶典) 비황조(備荒條)에는 다음과 같이 규정되어 있다. 즉, "모든 고을(邑)에서는 백성들을 시켜 해마다 흉년 구제에 필요한 물자를 준비하게 한다. 수령이 진휼사업을 하지 않아 기아에 굶주리는 백성이 사망하거나 그 사실을 숨기고 보고하지 않는 경우 중죄에 처한다"라고 하였다. 해마다 각 고을에서 흉년 구제의 물자를 준비했다가 기근이 발생하면 백성들을 구호하도록 했고, 만약 그것을 소홀히 하면 고을 수령에게 강한 책임을 묻겠다는 것인데, 당시 진휼정책의 강도를 충분히 짐작할 수 있다. 이처럼 조선시대 진휼정책의 기본은 구휼의 책임은 지방관이 진다는 것, 그리고 한 사람이라도 아사자가 생기지 않도록 하는 것에 중점이 두어져 있었다. 진휼의 책임은 지방관이 지고 있었지만, 전국에 330개가 넘는 부목군현에서는 각기 다른 방식으로 기근에 대처하였기 때문에 지역 간 큰 격차가 발생할 수 있었다. 그리하여 조정에서는 진휼의 원칙을 규정하여 제시했다. 「진휼사목」과 「진구사목」이 대표적인데, 그러한 규정들은 『경국대전』 이후의 수정 추가된 기본법전인 『속대전』에 반영되었다. 조선 초기의 진휼원

22) 조선시대의 진휼정책에 관해서는 박광준(2018)에 크게 의존하고 있음을 밝힌다.

칙인 「진휼사목」의 내용은 다음과 같다(박광준, 2018: 356-357).

- 기민 가운데 나이가 많거나 병이 있어서 관청에 왕래하여 환곡이나 진제(賑濟)를 받을 수 없는 자는 자세하게 조사하여 수령이 몸소 가서 구휼하도록 할 것
- 각 고을 수령들이 환곡 운영을 허위로 보고하고 모자라는 곡물을 채우기 위하여 진제 지급 시에 규정보다 적은 양을 지급하는 폐단이 있으니 백성들에게 확인하여 사실을 조사할 것
- 야채가 없는 계절이고 진제장의 곡식만으로는 굶주린 배를 채울 수가 없으므로 더덕이나 도라지 등 산나물을 많이 캐서 섞어 먹게 할 것
- 여러 날 굶어서 지쳐 쓰러진 기민은 좁쌀 죽을 먹이면 즉시 죽을 수 있으니 먼저 흰죽물을 식혀서 천천히 삼키게 한 후에 죽을 먹일 것
- 고을의 경계가 들쭉날쭉하여 소속된 고을의 진제장까지 멀어서 가기 어려운 백성은 가장 가까운 다른 고을의 환곡이나 진제로 구휼할 것
- 유랑민들은 그들이 머물러 있는 곳에 조용히 모이게 하여 진제 구휼하고 농사 때가 되면 원적지로 돌려보낼 것
- 관아와 먼 거리에 있는 깊은 산골이나 궁벽한 곳에 사는 기민을 우선 조사하여 살펴볼 것
- 진휼에 최선을 다하지 않는 감고(監考)[23]나 색장(色掌)[24]은 경중을 따라서 논죄하고, 수령이면 문초하여 처벌한다.

이 내용에서 지방관의 책임, 직접 찾아가는 진휼, 백성은 행정적 소속구

23) 조선시대 궁가(宮家) · 관아에서 금품 · 곡식의 출납과 간수에 종사하던 사람.

24) 조선시대 성균관 유생 자치회인 재회(齋會)의 임원인 '빗장'을 이두식으로 쓴 말로서 주로 식당의 검찰(檢察)과 문묘(文廟)의 청소를 맡아보았다.

역이 아니라도 가까운 고을에서 구제를 받을 수 있다는 것, 하위관리에 대한 지방관의 감독책임 등의 원칙을 확인할 수 있다.

한편, 「진구사목」은 「진휼사목」보다 2세기 이상의 세월이 지난 시점의 사목인데, 「진휼사목」과는 중요한 차이가 있다. 그것은 부정수급의 방지문제를 적극적으로 방지하려는 자세가 보인다는 것이다.[25] 다만, 「진구사목」에도 역시 기민의 구제를 위하여 기민의 소속지역을 따지지 말고 구제할 것, 고을에 비축곡이 모자라면 인근 지역의 비축곡을 이용할 것 등의 원칙이 제시되어 있으므로 아사자를 발생시키지 않는다는 진휼의 최대목표는 여전히 계승되고 있었다고 할 수 있다(박광준, 2018: 358).

그렇다면 진휼대상자를 어떤 방식으로 선정했는가? 이것은 진휼정책의 과학성을 판단하는 데에 가장 핵심적인 부분이다. 진휼곡은 무상으로 지급된 것으로 상환의 의무가 없었다. 환곡[26] 이용자는 환민, 진휼곡의 무상수급자는 진민으로 불렸다. 농민의 입장에서 본다면, 기근 시에 수급을 희망하는 것은 당연히 진휼곡 쪽이었다. 그러나 모든 사람에게 진휼곡을 지급할 경우 진휼곡의 부족으로 진휼정책을 유지할 수 없었기 때문에 환곡과 진휼곡의 지급규정을 엄격히 구분하여 시행하였다. 환민과 진민은 명확하게 구분되었는데, 그 기준은 경작이 가능한 토지의 소유 여부였다. 즉, 경작 가능한 토지가 있으면 환곡을 지급하고, 토지가 없는 기민을 정밀히 뽑아 진휼곡을 무상으로 지급하였다. 또한, 한 가구에서 진휼곡으로 받는 액수가 일정액(10斗)을 넘으면 환곡의 이름으로 지급하고, 해당 기민을 진곡의 지급대상에서 가려내어 환곡의 지급대상에 포함시켰다. 여기에는 환곡

25) 「진구사목」은 매우 자세한 규정이므로 그 내용은 박광준(2018), p.404를 참고할 것.

26) 후술하겠지만, 환곡은 국가가 각종 곡물을 거두어 창고에 보관하여 기근에 대비하며, 그 절반은 그대로 두고 나머지 절반은 매년 봄에 농민들에게 빌려주어 가을에 반납하게 하는 제도이다.

을 장려하고 진휼곡의 분급을 엄격히 하여 곡물의 손실을 최대한 줄이고자 하는 목적이 있었다(문용식, 1995: 112-113).

조선 중기 이전에는 진휼곡을 지급받는 사람이 곧 공식적인 빈민이었다. 다만, 양자의 용도에 명확한 구분선이 설정되어 있지는 않았다. 환곡을 이용한 후 그 반환이 면제되는 경우도 있고, 대규모의 기근이 발생하면 환곡 그 자체가 진휼의 역할을 하는 경우가 있었다. 따라서 진휼정책의 대상자에는 환곡대상자가 포함되어 있기도 했으므로 진휼대상자의 선정방법도 환곡대상자 선정방법과 비슷했다(박광준, 2018: 361-362).

1762년 충청도 예산 지역의 한 문서기록(문용식, 2001: 75)에 의하면, 진휼대상자를 위한 기초적 분류는 5가지로 되어 있다. 백성의 생활능력과 자활가능성 등을 기준으로 초실(稍實), 작농(作農), 자활(自活), 빈궁(貧窮), 개걸(丐乞)이 그것이다. 초실은 양반인가 상민인가와 관계없이 가계가 건실한 자를 말하고, 작농은 농지를 소유하고 있거나 다른 사람의 농지를 이용하여 농사일하는 자를 말한다. 자활은 농사에 종사하고 있지는 않으나 수공업이나 상업으로 스스로 생계를 이어가는 자를 말한다. 빈궁은 극히 빈궁하여 아침에 저녁밥을 기약하기 어려운 자를 말하고, 개걸은 방랑하고 걸식하는 자를 말한다. 이 중에서 '빈궁과 개걸'로 분류된 자가 진휼의 주된 대상자였다(박광준, 2018: 363-364).

구휼의 지급방식은 시대에 따라 약간씩 차이가 있는데, 그 시대의 「진휼사목」에 근거하여 행해졌다. 구휼은 현물급여(곡물)로 지급되었는데, 죽의 지급과 건량(乾糧)의 지급 두 가지가 있었다. 17세기 후반이 되면 지급방법은 죽에서 건량으로 변화되어 간다. 건량의 지급은 죽의 지급에 비하여 더 많은 곡물이 소요되었는데, 그것은 이 시기에 비축 곡물의 규모가 증가하였다는 것과 진휼정책의 주된 대상자가 유민에서 정착민으로 전환되었음을 의미했다(박광준, 2018: 364).

진휼정책의 재원은 크게 중앙재원, 지방재원, 민간재원으로 구분된다(박광준, 2018: 368-377). 먼저, 중앙재원을 살펴보면, 중앙정부는 상진곡(常賑穀)[27] 등의 곡물을 구휼에 필요한 재원의 하나로 확보하고, 필요한 때에만 지방에서 그것을 사용할 수 있도록 하였다. 기근이 발생하면 중앙기구는 각 도에 설치된 상진곡을 지방관이 구휼에 사용하도록 조치하였고, 지역의 상진곡으로 대처하기 어려울 때는 다른 도의 상진곡을 기근 지역으로 옮길 수 있도록 조치하였다.

진휼곡의 무상지급은 그 재원에 따라 공진(公賑), 사진(私賑), 구급(救急)으로 구분되어 시행되었다. 공곡을 사용하면 공진, 수령의 자비곡을 사용하면 사진, 진휼할 인구가 적어서 공곡을 소비할 정도가 아닌 경우는 구급이라고 하였다. 또한, 공진의 경우 원진(元賑)과 별진(別賑)으로 구분되는데, 원진은 10일에 1회, 월 3회 지급되는 것이고, 별진은 국왕의 내탕금을 그 재원으로 하는 것으로 원진이 행해지는 중간에 지급되었다. 공진의 가장 중요한 재원은 상진곡이며, 그것을 보유하고 있는 상진청의 가장 중요한 사업이 진휼사업이었다(문용식, 1995: 113-116).

둘째, 구빈재원으로서 지방재원을 살펴보면, 첫 번째로 들 수 있는 것이 수령의 자비곡(自備穀)이다.[28] 자비곡을 마련하는 방안은 원래 관용을 절약하여 마련하도록 하였으나,[29] 이것은 애초부터 부민 침탈의 소지를 안고

27) 정부의 각 부서는 독자적으로 환곡을 운영하고 있었는데, 그중에서도 진휼청의 곡물과 상평청의 곡물은 제1차적 목적이 진휼에 있었다. 이 두 개의 환곡은 통합되어 상진곡으로 불렸다. 상진곡이 주로 구빈에 사용되는 곡물이며, 이것은 1894년 갑오개혁 때까지 존속하였다(박광준, 2018: 368).

28) 숙종 8년에 자비곡을 마련하여 건량을 지급하라는 지시를 내린 이후 전국에 사진청(私賑廳)의 설치를 지시하고, 영조 12년에는 사진청의 설치를 의무화하는 지시를 내리고 있었다. 이것이 『속대전』에 규정되어 매년 자비곡을 마련하여 비변사에 보고하도록 하고 있다. 수령의 자비곡 마련을 장려하기 위하여 수령에 대한 포상 규정이 마련되기도 했다(문용식, 1995: 129).

있는 것이었다. 자비곡 마련을 위한 권분을 금지한 것도 이 때문이었다. 자비곡의 마련은 지방 수령이 자체적으로 하는 것이었지만, 그 관리는 비변사[30]의 통제하에 두었다. 환곡 원곡이 감축되는 상황에서 정부는 곡물 확보를 위하여 지방에서 마련한 환곡을 국가관리 하에 두어 환곡의 확충을 도모하고자 한 것이다. 평소에 마련한 자비곡으로 새로운 명목의 환곡을 창설하여 평상시에는 환곡 이자 수입으로 비용에 충당하고, 기근이 발생했을 때는 진휼곡으로 사용하는 것이었다. 이처럼 18세기 전반의 조선에서는 진휼곡을 확보하기 위하여 각종 창고의 설치와 환곡의 확대가 이루어지고 있었으며, 지방에서 수령에게 자비곡을 마련하여 기근에 대비하도록 하고 있었다(문용식, 1995: 129-132).

공명첩(空名帖) 또한 구휼사업의 중요한 재원이었다. 공명첩이란 민간인이 국가에 곡물이나 말 등의 자산을 헌납하면, 해당 인물을 명목상 혹은 명예직의 관직에 임명한다는 것을 증명하는 사령장이다. 사령장에 관직의 이름은 적혀 있지만, 정작 부임하는 당사자의 이름은 공란으로 비어 있었기 때문에 '공명'첩인 것이다. 발행되는 공명첩의 수는 물론 기근의 규모에 따라 달랐다(박광준, 2018: 374). 공명첩을 통해 확보한 곡물은 모두 진휼 곡물에 사용된 것이 아니라 절반은 국가재정으로 귀속되었다. 이것은 다시 진휼 목적을 지닌 환곡에 충당되어 환곡의 원곡을 확보하고자 하였다. 즉, 기근 시에 무상분급으로 인한 환곡의 감축을 보충하기 위해 공명첩으로

29) 실제로는 수령이 관리하는 창곡을 전용하여 자비곡으로 보고하기도 하였고, 상품화폐 경제의 발달에 편승한 이무(移貿) 등을 통해 자비곡을 마련하는 것이 일반적인 방법으로 사용되었다(문용식, 1995: 129).

30) 비변사(備邊司)는 조선 중·후기 의정부를 대신하여 국정 전반을 총괄한 실질적인 최고의 의결 기관으로, '국경 변방[邊]의 일에 대비[備]하는 기관[司]'이라는 의미가 있다. 약칭으로 비국(備局)이라고도 했다. 의정부와 육조를 주축으로 하는 국가 행정체계의 문란, 왕권의 상대적 약화 등의 문제점이 드러나면서 1865년(고종 2)에 폐지되었다(한국민족문화대백과사전).

마련한 곡물을 모두 사용하지 않고 절반을 회록하여 충당했던 것이다(문용식, 1995: 134). 그러나 공명첩 발매 곡은 각종 폐단을 일으키고 있었다. 손쉬운 곡물 확보책이라는 점 때문에 몇 차례의 금지가 이루어지지만, 폐지되지 못하고 지속하였다.

마지막으로 권분 혹은 원납(願納)이라는 이름의 민간재원이 있었다. 권분은 흉년 시 부민이 자발적으로 기민에게 곡식을 분급하거나 관진에 보조하는 것을 말한다. 그런데 실제로는 부민 수탈에 이용되기도 하였다. 특히, 수령이 자비곡을 비용 절감에서 마련하지 않고 부민에게서 곡식을 염출하여 마련하기도 하였다. 공명첩과 마찬가지로 권분 역시 대민수탈로 인해 금하였으나, 기근 시에 진휼곡을 마련하기 위해 원납이라는 명목으로 지속될 수밖에 없었다.

조선의 진휼정책은 오늘날로 말하자면 공공부조정책이었으며, 진휼곡은 공공부조급여였다. 공공부조제도의 대상자는 소위 '자산조사(means test)'를 통해 이루어지는데, 대상자의 적격성을 판정하기 위한 자산조사가 얼마나 과학적이고 객관적으로 이루어지는가에 따라서 공공부조의 성공과 실패가 결정된다고 해도 과언이 아니다. 조선의 진휼대상자의 선정은 과학적이고 공평성을 기하기 위하여 대상자 선정방법을 지속적으로 개선했다(박광준, 2018: 360-361). 그런 의미에서 조선의 진휼정책이 높이 평가받고 있다.

지금까지 조선의 진휼정책을 살펴보았다. 그럼 환과고독, 독 · 폐질자 및 불능자존자에 대한 진휼의 현장을 실록을 통해 살펴보기로 하자.

『태종실록』 27권에 의하면, 태종 14년 6월 20일에 도성에 사는 시각장애인들에게 쌀 1석씩을 지급했다는 이야기가 나온다.[31] 세종 원년(1419) 4월

31) 궁민을 진휼하였다. 호조에서 아뢰었다. "도성 내에 환과고독이 1백 64명인데, 그중에 80세 이상이 31명이고, 맹인이 19명입니다." 임금이 쌀을 각각 1석씩 주라고 명하였다. 호조에서 또 아뢰었다. "전라도에 나이가 1백세 된 자가 1인, 90세인 자 5인, 80세인 자가 1백

에는 진휼을 위하여 묵은쌀과 콩 600가마를 환과고독과 독 · 폐질자에게 주었다(『세종실록』 권3). 세종 2년(1420)에는 장애인의 진휼을 서울일 경우에는 호조에서 맡고, 외방은 감사책임으로 그 업무를 이양시켰다(『세종실록』 권5). 『세종실록』에 의하면, 노인과 장애인을 구호하는 법령이 있는데도 제대로 시행하지 않자, 세종이 신하들에게 대책을 의논하도록 지시하는 대목이 나온다.[32] 조선은 이미 세종 때부터 장애인 구호법을 제정하여 시행하고 있었던 것으로 추측된다.

진휼은 조선 초 호조에서 담당하다가 세종 때는 구황청[33]에서 취급했다. 인조 4년(1626)에 진휼청이 설립된 후에는 전국의 환곡 이자로 수납된 경곡을 진휼사업에 사용했다. 따라서 흉년 또는 재해로 인한 이재민들은 공공연히 관가에 진휼을 요구하기도 했고, 관에서는 빈민에 대한 조사 및 구제에 큰 노력을 기울였다. 정조 10년(1786) 당시 전국의 기민 총수는 327만여 명이었으며, 진휼미 21만여 석이 소요되었다. 당시 총인구 735만여 명을 놓고 보면, 전체 인구의 절반 가까이가 관곡에 의한 구제를 받은 셈이다(최익한 지음, 송찬섭 엮음, 2013: 139).

조선의 진휼에서는 종래 백성들에게 은혜를 베푸는 정치의 전통이 말기까지 지속되었다. 고종 13년(1876)에 경기, 삼남이 크게 가물어 기근이 매우

2인입니다. 청컨대, 경중(京中)의 예(例)에 의하여 쌀과 콩을 차등 있게 주시고, 나이 30세가 지나도록 결혼하지 못한 여자 5인은 관(官)에서 자장(資裝)을 주어 독촉하여 남에게 시집가게 하소서." 임금이 그대로 따랐다(『태종실록』 27권).

32) 노인과 폐질자를 인애(仁愛)로써 기르라는 것은 이미 세운 법령이 있는데도 중외의 관리들이 이를 소홀히 하여 거행하지 않으니, 그 양로 조건을 의정부와 여러 부서에서 함께 의논하여 아뢰도록 하라(『세종실록』 세종 8년 7월 18일).

33) 세종 때 신라와 고려의 제도를 계승하여 처음 설치되었으며, 굶주린 백성의 구제를 담당한 국가기관이다. 처음에는 비변사에서 관장하다가 인조 4년(1626) 선혜청에 이속하여 상평청과 합치게 되었다. 그러면서 진휼청으로 명칭을 바꾸어 전국 8도에 구호양곡의 방출, 급식 등 진휼사업을 시행하다 갑오경장(1894) 때 폐지되었다(이준우 · 김광선, 2023: 196).

심해지자 고종은 교지를 내려 각 도에 구휼을 베풀도록 명하고 내탕금 각 1만 냥씩을 경기, 충청, 경상, 전라 4도에 나누어 지급했다. 그리고 기근이 심한 고을에는 각종 진상(進上)[34]을 정지 또는 면제하게 하였을 뿐만 아니라 대량의 진휼미를 나누어 지급하였다(최익한 지음, 송찬섭 엮음, 2013: 141).

2) 시식정책

시식(施食)은 진휼의 일종으로서 흉년 기에 주로 빌어먹는 빈민이나 행려자를 위해 사원, 역원, 기타 적당한 장소에서 식탁을 마련하고 밥이나 국, 채소, 죽 등을 직접 제공하는 것이다. 말하자면, 진제(賑濟)[35]의 구급 방법이다. 고려시대에는 당시 수도인 개성의 개국사(開國寺)[36]와 임진현(臨津縣)의 보통원(普通院)이 문종 이래, 상설 시식소로서 구제역사에 이름을 높였다. 조선시대에는 한성부의 홍제원(弘濟院, 서대문 밖)과 보제원(普濟院, 동대문 밖)[37]을 기민 진제소로서 자주 이용했다. 시식 장소는 경도(京都, 개성을 가리킴)에만 한한 것이 아니고, 지방에도 진제소를 수시로 나누어 설치했다. 예를 들면, 세종 4년, 실농한 주 · 군에는 모두 진제소를 설치하였고, 다음 해에는 각 도에 진제소를 설치하였으며, 19년에는 경상, 충청 양 도에 각 3개소와 경기, 전라, 강원 3도에 각 2개소와 대관(大官, 큰 고을), 중앙사원에 각기 진제장을 설치하여 기민이 가서 식사할 수 있게 했다. 29년에

34) 지방의 특산물을 임금이나 높은 지위에 있는 사람에게 바침.

35) 흉년에 기민에게 무료로 식량을 지원하는 것.

36) 태조가 후삼국을 통일한 후 나라의 번영과 백성의 평안을 기원하며 창건한 국찰로서 개경 탄현문 밖에 있었다(최익한 지음, 송찬섭 엮음, 2013: 19).

37) 원(院)이란 나그네를 재워주고 먹여주며, 또 행려병자를 간호해 주던 시설을 말한다. 서울에는 서쪽에 홍제원, 동쪽에 보제원, 남쪽에 이태원이 있었다(최익한 지음, 송찬섭 엮음, 2013: 19).

는 실농한 여러 도 인민의 유이민을 위하여 경중과 외방의 관진(關津)[38]의 양쪽 기슭에 진제장을 설치했다(최익한 지음, 송찬섭 엮음, 2013: 19-21).

중종 20년에 기민을 홍제원, 보제원 양 원에서 나누어 흉년의 궁핍에서 구하게 하고, 부녀에게는 5부로 하여금 인구를 계산하여 쌀을 나누어주게 하였으며, 명종 3년에는 동·서 진제장, 즉 상기 양 원을 베풀고 상평창으로 여러 기민을 구제하되, 사족[39] 과부로서 몸소 걸식하지 않은 자에 한하여 그 집으로 쌀을 보내게 하였다(최익한 지음, 송찬섭 엮음, 2013: 142).

시식은 기근과 가뭄으로 말미암아 입은 피해 등의 사유로 발생한 기민에 대한 응급 구호제도(최창무, 2008: 119)였으나, 관리 감독이 어려워져 근대에 이르러 폐지되었다.

3) 견면정책

견면(蠲免)제도는 견감(蠲減)이라고도 하고, 감면세역(減免稅役)이라고도 하는데, 역대 왕조들이 백성을 보호하거나 달래기 위해 시행된 제도로 백성의 조세와 부역 및 형벌을 감형하거나 면제해 주는 것이다. 견면은 진휼과 함께 삼국시대 이래 역대 조정에서 그 사례가 계속하여 끊이지 않았으며, 조선시대에 들어와 더구나 조선 중기 이후 견면정책은 거의 황년(荒年)[40]의 정해진 규칙이었다(최익한 지음, 송찬섭 엮음, 2013: 22).

먼저, 삼국시대의 견면 사례를 보면, 신라 내해왕 3년에 홍수로 인해 재해를 입은 주와 현에 1년 치 지세(地稅)[41]와 호세(戶稅)[42]를 면제하고 사자

38) 육로와 수로가 만나는 요충지의 나루.

39) 문벌이 좋은 선비 집안.

40) 농작물이 잘되지 아니한 해.

41) 토지에 대한 조세.

를 파견하여 위로했으며, 15년 봄과 여름에 가물자 사자를 보내 군 · 읍의 죄수를 기록하여 죽을죄를 제외하고는 모두 사면했다는 기록이 있다(『삼국사기』 권 제2, 「신라본기」 제2). 내물왕과 선덕왕 그리고 성덕왕 시절에도 흉년과 기근으로 인한 피해를 입자, 사면조치와 조세감면 조치를 취했다는 기록이 있다. 고구려시대에도 평원왕 13년 8월에 재해가 나서 크게 사면했다는 기록이 있다(『삼국사기』 권 제19, 「고구려본기」 제7). 백제에서도 견면정책이 행해졌다. 고이왕 15년에 봄부터 여름까지 가뭄이 발생하여 백성들이 굶주리자 국고를 풀어 진휼하는 한편 1년 치 세금을 면제했다는 기록이 있다(『삼국사기』 권 제24, 「백제본기」 제2).[43)]

다음으로 고려시대 견면정책의 사례를 살펴보면, 성종 7년(988) 12월에 재면법(災免法)을 제정하여 자연재해가 있을 때 전답의 피해 정도를 파악하여 면제의 비율을 정하였고, 동 10년 10월에는 전염병으로 농사에 실패한 자에게 조세부과를 면제해 주었다는 기록이 있다.[44)] 그리고 목종 9년(1006년)에는 추곡의 수확이 부진하여 생활이 어려운 사람들에 조세 미납분을 면제해 주고, 먹을 것이 없고 곡식 종자가 없는 사람들에게는 창고를 열어 진급해준 기록도 있다.[45)] 그 밖에도 많은 왕이 천재지변으로 농업에

---

42) 집마다 징수하는 지방세를 이르던 말.

43) 그밖에 『삼국사기』 및 『삼국유사』에 기록되어 있는 삼국 및 통일신라시대의 견면사례는 최창무(2008), pp.53-55를 참조할 것.

44) 성종 7년(988) 12월에 판(判)하여 수한충상(水旱蟲霜)으로 재해를 입어 전답의 피해가 4분(4할) 이상인 때에는 조(租)를 면제하고, 6분 이상은 조(租), 포(布)를 면제하고, 7분 이상은 조, 포, 역(役)을 모두 면제하게 하였다(『고려사』 권80-83; 최익한 지음, 송찬섭 엮음, 2013: 63).

45) 왕이 유사에게 이르기를 "근년에 추곡의 수확이 부진하여 백성들의 양식이 어려우니, 통화(統和) 21년(목종 6년, 1003) 이래로 공부(公賦)를 미납한 자에게는 이를 면제해 주고, 먹을 것이 없고 곡식 종자가 없는 자에게는 창고를 열어 진급(賑給)하라"(『고려사』 권80-83; 최창무, 2008: 83에서 재인용).

막심한 피해를 가져와 기근이 일어나고 질역(疾疫)이 발생하여 백성이 곤궁에 허덕일 때 국가의 부담인 조세(租稅), 요역(徭役), 공물(貢物) 등에 대해서 그 정상을 참작하여 감면조치를 취하여 구제하였다.[46)]

한편, 조선시대에는 장애인을 배려하는 견면정책이 다양하게 실시되었다. 예컨대, 장애인과 그 부양자에게는 부역이나 잡역 등을 면제해 주었다. 조선시대 부역은 백성들 모두가 균등하게 짊어져야 할 의무였다. 하지만 장애인들에게는 이것이 쉬운 일이 아니었기 때문에 전부 면제해 주었다. 시각장애인과 그의 외동딸, 그리고 솔정(率丁)[47)]에겐 부역을 일체 면제해 주었다(정창권, 2011: 123-127).

군역도 면제되었다. 『경국대전』에서는 독질과 폐질에 대해 규정한 다음, "군사로서 나이 60살이 된 사람, 독질과 폐질에 걸린 사람은 모두 군역을 면제한다"라고 규정하고 있다. 또한 "독질과 폐질에 걸린 부모를 모시고 있는 아들 1명은 군역을 면제한다(아들이 사망한 경우에는 손자 1명을, 친손이 없을 경우에는 외손에 대한 군역을 면제함)"고 규정하고 있다(윤국일 역, 1998: 400-401). 독질과 폐질에 걸린 사람은 군역을 비롯한 일체의 신역을 면제하고, 그러한 장애 부모를 모시고 있는 아들도 군역을 면제시켜 시정(侍丁)[48)]으로 삼는다는 것이다. 실제로 『세종실록』(세종 14년 8월 29일)을 보면, 세종이 예조에 지시하기를 '독질이 있는 사람으로서 아들 하나가 있는 사람은 독질자의 나이가 비록 70세가 차지 않더라도 시정 한 사람을 주라'고 지시하고 있다. 심지어 조선은 천민인 장애 노비의 신공과 신역도 면제하

46) 고려시대의 감면세역에 관한 사례는 최창무(2008), pp.82-87을 참조할 것.

47) 호패사목에 의하면, 호패를 나누어줄 때 친척은 촌수를 적고 친척이 아니면 솔정이라 하여 문부에 올리게 되어 있다. 이는 같은 호 안에 기록된 사람으로서 친척이 아닌 자를 의미한다(다음백과).

48) 조선시대 부모의 나이가 많은 경우 부모의 봉양을 위해 국역(國役)에서 면제받은 장정을 일컫는 말.

였다. 『경국대전』에서는 "노비들 가운데서 15살 이하나 60살 이상의 사람이라든지, 네 팔다리 가운데 두 팔다리를 못 쓰거나(독질), 한 팔다리를 못 쓰는(폐질) 사람이라든지, 3명 이상의 자식이 신공을 바치거나 신역을 지고 있다든지, 그런 사람은 신공과 신역을 면제한다"(윤국일 역, 1998: 440-441)라고 규정하고 있다. 또 장애인이 설령 역모죄를 지었다 해도 그 죄를 연좌하지 않았으며, 판결에 있어서 장애 유무를 고려할 뿐 아니라 사형은 유배형으로, 유배형은 태형으로, 태형은 면포를 내고 속죄하는 감형제도를 두었다. 나아가 부모나 배우자, 자식들이 장애인을 정성껏 부양하면, 그 집에 정표하고 포상하는 정려(旌閭)[49] 제도를 실시하였다. 그와 반대로 장애인을 학대하거나 살해하면, 일반 범죄보다 훨씬 무겁게 처벌하는 엄벌제도를 시행하였다. 특히 장애인 살인사건이 발생하면, 그 고을의 읍호(邑號)를 한 단계 강등시키는 최고의 형벌을 부과하였다(정창권, 2011: 106, 133-143).

4) 진대정책

삼국시대의 진대정책

진대(賑貸)란 흉년 시에 백성에게 종자와 곡식을 빌려주고 풍년에 그것을 갚게 하는 제도를 말한다. 말하자면, 정부의 곡식 대여정책이다. 고구려 고국천왕 16년(194)에 시행한 것으로 알려져 있다.[50] 고구려의 진대법은 춘

---

49) 충신(忠臣), 효자(孝子), 열녀(烈女) 등을 기리기 위해 그 동네에 붉은 색 문인 정문(旌門)을 세워 표창하는 것을 이르던 말.

50) 『삼국사기』 「고구려본기」에 이런 기록이 있다. "고국천왕 16년 7월에 서리가 내려 곡식을 해쳐서 백성들이 굶주렸으므로 창고를 열어 진급했다. 10월에 왕은 질양으로 사냥 갔다가 길에서 앉아 우는 자를 보고, "왜 우느냐?" 하고 물었더니 답하기를 "저는 빈궁하여 항상 품을 팔아 어머니를 봉양하였는데 올해 흉년이 들어 품을 팔 데가 없어 한 되 한 말의 곡식도 얻을 수 없으므로 그래서 우는 것입니다"라고 했다. 왕이 말하기를 "아! 내

궁기인 3월부터 7월까지 관의 곡식을 가구 수에 따라 차등 있게 빈궁민에게 대여하였다가 추수기인 10월에 관(官)에 무이자로 환납하게 하는 제도였다. 이는 물론 곡식의 종류와 식량을 각기 식구와 가계에 적용하도록 하여 진대의 양을 정부가 제한한 동시에 진대 환납 시기를 또한 적당히 지정한 것이었다.[51] 고구려의 진대법은 일시적으로 이루어진 것이 아니라 정부의 일정한 계획과 항구적 대책으로서 실시되었고, 국정의 중요한 지위를 점했다는 점에서 큰 의의를 지닌다. 진대는 고려의 의창과 조선의 환곡 및 사창의 효시가 되었다(최익한 지음, 송찬섭 엮음, 2013: 23).

고려의 진대정책

고려는 흑창(黑倉), 의창(義倉), 상평창(常平倉) 등의 구빈기관을 운영하였다. 흑창(후에 의창)은 고려 태조 즉위 초(919) 흉년에 대비할 목적으로 설치한 진대기관이다. 춘궁기에 국가 비축 양곡을 빈민에게 낮은 이자로 대여했다가 추수기에 돌려받는 빈민구제책이었다. 그러나 국가제도가 완비되지 못했던 시기에 설치되었기 때문에 널리 보급되지는 못했다. 그러다 성종 5년(986)에 의창으로 개명되었는데, 의창 역시 흉년에 대비하여 각 도에

가 백성의 부모가 되어 백성들을 여기까지 이르게 하였으니 나의 죄다." 하고는 옷과 음식을 주어 위로하고 어루만졌다. 그리고 서울과 지방의 담당 관청에 명하여 홀아비, 과부, 고아, 자식 없는 늙은이, 늙고 병들고 가난하여 스스로 살아갈 수 없는 자들을 널리 찾아 구휼하게 했다. 그리고 담당 관청에 명하여 매년 봄 3월부터 7월에 이르기까지 관곡을 내어 백성의 가구 다소에 따라 차등 있게 진대를 하고, 10월에 갚게 하는 것을 항례로 삼게 하니 서울과 지방에서 크게 기뻐했다"(『삼국사기』 권 제16, 「고구려본기」 제4).

51) 최창무(2008: 45-51)에 따르면, 『삼국사기』에 기록된 진대에 관한 기사는 총 43건이며, 신라가 28건, 고구려가 10건, 백제가 5건의 기록이 있으나, 대부분 간략하게 기록되어 있어서 무상지급하는 진급인지 유상지급하는 대급인지 정확하게 구별하기 어렵다고 한다. 그는 『삼국사기 및 삼국유사에 나타난 진대에 관한 기록들을 연대순으로 열거해 놓고 있는데, 참고하기 바란다.

설치되었다. 미곡뿐만 아니라 소금이나 기타 생필품도 저장해 두었다가 진휼하였다. 전체 토지 면적에 따라 조(租)를 걷어 저장해 두었다가 흉년이 들면, 그 곡식으로 빈민을 구제하고 가을에 다시 갚게 하는 방식으로 운영되었다. 의창의 저장 곡식은 관곡이었다(이준우 · 김광선, 2023: 179-180).

상평창은 빈민 또는 일반 농민에게 양곡을 대여했다가 추수가 끝난 후 이자를 부쳐 상환받는 물가조절제도로 성종 12년(993)에 설치되었다. 상평창은 국가에서 풍년에는 곡가를 시가보다 비싸게 매입하고, 흉년에는 곡가를 싸게 매출함으로써 곡물의 풍 · 흉작에 의해 백성이 부당한 손실을 보지 않도록 보장해주는 제도였다. 풍년이 들면 국가에서 곡물을 사들여 곡물 가격을 올리고, 흉년에는 곡물을 풀어 곡물 가격을 떨어뜨리는 방식으로 물가를 조절하였다.[52)]

그밖에도 고려에는 비황구제의 중요기관으로서 충선왕 때 설립되고 시작된 유비창과 연호미법 등이 있었다. 상평창과 의창이 유명무실해져 진제(賑濟)의 의미를 상실하였기 때문에 이를 다시 강화하고자 유비창을 설치하고 연호미법을 제정한 것이다. 유비창은 재해로 인한 빈민구제와 물가조절 등 의창과 사창의 기능을 함께 수행하는 복합적인 구빈기관이다. 연호미법은 풍년에 백성들이 가구의 대소에 따라 차등 있게 곡식을 내게 하여 주창(州倉) 혹은 주늠(州廩)이라 불리는 고을 창고에 저장해 두었다가 흉년에 이용하는 것을 목적으로 하였다.

조선의 진대정책

고려시대의 의창과 상평창은 흉년 등 긴급한 상황에 처할 경우에만 운용

52) 포(布) 32만 필로 쌀 6만 4천 섬을 사들여 개경의 시전을 관리 감독하는 관청인 경시서(京市署)에 5천 섬을 비축하고, 나머지는 서경과 주군(州郡)의 창고 15개소에 나누어 보관하여 활용하도록 하였다(이준우 · 김광선, 2023: 180).

되었으나, 조선시대 들어와서는 제도화된다. 태조 1년에 설치된 의창은 그 범위도 전국적으로 확대하여 활발하게 운영되었다. 조선의 의창은 국고의 각종 곡물 중 절반은 보관하고, 나머지는 민간에 무이자로 빌려주어 추수 후에 갚도록 하는 제도였다. 그래서 환곡(還穀)이라 불렀다. 그러나 이 제도는 불행하게도 후일 곡물의 대부에 이자를 부치면서 지방관리들이 백성을 수탈하는 수단으로 악용되었다.[53] 당시에는 지역별로 흉년의 격차가 심했으므로 환곡이 효과를 거두기 위해서는 각 지역에 보관한 곡물을 흉년이 심한 다른 지역으로 이동해야 할 필요가 있었다. 그를 위하여 국토 남북의 교통이 편리한 연안지역에 설치한 것이 교제창(交濟倉, 북쪽), 제민창(濟民倉, 남쪽)으로, 1672년부터 약 70년간(숙종에서 영조) 설치되었다(박광준, 2013: 78).

한편, 조선의 상평창은 세조 3년(1457)에 설치되었다. 『경국대전』의 규정으로 경기에는 상평청, 경기 이외의 지역에는 상평창이 설치되어 각각 그 기본미를 설정하고, 곡물 이외의 포목도 취급하였다. 초기에는 경제적 안정 및 농업발달에 큰 도움이 되었다. 그러나 시간이 지남에 따라 빈번한 재해의 발생과 병란 등으로 인해 자원이 유실되어 지속적인 운영이 곤란해졌다. 결국, 인조 13년(1636)에 진휼청(賑恤廳[54])에 병합되고, 잔여 곡물

---

53) 의창의 설치 당시에는 이자가 없었는데, 태종 17년(1417)에 그 총량이 4백 15만 5천 4백 1섬 2말에 이르렀다. 그러나 이후 점차 대여의 수수료 · 보유 양곡의 자연적 소모량 등 손실을 보충하기 위하여 모곡(耗穀)이라 칭하는 연 1~2할의 이식(곡식으로 이자를 받음)을 징수하였다. 또 의창의 재고량이 부족해지며 이자율이 높아져 구호기관에서 점차 대여기관의 성격으로 변모하였다. 특히 의창을 운영하는 관리들이 아전(衙前)이나 지방의 부호(富豪)들과 결탁하여 사리사욕을 취해 실제로는 백성의 부담이 오히려 커지기만 하여 폐단이 극심하였다(김근홍 외, 2007: 439). 이처럼 환곡은 진휼이라는 취지에서 벗어나 지방관아와 중앙정부의 재원을 충당하는 것으로 변질되었다. 굶주린 백성을 보호하는 기능은 약화되고, 농민을 수탈하는 수단이 되어 버린 것이다.

54) 진휼청은 조선시대에 곡물가를 조절하고 재난을 당한 기민(飢民)이나 재민(災民)을 구제하기 위하여 설치한 관청이다. 조선 초기에 재해 발생 시 임시로 설치되었으나, 중종 20년(1525)에 광흥창 · 풍저창의 곡물과 여타 관고(官庫)의 잉여 곡물을 모아 진휼청을 설치

및 포목 등은 진휼자원으로 사용하였다(김근홍 외, 2007: 438).

의창과 상평창 등 국가의 창제도는 만성적으로 낮은 환수율 때문에 제대로 운영되지 못했다.[55] 일단 대출된 곡물은 흉작 등으로 전량을 회수할 수 없었다. 그래서 새로 발생하는 기민의 구제나 빈민에 대한 곡물의 대여가 어려웠던 것이다. 게다가 의창곡은 이식이 싸서 빈민뿐만 아니라 부호(富戶)도 대출해 가는 실정이었다. 이것은 분명 빈민구제라는 본래의 목적에 어긋나는 것이었다. 이러한 군자곡 감소를 방지하기 위한 개선책으로 사창(社倉)이 거론되었다. 사창은 의창과 목적이 같으며, 의창의 폐단을 시정하기 위한 제도였다. 숙종 10년(1684)에 「사창절목(社倉節目)」을 제정하여 각 도에 반포하였다.[56] 주된 내용은 촌락사회에서 공동으로 기근에 대비하여 곡식을 저장하는 것이다. 사창은 의창과 달리 관에 의존하지 않고 순수하게 사민 공동저축, 상부상조, 연대책임, 사민에 의한 자치적 운영 등을 특징으로 하고 있어 구제의 적절성, 신속성, 편의성을 도모할 수 있었다. 말하자면, 사창은 향촌 자체의 민간 빈민구호기관이었다. 그러나 점차 의창을 통한 환곡의 문란과 다름없이 탐관오리들의 부패 온상이 되기도 했다(김근홍 외, 2007: 439).

결국, 사창은 국가적 고리대 기관으로 성격이 바뀌면서 시행 20년만인 1470년에 혁파되고 말았다. 이후 사창에 대응할 만한 대민 구휼기관이 없어 부활 논의가 제기되었으나, 시행되지 못하다가 고종 4년(1867)에 환곡을 사창제로 운영하면서 재개된다.

한 뒤 상평청과 합쳐 흉년에는 진대(賑貸)와 기민구제를 담당하고, 평상시에는 물가조절 업무를 맡게 하였다. 선혜청(宣惠廳)이 설치되면서 선혜청의 관리 아래 두었다. 17세기 후반에 상설 기구로 자리 잡게 되었으나, 1894년(고종 31)에 갑오개혁으로 폐지되었다(한국민족문화대백과).

55) 조선 상평창제도의 보다 구체적인 실패 원인에 관해서는 박광준(2018), p.267을 참조할 것.

56) 사창절목의 요령은 최익한 지음, 송찬섭 엮음(2013), p.112를 참조할 것.

5) 경조 및 방곡정책

경조(輕糶)는 빈민과 빈궁한 촌락을 조사하여 특정한 범위 내에서 미곡을 매우 싼값으로 방매하는 것이다. 즉, 국고의 곡물을 싸게 팔아서 일반에 양곡이 풍부해지게 공급하여 곡가 폭등을 막고자 했던 것이다.

방곡(防穀)은 경조와 서로 관련이 있는데, 한편으로는 곡물을 싼값에 판매하고, 다른 한편으로는 매점(買占)을 금지시켜 그 효과를 확보하려는 것이다. 방곡은 조정이 임시 명령을 포고하여 지방관으로 하여금 일정 기간 내에 시장을 임검(臨檢)[57]하고 개인의 매매에 간섭하여 다량의 매점을 금지했다. 또 미곡 상인의 가택을 임검하여 다량의 집적(集積)을 막고 소비자에 파는 일을 신속하게 하되, 각지의 산미(産米)가 무역으로 유출되거나 곡물의 상업적 이익을 취하려는 농단이 없도록 하였다(최익한 지음, 송찬섭 엮음, 2013: 24).

6) 보양정책

복지제도로서 보양(保養)이 있었다. 이것은 소위 사궁(四窮)인 환과고독에 대한 보호인데, 부양, 유양, 목양, 양로 등으로 나누어져 있었다(박광준, 2013: 79-80).

부양(扶養)은 친족부양의무의 범위를 규정한 것이었는데, 그 범위는 매우 넓었다. 동거가족은 물론 혈족의 경우는 10촌까지, 인족(姻族)의 경우는 9촌까지, 그리고 3촌까지의 배우자 등으로 규정되었다.

유양(留養)은 부양의무자가 없는 아동을 관청에서 수용 보호하는 것이다. 주로 유기된 아동이나 고아의 보호이며, 고려시대부터 실시되었으나,

57) 행정기관의 직원이 직무를 수행하기 위해 현장에 가서 조사하는 일.

정조 7년(1784년)에 「자휼전칙」[58]에 의해 진휼청의 사업이 되었다.

목양(牧養)은 민가에서 유기아동 등을 보호하는 것이다. 고려시대에는 사찰의 사업이었다. 조선 초에는 민간에서의 수양(收養)을 금하였으나, 자연재해로 인한 기근 발생과 그로 인한 기아 발생에 대비하여 『경국속전(經國續典)』에 민가 수양이 규정되었다.

양로(養老)는 삼국시대 이래의 전통으로, 국왕이 몸소 노인을 공경하는 행위(의복지급, 연회, 장수고령자 우대 등)를 보임으로써 경로문화를 조성하기 위한 사업이었다.

보양과 관련하여 장애인의 경우는 국가에 의해 부양자가 제공되는 시정(侍丁)제도가 마련되었는데, 고려시대에는 혼자 사는 나이든 장애인에게 부양자를 제공했다. 실제 『고려사』에 독질 · 폐질자 등에게 국가가 직접 부양할 사람을 내려주었다는 내용이 나온다. 조선시대에도 장애인에게 부양자를 제공했다는 내용이 『태종실록』 25권과 『세종실록』 57권에 나온다. 조선시대에도 장애를 가진 사람들이 보통의 생활을 영위할 수 있도록 부양자를 제공하였음을 알 수 있다. 나아가 부모나 배우자, 자식들이 장애인을 정성껏 부양하면 그 집에 정표하고 포상하는 정려제도를 실시하였다(정창권, 2011: 106, 120-122).

58) 정조 7년에 제정된 「자휼전칙」은 무의무탁한 사궁의 구제에 관한 진휼청의 구호사업 준칙으로 유기아의 나이 및 구제기관, 구제방법 등 9절목으로 된 내용이다. 이 전칙은 이전의 다른 구휼법령에 비하여 국가의 보호 · 책임을 강조하고 있다는 점이 그 특징이다(하상락, 1989). 「자휼전칙」에 대한 자세한 내용은 박광준(2018), pp.406-427을 참조할 것.

7) 의료정책

고려시대 의료정책

고려시대에는 동서대비원(東西大悲院)을 설치하여 빈곤자의 의료를 시행하였다. 동서대비원은 환자의 치료뿐만 아니라 기한자(飢寒者), 무의무탁자까지 수용하는 구제기관이었다. 관의 곡식 · 의복 · 약품을 이용하여 병자, 빈민, 고아, 노인, 장애인, 걸인 등을 대상으로 한 의료 · 급식사업과 환과고독 등을 대상으로 한 수용 · 진휼 사업이 주를 이루었다. 질병 치료를 통한 장애예방은 물론 다른 빈민과 함께 장애인을 수용한 발전된 일면을 보여주었다(임안수 · 송영욱, 1997: 80).

> 문종 3년(1048) 6월에 유사(有司)에 명하여 질병, 기근자를 동서대비원에 집합하여 구휼케 하였고, 인종 5년 3월에 왕이 국정을 쇄신하는 조서를 공포하였는데, 그중 하나가 제위보와 대비원에 축적을 많이 하여 질병을 구제케 하였고, 동왕 9년 3월에 동서대비원과 제위보로 하여금 민질(民疾)을 구제케 했다. 충숙왕 원년에 80세 이상의 독 · 폐질자를 동서대비원에 모이게 하여 양호케 하였으며, 동왕 3년에는 동서대비원 녹사에게 개성부의 유비창의 곡식을 받아 질병을 양호케 하였다. 동왕 12년 10월에는 동서대비원을 다시 수리하여 질병을 치료케 하였다(『고려사』 권17; 임안수 · 송영욱, 1997: 80에서 재인용).

동서대비원은 무신정권과 몽고의 침입으로 그 기능이 축소되었다. 충숙왕 12년(1325)에 혜민국 · 동서대비원을 수리하여 다시 질병 치료에 나서도록 했으나 큰 효과를 거두지 못하였고, 결국 공양왕 3년(1391)에 폐지되었다.

그 후 예종의 혜민국(惠民局)과 공양왕의 혜민전약국(惠民典藥局) 등이 설치되어 구제사업을 관리했다. 예종 7년(1112)에 설치된 혜민국은 의약과 질병을 치료하기 위한 국립 구료기관이다.[59] 혜민국은 천재지변이나 기근 · 전염병 등 재해를 당한 빈민 환자들을 대상으로 의료 · 시약 및 구호 · 의식 급여를 담당할 목적으로 설립되었다. 공양왕 3년(1391)에 혜민전약국으로 개칭되었다. 의학을 공부하여 의관이 되려는 자를 교습하기도 했다. 판관 4인의 직관을 두고 본업과 산직(散職: 일정한 직무가 없는 벼슬아치)의 차등적 직제를 편성했으며, 충선왕(1309~1313) 때에는 혜민국을 사의서(司醫署)[60]의 관할하에 두었다(김근홍 외, 2007: 431). 조선 개국 후에도 유지되었다.

한편, 광종 14년(963)에는 제위보(濟危寶)가 운영되었다. 제위보는 빈민과 행려자를 대상으로 구호와 치료를 행한 재단법인격의 기관이다. 보(寶)는 기본재단(基本財團)의 이식(移息)으로써 그 사업을 영구히 계속할 수 있는 관설재단(官設財團)의 공용 명칭이었다. 제위보는 구료정책(救療政策)을 실행하는 상설기관으로서 원래 일반 서민에 대한 진휼 · 시식 등의 구제사업과 공익 및 육영사업을 목적으로 설립되었다. 설립 당시 국가로부터 받은 미곡과 기타 고정된 기금을 원금으로 거치한 후 그 이자로 구제했다. 그러나 후기에 이르러 본래의 기능을 다하지 못하고, 고리대 기관으로 변질되어 갔다. 결국, 그 기능이 유명무실해져 공양왕 3년(1391)에 폐지되었다. 조선시대에 제생원으로 부활했다가 혜민국에 흡수되었다(최창무, 2008: 72).

그 밖에도 예종 4년(1109)에 비상설 기구로 설치된 구제도감(救濟都監)이 있었는데, 개경의 백성들 사이에 대기근과 전염병이 유행하자 환자를 치료하고 죽은 사람을 매장하는 일을 맡기기 위해 설치한 기관이었다. 상설 구빈기관인 대비원이나 제위보로 감당하기 어려울 때 임시로 설치되었던 기

59) 상약국은 왕과 왕실의 의약을, 태의감은 관리들의 치료를 담당했던 관청인 데 반해, 혜민국은 서민들을 위해 설치된 의약시설이었다.

60) 고려시대 의약과 치료에 관한 일을 맡아보던 관아로 충렬왕 34년(1308)에 태의감(太醫監)을 사의서로 변경하였으며, 공민왕 때는 전의시로 고쳤다.

관이다. 그리고 우왕 7년(1381)에 설치된 진제색(賑濟色)은 이 기관의 후신이었다(최익한 지음, 송찬섭 엮음, 2013: 18).

조선시대 의료정책

조선시대에는 고려의 대비원제를 답습하여 태조 원년(1392년)에 동서에 활인서(活人署)를 설치하였다. 동서활인서는 태조 때 고려의 동서대비원을 본받아 한양 동부와 서부(현 돈암동과 아현동)에 설치하여 가난한 환자를 치료했다. 처음 동서대비원에서 태종 14년(1414)에 동서활인서로 개칭되었다가, 고종 19년(1882)에 폐지되었다. 주업무는 전염병 환자 치료였다. 전염병이 심하면 활인원 주위에 임시건물을 설치해 환자들을 격리수용시켜 치료했다. 부속시설로 오늘날 한증막이나 찜질방에 해당하는 한증소(汗蒸所)를 두어 질병 치료에 이용했다. 한증소에는 전의감, 혜민원, 제생원 등에서 두 명의 의원을 파견, 병세 진단 후 땀을 내게 했다. 또한, 죄수들이 병이 나면 그 형벌을 감하고, 동서활인원에 옮겨 치료하게 했다. 각도 지방 감사에게 죄수의 질병 방지 규정을 내리기도 했다(임안수 · 송영욱, 1997: 83).

세종 17년(1435)에 도성 내의 병든 노비와 경외의 병든 행걸인을 활인원으로 송치하여 구제케 하였고, 동왕 18년에는 진제장의 기민 중에서 병자를 동서활인원으로 보내어 구제케 하였다. 그런데 활인원의 환자가 너무 많아 구료가 소홀하게 되어 사망자가 늘어나게 되자, 왕은 진제장 곁에 건물을 증축하여 환자들을 그곳에 유치 · 수용케 하고, 무녀 · 노비들로 하여금 구호하도록 했다(『세종실록』 권75; 임안수 · 송영욱, 1997: 83).

이러한 의료 · 의식 외에 동서활인원은 장애인을 보호 · 수용했던 기관이기도 했다. 예를 들면, 세조 3년에 장애인을 수용할 기관이 없으므로 동서활인원에서 수용하게 한 기록이 있다(임안수 · 송영욱, 1997: 83).

> 잔질(殘疾), 독질로서 더욱 의탁할 곳이 없는 자와 맹인을 위해서 이미 명통시를 설립하였고, 농아와 건벽(앉은뱅이) 등을 한성부로 하여금 널리 보수(保授)를 찾고 동서활인원에서 후히 구휼하되 매 절계(節季)마다 계문하게 할 것. 이 사항을 해당 관산에 알리도록 하라(『세조실록』 권9).

또한, 세조 12년(1466) 호조에서 대 · 소맥이 이제 성숙하였으니 동서활인원에서 구제해 오던 기민 중에서 맹인을 제외하고는 모두 놓아 보내게 건의한 것(『세조실록』 권38)으로 보아 동서활인원에서는 일반 기민보다 장애인을 우선하여 구호했음도 알 수 있다(임안수 · 송영욱, 1997: 83).

그 후 의서의 편찬이나 약물조사, 여자 의사의 양성을 위한 제생원(濟生院)이 태조 6년(1397)에 설치되었는데, 숙종 때 혜민서가 설립되어 제생원에 대신하고 일반 백성의 치료를 맡겼다.[61] 역시 숙종 때 구료기관으로서 월령의(月令醫)가 설치되었다. 월령의는 공의(公醫)[62]로서 특정 개업의에게 급여를 지급하고 일반 서민의 의료에 종사하게 한 것이다.『경국대전』의「예전」,「혜율」규정에 의하면, '병을 앓고 있는 사람이 긴급히 의원에게 구원을 청하면 즉시 월령의를 보내어 치료해야 하며, 그렇지 않을 때에는 환자의 집에서 신고하게 하여 죄를 다스리도록 한다고 규정되어 있다(최익한 지음, 송찬섭 엮음, 2013: 29-30; 박광준, 2013: 80). 또한,『경국대전』은 삼국이나 고려시대처럼 흉년이 들면 장애인을 포함한 모든 백성들을 구휼할 뿐만 아니라, 아픈데 의약이 없는 사람에게는 관에서 의원과 약을 제공해

---

61) 태조 1년(1392) 7월 관제 제정 때 고려의 제도를 계승하여 혜민국을 설치하고, 1397년 8월 제생원을 설치하여 혜민국과 함께 해마다 향약재를 각 도에서 수납했다. 세조 6년(1460) 5월 제생원을 혜민국과 합치고, 1466년 1월 관제 개정 때 혜민국을 혜민서로 개칭했다. 고종 19년에 이것이 폐지되고, 광무 3년에 광제원(廣濟院)이 설치된다.

62) 공의는 오늘날 의사가 없는 지역에 배치해 환자의 진료, 방역, 환경 위생 개선, 국민보건 업무에 종사하는 의사를 말한다. 1914년부터 시행되었다(최익한 지음, 송찬섭 엮음, 2013: 30).

주도록 규정했다(윤일국 역, 1998: 262). 이처럼 조선시대에는 병을 앓고 있는 사람이 도움을 요청하면 혜민서 의원을 보내 치료해 주고, 약을 살 수 없는 사람에게는 관에서 약을 제공했던 것이다.

8) 고조와 인보부조

고조

고조(顧助)는 조선시대부터 시작된 사업으로 종친이나 사족(士族)의 관혼상제를 지원하고 규정하는 사업이었다. 특히 혼인과 장제 지원을 하였다. 『경국대전』「예전」의 '혜휼(惠恤)' 규정에는 "관리 집안의 딸로서 30이 가깝도록 생활이 어려워 시집을 가지 못한 사람은 임금에게 보고하여 혼인 비용을 보내준다. 빈곤하지 않음에도 30세가 넘도록 시집보내지 않고 있을 때는 가장을 엄중히 처벌한다"라고 규정하고 있다. 그러나 이 규정은 조선 중기 이후 조혼이 일반화되면서 사문화되었다고 한다(박광준, 2013: 81). 그리고 『속대전』에는 궁핍하여 기일이 지나도 장례를 치르지 못하는 자에게는 장례비를 지급할 것과 전염병으로 전 가족이 사망하면 관에서 장례를 치러주도록 규정하고 있다(김근홍 외, 2007: 442).

인보부조

인보부조(隣保扶助)는 우리나라에서 가장 오래된 민간구제의 한 형태이다. 인보(隣保)는 촌락의 상부상조사업이다. 계, 두레, 오가통, 향약 등이 대표적이다(김근홍 외, 2007: 443; 박광준, 2013: 81).

계는 동지결합, 통리단결, 동문동족의 상호부조, 애경사시 상부상조 등에 민간조직으로서 널리 활용되었다. 두레는 농사일 등을 협동하기 위해 마을 단위로 조직된 농민공동체이다.

오가통은 조선 세조 때 실시되었는데, 하급 지방 행정구역을 일정 호수(5가구를 1단, 즉 통을 조직)를 표준으로 세분화하여 그 구역 내에서 인보상조 및 연대책임을 지게 했던 일종의 지방자치체이다. 각 통에 통주(統主)를 두었고, 5개의 통에 이정(里正)을 두고 통솔하게 하였다(『경국대전』「호전」). 그러나 실제 시행에 있어서는 제역할을 하지 못하다가 숙종 원년(1674년)에 「오가작통사목(五家作統事目)」이 제정되면서 전국적으로 실시되었다.

향약은 마을 주민들이 자치적으로 정한 규약에 따라 형성된 향촌의 지역적 자치단체 조직을 말한다. 1600년경 율곡 이이의 제안으로 시행된 향약은 인보의 대표적인 것이다.

제2장

개화기의 장애인복지

1867~1910

제2장
개화기의 장애인복지

1. 장애인의 역사

1) 시대적 배경

정치 · 경제적 배경

개화기는 보통 1876년 개항부터 일제에 의해 조선이 강점된 1910년까지의 시기를 일컫는다. 전근대적 사회로부터 근대적 사회로의 전환이 시작되는 시점을 개항으로 볼 수 있다. 1876년 조선은 일본과 불평등한 강화도조약을 체결하면서 문호를 개방하였다. 그리고 미국을 비롯한 서양의 여러 나라와도 수교하였다.[1] 이로써 조선은 세계 자본주의적 질서에 편입되었다. 문호를 개방한 조선정부는 자주 국가를 유지하면서 근대화를 이룩하고자 하였다. 조선정부는 외국 문물을 받아들여 개화정책을 추진하였고, 개화파를 비롯한 여러 세력이 다양한 근대화 운동을 추진하였다. 정부는 개화정책 추진기구로 통리기무아문을 설치하고, 신식 군대인 별기군을 창설하였으며, 선진 문물을 받아들이기 위해 외국에 사절단을 파견하였다. 또

1) 조선정부는 1882년 미국, 1883년 영국 · 독일, 1884년 이탈리아 · 러시아, 1886년 프랑스 · 오스트리아 등과 통상조약을 잇달아 체결하게 된다.

한, 육영공원, 배재학당, 이화학당, 원산학사 등 근대식 학교들을 설립했으며, 최초의 근대 신문인 『한성순보』를 발간했다. 그리고 건축과 전기, 통신[2]과 교통 등을 도입하였다. 이에 사람들의 생활양식이 크게 변하였다.

하지만 이에 따른 재정수요가 폭발적으로 증가하면서 정부의 재정상태는 극도로 악화되어 갔다. 조선은 경제적으로나 재정적으로 약한 정부였고, 양반세력을 완전히 장악하지 못했다는 점에서 정치적으로도 약한 국가였다. 국제적으로는 무력한 국가였지만, 국가는 국내의 다른 세력이 정치세력으로 성장하는 것을 억제하고 탄압할 만한 권력은 여전히 가지고 있었다. 백성의 삶을 윤택하게 하기에는 턱없이 약한 권력이었지만, 정치 질서에 도전하는 세력을 견제하고 파괴할 수는 있었다(박광준, 2013: 105).

이 시기 민중의 생활은 극도로 피폐했다. 삼정(三政)의 문란(紊亂)은 이 시대의 사회상을 적나라하게 보여준다. 그것은 국가의 재정을 떠받치는 전정, 군정, 환곡을 둘러싼 부정부패가 극심했다는 의미이다.[3] 그 본질은 정부 관리에 의한 민중의 무자비한 수탈이었다. 그뿐만 아니라 민중은 외국 상인들의 경제침탈로 극심한 고통을 겪어야 했다. 특히 개항 이후 조선에 진출한 일본 상인들은 면제품을 수출하고 곡물을 수입해 갔는데, 이로 인해 쌀값이 폭등하였고, 임오군란[4] 이후 청 상인도 조선에서 활동하여 국내

---

2) 1896년 서울과 인천 간에 최초로 전화가 개통되었다. 1902년 대한제국 통신원은 한성 전화소에서 서울 시내 전화 교환 업무를 시작하였다.

3) 당시의 세도정치하의 지배계급은 그 수탈의 정도가 극에 달했는데, 그들은 전정, 군정, 환곡이라는 세 가지 제도를 구실로 다양한 방법으로 민중의 피땀을 가로채 갔다. 전정(田政)이란 원래 땅에 대한 세금을 걷는 것을 말했다. 군정(軍政)이란 국방의 의무를 지는 것을 말하는데, 군대에 안 가는 대신 베를 장정 한 사람당 두 필씩 내게 했다. 그런데 지배계급은 장정은커녕 젖먹이 어린애에게도 군포를 씌우는 황구첨정(黃口簽丁), 이미 죽어 백골이 된 사람들까지 등록하여 군포를 수탈하는 이른바 백골징포(白骨徵布) 등의 파렴치한 수법까지 동원하였다(이성광, 1991a: 57).

4) 1882년(고종 19년) 7월 23일(음력 6월 9일) 구식 군대가 근대식 신식 군대인 별기군과의 차별 대우에 항의하면서 정부를 상대로 일으킨 군란(軍亂)을 말한다. 구식 군대의 군인들

상인들은 큰 타격을 입었다. 아관파천(1896) 이후에는 열강의 이권침탈이 본격화되었다.[5] 사회개혁에 대한 요구와 외세에 대한 반감이 높아지는 가운데 평등사상과 외세 배척을 외치는 동학이 농민들 사이에 널리 퍼졌다.

한편, 일본은 1894년 청일전쟁에서의 승리를 계기로 경복궁을 점령한 후 새로운 정부를 구성하여 개혁하도록 강요하였다. 그리하여 새 정부는 군국기무처[6]를 중심으로 개혁을 추진하였는데, 이를 갑오개혁(1894)[7]이라고 한다. 갑오개혁으로 인해 궁내부를 설치하여 왕실 사무를 총괄하게 하였고,[8] 국정 업무는 내각(의정부)에 집중되었다. 과거제를 폐지하여 신분을 차별하지 않고 인재를 등용할 수 있도록 하였다. 왕실과 국가재정을 분리하고, 재정과 관련된 모든 사무를 탁지아문(度支衙門)이 맡도록 하였다. 문벌과 계급을 타파하고, 노비제도를 폐지하였다. 이로써 봉건적인 신분제가 폐지되었다.

고종은 실추된 군주권을 회복하고자 1897년 대한제국의 수립을 선포하고, 구본신참(舊本新參)의 원칙에 따라 점진적인 개혁을 추진하였다. 이때 국가재정을 늘리기 위해 양전 사업을 실시하고, 근대적 토지 소유 문서인

에게 봉급 대신 지급된 쌀을 선혜청 관리들이 착복하는 사건이 발생하게 되고, 이에 불만을 품은 구식 군대 군인들이 무장폭동을 일으킨 사건이었다. 이를 계기로 고종 친정 이후 실각한 대원군이 다시 집권하게 되고, 또 한편으로는 청나라가 조선에 군대를 파견하여 임오군란을 진압함으로써 청의 내정간섭이 시작되었다.

5) 이권침탈은 상품의 형태가 아닌 권력적 형태로 이루어진 국내자원의 유출이었다. 철도부설권, 항구조차권, 광산채굴권, 산림채취권, 통신가설권 등 한국 내의 유무형 자원의 동원 및 이용권한을 외국인들이 가져감에 따라 조선의 주요한 사업이 속속 외국의 자본가 손으로 넘어갔다(안상훈 외, 2005: 34).

6) 군국기무처는 갑오개혁 때 최고 정책을 의결한 기구이다. 총 40회의 회의를 열었으며, 약 210건의 안건을 심의하여 통과시켰다.

7) 1894년(고종 31년) 음력 7월 초부터 1896년(고종 33년) 2월 초까지 군국기무처의 개화파 관료들에 의해 추진된 조선의 서구화 · 근대화 개혁으로 정치, 경제, 군사, 법률, 사회의 전 분야를 망라하는 넓은 범위의 개혁이었다. 총 2차례에 걸쳐 개혁이 이뤄졌다.

8) 궁내부를 설치한 것은 왕실이 의정부 업무에 관여하지 못하게 하여 왕권의 약화를 노린 것이다.

지계를 발급하였으며, 상공업 진흥정책을 추진하였다. 그리고 외국에 유학생을 파견하고 학교를 세워 인재를 양성하는 등 부국강병을 도모하였다.

한편, 만주와 한반도를 둘러싸고 러시아와 대립하던 일본은 러일전쟁(1904)에서 승리했다. 일본은 1905년 을사늑약을 강제로 체결하여 대한제국의 외교권을 빼앗고 통감부를 설치하여 내정 전반을 간섭하였다. 고종은 을사늑약의 부당성을 국제사회에 알리기 위해 만국 평화회의에 특사를 파견하지만, 일본은 이를 구실로 고종을 퇴위시켰다. 이후 군대를 해산하고 사법권과 경찰권마저 빼앗은 일본은 1910년 8월 대한제국을 강제로 병합하였다. 이로써 대한제국은 주권을 빼앗기고 말았다.

사회적 배경

조선이 세계 자본주의 질서에 편입됨에 따라 기존 농업 중심의 산업구조는 점차 붕괴되기 시작했다. 농민들은 도시로 유입되었고,[9] 자연스럽게 도시빈민으로 변모해 갔다. 또한, 재난에 의한 기근과 빈번한 전염병은 백성들의 생명을 위협했다. 겨울철 동상에 걸리거나 콜레라, 천연두(두창), 장티푸스 같은 전염병은 장애의 원인이기도 했다. 이에 따라 개화기에는 전통적인 구제대상이었던 환과고독과 함께 도시빈민문제와 위생문제가 사회문제로 대두되었다.

조선 후기 사회의 가장 큰 보건의료문제는 바로 전염병이었다. 여름과

---

9) 1900년 전후 대부분의 농촌 지역은 토지에서 완전히 축출되어 노동력을 품 팔아 먹고사는 농업 노동자가 전체의 10~20%였고, 빈농층이 60% 안팎이었다. 당시 농촌사회는 70~80%에 이르는 빈민층이 축적되어 있었던 상황이었다. 이들은 토지는 부족하고 인구는 많은 실정에서 지주의 땅을 빌려 소작하기도 어려웠고, 머슴살이나 날품을 팔 기회도 제한되어 있었다. 이는 토지와 고용기회가 절대 부족한 실정에서 빈민층을 농촌에서 축출시키는 인구 압력으로 작용했다. 특히 20%에 육박하는 농업 노동자층은 언제라도 농촌을 떠나게 될 잠재적 과잉인구였다(하원호, 2005: 24).

가을이 되면 전염병이 유행하여 수많은 사람이 사망하였다(신동원, 1997). 이렇듯 개항 이전부터 조선에서는 콜레라, 두창(痘瘡, 천연두)과 같은 전염병이 단순히 의료적 측면에서만의 문제가 아니라 사회문제로 대두되었다. 전염병이 유행하면 별다른 치료법은 없었고, 다만 민중들의 굶주림을 달래는 차원에서의 지원이 이루어졌다. 정부는 '진제소(賑濟所)'를 설치하여 전염병 유행 시 병자에게 토막을 지어 양식을 주도록 하였지만, 이것이 병의 전염을 더 부추기는 결과를 낳기도 하였다(이희진 외, 2012: 97-98).

또한, 동서활인서라는 역병 전문 구료기관이 있었음에도 전염병자의 치료보다는 기민들에게 최소한의 영양을 공급하여 단지 기근으로 사망하지 않도록 하는 역할을 할 뿐이었다. 전염병은 병이 아니라 재앙으로 생각하였기 때문에 종교적으로 대응하기도 했다. 예를 들면, 여제(厲祭),[10] 성황제(城隍祭),[11] 산신제(山神祭), 양재제(穰灾濟), 수륙재(水陸齋) 등이 있었다.[12] 하지만 전염병을 완전히 소멸시킨다는 생각은 하지 못하였고, 그 때문에 항상 삶의 곁에는 고통스러운 역병의 존재를 둘 수밖에 없었다(신동원, 1997: 27-28; 이희진 외, 2012: 98-99).

이때는 조선의 근대화에 관한 관심이 개화파 관료들에게 퍼지기 시작하던 시기였기 때문에 국가와 국민에 대한 관점과 시각에도 변화가 나타나기 시작했다. 빈곤에 대한 관점이 개인의 도덕적인 문제가 아니라 사회적 차원의 것임을 인식하기 시작했던 것이다. 따라서 빈곤의 문제를 국가적

---

10) 여제(厲濟)는 나라에 역질이 돌 때 여귀에게 지내던 제사를 말한다. 봄철에는 청명에, 가을철에는 7월 보름에, 겨울철에는 10월 초하루에 지냈다(『국립국어연구원 표준국어대사전』, 1999).

11) 성황제(城隍濟)는 읍치(邑治) 또는 지역, 마을 공동체 단위로 성황신에게 행하는 제의를 말한다(국립민속박물관 한국민속신앙사전 마을신앙 편, 2009).

12) 전염병에 대한 종교적 혹은 민간 신앙적 대응책은 변정환, 「조선시대의 역병에 관련된 질병관과 구료시책에 관한 연구(3)」, 『동서의학』 10(3): 32-40, 1985; 신동원, 『한국근대보건의료사』, 한울아카데미, 1997을 보면 자세히 알 수 있다.

차원에서 해결해야 한다는 주장이 나타나기 시작했다. 근대적 개념의 국가와 정부의 체계를 갖추게 되면서 백성을 피지배계층으로 인식하고, 국가 유지를 위하여 그들의 생활 안정을 위해 구빈정책이 필요한 것을 인식했던 것이다(최창무, 1992: 29; 양옥경, 2014: 258).

2) 장애인의 삶과 사회적 인식

개화기 장애의 명칭과 유형

조선시대 장애인은 공식적인 기록에선 잔질, 폐질, 독질이라 했고, 민간에서는 '병신'이라 부르곤 했는데,[13] 개화기에도 이러한 명칭은 한동안 계속 사용되었다. 이는 다음의 신문기사들에서 볼 수 있다.[14]

> 하나는 각도의 인민 가운데 홀로 되고 가난하고 잔질(장애)이 있음에도 누가 기르고 구원해줄 사람이 없는 자는 해당 지방관이 별도로 어루만지고 구휼하여 살 곳을 잃지 말게 하라(『독립신문』, 1899. 12. 1).

> 조칙을 법부에서 받들어 감옥에서 중역 죄인 중 나이 70세 이상과 폐질(장애)이 된 사람을 풀어주되 그 사람의 성명을 다른 종이에 기록하여 올리라(『독립신문』, 1897. 1. 12).

> 제79조. 죄를 함께 지었을 때 조의(造意)한 자와 지휘한 자와 하수한 자가 있으면 조의한 자를 수범(首犯)으로 논한다. 단, 가족이 공범인 경우에는 존장을 수

13) 다만 유의할 점은 이때의 병신이란 용어는 오늘날처럼 조롱이나 비하, 욕설의 의미보다는 주로 질병의 의미로 사용되었다는 것이다.

14) 이 신문기사들은 정창권(2019), pp.117-119에서 재인용하였음을 밝힌다.

범[15]으로 하되, 만약 존장이 80세 이상이거나 독질(장애)이거든 차존장을 수범으로 논하고 남에게 침해한 자는 수범과 종범[16]을 똑같이 논한다(『황성신문』, 1905. 6. 7).

그런데 개화기부터 '불구자'라는 용어가 조금씩 사용되기 시작했다. 다음의 신문기사를 살펴보자.

> 나는 본래 병신으로 아무것도 모르는 하나의 개나 돼지와 같은 사람이었으나, 근일에 읍내에서 학교를 설립하여 인재를 양성해서 후일 국가에 유용한 재료를 제공한다는 소식을 듣고 내 마음에 대단히 기뻐서 즉시 나아가 수업을 받고자 하는 의사가 있었소. 하지만 일개 신체불구자로 10년 공부하는 것보다 양반 자제나 재능 있는 아동의 1년 공부하는 것이 더욱 나을 것 같아 생각을 고쳐먹고 식재료를 영업하여 밥값을 제외한 나머지가 매일 10전이라. 5일을 저축한 50전을 기부하여 경비에 조금이라도 보탬이 되고자 하나니…(『황성신문』, 1909. 5. 9).

불구자는 '후구샤(不具者)'란 근대의 일본어에서 온 말로 '~을 갖추지 못한 사람'이란 뜻이다(이요한, 2009: 10-11). 그것이 개항 이후 우리나라에 들어와 장애인을 부르는 말로 사용되기 시작했다. 그러다 일제강점기에 이르러서는 전통적인 잔질, 폐질, 독질이란 용어 대신에 불구자가 널리 사용되었다. 특히, 신체장애와 정신장애, 기타 장애 등 각종의 장애인들을 두루 불구자로 표현하곤 했다. 불구자란 용어에 대해서는 다음 장에서 자세히 살펴보기로 한다.

개화기의 장애 유형은 이 시기의 풍자소설인 『병인간친회록』[17]에 비교

---

15) 공동으로 죄를 범한 경우 발의 및 주모한 자.

16) 형법에서 남의 범죄 행위를 도움으로써 성립하는 범죄 또는 그 범인.

17) 『대한민보』 제58호(1909년 8월 10일)부터 제101호(1909년 10월 21일)까지 연재된 소설이다.

적 잘 나타나 있다. 이 작품에 등장하는 시각장애인으로는 장님, 애꾸눈, 청맹과니(겉으로 보기엔 멀쩡하나 실상은 눈이 보이지 않는 사람), 청각장애인으로는 귀머거리, 언어장애인으로는 벙어리와 반벙어리, 지체장애인으로는 절름발이, 곰배팔이(한쪽 팔을 쓰지 못하는 사람), 앉은뱅이, 난장이, 곱사등이, 육손이(손가락이 여섯 개인 사람), 육발이(발가락이 여섯 개인 사람), 안면장애인으로는 언청이 등이 있다. 또 특이하게도 당시에는 배부장이(배가 불룩하게 나온 사람), 혹부리(얼굴에 혹이 달린 사람), 대머리, 무턱이(턱이 없는 사람) 등도 장애인으로 보았다고 한다(정창권, 2019: 38). 명칭만 달랐을 뿐 오늘날 우리가 볼 수 있는 모든 장애인이 존재했음을 짐작할 수 있다.

개화기 이후 장애인의 삶의 변화

개화기 이후 사회의 급속한 변화로 인해 장애인들의 삶의 기반은 점점 흔들리기 시작했다. 앞장에서 살펴보았듯이, 조선 전 · 중기만 해도 장애인 복지정책은 나름대로 선진적으로 시행되었다. 하지만 조선 후기, 특히 말기로 갈수록 그러한 장애인복지정책은 제대로 시행되지 않았다.[18] 그래서 장애인의 처지는 날이 갈수록 열악해져 갔고, 사회적 인식도 점차 나빠져 갔다. 특히, 구한말 장애인은 불안정한 시대 상황 속에서 여타 국민들보다 훨씬 심한 고난을 겪을 수밖에 없었다. 또 근대화로 인해 기존 장애인의

18) 구선정(2024: 122)에 따르면, 『병인간친회록』에서 장애인에 대한 교육제도나 복지정책이 제대로 시행되지 않았음을 거듭 강조하고 있다. 『병인간친회록』의 장애인들은 교육은커녕 시각장애인이 그나마 할 수 있는 점복조차 미신 타파의 목적으로 조롱과 금지를 당해할 수 없는 상황에 놓인다. 실제로 당시 사회는 근대화를 이룬다는 명목으로 점복이나 독경을 하는 판수를 폭행하고 경무청에서 붙잡아갔다. 이렇게 장애인들은 나라의 위기 상황과 근대화 속에서 일자리마저 빼앗기며 실업자 신세가 되는데, 『병인간친회록』은 당시 사회가 장애인에게 관직이나 직업도 주지 않고 교육도 제대로 하지 않은 상황을 사실적으로 그려낸다.

직업도 급속히 사라져 갔다. 과학기술의 발달과 산업화로 인해 그동안 장애인이 해오던 망건짜기나 그물짜기, 안경수리 등이 쇠퇴하였다(정창권, 2005: 181-195; 2016: 121).

급격한 변화의 소용돌이 속에서 시각장애인은 특히 어려움을 겪은 것으로 보인다. 이 시기 전차가 도입[19]됨에 따라 전차사고로 지체장애를 입는 경우가 발생했는데, 특히 시각장애인이 자주 당했다고 한다. 전차 선로와 인도가 명확히 구분되지 않아 혼자서 길을 가던 시각장애인이 전차에 치이곤 했던 것이다(정창권, 2019: 43). 그뿐만 아니라 신문이나 교과서 등 인쇄 매체의 활성화와 문자를 통한 정보활동의 양이 증가할수록 시각장애인은 근대적 교육 기회의 수혜로부터 소외되었다. 전통사회에서 세계에 대한 일종의 해석자 역할을 했던 판수[20]는 각종 매체와 교통의 발달로 인해 과학적 지식과 정보가 체계적으로 유포되면서 그 역할을 잃게 되었다(주윤정, 2020: 112). 개화기에 이르러 판수는 무당, 풍수 등과 함께 혹세무민(惑世誣民)한다고 비난받았다(『독립신문』, 1896. 5. 7.; 정창권, 2016: 125). 심지어 근대화를 이룬다는 명목으로 점복이나 독경하는 판수를 폭행하고, 또 경무청에선 그들을 붙잡아가기도 하였다(구선정, 2024: 122). 소위 '문명개화'의 관점에서 볼 때, 판수는 척결해야 할 대상으로 간주되었던 것이다(주윤정, 2020: 43). 서양종교의 유입으로 판수들이 주로 해오던 점복이나 독경도 미신 타파의 대상으로 전락하였고, 결국 판수들은 직업을 잃고 점점 실업자로 전락해 갔다.[21]

---

19) 동양에서 최초로 서울에 전차가 다니기 시작한 것은 1899년 5월로 알려져 있다. 처음에는 서대문-청량리를 왕복하는 전차가 개통되었고, 그해 12월에는 종로-남대문-용산 노선이 개통되었다고 한다(정창권, 2019: 42).

20) 조선시대 시각장애인은 주로 점복과 독경으로 생활을 영위했고, 그들을 일컬어 '판수'라 했다. 그들은 점을 쳐서 미래를 예언하거나 경(經)을 읽어 귀신을 쫓아내는 독경을 하곤 했다.

장애인에 대한 이중적 시선

개화기 장애에 대한 인식은 동정의 시선과 학대 및 멸시의 시선이 공존했다. 조선시대에는 장애인을 '병신', 즉 병이 들거나 아픈 사람으로 보았다. 그래서 사람들은 장애인을 불쌍하고 측은하게 여기면서 어떻게든 도와줘야 한다고 생각했다. 이러한 인식은 근대 개화기에 이르러서도 계속 이어졌다. 개화기의 풍자소설 『병인간친회록』의 서두에는 당시의 장애인에 대한 동정적 인식이 잘 나타나 있는데, 정창권(2019: 120)은 해당 부분을 현대어로 다음과 같이 옮기고 있다.

> 일신이 영락하고 생애가 참담한 자들은 오직 불쌍하고 측은한 갖가지 병신들이라. 병신으로 말하면 배냇병신이든지 초년병신이든지 종년병신이든지 어느 누가 병신 되기를 즐겨 되었으리요. 조상의 유전이나 본인의 죄나 하늘의 명하심이라.

이처럼 개화기에도 장애인은 불쌍하고 측은한 존재로 여겨졌다. 또 유전이나 죄, 하늘의 명으로 장애를 입은 것으로 보았다. 하지만 한편으로는 아무리 장애인이라 할지라도 배워서 직업을 갖고 자립해야 한다고 여겼다.[22)]

---

21) 이러한 상황은 작가 미상의 개화기 단편소설 「소경과 앉은뱅이의 문답」(1905년 11월 17일~12월 13일)에 잘 나타나 있다. 이 작품에 등장하는 소경은 곧 판수인데, 이전에 그는 "문수(問數)!" 하고 소리치고 돌아다니면 이집 저집에서 불러들여 점복과 독경을 해달라고 해서 하루에 못 벌어도 30~40냥은 벌었다고 한다. 하지만 이젠 다리에 못이 박히도록 돌아다녀도 서너 푼도 못 버니 도무지 살 수가 없다는 것이다. 게다가 경무청에서 무당과 판수를 엄금한 탓에 자신들은 죽는 것밖에는 다른 방도가 없었다고 한다(서형범 엮음, 2010: 19-36).

22) 당시 『황성신문』 기사를 보면 다음과 같다. "일리(一里), 일촌(一村)에도 숙당(학교)이 없는 곳이 없게 하여 전국에 역부와 농부, 거지, 폐질이라 할지라도 배우지 않는 사람이 없게 해야 한다"(『황성신문』, 1904. 4. 13.; 정창권, 2019: 52에서 재인용). "위생관념을 전국에 보급케 하여 환과고독과 폐질이라 할지라도 각기 스스로 구호하고 양육하여 실업(實業)에 나아가게 하자 하였다더라"(『황성신문』, 1904. 12. 27.; 정창권, 2019: 52에서 재인용).

그리고 어려움에 처한 장애인이 있으면, 국가가 직접 나서서 구휼하도록 했다. 실제로 임금도 장애인에게 구휼을 실시하도록 자주 지시했다.[23)]

한편, 근대 전환기 장애인에 대한 인식을 잘 엿볼 수 있는 작품이『병인간친회록』인데, 장애인들에 대한 언어적 · 의료적 · 신체적 학대와 괴롭힘, 기본적인 교육 기회의 박탈, 직업 차별 등의 시선을 생생하게 보여준다(구선정, 2024: 122). 이 작품에서 장애인에 대한 혐오는 무능력한 관리들에 대한 원망과 분노의 감정을 장애인에게 표출하는 데서 절정을 이룬다. 당시 사람들은 지배세력의 무능함을 장애인에 빗대어 비난했다. 특히, 조선 후기의 탈춤은 양반들을 언청이 · 입비뚤이 · 반신불수 · 곰보 · 문둥이 등 장애인으로 묘사해 조롱했다. 민중들은 '양반=병신'이라 조롱하고 희화화함으로써 비록 자신이 사회적 약자이기는 해도 그 몸과 정신에 있어서 정당성을 확보하고자 했다.[24)]

장애인에 대한 학대와 멸시의 시선은『독립신문』기사에서도 잘 나타난다. 개화기 사람들은 남을 비판할 때 장애인에 빗대어 말하곤 했다.

> 일신우일신(日新又日新)함을 사람마다 힘쓸 것이어늘 어찌하여 귀먹고 눈먼 병신 모양으로 구습에만 빠져 있느뇨. 이것이 한심한 일이로다(『독립신문』, 1896. 9. 8.; 정창권, 2019: 124에서 재인용).

이렇게『독립신문』은 구습에 빠져 있는 사람들을 귀먹고 눈먼 병신 취

---

23) "백성들 가운데 환과고독과 오래도록 폐질을 앓고 궁벽하여 스스로 살아갈 수 없는 자는 부서를 따로 두어 구휼하게 하고…"(『황성신문』, 1903. 11. 11.; 정창권, 2019: 52에서 재인용). "각 도의 인민 가운데 홀로 되고 가난한 폐질자를 지방관이 더욱 마음을 써서 어루만져 구휼하라 하시고 백성의 고단함에 마음을 쓰라 하셨으니…"(『황성신문』, 1907. 2. 2.; 정창권, 2019: 53에서 재인용).

24) 자세한 내용은 박희병(2003)을 참조할 것.

급하고 있다. 이처럼 당시 언론매체들은 장애인에 대한 부정적 인식을 드러냈다. 근대에 와서 장애인을 향한 멸시의 시선이 서서히 드러나기 시작했던 것이다(정창권, 2019: 124).

'병신'에의 시선

한편, 19세기 중반 이래 '병신'이라는 말이 많이 보편화되는데, 개항 이후 문명개화나 근대화 담론과 관련해 자주 사용되게 된다. 원래 '병신'이라는 말은 '아픈 몸', '병든 몸'이라는 의미로 쓰였다. 하지만 19세기에 민중의 힘이 세지면서 무능한 양반을 비판하는 데 쓰이게 된다. 그 과정에서 편견과 부정적 이미지가 담긴 용어로 변화되었다(박희병, 2003: 310-331; 구선정, 2024: 121). 특히, 편견과 차별 및 배제로서의 장애인식이 생겨나면서 '병신'이라는 용어에 혐오와 차별의 의미가 강하게 담긴다.

그런데 여기서 병신에 대한 개화주의자들의 인식에 주목할 필요가 있다. 개화주의자들은 부국강병이라는 국가주의적 이데올로기나 사회 진화론적 관점에서 '병신'을 새롭게 바라보았다. 한 국가의 힘은 국민의 건강함(건강함이 몸과 관련된 이미지임에 유의하라)에서 나오는 것인 바, 이렇게 본다면 병신은 아무짝에도 쓸모없는 존재가 되어버리고 만다. 그들의 관점에서 병신은 죄악에 다름 아니었다. 부국강병이란 곧 건강한 몸(국민의 차원에서든 국가의 차원에서든)이며, 이 점에서 병신은 부국강병을 가로막는 해악이자 질곡이었다. 이 시기 개화주의자들의 언설에서 병신이 그토록 타개되어야 할 부정적 메타포(metaphor)로서 등장하는 건 바로 이 때문이었다(박희병, 2003: 356). 다음은 『독립신문』에서 발견되는 몇 가지 사례들이다.[25)]

25) 『독립신문』의 기사들은 박희병(2003), pp.356-257의 원문을 필자가 현대어로 재구성하여 인용하였다.

- 만일 구습을 버리지 못하고 다만 앉아서 한탄만 하는 사람은 다만 병신구실만 하는 사람이니(『독립신문』, 1897. 2. 13).
- 밤낮 남에게 치소(빈정거리며 웃음: 필자)를 받고 업수이 여김을 받고, 약하고 가난하고 무식하고 어리석고 병신구실들을 하면서도 그래도 그것을 즐겁게 여겨 남이 업수이 여겨도 분하게 여기는 생각도 없고(『독립신문』, 1896. 8. 1).
- 외국 사람을 대하면 병신들같이 항상 행동하므로 외국 사람들이 조선을 업수이 여김이라(『독립신문』, 1896. 4. 23).
- 조선 사람은 내일은 어찌 되었든 당장만 생각하고 만사를 경영하니 갈수록 점점 궁하고 어둡고 약하고 병신만 되지, 해가 갈수록 나아질 여망이 없는지라(『독립신문』, 1896. 9. 24).
- 운수만 기다리고 앉아 있는 사람은 병신이요, 세상에 쓸모없는 사람이라(『독립신문』, 1896. 8. 18).

위의 신문기사들을 보면, 병신은 약하고 가난하고 무식하고 어리석고 쓸데없는 존재로서 묘사된다. 나아가 병신이라는 말은 '못나고 약소한 국민'을 가리키는 비유로 사용되고 있다. 박희병(2003: 357)은 "사회진화론이 부추기고 정당화한 약육강식이나 인종주의적 도식에 따라 강하고 힘 있는 자가 선(善)이 되고, 약하고 힘없는 자(=병신)는 악(惡)이 되는데, 민족 역시 병신인가 아닌가의 시선으로 봐진다"라고 말하면서, "이 시기 개화론자들에게서 확인되는 병신에 대한 시선은 한편으로는 전시대에 이룩된 병신에 대한 부정적 표상들을 계승하고, 다른 한편으로는 거기에다 근대적 연관을 새롭게 부여함으로써 병신과 비병신을 선과 악의 도식으로 한층 선명하게 구분하면서 병신을 근대국가의 경계 밖으로 밀어내 버리려는 태도를 담고 있다"고 지적했다. 이처럼 개화기에 이르러 '병신'은 국민국가적 연관 속에서 파악되었음을 알 수 있다.

대한제국기 장애인에 대한 인식

한국 장애인사에서 근대는 편견과 차별 및 배제로서의 장애가 출현한 시기였다. 지육 · 덕육 · 체육의 향상이 천명되는 1900년대 한국사회에서 담론의 핵심 주제는 교육론이었는데(최진호, 2024), 교육적 및 학문적 영역에서 장애인은 철저하게 배제를 당했다. 당시의 인식으로 보면, 장애인은 학문하는 인간, 새로운 지식을 수용할 수 있는 인간과 거리가 멀었다. 장애인은 교육을 통해서도 근대인이 될 수 없는 무능력한 존재로 그려졌다.

대한제국기 근대성 · 계몽의 가능성과 한계를 '장애'의 관점에서 분석한 최진호(2024)는 일본이 한국을 병탄하기 직전인 1910년 8월 17일 『대한매일신보』에 마지막 〈시사단평〉으로 실린 「病身會社」(국문판은 「병신회샤」)를 예로 들면서, '국망' 혹은 공동체 해체를 직면한 상태에서 바라본 한국사회는 실제에 있어서 병신사회에 불과하다는 뉘앙스가 곳곳에 보인다고 분석했다. 최진호는 다음과 같이 말하고 있다.

> 어떤 시비곡직에도 아무 말도 하지 못하는 것은 '벙어리 회사'이며, 세계의 정세를 알지 못하는 이들은 '장님 회사'이다. 또 멀리 있는 목표지점에 빨리 도달할 수 없을뿐더러 더 이상 나갈 수 없는 것은 '절름발이 회사'이고, 오직 관직이라는 일신의 안위를 추구하는 것은 '질알쟝이 회사'이다. 병든 몸은 공동체의 무능과 한계의 상징으로 그려진다. 그리고 국가의 해체 속에서 더 이상 머물 수 없는, 그래서 공동체 내부에서 철저히 밖으로 추방해야 할 그 무엇으로 그려진다(최진호, 2024: 173).

최진호에 의하면, 〈시사단평〉 「病身會社」는 한국의 정상적인 근대로의 진입 실패의 원인을 '장애'와 결부시키고 있다. 능력과 자격의 부재로 표상되는 장애화된 신체는 사라지고 지워져야 할 형상을 한 채 병탄 이후의 근대 세계로 진입하게 되었다는 것이다. 특히, 대한제국이라는 공동체 위기의 원인이 '병신' 혹은 '불구'의 수사 속에서 구성되었다는 관점에서, 일본에 의한 한국 병탄을 전후해 장애화된 신체는 더 문제 있는 것으로 되었다는 것이다. 그는 '불구', '병신'이 계몽된 주체의 경계를 형성하는 숨은 힘이었다고 말한다. 말하자면, 계몽된 주체는 계몽될 수 없는 존재의 구성과 함께 비로소 그 형태를 갖추어 간 것이다.

2. 개화기의 장애인복지

개화기의 불안정한 시대 상황에서 장애인만을 대상으로 하는 별도의 복지정책은 시행되지 않았다. 장애인에 대한 보호는 일반 복지정책에 포함해서 실시했던 것으로 보인다. 즉, 장애인은 별도의 구제대상이 아니라 빈민이나 이재민, 걸인 구호와 관련된 일반적인 구제에 포함되어 있었다. 개화기의 공공복지정책은 갑오개혁으로 인한 조선시대의 기존 진휼방식의 변화로 설명된다. 가장 대표적인 정책이 환곡을 대체할 사환제와 미곡시장을 활용한 진휼이었다. 따라서 여기에서는 구휼정책을 중심으로 살펴보고자 한다. 아울러 이 기간에 집중된 공공 의료복지활동에 대해서도 살펴본다.

1) 개화기의 공공복지

진휼정책

조선왕조의 진휼정책으로는 환곡의 분급, 조세감면, 무곡(貿穀), 내탕금 하사, 권분(勸分) 등이 있었다(정형지, 1993; 양진석, 1999; 문용식, 2001; 박성준, 2013). 그 가운데 조선의 기본적인 진휼 형태는 굶주리는 백성에게 미곡을 분급하는 것이었다. 조선왕조는 재해가 들었을 때, 비축곡인 환곡을 민들에게 분급하고, 다시 원곡과 모곡(耗穀)[26]을 징수해 환곡의 총량을 유지하며 재해에 대비하였다. 그러나 조선 후기 국가재정이 부족했던 정부는 환곡의 총량을 증가시켜 모곡의 수입을 증대하고, 시장기능을 활용한 이무(移貿)[27]를 통해 재정을 보충하고자 하였다. 재정 보충을 위해 환곡의 총량을 증가시키고 분급을 확대하면서 관청의 물건을 사사로이 써버리는 포흠(逋欠)이 증가해 원곡은 상실되고 환곡은 부세화되는 방향으로 나아갔다(송찬식, 1965; 오일주, 1992; 송찬섭, 2002; 박성준, 2013: 272). 이는 환곡의 구휼기능이 상실되는 것을 의미했다.

그런데 조선은 개항 이후 세계 자본주의체제에 편입되면서 대규모의 미곡 수출이 시작되었고, 또한 갑오개혁 과정에서 진휼청과 환곡이 폐지되고 조세 금납화가 이루어졌다(송찬섭, 1992: 174-185). 즉, 그동안 쌀, 콩, 무명, 베 등으로 내던 조세를 화폐로 내게 한 것이다. 외국 화폐로 조세를 지불하는 것도 허용했다. 대한제국은 미곡의 수출 증대로 인한 국내 미곡 부족과 함께 조세 금납화로 국가의 비축곡이 사라지는 이중고에 처하게 되었다. 그렇게 되자 기존의 미곡 분급방식으로 진휼할 수 없게 되었다.[28] 또

---

26) 백성들에게 빌려주었던 곡식을 가을에 받을 때, 곡식을 쌓아 둘 동안에 축이 날 것을 생각하여 한 섬에 몇 되씩 덧붙여 받는 곡식을 일컬음.

27) 조선 후기에 지방의 벼슬아치가 값이 비싼 제 고을의 환곡(還穀)을 내다 팔고, 대신 값이 싼 딴 고을의 곡식을 사서 채워 이익을 남겨 사사로이 차지하던 일.

28) 1894년에 실시된 갑오개혁에서 재정 분야의 개혁은 조선의 전통적 진휼정책에 큰 변화를 초래했다. 첫째, 의정부 산하에 탁지아문(度支衙門)이 설치되며 선혜청(宣惠廳)이 흡수되었다. 이와 함께 선혜청에 소속되어 있던 진휼청도 폐지되었다. 즉, 갑오개혁 이후 중앙에서 진휼을 전담할 기구와 중앙의 진휼 재원이 소멸하였다. 둘째, 조선 후기 이래 정부가 추진해왔던 조세개혁 노력이 마침내 조세 금납화로 귀결되면서 국가의 비축곡이 사라지게 되었다. 조선왕조에서 미곡은 국가 경영을 위한 재원이기도 하였지만, 식량으로 사용되는 소비재로서 진휼에 이용되었다(오두환, 1984: 43-48). 셋째, 갑오개혁기 결호전(結戶

한, 조세의 금납화는 납세를 위한 농민의 방곡(放穀)을 유도하였고, 이 과정에서 미곡의 유통과 수출이 증대하며 농민의 궁핍화를 진전시켰다(오두환, 1984: 43-48). 따라서 대한제국은 진휼정책의 재정비가 필요해졌다.

사환제의 수립과 운영

환곡의 문제는 갑오개혁기 조세제도의 개혁을 통해 정비되었다. 개화파정권은 조세제도를 정비하면서 환곡의 부세화를 통해 마련했던 재정비용을 결세(結稅)[29]에 포함해 버림으로써 재정보용책으로 독립된 위치를 가지던 환곡제는 소멸되었다. 개화파정권은 진휼기능을 상실한 환곡제를 폐지하면서 이를 대신할 진휼대책으로 1895년에 사환제(社還制)를 수립하였는데,[30] 주요 내용은 다음과 같다(송찬섭, 1999: 794-798; 2002: 309-324).

첫째, 사환의 성격에 관한 것이다. 먼저 종래의 환곡을 각 면에 나누어 공곡(公穀)[31]으로 삼았으며, 그 목적은 '빈민을 위한 진대(賑貸)'라고 명시하였다(제1조). 따라서 흉년이나 재해를 당하여 빈민이 자력으로 지탱하기 어려운 경우에 빌려주되, 때로는 수년에 걸쳐 나눠서 내도록 하였다. 그리고 평년에도 원한다면 춘조추적(春糶秋糴), 즉 봄에 대여하고 가을에 수납하는 방식으로 미곡을 분급한다고 규정하였다(제6조). 빈민 진대라는 목적을 명시하고 강제 분급이 아닌 빈민들을 대상으로 하면서 납부 조건이 융통성을 가진 점에서 사창제와는 차이가 있었다.

錢) 제도가 성립되면서 환곡이 완전히 부세화되어 결전(結錢) 속에 포함됨으로써 환곡제가 폐지되었다(송찬섭, 1992: 174-185).

29) 고려 · 조선 때, 토지의 결복(結卜)에 의해 매기던 조세.

30) 환곡제의 자세한 내용은 주무 부처인 탁지아문에서 1895년 8도에 있는 각종 환곡의 명칭을 '사환'으로 고치며 「사환조례」를 발표하였는데, 여기에서는 이 조례의 내용을 중심으로 살펴본다.

31) 국가나 관청에서 가지고 있는 곡식.

둘째, 사환의 운영주체에 관한 규정이다. 사환의 운영은 면리의 공의(公議)를 통해 이루어졌다(제2 · 3 · 4 · 5 · 9조). 즉, 정부에서 만든 사환조례에 정해진 사항 외에는 관리자 선출 및 이들에 대한 급료, 사환곡의 수납방식, 출납계산 등 사환을 관리 및 운영하는 과정에서의 의사결정은 공의를 통해 이루어졌으며, 그 결과를 인민에게 공개하도록 하였다.

셋째, 사환제의 운영에 관한 규정이다. 운영기구로는 면(面)에는 사수(社首)와 수창(守倉)을 두고(제4조), 리(里)에는 보정(保正)을 두었다(제12조). 사수와 수창은 장부정리, 곡식의 관리 등을 맡았고, 보정은 사환곡을 보존하는 일을 담당했다. 리(里)에는 보(保)라는 단위를 두어 사환운영의 기본단위로 삼았다. 만일 보내(保內)에서 도망 등으로 인한 곡식이 손상되면 리(里)에서 나누어 보충하였다. 그리고 사환곡의 대출 원칙은 빈민이 자력으로 지탱하기 어려운 경우에 빌려주게 되어 있다. 납부의 방법은 수년간 나누어 갚는 방법과 그해 안으로 갚은 방법을 두고 있다(제11조). 사환곡의 이자율은 백석당 미 5승씩이었는데(제5조, 제7조), 이는 1/30에 해당하는 낮은 비율이었다. 이는 부세의 기능이 사라지고, 다만 사수 등의 급료와 손실된 곡식에 대한 보충으로만 이용하였기 때문이었다.

넷째, 사환제에서 관의 역할을 규정하고 있다. 면리 중심의 운영이라고 하나 관에서 사환운영에 대하여 일정하게 관여할 수 있는 여지를 두고 있다. 먼저, 사수와 수창에 대해서 인준을 할 수 있었다. 이들을 공의에서 차정(差定)[32]한 뒤 지방관에게 보고하면, 지방관이 사수 도장을 성급(成給)[33]하였다(제4조). 그리고 사환을 관리하는 방법과 출납에 대해서는 감사(監査)하며, 보고서를 받도록 하였다(제8조).

마지막으로 사환곡의 조달방법에 관한 것이다. 사환곡의 마련 방법은 기

32) 사무를 맡김.

33) 문서나 증서 따위를 작성하여 발급함.

본적으로는 지금까지의 환곡 액수를 이용하는 것이었다. 이는 사환제가 논의될 때부터 기존 환곡을 이작(移作)하도록 하였다. 그리고 환곡을 사창(社倉)으로 개칭한다는 결정이 있고 나서 각영(各營), 읍(邑), 진(鎭), 역(驛), 산성(山城)의 곡총을 모두 조사하였던 것도 그 때문이었다.

이와 같이 환곡제의 전면적인 개혁과 더불어 시행된 사환제는 부세의 기능은 사라지고, 국가의 예비곡과 빈민에 대한 진대의 기능을 지닌 진휼제도로서 한층 진일보한 제도였다고 할 수 있다. 그러나 사환제가 비록 진휼의 기능을 강화했다고는 하나, 실제로 그 규모는 축소되었다. 사환곡의 액수는 대략 20만 석 정도였다. 이는 조선왕조 환곡 양의 수십 분의 1 수준이며, 흥선 대원군이 설정한 시기의 사창곡에 비해서도 1/3 정도의 수준이었다(송찬섭, 2002: 346; 박성준, 2013: 272). 18세기 환곡의 총량이 적어도 900만 석에서 1,000만 석 정도였음을 생각하면(정윤형, 1985: 63-64; 양진석, 1999: 159), 이전의 환곡에 비해 사환의 규모는 매우 축소된 것이었다.

게다가 중간과정에서 횡령이 발생하거나, 지방관이 사환미를 돌려쓰고 채워 넣지 않는 폐단도 있었다(『황성신문』, 1900. 6. 16.; 김아름, 2023: 19에서 재인용). 또한, 군민들이 사환미 상환에 어려움을 느끼거나, 각 군에서 사환곡을 마련할 재원이 부족하여 군사 식량인 성향미(城餉米), 사창곡(社倉穀)을 변작(變作)하기도 하였다. 이는 19세기 중반 이후 실재하는 곡물과 다르게 장부에 기록하는 허록(虛錄), 환곡의 탕감 등으로 환곡의 총량이 감소한 데다가(양진석, 1999: 159-173), 재해나 흉년까지 겹쳐 사환미 마련이 매우 어려웠기 때문이었다(김아름, 2023: 19-20).

사환곡은 이전의 환곡제도와 달리 진휼기능의 성격만을 갖고 민간 자치로 운영한다는 원칙을 세웠는데, 이것도 온전히 지켜지지는 않았다. 그리고 1901년 빈민구휼을 위한 국가 상설 기구로 혜민원이 설치되면서 사환곡은 국가에서 관리하게 되었다. 국가에서는 비축곡이 부족한 상황에서 진자곡(賑資穀)[34]을 마련하기 위해 민간에서 운영한 사환곡을 국가에서 흡수하여 관리하는 방식으로 전환했던 것이다(박성준, 2013: 275). 그러나 몇 년 뒤인 1904년 혜민원은 혁파되고 다시 탁지부[35]로 넘어왔으나, 그 과정에서 많은 액수가 줄었다. 이제 더는 진휼의 기능조차 하지 못하자, 대부분 돈으로 환전하여 재정의 용도로 쓰이면서 소멸되었다. 결국, 사환제가 폐지되고 사환미는 중앙으로 흡수되었다(송찬섭, 1999: 842). 이로써 환곡제는 역사의 뒤안길로 사라지게 된다.

국가 방곡령의 시행[36]

1890년대 이후 본격적으로 미곡 수출이 급증하면서 서울의 곡물 가격이 폭등했다. 게다가 흉년이 발생하면 민인들은 높은 쌀 가격으로 고통받았고, 쌀을 구할 경로를 찾지 못하였다(이헌창, 1990: 90-95). 실제 1897년에 흉년이 들었는데, 흉작으로 1898년 봄부터 쌀 가격이 치솟기 시작하였다(『매일신문』, 1898. 4. 9.; 김아름, 2023: 20에서 재인용). 재해 빈민을 구제하기 위해서는 곡물을 지급해야 했지만, 갑오개혁 이후 국가의 비축곡이 사라져 곡물이 부족했다. 이에 대한제국은 국가예산의 예비금에서 진휼자금을 지출하고,[37] 조세를 감면해 재해를 입은 사람들을 지원하였다.[38] 하지만 흉

34) 빈민을 구제하는 데 필요한 곡식.

35) 1895년 4월 13일 자로 탁지아문에서 탁지부로 바뀌었다.

36) 국가 방곡령에 관해서는 박성준(2013)과 김아름(2023)에 전적으로 의존하고 있다.

37) 대한제국은 1898년도 예비금에서 15,000元을 진휼자금으로 지출하였다. 1899년에는 三南 지방이 해일 피해를 입자, 구휼자금으로 예비금에서 10,000원을 지급하였고(『各部請議書存案』 10책, 1899. 3. 17.), 수재(水災)를 입은 함경북도에는 454원 10전을 지급하였다(『各部請議書存案』 12책, 1899. 10. 3). 1900년에도 수재를 입은 각 군에 4,024원 20전을 예산 외에서 지급하였다(『各部請議書存案』 14책, 1900. 5. 14.; 박성준, 2013: 273에서 재인용).

38) 대한제국은 진휼전을 지급하면서 조세를 감면하기도 하였다. 대한제국은 급재(給災)에 대해 기본적으로 재결(災結) 규모를 줄이고, 재결의 지급 비율을 축소하는 방향으로 나아갔

년이 들었을 때는 돈이 있어도 곡물을 구입할 수 없는 실정이었기 때문에 곡물 공급이 시급해졌다(박성준, 2013: 274).

당시의 언론은 쌀값 상승의 원인으로 흉년에 외국 상인의 미곡 수출이 지속되는 것에 주목했고, 민인들은 정부에서 곡식이 외국으로 나가지 못하도록 조치할 것을 요구하였다(『매일신문』, 1898. 4. 18.; 김아름, 2023: 21에서 재인용). 이른바 '방곡령(防穀令)' 실시의 요청이었다. 이에 1898년 대한제국은 지방관에게 관내에 방곡을 시행하지 못하게 하면서, 도리어 국가가 외국으로 미곡 수출을 금지하는 조치를 취하였다(『고종실록』 41권, 1901. 7. 23). 이러한 국가 주도의 방곡령은 이른바 국제 미곡시장에서 국가 차원의 진휼책이었다. 하지만 방곡령은 1898년에는 시행되지 않았고, 1901년에 시행되었다(김아름, 2023: 21).

그러나 국가 방곡령은 진휼책으로서 한계가 있었다. 먼저, 국가 방곡령은 각 항구에서 외국으로 곡식을 유출하는 것에 대해서만 금지한 것이어서 국내에서 외국인이 곡식을 옮기는 것은 금지할 수 없었다. 또한, 대한제국은 당시 세계 자본주의 시장에 개방된 상태였으므로 국가가 수출을 막는 조치는 통상규정에 위반되는 것이었고, 일본의 극심한 반대[39]에 직면해 있었다(『고종실록』 41권, 1901. 10. 29.; 김아름, 2023: 21).

이런 상황에서 대한제국은 외국에서 들어오는 곡물에 관세를 면제해 국제무역을 활성화함으로써 곡물을 확보하고자 했다. 그러나 실효성은 없었

다. 신재(新災)에 대한 급재 비율이 1896년 18%였던 것에서 점차 축소해 1896년부터 1904년까지 신재에 대한 급재 비율은 평균 12%였다. 그러나 극심한 재해가 들었던 1901년에는 급재 비율이 22%를 차지하였다(이영호, 2001: 157-164; 박성준, 2013: 273-274).

39) 일본 측에서는 방곡령의 대상인 '미량(米粮)'에서 황두(黃豆)는 포함되지 않는 것이라 주장하였다(『황성신문』, 1901. 8. 2). 결국, 방곡령에서 잡곡은 제외되었고, 일본 공사의 항의로 외부에서 방곡령을 해제하는 일이 반복되었다(『황성신문』, 1901. 10. 12.; 김아름, 2023: 22에서 재인용).

다. 면세조치로 미곡 수입의 확대를 유도하였음에도 상인의 경제적 이득과 연계해 가격은 여전히 높게 유지되었던 것이다(박성준, 2013: 278-285). 그런데 1899년부터는 흉년이 아니었음에도 미곡 수출 증대로 쌀값이 상승하는 문제가 나타났다(『독립신문』, 1899. 9. 21, 1899. 12. 2.; 김아름, 2023: 24에서 재인용). 이는 외국 상인들이 국내의 곡식을 모두 무역해 가면서 국내의 미곡 공급이 부족하였기 때문이다(『독립신문』, 1899. 11. 2.; 김아름, 2023: 24에서 재인용). 결국, 농업 중심 사회였던 대한제국에서 시장과 무역 통상이 진휼의 기능을 대신하는 것은 한계가 있었다. 대한제국은 새로운 상황에 대처하는 진휼 방식을 고안해야 했고, 1901년의 흉년은 그 계기를 마련하게 된다.

1901년 대기근과 진휼을 위한 두 가지 논의

1901년에는 전국적으로 극심한 재해가 들어 전라도 · 충청도 · 경기도 · 황해도는 모두 벌거숭이가 되었고, 전국적으로 흉년이 든 곳이 3/5이나 된다고 할 정도였다(『고종실록』 41권, 1901. 10. 10.; 박성준, 2013: 273). 대기근에 쌀값은 끝없이 치솟았다.[40] 이는 빈민의 급격한 증가로 이어졌다.

1901년 극심한 흉년에 따른 구제의 요구가 커지자 진휼을 위한 두 가지 논의가 등장하였다(김아름, 2023). 하나는 외국에서 저렴한 가격으로 미곡을 사들여 국내에 공급함으로써 국내의 쌀값을 조절하고 진휼하는 것이었고, 다른 하나는 의연금을 낸 부민에게 벼슬을 주는 권분을 실시하는 것이었다.

이 두 가지 의견은 기본적으로 조선의 전통적 진휼 방식을 그 근본으로

40) 서울의 쌀 가격이 매일 빠른 속도로 급등하자, 경무청(警務廳)은 미전 상인들이 미곡을 높은 가격으로 판매하는 것을 금지하였다. 1901년 7월 경무청은 상미(上米) 가격이 매승 5냥 6전을 넘지 않도록 단속하였으나, 일주일 후 물가가 급등하여 품질이 낮은 하미(下米)마저 매승 6냥 12전에 달하였다. 1901년 11월경에는 한성의 쌀값이 상미 매승 8냥 5전, 하미 매승 7냥 8전까지 치솟았다(김아름, 2023: 25).

하였다. 이는 조선왕조가 국가 주도의 대규모 진휼을 시행해오던 유교적 전통의 이념이 대한제국에서도 유지되었기 때문이다. 이러한 진휼 논의는 실제로 1901년부터 1904년까지 내장원(內藏院)의 안남미 수입과 혜민원의 권분으로 이어지게 된다.

내장원의 안남미 수입과 공급

대한제국은 외국 쌀의 수입을 확대하기 위해 관세를 면제하는 데서 더 나아가 1901년에는 직접 안남미를 수입해 국내에 공급하였다. 즉, 곡물의 공급량을 증가시키기 위해 1901년 7월 23일 곡물 수출을 금지하고 관세를 면제토록 하면서(『고종실록』 41권, 1901. 7. 23), 7월 25일 프랑스 상인 롱동(Rondon, 龍東)과 안남미 수입 계약을 체결하였다(『제국신문』, 1901. 7. 27; 김원모 편저, 1984: 185-186; 박성준, 2013: 278-279).[41] 대한제국 정부 관료들은 미곡이 저렴한 국가로부터 싼값으로 미곡을 수입하여 시장에 공급하고자 했던 것이다. 1898년 수입 미곡의 면세조치로 청으로부터 쌀이 수입된 적이 있었지만, 국가에서 외국 상인과 직접 계약을 맺고 주도적으로 쌀을 수입한 것은 안남미 수입이 최초였다(김아름, 2023: 32). 곡물 부족의 문제를 국제무역을 통해 해결하고자 했던 것이다.

한편, 대한제국기 진휼정책의 중심에는 내장원[42]이 있었다. 내장원은 결호세(結戶稅)를 제외한 역둔토 · 홍삼 · 광산 · 해세 등 거의 모든 국가재정을 담당한 재정기구였다(이윤상, 1996). 내장원은 상인과 국가 행정체계를

41) 1901년 프랑스 상인 롱동(Rondon, 龍東)과 안남미 수입 계약을 맺은 내장원은 먼저 3만 원을 지급하고, 몇 차례에 걸쳐 안남미를 수입해 오면 그때마다 수입한 액수에 따라 돈을 지급하기로 하였다(『황성신문』, 1901. 7. 27). 내장원은 계약을 체결하고 시험용으로 안남미 몇 석을 한성으로 가져온(『황성신문』, 1901. 9. 13.) 이후부터 본격적으로 안남미를 수입하였다(박성준, 2013: 285).

42) 1895년 궁내부(宮內府)의 산하에 왕실의 재원을 관리하는 기구로 설치되었다.

통해 안남미의 가격을 결정하고, 공급하였다. 그러나 상인으로서는 안남미를 판매하는 과정에서 드는 비용과 이윤의 문제가 있었고, 각 군도 운반비용에 대한 부담이 있었다(박성준, 2013: 304).

1901년부터 내장원은 안남미를 수입하여 공급했지만, 각 군에서는 역둔 도조의 공급도 요청하였다. 내장원은 이러한 요구를 거부하였다. 하지만, 1902년 고종은 충청북도를 비롯한 5도의 역둔(驛屯) 도조(賭租)[43]를 진대토록 하였다. 진대 조치 이후에도 역둔 도조나 무곡(貿穀)[44]을 공급해 달라는 요구는 계속되었고, 내장원은 이를 국가 행정체계와 상인을 통해 공급하였다. 시장경제를 통해 역둔 도조를 상품화하였던 내장원은 안남미와 역둔 도조를 공급하면서 국제무역을 통해 가격의 차액을 확보하고, 시장 가격인 시가로 진대가를 책정해 상업 이윤을 획득하였다. 이처럼 내장원의 안남미 공급과 역둔 도조의 진대는 진휼 기능의 성격과 함께 상업적 성격도 띠었다. 조선왕조가 환곡을 운영하며 모곡(耗穀)과 이무(移貿)로 국가재정을 확보했다면, 대한제국기 내장원은 시장경제를 통해 상업적 이윤을 획득하는 방식으로 재정을 확보했던 것이다(박성준, 2013: 304).

혜민원의 설치

조선 후기에는 국가의 진휼 전담기구인 진휼청이 존재했었지만, 갑오개혁 이후 폐지되어 1901년 대기근 당시 재난에 대비하지 못하고 혼란이 가중되고 있었다(김아름, 2023: 42). 이에 그해 10월에 대한제국은 구휼을 위한 방편으로 혜민원(惠民院)을 설치하였다. 혜민원 관제가 제정되었고, 12월 혜민원 소속으로 경성(京城)에는 총혜민사(總惠民社)를, 각 군에는 분혜민사

43) 남의 논밭을 빌려서 부치고 논밭을 빌린 대가로 해마다 내는 곡식.

44) 이익을 보려고 곡식을 몰아서 사들임 또는 그 곡식.

(分惠民社)를 설치하였다. 혜민원은 진구(賑救)[45]를 주관하고, 총혜민사는 돈과 곡물을 주관하면서 각 군의 분혜민사를 담당하도록 하였고, 분혜민사는 해당 군의 돈과 곡물 및 구제와 관련된 제반 일들을 관할토록 하였다.

총혜민사는 혜민원에 진휼 비용을 조달하기 위해 특하전(特下錢)[46]과 연봉전(捐捧錢)[47]으로 진자(賑資)를 마련하였다. 분혜민사는 특하전과 관찰사의 연봉전으로 진자를 마련하면서 각 군의 사환곡을 부속해 관할하였다. 특하전 · 연봉전 · 사환곡으로 진휼을 위한 전곡(錢穀)을 마련한 것이었다. 특하전은 고종이 총혜민사를 설치토록 하면서 진자비용으로 10,000원, 동궁(東宮)에서 5,000원, 순비(淳妃)가 2,000원, 영친왕(英親王)이 3,000원을 총혜민사에 내려주어 마련하였다(『고종실록』 41권, 1901. 12. 4.; 박성준, 2013: 274-275). 빈민의 진휼을 위한 국가의 공식 기구로서 혜민원은 한성 내의 약 300여 명의 빈민을 진휼하였으며, 경기 근교의 빈민들 약 300명도 진휼하였다. 그리고 혜민원은 각 도의 굶주리는 집에 휼전(恤典)[48]을 분급하였고, 각 군에서 요청한 안남미 분급을 내장원과 상의하기도 하였다. 조선의 진휼청도 기근이 발생했을 때 한성부와 각 지방에서 기민을 등급으로 구분하여 보고하면 중앙의 지시를 받아 진제장을 열었는데, 혜민원 또한 비슷한 방식으로 빈민을 진휼한 것이다(김아름, 2023: 43).

한편, 혜민원은 각 군의 사환곡을 진자(賑資)로 관리하며, 이를 진휼에 이용하였다. 앞서 언급한 바와 같이 1895년 사환제가 제정되면서 사환곡을 각 면에 두고 민간에서 운영토록 하였으나, 혜민원이 설치되면서 사환곡은 국가에서 관리하게 되었다. 비축곡이 부족한 상황에서 진자곡을 마련하기

45) 흉년을 당하여 가난한 백성을 도와주는 일.

46) 임금이나 왕세자가 신하에게 특별히 내려주는 돈.

47) 국가나 지역 공동체의 필요에 따라 백성들이 자발적으로 또는 반강제적으로 납부한 돈.

48) 정부에서 이재민을 구제하는 은전을 말함.

위함이었다. 그러나 1904년 혜민원은 혁파되고 만다.

권분의 재등장

대한제국은 권분(勸分)도 활용하였다. 조선왕조에서도 의연금 형태로 부유한 자들에게 진자(賑資)를 거두는 권분을 시행하기도 하였다(정형지, 1993: 148). 그러나 권분은 수탈의 빌미로 작용하기도 했기 때문에 대한제국은 처음에는 권분을 금지했다. 하지만 갑오개혁 이후 조세 금납화 및 환곡 폐지로 비축곡이 없던 상황에서 권분이 대안으로 부상했다. 1901년 대한제국에서 조선시대의 권분이 재등장한 것이다.

김아름(2023)은 당시 재정 상황에서 권분이 가장 시의적절한 대책이었다고 말한다. 당시 고종황제가 공사(公私) 재정이 궁색하여 '칼날이 없는 칼을 쥔 것처럼' 어려운 상황임을 밝힌 데다가(『고종실록』 41권, 고종 38년 12월 4일), 갑오개혁 이후 정비된 사환이 조선시대 환곡의 규모보다 대폭 축소됨에 따라 당시 상황에서 권분이 가장 현실적인 대책이 될 수 있었다는 것이다. 그리고 그 정당성을 역사적 선례에서 찾았다.[49] 즉, 선조들이 시행하였던 전통적인 진휼책이라는 이유가 중요한 동기가 되었다(『황성신문』, 1903. 7. 2.; 김아름, 2023: 44에서 재인용)는 것이다.

혜민원은 각 도에서 자신의 재산을 의연(義捐)[50]해 진휼한 인원을 조사하면서 10,000냥 이상을 의연한 자에게 혜민원 참서관, 10,000냥 이하를 의연한 자에게 차등하여 포상하겠다고 밝혔다. 혜민원 참서관과 주사의

49) 권분 실시를 주장하는 근거는 명나라의 구준(丘濬)이 육작(鬻爵)을 실시한 일, 주자가 기근 구제를 위해 곡식을 내놓은 사람에게 관작을 준 일과 같은 역사적 사실들이었다(『황성신문』, 1903. 6. 20). 이 사례들은 영조 대에 권분논상(勸分論賞)이 성리학적 명분에 어긋나지 않는 것을 정당화하는데 근거로 든 것과 일치한다는 것이다(김아름, 2023: 44).

50) 자선이나 공익을 위해 돈이나 물품을 냄.

차함(借銜)[51]이 반포된 이후 내부 주사의 차함은 정지되었다. 이는 의연 진휼한 자들에 대한 포상의 권한이 혜민원에 있음을 확실히 한 조처였다. 이후 혜민원은 흉년에 의연해 진휼한 인원의 성명을 지속적으로 수집하였다(김아름, 2023: 45). 대한제국에서 많은 이들이 권분에 열성적으로 참여하였는데, 이는 권분의 대가로 주어지는 차함이 중요한 동기로 작용하였기 때문이다.[52] 그러나 권분이 적절한 진휼책이 될 수 없다며 반대하는 여론도 있었다. 1903년 『황성신문』과 『제국신문』 사이에 권분의 실시를 둘러싸고 논쟁이 벌어졌다. 『황성신문』은 권분을 적극적으로 실시하여 기민을 구제해야 한다는 사설을 게재했고, 『제국신문』이 여기에 반론을 제기하면서 양 신문 사이에 논쟁이 촉발되었다.[53]

『황성신문』은 갑오개혁으로 진휼청과 환곡의 취모보용(取耗補用)[54]을 폐지한 것을 지적하면서, 빈민관리의 부담을 민간으로 이전하는 '권분'을 주장했다. 반면, 『제국신문』은 지방관의 자의적 운영으로 부민의 재산만 침해받고, 구제의 효과가 없다고 하여 권분의 효과에 의문을 제기했다. 이에 『황성신문』은 정부의 관리강화, 운영규칙의 정비 등으로 지방관의 자의적 운영을 막을 수 있다고 하면서 혜민원 활동을 간접적으로 지지하였다. 그러자 『제국신문』은 빈민조사, 재원의 분배 등을 엄밀하게 진행할 지방관을 임명하는 것이 우선이라고 비판했다.

---

51) 예전에 실제로 맡아서 하는 일은 없으면서 그 직함만 빌려 가지는 벼슬을 이르던 말.

52) 김아름(2023: 45)의 연구에 따르면, 실제로 1902년 7월부터 12월까지 혜민원 주사로 포상된 이는 1,000명이 넘었는데, 이 중 900명은 이전에 전혀 관직을 갖지 않았던 인물들이었다. 게다가 황해도에서는 당시 권분 · 포상에 대한 사람들의 열망을 이용해 혜민원 주사와 참서관의 첩지(帖紙)를 위조해 토색하다가 잡힌 사람도 있었다고 한다.

53) 권분의 실시를 둘러싼 『황성신문』과 『제국신문』 사이의 논쟁에 관해서는 김윤희(2016), pp.232-235의 내용을 참조하였다.

54) 모곡(耗穀)을 거두어들여 부족한 씀씀이를 채우던 일.

지방관이 주도하는 권분은 조선 후기 이래 부민의 반발에 직면해 있었고,[55] 부담을 상쇄할 유인책의 효과가 퇴색되면서 부민이 권분을 회피하고, 소민에게 강제로 전가되는 경향이 나타났다.[56] 따라서 권분이 강제적인 준조세적 성격이 되지 않게 하려면, 그 유인책의 효과를 진단할 필요가 있었다(김윤희, 2016: 234).

『황성신문』은 권분에 응한 자에게 관직을 주거나, 조상을 추증(追贈)[57] 해주고, 또는 구제빈민이 권분에 응한 자의 토지를 경작하도록 해야 한다는 유인책을 제시했다(『황성신문』, 1903년 7월 3일 논설 再陳勸分說答帝國記者; 김윤희, 2016: 234). 반면, 『제국신문』은 매관매직으로 공정가격이 정해져 있는 상황에서 굳이 권분으로 관직을 얻으려는 사람은 없을 것이고, 또 수출로 곡식이 다 해외로 나가니 곡식을 낼 사람도 없다고 하면서 권분은 효과가 없다고 보았다.[58] 공정가격이 거의 형성되어 있다고 간주되는 매관매직, 무역으로 곡물거래의 이익이 큰 상황에서 빈민구제를 위한 곡물의 확보, 관직 수여를 통한 유인의 효과는 사라졌다는 것이 『제국신문』의 입장이었다.[59] 이 논쟁은 전통의 빈민구제조치가 직면한 상황과 빈민구제 문

55) 권분에 대한 부민의 반발에 대해서는 박진철(2013), pp.229-269를 참조할 것.

56) 권분의 준조세적 성격의 변화과정에 대해서는 이세영(2009), pp.157-263을 참조할 것.

57) 나라에 공로가 있는 벼슬아치가 죽은 뒤에 품계를 높여 주던 일 또는 종이품 이상 벼슬아치의 죽은 부, 조부, 증조부에게 벼슬을 주던 일.

58) 『제국신문』 1903년 7월 3일 논설 「황성신문 구황책을 재변함」, 7월 4일 논설 「황성신문의 구황책을 세 번 변론함」; 김윤희(2016), p.234에서 재인용.

59) "동서양 각국에서 흉년 백성 구휼하는 데 벼슬 주고 백성보고 진휼하라는 나라가 있다는 말을 듣지 못하였고, 다만 정부에서 신의를 행하여 백성을 속이지 않고 백성을 보호하여 산업을 넉넉하게 하다가 만일 흉년인 지방이 있으면 국고의 재물을 내어 진휼도 하는 것이며, (중략) 정부가 말하지 않아도 각기 의조금을 내어 흉년 지방 백성을 구휼하는 것은 사람마다 듣고 보는 바"라고 하여(『제국신문』, 1903. 7. 4.; 김윤희, 2016: 235), 빈민구제는 일차적으로 정부의 역할이고, 그다음으로 부민의 자선이 있는 것이라고 주장했다(김윤희, 2016: 235).

제에 대한 새로운 접근방식이 이루어졌음을 알려주었다.

갑오개혁 이후 축소된 빈민구제조치의 취약성을 보완하기 위해 대한제국 정부와 『황성신문』에서 제기된 '권분'은 재산권 행사의 자유를 침해한다는 비판에 직면했고, 자유로운 거래가 허용된 시장으로 인해 그 효과가 크게 의심받기 시작했다. 곡물 확보의 다급함으로 인해 1901년 7월에 실시한 방곡령은 통상조약과 거래 두절에 대한 반발로 지속할 수 없었으며, 재산권 행사를 침해했던 '권분'으로는 빈민구제 재원을 마련할 수 없었다. 그리하여 '권분'은 그 유효성을 심각하게 의심받으며 설 자리를 잃었다. 활동을 멈춘 혜민원도 1904년 1월 폐지되었다(김윤희, 2016: 235).

개화기 공공 의료복지활동[60)]

개화기의 공공 의료복지활동은 조선 후기 정부와 대한제국 정부, 통감부가 주축이 되어 전개되었다. 이 공공 주체들은 의료체제를 근대화시키고자 노력했다. 그 가운데 빈곤한 환자들, 전염병자에 대한 의료복지활동이 전개되었다. 대부분의 의료복지대상자는 기민, 빈민, 걸인, 무의탁자, 빈민 부상자, 빈궁자, 궁민환자라는 용어로 일컬어지는 치료비 부담이 곤란한 환자들이었다(신동원, 1997; 이만열, 2003; 박윤재, 2005). 가난한 환자들이 주 대상자였지만, 전염병자, 여성, 어린이, 수감 중인 죄수, 한센병자, 농촌 지역 주민 등에 대한 의료활동도 이루어졌다.

이 시기 대민의료를 담당하였던 정부기관은 혜민서와 활인서였다. 혜민서는 대민의료기관으로서 일반 백성에게 무료로 병을 치료하였고, 활인서는 역병 구료기관으로 기민과 전염병자를 구료하였다.

그러나 1882년 임오군란 발생 이후 고종에 의해 기무처 설치 등 체제가

60) 개화기의 공공 의료복지활동에 관해서는 이희진 외(2012)에 전적으로 의존하고 있다.

정비되면서, 그 일환으로 의료복지활동을 펼쳤던 혜민서와 활인서는 혁파되었다. 그리고 그 이후 1885년 왕실 의료기관인 제중원이 설립되었다.[61] 제중원에서는 남성과 여성 모두에게 진료를 하였고, 약값은 국가에서 지급하는 무상의료였다. 제중원에서는 귀천을 막론하고 치료해 주었다. 빈곤환자와 걸인, 한센병자를 포함한 모든 국민을 대상으로 한 것이다. 제중원에서는 부녀과를 별도로 마련하여 의료혜택에서 소외된 조선의 여성들에게도 의료활동을 하였다. 이 제중원은 1894년 미국 북장로교 선교부로 이관된 후 왕실 의료기관으로서의 역할은 더 이상 하지 않았다. 이후 공공 의료복지활동을 할 수 있는 기관은 존재하지 않았다.

그러다가 대한제국이 선포(1897)된 이후부터 공공 의료복지활동은 광제원을 중심으로 전개되었다.[62] 광제원은 혜민서와 활인서의 기능을 이어받은 기관으로 그 대상이 다양하였다. 그중 주요 대상은 경제적으로 궁핍하거나 사회적으로 소외되어 치료를 제대로 받지 못하는 사람들이었다. 1899년 5월 12일의 『관보(官報)』「병원세칙(病院細則)」에는 "환과고독하여 무실무의(無室無依)한 사람과 감옥에 수감된 죄수에게는 무료로 약을 주고, 그 외에는 약을 팔되 시중 약값보다 매우 싼 가격으로 팔아야" 한다는 것을

61) 이희진 외(2012)에 따르면, 제중원은 본래 1885년 관민합작 서양의료기관으로 설립된 광혜원이 제중원으로 개명된 것이다. 광혜원은 '널리 은혜를 베푸는 집'이라는 뜻이 있었으나, 개원 후 2주가 채 되지 않은 4월 26일 '널리 민중을 구제하는 집'이라는 뜻의 제중원으로 개명된 것이다. 이런 이유로 제중원이 선교기관에 해당한다고도 볼 수 있으나, 제중원의 운영권이 이관되는 1894년 이전까지는 왕실 의료기관, 즉 주체가 관민합동의 형태를 갖추고 있었으므로 그 시기의 제중원을 공공 의료복지활동에 포함시키고 있다.

62) 대한제국기에는 광무개혁의 일환으로 여러 의료체제가 정비되었는데, 그 당시 설립된 대표적인 기관이 1899년 설립된 내부병원, 그리고 1905년 설립된 대한적십자사 병원이다. 내부병원은 대민 구료적인 성격을 강화하기 위해 1900년 '광제원(廣濟院)'으로 명칭이 변경되었다. 이는 내부병원의 산하에 있던 종두사무를 한성종두사로 이관되는 과정에서 빈민을 중심으로 한 질병 구료기관의 성격을 더욱 명확히 하기 위한 것이었다(박윤재, 2005: 134-135; 이희진, 2012: 108).

명시하고 있다. 구체적으로는 빈곤한 환자에게 죽을 끓여 연명을 시키면서 치료하거나, 길에 쓰러져 있는 행려병자를 치료하거나, 지방에서 상경하였다가 질병에 걸려 의뢰할 곳이 없는 환자를 치료하는 등 구료기관에 걸맞은 시술을 시행하였다(박윤재, 2005; 이희진, 2012: 108-109).

이 외 대한적십자병원에서는 빈곤한 상병자와 천재 혹은 사변으로 인한 상병자에 대한 구료활동이 펼쳐졌으며, 이 병원은 이전과 달리 황실에서 발행한 구료표를 갖고 있어야만 치료를 받을 수 있도록 한 것이 특징이다(이꽃메 · 황상익, 1997: 10; 이희진 외, 2012: 110-111). 이후 통감부의 대한의원에서도 시료부를 설치하여 이러한 활동이 지속적으로 이루어졌다.

2) 개화기의 민간복지활동

조선시대에는 환과고독과 독질, 폐질에 걸린 사람으로서 빈궁하고 의지할 친족도 없어 스스로 생존할 수 없는 자는 소재지의 관청에서 당연히 거두어 부양하도록 하였고, 이를 시행하지 않을 시에는 장(杖) 60의 형벌에 처했다(최창무, 1992: 15). 이처럼 조선시대의 빈민구제활동은 주로 정부에 의해 이루어져 왔다. 이는 왕정제도하에서는 당연한 것으로 여겨졌으며, 불교를 비롯한 종교 차원에서나 민간에서의 빈민구제는 인정에 의한 개별적이고 산발적인 활동이었다. 조직화되지 않은 개별적인 차원에서 구제활동이 이루어진 것은 구한말에도 마찬가지였다. 그러나 점차 더 체계적이고 조직적이며, 지속적인 구제활동을 하고자 하는 시도들이 나타났는데, 바로 혜중국과 진민소의 설립이 그 계기가 되었다.

한편, 개항 이후 개화사상과 신교육사상이 유입되는 과정에서 서구사회에서 이루어지고 있는 특수교육에 대한 소개[63]로 인해 장애인에 대한 새로운 형태에 접근할 수 있게 했는데, 최초의 특수교육학교인 평양맹아학교가 설립되었다. 여기에서는 개화기 민간복지활동으로서 이 세 가지를 중심으로 살펴보기로 한다.

혜중국의 설립과 구료활동[64)]

정부의 대민의료기관의 역할을 했던 제중원이 1894년에 미국 북장로교 선교부로 이관된 후, 조선 정부는 대민의료기관을 갖지 못하고 있었다. 이러한 상황에서 가난한 한국인들은 선교사들에 의해 설립된 의료기관에서 치료를 받을 수밖에 없었다. 한우(韓宇)와 김병관(金炳觀)은 가난한 백성을 위한 국가 의료기관이 없는 것을 부끄럽게 여기고, 1896년 경희궁 앞에 혜중국(惠衆局)을 설립하여 빈부귀천 남녀노소를 가리지 않고 무료로 약을 주고 병을 치료하였다. 정부는 1899년 내부병원이 생기기 전까지 사립병원인 혜중국을 지원할 뿐이었다. 혜중국은 설립 후 약 1년 반 동안 빈민 24,000여 명뿐 아니라, 군인 2,000여 명, 죄수 200여 명도 구료하였다(『독립신문』, 1896. 12. 12.; 『매일신문』, 1898. 6. 18.; 이방원, 2014: 51에서 재인용).

빈곤한 환자와 죄수를 무료로 치료하고, 전염병을 예방하던 혜중국은 네 명의 유지들과 외국 부인의 보조를 받아 근근이 운영되었으나, 1898년에 이르러 많은 약값을 감당할 수 없어 폐지할 지경이 되었다. 이에 혜중국 주인 한우와 김병관은 각부 대신에게 편지하여 혜중국의 사정을 말하며 조처해 줄 것을 청원하였다(『매일신문』, 1898. 6. 18.; 이방원, 2014: 52에서 재인용). 언론에서도 혜중국이 폐지되는 것은 외국사람에게도 수치가 될 뿐

63) 예컨대, 박정양이 신사유람단 보고서에 일본의 맹아원(盲啞院)을, 미국으로 유학을 떠났던 유길준이 『서유견문』에 치아원(痴兒院), 맹인원(盲人院), 아인원(啞人院) 등을 소개하였다.

64) 혜중국의 설립과 구료활동에 관해서는 이방원(2014)를 참조하였다.

아니라 빈민의 병을 구료할 곳이 없어지니 매우 개탄할 노릇이라고 하였다(『제국신문』, 1899. 2. 27.; 이방원, 2014: 52에서 재인용). 내부는 그간의 혜중국의 업적과 구료기관으로서의 필요성을 인정하여 위생국에 소속시키고, 우두[65] 경비 중 일부를 별도로 구획하여 매월 30원씩 보조하였다.[66]

혜중국은 일개 사립병원이었으나, 1896년 설립 이후 공립병원이 없는 당시의 상황에서 정부의 지원을 받으며 빈민구료뿐 아니라 죄수의 진료까지 맡아보며 공립병원의 역할을 담당하였다. 폐지된 시기는 확실하지 않다. 1899년 4월경 군부에서 혜중국 건물을 사서 무관학교로 들인다는 말이 있다는 기사가 있으나,[67] 이방원(2014)은 1899년 11월까지 치료한 환자 수가 기록된 것으로 보아 1899년 말까지 존속한 것으로 보고 있다.[68] 1899년 내부 위생국에서 내부병원을 설립하면서 혜중국 의사 한우와 김병관은 혜중국이 폐지될 때까지 한편으로는 혜중국의 사무를 보면서 정부에서 설립한 내부병원 등에 소속되어 지속적으로 활동하였다.

진민소의 설립과 빈민구휼

그뿐만 아니라 개화기에는 민간 차원의 구휼기관인 진민소(賑民所)가 운영되기도 했다. 진민소는 민간에서 민간의 자본으로 설립한 민간 빈민구제 시설이었다. 진민소는 1898년 6월 25일 전 승지였던 고운정과 관립학교 교원 윤태진 등 16명의 민간인이 각기 2만 냥씩 내놓은 32만 냥과 시골 부인들의 의조금 10만 냥을 더해 총 42만 냥의 민간자본금으로 설립되었다. 진

65) 천연두 예방을 위해 소에서 뽑은 면역 물질.

66) 『독립신문』, 1898. 6. 16.; 1899. 4. 8.; 『매일신문』, 1898. 6. 18.; 『제국신문』, 1898. 8. 18.; 여인석(1999), p.294에서 재인용.

67) 『독립신문』, 1899년 4월 8일, “혜중국”; 이방원(2014), p.53에서 재인용.

68) 혜중국에서 치료한 환자 수의 현황은 이방원(2014), p.53을 참조할 것.

민소의 설립목적은 스스로 살아가기 어려운 빈민이나 환과고독 및 장애인을 구휼하기 위한 것이었다(양옥경, 2014: 257).

진민소는 구휼대상을 궁민의 성명, 나이, 거처, 형체를 상고하여 결정하는데, 병자, 환과고독, 나이 70세 이상의 남녀노약 걸인, 장애인을 구호의 대상으로 삼았다. 다만, 빈민 중 신체적 결함이 없는 자에게는 약간의 진휼금을 제공하여 주되, 장애인일지라도 구제해 줄 부모 · 형제가 있는 경우에는 진민소에서 수용하지 않는다는 기준을 마련하였다. 기준에 해당되지 않더라도 생업유지가 어려운 궁민의 경우 진민소장 이하 모든 운영 인원들이 허가하는 자에게는 거처를 제공하였다(이방원, 2014: 55-56).

진민소의 빈민 구휼방법은 당시 조선시대의 빈민구휼의 방법과는 다른 방식을 취했는데, 매일 아침과 저녁 식사 제공, 여름과 겨울 의복 제공, 거처 마련, 빈민 중 병자에 대한 구호경비와 약값 지급, 병으로 사망한 자에 대한 장례비 보조 등이었다(이방원, 2014: 56). 기존에는 기민구제를 위해 곡식을 나누어 주거나 세금을 감면해 주는 등의 사업을 주로 제공하였다. 진민소는 시설중심의 서비스 제공이라는 새로운 방식을 취한 것이다. 진민소는 일종의 직접서비스를 제공하는 생활시설과도 같았다. 그리고 진민소는 빈민의 문제를 국가 전체의 사회문제로 인식했으며, 조직화되고 체계화된 빈민구제를 하고자 했다. 이를 위해 장정(章程)[69]을 만들고, 직접서비스 차원에서의 구제체계를 갖추고자 했다(양옥경, 2014: 276-277).

정리하면, 진민소는 첫째, 시설을 설치하여 갈 곳 없는 빈민들을 수용하였으며, 둘째, 민간이 민간의 자본으로 설립했고, 셋째, 장정이라는 규정을 마련함으로써 빈민구제에 대한 체계를 갖추려 시도했던 것이다. 하지만 진민소는 재원조달의 문제에 직면하면서 위기에 처하게 된다. 진민소는 민간

69) 여러 조목으로 나누어 마련한 규정.

기관이기에 별도로 재원을 마련할 방법이 없었을 뿐만 아니라[70] 사시사철 빈민을 구제하였고, 노동능력이 있는 장정들까지도 구제를 해주었기 때문에 재정적 위기에 처할 수밖에 없는 상황이었다(양옥경, 2014: 272-273).

이후 진민소는 운영비를 조달하기 위해 상인들이 곡물을 거래할 때 일정한 세금을 걷는 방식을 취했는데, 이 때문에 1898년 10월 고종 황제로부터 폐쇄명령을 받았다.[71] 결국, 진민소는 1898년 10월 26일 혁파되었다. 진민소 혁파 이후에도 진민소 재설치와 그 운영자금 마련에 대한 논의가 이어졌으나, 큰 실효를 얻지 못하였다(이방원, 2014: 57-58).

진민소는 비록 짧은 기간 동안 존재했지만, 갑오개혁으로 진휼청이 폐쇄되면서 정부가 해야 할 진휼이 체계적으로 이루어지지 않아 기민구휼이 문제였던 시점에 민간에 의해 설립된 시설이었다. 진민소는 그 존재 자체만으로도 사회복지역사에 있어 큰 의의가 있다는 평가(양옥경, 2014: 257)가 있지만, 무엇보다 진민소는 대상자의 선정기준을 가지고 구휼을 했다는 점에서 큰 의의를 지닌다. 오늘날 복지제공의 주체가 민간조직이기는 하지만, 그 조직에서 제공하고자 하는 다양한 구제의 대상자 선정기준을 가지고 있었는가에 따라서 민간사회복지의 판단 여부가 달라지기 때문이다.

---

70) 「진민소장정」에 미세와 누룩세를 받아 운영에 사용하고자 하였으나, 민간기관이었던 진민소의 계획이 생각대로 이루어질 수 없었다. 1898년 10월 12일 진민소 운영진 수십 명이 내부대신 이근명에게 가서 「진민소장정」 제5조의 쌀과 누룩세 관련 내용을 인가하여 달라고 하였으나, 내부대신은 진민소 설치 초에 정부에서 허가한 바도 없고, 정부 회의도 없었으니 자기 임의로 준허하지 못하겠다고 하였다. 또한, 설립 초기부터 세를 받아 운영하겠다는 논리는 탁지부대신뿐 아니라 언론에서도 강력히 반대하였다(이방원, 2014: 57).

71) 자금조달을 위해 부자들로부터 추렴하도록 하였고 그 방법은 상인들의 거래에서 일정액을 수납하는 형태를 취하도록 하였다. 그러다 보니 상인들로부터의 불만이 문제가 되었다. 이는 실록에서 문제를 제기하고 있는 잡세의 형태를 띤 것으로 그 기능과 역할, 그리고 숨은 의도가 무엇인지와 상관없이 재정마련을 위해 백성들로부터 재물을 추렴하는 행위는 그 자체만으로도 백성들에게 민폐가 된다고 여겨 고종황제는 강력하게 금지하고 있었다. 따라서 여러 차례 무명잡세를 금지하는 명령을 내렸었다(양옥경, 2014: 272).

평양맹아학교의 설립과 특수교육의 시작[72)]

앞서 언급한 바와 같이 개화기에 개화사상과 신교육사상이 유입되면서 장애인에 대한 새로운 형태의 접근이 이루어졌다. 시각장애인과 청각장애인에 대한 특수교육이 시작된 것이다. 이것은 서울 소재 여성병원인 보구여관(普救女館)[73)]의 여의사로 활동했던 로제타 셔우드(Rosetta Sherwood)에 의해서 시작되었다. 로제타 셔우드는 1892년 윌리엄 홀(William James Hall, 忽)과 결혼하고, 1894년 평양지역에서 사역(使役)하였는데, 이때 여성 진료뿐 아니라 시각장애인 교육도 시작하였다.[74)]

로제타 홀이 평양에서 만난 시각장애인 여성들은 봉건질서 속에서 사회적으로 소외된 장애인으로서 속에서 이중의 아픔을 겪고 있었다. 이들을 위한 특수교육은 1894년 봄 윌리엄 홀의 첫 신자였던 오석형의 딸인 오봉래라는 시각장애 소녀와의 만남을 계기로 시작되었다. 로제타 홀은 오봉래에게 점기름 종이에 바늘점을 찍어 만든 점자를 고안해 가르쳤다. 이후 로제타 홀은 남편 사망 후 미국으로 일시 귀국하였을 때, 특수교육에 관한 연구를 시작하였고, 1897년 뉴욕 시각장애인학교에서 4점식 뉴욕점자법을 다시 배워 와서 시각장애인의 교육을 위한 교과서 및 교재도구의 제작과 도입에 힘썼다. 조선으로 돌아온 로제타 홀은 한글점자 개발에 노력하였고, 첫 학생이었던 오봉래에게 다시 점자교육을 시작하였다. 오봉래는 한글 모음 자음을 익히게 되자 빠르게 글을 읽을 수 있게 되었고, 점자로 글

72) 이 내용은 이방현 · 이방원(2018), pp.239-241과 한국민족문화대백과사전(평양맹아학교)을 참조하여 기술하였음을 밝힌다.

73) 보구여관이란 '널리 여성을 구하는 집'이라는 뜻이다. 1887년 미국 북감리회에서 설립한 우리나라 최초의 여성 전용 병원으로 여성의사와 간호사를 양성하였다. 이화여자대학교 의료원의 전신이다.

74) 로제타 셔우드는 윌리엄 홀과 결혼한 뒤 각종 선교문건에서 로제타 셔우드 홀(Rosetta Sherwood Hall, 許乙)이라고 기록되었다.

을 쓸 수 있는 단계에까지 이르게 되었다. 오봉래에게 행한 점자교육이 효과를 보이자 많은 시각장애인 소녀들의 부모들이 로제타 홀을 찾아 왔다.

로제타 홀은 시각장애인과 비시각장애인은 그저 신체적 조건에 차이가 있을 뿐이므로 동등하게 교육을 받아야 한다고 믿었다. 로제타 홀은 1900년 평양의 정진여학교에 시각장애를 지닌 소녀들을 위한 특수학급인 시각장애인반을 설치하고, 학교교육의 일환으로 특수교육을 시작하였다. 그리고 예전부터 로제타 홀의 교육을 받았던 오봉래는 1900년경부터 스스로 특수교사가 되어 시각장애인을 가르치게 되었다. 당시 시각장애인 반에는 4명의 시각장애 소녀가 있었다. 1905년에는 7명의 학생을 통합교육의 형태로 개인차에 따라 지도하였다. 교육 내용은 점자교과서로 성경 · 지리 · 음악 · 산수 등과, 실용기술 과목으로 편물 · 마사지 등을 가르쳤다. 교사는 부인진료소의 의사와 간호사, 일반 학교 교사, 선교사 부인, 유능한 중학교 학생들로 충원하였다.

1907년에는 시각장애 여아를 위한 기숙사와 특별교실이 정진여학교 안에 별도로 마련되었고, 1908년이 되면 맹학교로서 독립된 건물을 사용하게 되었다. 시각장애인 교육은 청각장애인 교육으로 확대되어 갔다. 로제타 홀은 중국 쉐후학교(芝罘學校)에 이익민을 파견하여 농교육방법을 배워와 도입하였고, 1909년에 맹인여학교에 농아부를 설치하여 맹아학교로 발전하였다. 이를 계기로 평양맹아학교라는 교명을 사용하게 되었다. 그리하여 1909년에 이르러 시각장애학생과 청각장애학생 모두를 위한 기관으로 발전하였다. 평양맹아학교의 운영비는 본국 선교단의 지원, 개신교인의 후원금, 자체 내의 실업 활동을 통한 수익금, 학생들의 수업료 등으로 충당되었다.

그밖에도 특수교육은 1900년 페리(Jean Perry) 선교사에 의해 설립된 서울의 남맹아보호시설과 1903년 장로교 선교사 모펫 부인(Alice Fish

Moffeett)에 의해 설립된 평양의 남자맹학교[75] 등에서 이루어졌다.

이와 같이 평양맹아학교는 우리나라 특수교육의 효시를 이루었다는 점에 의의를 지니고 있다. 그리고 우리나라 특수교육은 모두 외국선교사에 의해 시작되었다는 특징을 지니고 있다.

75) 이 학교는 1915년 평양맹아학교로 설립 인가를 받았는데, 이는 1909년의 맹아학교와 1904년의 남자맹학교를 통합한 것이다(최원규, 1996: 107).

제3장

일제강점기의 장애인복지

1910~1945

제3장
일제강점기의 장애인복지[1)]

1. 장애인의 역사

1) 시대적 배경

일제강점기는 암흑의 시기였다. 일제의 과도한 사회적 · 경제적 수탈과 민족말살정책으로 우리 민족은 역사상 유례없는 극심한 물질적 · 정신적 고통을 겪어야만 했다. 일제는 대한제국의 국권을 강탈한 후 통치의 경제기반을 마련하기 위해 막대한 자금과 인력을 투입하여 식민지 조선에 대한 대대적인 토지조사사업(1910~1918)을 시행하였다. 그리고 토지 소유자가 직접 신고한 토지만 소유지로 인정하였다. 그 결과 총독부의 지세 수입이 증가하였으나, 오랫동안 관행으로 보장됐던 농민의 경작권은 인정되지 않았기 때문에 많은 농민이 소작농으로 전락하게 되었다.[2)] 이들은 높은 소

---

1) 이 장은 졸고(2025)를 수정 · 보완한 것임을 밝힌다.

2) 식민지 기간을 통하여 소작은 증가하였고, 특히 그 초기에 급증하였다. 반소작농이 소작농으로 전락하였는데, 완전소작농의 경우 1913년 32.4%였으나, 1932년에는 54.2%로 증가하였고, 반소작농의 경우는 동 기간 중 41.7%에서 26%로 감소하였다. 조선총독부의 조사나 선교사의 조사 등을 보면, 1930년에도 농민의 75~80%는 소작이었다. 총독부조사에 의하면 1938년 기준 약 300만 세대, 농촌인구의 80%가 소작농이었다(박광준, 2013: 119-120).

작료와 불안정한 소작 기간으로 생활이 곤궁해졌다. 농촌에서 살기 어려워진 농민들은 토막민으로 대표되는 도시빈민층, 그리고 화전민이라는 특수한 빈곤층이 되었으며, 일본이나 중국 등으로 이주하기도 하였다. 일제의 토지조사가 끝나는 1920년대가 되면 몰락한 농민이 농촌을 떠나게 되면서 도시 변두리나 하천변의 토막집에서 어렵게 살았다.[3)]

한편, 1920년대부터 일제는 자국의 식량부족문제를 해결하기 위해 소위 '산미증식계획'을 추진하였다. '산미증식계획'이란 '쌀의 생산을 늘리는 계획'이라는 뜻이다. 쌀의 생산량을 늘려 많이 빼앗아 가자는 것이 일제의 '계획'이었다. 쌀을 많이 생산하기 위해서는 관개시설을 늘려야 한다며 일제는 막대한 융자를 해줘가며 수리조합 공사를 강행했다. 그 공사는 모두 일본인 지주의 땅을 중심으로 진행되었다. 그들은 엄청난 부를 축적했지만, 터무니없이 비싼 공사비를 떠맡아야 했던 조선 농민에게는 매우 부담이 큰 공사였다. 그 부담 때문에 조선인 지주나 자작농들은 토지를 빼앗기고 소작농으로 전락해 갔다. 또 조선인 농민들은 수리조합의 막대한 조합비를 부담해야 했기 때문에 견디다 못해 토지를 헐값으로 팔아넘기고는 유랑민이 되어 만주, 시베리아, 간도 등지를 떠돌았다.

어쨌거나 '산미증식계획'으로 쌀 생산량은 조금 늘긴 했으나 일본으로 이출되는 쌀의 양은 해마다 증가하였다. 〈표 3-1〉을 한번 보자.

---

3) 조선총독부 조사 자료에 의하면, 1920년대 이후 토막민의 수는 1931년 1,538가구 5,092명이었는데, 1938년에는 3,316가구 16,644명으로 급증하였다(박광준, 2013: 121).

〈표 3-1〉 일제의 쌀 약탈 증가와 조선인 1인당 쌀 소비량의 감소

연도	쌀 생산지수	일본으로 약탈된 지수	조선인 1인 쌀 소비량
1912~16	100	100	0.7188석
1917~21	115	187	0.6860석
1922~26	118	334	0.5871석
1927~31	128	505	0.4964석

출처: 이성광(1991a), p.184.

〈표 3-1〉에서 보는 바와 같이, 쌀 생산량은 1912년을 100으로 볼 때 128 정도밖에 증가하지 않았는데, 일제는 505 이상을 일본으로 싣고 갔다. 따라서 쌀 생산량은 늘었어도 조선인의 1인당 쌀 소비량은 오히려 절반으로 줄어들었다. 일제는 농민의 60~70%의 고율 소작료를 착취하여 일본으로 싣고 가버린 것이다. 그 결과, 식민지 조선의 식량 사정이 크게 나빠졌고, 농민들은 비참한 굶주림을 강요당했다. 당시 농민들의 삶을 총독부 내무부 당국자조차도 이렇게 표현하고 있었다.

> 먹을래야 밥이 없고 입을래야 옷이 없는 방랑의 신세가 되어, 산야나 노변(길가)에 쓰러진 채로 친척과 친구의 간호도 받지 못한 채로, 외로이 인생의 행로에 종언을 고하는 자가 매년 엄청난 숫자에 이르러 가고 있다(야마나, 「조선에 있어서 행려사망인」, 『조선』, 1921, 3월호; 이성광, 1991a: 186에서 재인용).

한편, 중일전쟁(1937)과 태평양전쟁(1941)을 일으킨 일제는 식민지 조선을 병참기지로 만들기 위해 금속 · 화학 공장을 건설하고, 지하자원의 생산을 늘렸다. 그리고 국가총동원법(1938)을 제정하여 인력과 물자를 수탈하였다. 노동력과 병력을 확보하기 위해 조선인을 동원하였으며,[4] 군량미를

4) 1930년대의 침략전쟁은 조선인의 신체를 군사적 관점에서 등급화를 제도적으로 도입하

마련하기 위해 공출제도[5]를 실시하고, 무기를 만들기 위해 농기구와 제사 도구까지 수탈했다. 이로 인해 농민들은 극한의 굶주림에 허덕였다. 이런 약탈 속에서 조선 농민은 일부 친일지주를 제외하고는 대부분 몰락하여 일제의 침략전쟁의 희생물이 되었다. 1930년대의 『조선일보』는 춘궁기에 나타난 소작농의 비참한 생활을 다음과 같이 보도했다.

> 굶주림에 시달리는 농민의 상황은 어떤가? 함경남도 덕원군에서만도 농민 2만 명이 굶주리고 있다. 집에서 굶어 죽기를 기다릴 수 없어 2,000명 이상이 유랑을 떠났다. 조선의 불합리한 농업경제는 마을을 초토화하는 지경까지 농민을 몰아넣었다. (…) 자연재해로 수확이 계속 타격을 입어도 소작농은 무자비한 지주와 냉혹한 고리대에 착취당해 거의 남는 것이 없다. 지금 식량은 바닥나 초근목피(草根木皮)로 연명하고 있다. (…) 사태는 절망적이어서 농민은 남부여대하고 유랑을 떠날 수밖에 없다(부르스 커밍스 지음, 김범 옮김, 2023a: 125).

한편, 전쟁이 장기화됨에 따라 지원병제와 징병제를 실시하여 청년들을 전쟁터로 끌고 갔으며, 수십만 명의 사람들을 일본, 중국, 동남아시아의 탄광, 군수 공장 등으로 끌고 가 강제노동을 시켰다. 그리고 여자 정신 근로령을 내려 여성들마저 동원하였는데, 많은 여성들을 일본군 '위안부'로 끌고 가 큰 고통을 겪게 하였다. 강제로 동원된 사람들은 대부분 전쟁 중 희생되었고, 살아남은 사람들은 그 후유증으로 전쟁 이후 정신적 · 육체적 고

도록 했다. 신체의 식민지화는 질병 위생 정책과 함께 군사정책의 결과였다. 특히 신체의 식민지화는 노동력의 군사적 동원 때문에 크게 진전되었다. 이것은 신체검사와 함께 신체의 등급화를 수반했다. 운동회는 체육의 종목을 대중에게 보여주는 전시장이면서 마을 공동체를 국가에 끌어들이는 접점이었다. 학교 운동회는 대부분 전쟁 동원에 필요한 육체적 단련을 체육의 대상으로 인식하도록 만들었다(정근식, 2002: 48).

5) 이 공출제도에 의해 쌀 생산고의 43.1%(1941년), 45.2%(1942년), 55.7%(1943년)가 강탈되었으며, 1944년에는 63.8%에까지 이르렀다(조선사연구회 엮음, 1985: 228; 박세길, 1988: 17).

통을 겪어야만 했다.

박광준(2013)은 중일전쟁 이후 1938년의 국가총동원법에 따른 다양한 강제동원과 징용, 근로 보국대, 애국단체에의 참가 강요에 의한 인구이동에 주목한다. 즉, 여성과 아동을 포함한 많은 사람이 일본으로 이주하였는데, 1945년에는 전 노동력의 32%가 조선인 노동력이었다고 한다. 1941년 통계에 의하면, 당시 일본 거주의 조선인은 140만 명이었는데, 그중 노동자는 77만(공사현장 22만, 공장노동 20.8만, 광산노동 9.4만 명) 명이었고, 나머지는 농업, 어업 등에 종사하였다. 1941년부터 1945년의 5년간에 다시 50만 명 이상의 노동자가 일본으로 이동하였고, 그 절반 이상은 탄광노동자였다. 전시 중에 광도노동자의 60~70%는 조선인 노동자였다고 한다. 일제가 패망하는 1945년에는 236만 5,000명에 이르게 되었는데, 이 같은 급격한 증가는 당연히 강제연행의 결과였다.

이러한 상황으로 보면, 당시 인구이동의 특징은 농촌인구의 도시 이주가 아니라 한 지역에서 다른 지역으로의 이동이나 국외 이동이 많았다는 데 있다. 1930년대 이후 일본은 조선 북부지역을 중심으로 산업화를 추진하였는데, 남부 주민의 북부지역 이주 혹은 만주지역 이주가 크게 늘었다. 이러한 사정으로 경술국치 후 1930년 전후까지의 기간 중 실업문제는 조선에서 가장 심각했으며,[6] 빈곤이 광범위하게 퍼져 있었다. 조선총독부는 빈곤문제가 사회주의운동의 원인이 된다는 것은 이미 일본의 경험을 통해 인지하고 있었고, 거기에 더하여 독립운동의 격화를 가져올 수 있다는 우려를 하고 있었다. 이러한 상황을 배경으로 하여 일제는 경제적 자립을 통한 빈곤구제에 눈을 돌리게 된다(박광준, 2013: 137). 그렇다면 이렇게 잔혹한 암흑의 시대에 장애인들은 어떠한 삶을 살았을까?

---

6) 조선총독부의 발표만 보더라도 1930년대 말 실업률은 53%라는 실로 가공할 수치를 보여주고 있었다(박세길, 1988: 20).

2) 장애인의 삶과 사회적 인식

'불구자' 개념의 등장과 확산

이미 살펴본 것처럼, 조선시대까지 장애인은 대개 병에 걸린 사람, 곧 병신 혹은 병자라 불렸으며, 잔질자, 독질자, 폐질자라 기록되기도 했다. 이때만 하더라도 병신이라는 용어는 주로 질병의 의미로 사용되었다. 그러나 일제강점기에는 병신이라는 용어가 조롱이나 비하, 욕설, 나아가 경멸의 뜻으로 사용되기 시작했다. 당시 장애인을 지칭하는 용어로는 각각 장애의 특성에 따라 맹인, 맹아자, 벙어리, 언청이, 꼽추, 절뚝발이(절름발이), 장님, 귀머거리, 백치 등의 용어도 사용되었지만, 유형을 구분하지 않고 통칭하는 용어로서 '병신'이라는 용어가 활용되었다. 주로 장애인과 관련된 각종 사건 사고를 보도할 때 자주 쓰인 것으로 보인다. 예컨대, 1917년 12월 25일 자 『매일신보』에는 벙어리인 자신의 딸을 살해한 사건을 보도하면서 "병신의 여아를 살해"라고 표현하였다(소현숙, 2017: 294에서 재인용). 이처럼 '병신'이라는 용어는 일제강점기 전반에 걸쳐서 널리 사용되었다.

그러나 조선의 장애 용어인 잔질, 독질, 폐질, 병신 등은 일제강점기 이후 '불구자(不具者)'라는 용어로 빠르게 대체되어 간다. 불구자는 '후구샤(不具者)'란 근대 일본어에서 유래한 말로 '~을 갖추지 못한 사람'이란 뜻이었다(이요한, 2009: 10-11). 다시 말해 몸의 기능이 결여된 자, 즉 세상에 쓸모없는 존재라는 것이다. 정근식(2002: 44)에 의하면, '불구'라는 개념은 원래 근대 국민국가의 형성에 수반되는 상비군과 징병제와 연관되거나 국세조사의 형성과정에서 국가가 인간을 파악하는 범주로 사용되었다. 일본의 경우 1882년 『육군성 통계 연보』에 병역 면제 장정의 기준에 개별적 장애의 항목들이 나열되었지만 '불구'라는 용어는 없었는데, 1887년의 『경시청 자살자 통계』에 "신체의 불구를 비관하여"라는 문장이 등장했다고 한다. 근대통계학의 성립기인 20세기 초반에 국세조사 준비에 관한 논의에서 '불구자'가 자주 거론되었다. 일본이 1905년에 실시한 식민지 타이완에서의 임시 호구조사에서 사용된 조사표의 경우 '불구'의 항목이 있었는데, 여기에서는 신체와 정신상의 불구를 구별하면서 그 종류와 원인까지 기재하도록 하였다. 즉, 신체상의 불구로 농 또는 아를 모두 농아로 묶어 기재하도록 하였으며, 맹은 양쪽 눈을 모두 보지 못하는 경우만을 의미한다고 규정하였다. 정신상의 불구의 경우, 백치(白癡)와 풍전(瘋癲)의 정의는 '세상 사람들 일반이 그렇게 인식하는 자'로 규정했다. 불구의 원인으로는 생(生) · 질(疾) · 상(傷)으로 기재하도록 했는데, 생은 생래적인 것, 질은 질병, 상은 부상의 약어였다.

한편, 소현숙(2017: 294-295)에 의하면, 우리나라에서 '불구자'라는 용어는 1906년『대한자강회 월보』5호에서 처음 나타났다고 한다. 국사를 논할 자의 자격에 대해 언급한 이 글에서, 불구자는 "농(農), 상(商), 노동의 무학무지배(無學無智輩), 승려, 병인"과 더불어 "국사(國事)에 관계가 無흔 者"로 지칭되고 있다는 것이다. 이러한 불구자라는 새로운 용어의 성격을 두고 최경희(2001)는 "장애인에 대한 새로운 인식을 함축한다"라고 지적하였다. 즉, 병신이 신체의 손실이나 기능손상뿐만 아니라 인격에 대한 차별적 시선을 포함하는 용어였다면, 불구자라는 용어는 신체의 손실과 기능손상을 가리키지만, 인격에 대한 강조는 아니며, 배타적 권리의 담지자로서 근대적 인간을 그 전제로 삼고 있다는 것이다. 그러나 이러한 주장에 대해 소숙현(2017: 295-296)은 병신과 불구자의 의미는 큰 차이가 없었다고 반론한다. 즉, "문학에서의 '불구자' 사용의 맥락과는 달리 현실에서 불구자는 병신과 큰 차이 없이 쓰이고 있었고, 때때로 병신과 교체할 수 있는 용어로 사용되기도 했다"라는 것이다. 차이가 있다면, 주로 '병신'이라는 용어가 각종 사건 · 사고와 관련된 보도기사에 많이 나타나 일반인 사이에서 장애인에 대한 차별의식을 드러낼 때 사용되었던 반면, '불구자'라는 용어는 장애인과 관련된 근대적 제도나 정책 등을 언급할 때 나타났다는 것이다.

또한, 그는 "식민지시기 불구자라는 용어는 식민화된 민족을 상징하는 데 한정되지 않고, 불완전하고 무능력한 것을 대표하는 상징어로서 광범하게 활용되고 있었다"[7]고 말하면서 여기서 "불완전과 무능은 단순히 기능적인 차원을 넘어서 정신적이고 인격적인 차원까지도 포괄하고 있었다"라고 주장했다(소현숙, 2017: 302).[8]

소현숙(2017: 310)은 "전근대 시기로부터 이어져 온 '병신'이라는 용어가 비하와 조롱의 대상으로서 장애인에 대한 인격적 폄하를 담고 있었다면, 근대적 용어로서 '불구자'는 한편에서는 식민화된 민족을 상징하는 용어로 상상되면서 장애를 사회경제적 산물로서 이해하는 시각을 열어 주었으나, 동시에 제거되어야 할 민족의 열등한 일부로서 장애인을 위치시킴으로써 장애인에 대한 차별의 시각을 강화시켰다"라고 말하고 있다.[9]

일제강점기에 불구자라는 용어는 신체적 · 정신적 결함을 나타내는 용어로 사용되었을 뿐만 아니라 식민지 상황에서 조선인의 자기인식을 비유적으로 표현하는 수단이기도 했다(정근식, 2002: 45; 권선진, 2006: 317)는 점에

---

7) 불구자의 용어가 민족을 상징하는 용어를 넘어서 광범위하게 활용된 사례는 소현숙(2017), p.301을 보면 알 수 있다.

8) 예컨대, 인간의 동정심에 대해 논하면서, "자기 일신 밖에는 동정이 미치지 못하는 이"를 가리켜 "도덕적 불구자"라고 칭한다든지(『동아일보』, 1928. 9. 12), 수영의 정신 수양적 효과를 언급하면서 "현대인으로 스포츠에 이해가 없으며 그 가치를 알지 못하는 사람"을 일컬어 "일종의 불구자이며 완전한 인격을 가진 사람이라고 생각할 수 없다"(『동아일보』, 1929. 7. 14.)라는 식으로 표현하는 것이 그 예이다(소현숙, 2017: 302에서 재인용).

9) 소현숙(2017: 305-316)에 따르면, '불구자'라는 용어에 차별적 인식이 개입되었던 것에는 장애인을 법적 무능력자로 자리매김한 근대법의 도입, 학교교육으로부터의 배제, 무엇보다 우생학의 영향이 컸다. 1920~30년대 조선 사회에 광범하게 확산되었던 우생학적 시각은 민족의 열등한 부분이자 제거되어야 할 부분으로서 '불구자'를 위치시키고 있었으며, 민족주의적 지식인들이 이러한 우생학적 담론의 확산에 기여하고 있었다.

서 미루어볼 때, '불구자'라는 용어는 선천적인 장애보다 후천적인 장애의 발생이 더 중요해져 가는 사회적 변동의 산물이며, 이에 관한 새로운 인식의 결과였다.

신체적 장애인의 삶

일제강점기 신체적 장애로는 시각장애인, 청각 · 언어장애인, 지체장애인, 뇌전증 등이 있었다(정창권, 2016). 시각장애인은 당시의 모든 장애인 중에서 가장 많은 인구수를 차지할 뿐만 아니라 가장 활발한 활동을 펼치고 있었다.[10] 그들은 비록 무직이 많긴 했지만,[11] 주로 맹승(盲僧), 혹은 판수(判數)라 불리며 점복업과 독경업에 주로 종사하며 자립생활을 영위해 왔다. 하지만 근대적이며 과학적인 사회로 변화하면서 점복업은 줄곧 미신으로 인식되었고,[12] 사람들의 시야에서 점차 사라져 갔다. 게다가 일제강점기 시각장애인의 근대적 직업으로서 침구 · 안마업이 도입되고 확산되면서 점복업은 차츰 전근대의 비과학적 사고의 상징으로 치부되고 만다. 일제는 1913년 제생원 맹아부를 설립하여 시각장애인에게 보통교육 외에 침구 ·

---

10) 조선총독부 제생원에서 발간한 『조선맹아자통계요람』에 의하면, 1921년 전국의 시각장애인 수는 8,792명이었는데, 그중 남자는 5,862명이고 여자는 2,930명이었다. 또한, 1927년 전국의 시각장애인 수는 11,205명이었는데, 역시 남자는 7,188명, 여자는 4,018명이었다. 나아가 1938년 총독부 사회과에서 조사한 바에 의하면, 당시 전국의 시각장애인의 수는 12,314명이었다고 한다(백남중, 2001: 25-29).

11) 『조선맹아자통계요람』에 의하면, 1921년 시각장애인의 직업으로는 무직이 60.3%로 가장 많고, 점복 · 독경업이 19.8%, 농업이 13.7%, 고세공(짚으로 하는 세공)이 1.7%, 침 · 구 · 안마업이 1.1%였다. 또 1927년엔 무직이 74.5%로 가장 많고, 점복 · 독경업이 13.7%, 농업 6.3%, 침 · 구 · 안마업이 3.4%였다(백남중, 2001: 77-79).

12) 조선 사회 내부, 즉 기독교와 사회주의 계열, 그리고 우파 민족주의 사이에서도 미신타파에 대한 공감대가 광범위하게 형성되고 있었고, 한편 기독교 선교사들은 맹인 선교를 통해 악습과 미신에 젖어 있는 이들을 밝은 빛의 길로 인도한다는 사명감을 갖고 있었다고 한다(주윤정, 2020: 79).

안마업 위주의 직업교육을 실시하였다. 1914년에는 「안마술 · 침술 · 구술 영업취체규칙」[13]을 제정하여 그 졸업생들에게 침 · 구 · 안마사 면허증을 주어 침사, 구사, 안마사로 활동하게 했다. 침 · 구 · 안마업이 시각장애인의 새로운 직업으로 등장하게 된 것이다.[14]

1921년의 직업분포를 보면, 여전히 점복 · 독경 · 무녀가 대다수를 차지하고 있었는데, 1927년 이후에는 안마사가 점차 증가하기 시작했다. 제생원의 졸업생이 누적되면서 안마사 수가 증가한 것이다. 물론 여기에는 일본에서 조선으로 건너온 맹인 안마사들도 일부 있었다.[15] 하지만 안마업에 종사하는 시각장애인과 점복업에 종사하는 시각장애인들은 서로 갈등 관계에 있었다고 한다. 안마업 종사자는 점복업 종사자를 '미신'이라고 깎아내렸고, 점복업 종사자는 '일본 놈 발바닥이나 주무르는 직업'이라고 비판했다. 근대적 직업으로서의 안마업과 전통적인 직업으로서의 점복업 간의 갈등이 불거진 가운데, 점차 점복업은 미신으로 인식되어 타파의 대상이

13) 이 규칙에 따르면, "제1조 1항: 안마술 침술 또는 구술(灸術) 영업을 하고자 하는 자는 본적 주소 성명 생년월일 등을 기재한 서류에 이력서 및 기술을 습득한 것을 증명하는 서면 자료를 첨부하여 도지사에게 제출하여 면허를 얻어야 한다. 2항: 전항의 출원자로서 안마술 · 침술 · 구술을 영업하는 데 적격자라고 인정될 시에는 안마술 · 침술 · 구술 면허증을 교부한다"라고 되어 있다(주윤정, 2020: 147).

14) 정창권(2016: 126)에 의하면, 1920년대 시각장애인 안마사들은 전화를 받고 경성을 돌아다니며 안마를 해주었는데, 요금은 시간당 80전에서 1원 20전까지 상당히 비싼 편이었다. 그래서인지 이들 안마사는 비교적 여유로운 생활을 했고, 어떤 안마사들은 큰돈을 주고 여자를 사서 결혼하기도 했다고 한다.

15) 임안수 · 송영욱(1997: 89)에 따르면, 일본인들은 전화를 설치하고 안마원을 설립했으나 제생원 졸업생들은 밤에 피리를 불고 다니며 영업을 하거나, 일본인의 안마원에 취업하였다. 일본인들은 서울에 니시까와당, 고산당 안마원을 설립하고, 지방 대도시에도 안마원을 설립하여 운영하였다. 1916년에 한국에 거주한 일본 맹인은 모두 121명으로, 그중 일부가 침 · 구 · 안마업에 종사했다. 1925년에는 이종화가 원효로에 원정당 안마원을 설립하였고, 1926년에는 김영규가 원효로에 한강당 안마원을 설립하였으며, 몇 년 후에는 북창동에 지점까지 세워 일본인 못지않게 안마업을 발전시켰다.

되어 갔다. 1920년대 말부터 독경 맹인에 의한 유사의료행위, 즉 치병을 위한 독경과정에서 사망자가 발생하는 등의 피해가 나타나면서, 조선총독부에 의해 맹인 점복업과 독경에 대한 취체(取締)가 시작되었다. 비과학적인 치병(治病) 행위를 근절하기 위해 판수의 점복업과 독경 등을 금지했다. 결국, 교육의 기회가 부족한 시각장애인들은 직업을 잃고 점점 실업자로 전락해 갔다(주윤정, 2020).

자립생활이 불가능해진 시각장애인들은 가정생활과 사회생활을 해나가는 데도 많은 어려움을 겪었다. 정창권(2016: 124-127)에 따르면, 가정적으로는 배우자의 도주나 부정, 학대 등을 겪었고, 사회적으로는 다양한 사고 위험, 절도 및 사기, 강도 등 범죄 위험에 노출되어 있었다고 한다.

시각장애인에 대한 사회적 인식은 날이 갈수록 부정적으로 변해갔다. 인쇄 매체가 발전하면서 글을 읽지 못한다는 것 자체가 심각한 무능력으로 받아들여졌다. 주윤정(2020: 38)의 말을 빌리자면, 시각장애인들은 '문맹(文盲)'이란 단어의 상징성 아래 문자 문화를 누리지 못하는 대표적인 주변부 집단으로 각인된 것이다.

청각 · 언어장애인도 예외는 아니었다. 전통시대엔 청각장애가 있으면 말을 익히지 못해 자연히 언어장애를 갖게 되었는데, 그래서인지 일제강점기에도 청각장애와 언어장애를 함께 일컬어 '농아(聾啞)'라 했고, 때로는 결과적인 입장에서 언어장애로 취급하기도 했다. 실제로 조선총독부는 자주 맹인과 함께 아인의 인구수를 조사해서 발표했는데,[16) 이때의 아인 또한 순전한 언어장애인만이 아니라 청각장애로 인한 언어장애인, 곧 농아인도 포함되어 있었다. 그들은 주로 의사소통의 문제로 살아가는 데 많은 어려움을 겪었다. 청각장애인은 사회생활은 물론 가정생활을 하기도 힘들었고,

16) 『조선맹아자통계요람』에 의하면, 1921년 전국의 농아인 수는 6,847명이었고, 1927년 농아인 수는 10,300명이었다(백남중, 2001: 30-33).

마찬가지로 언어장애인도 직업을 구하기가 힘들었다. 그래서 어쩔 수 없이 생계형 범죄를 저지르기도 했다고 한다(정창권, 2016: 127-130).

일제강점기 농아인의 직업으로는 농업이 가장 많았고, 그 외 날품팔이나 고용살이, 방직, 공업 등이 많았다.[17] 그들은 비록 의사소통은 힘들지만, 신체는 온전하므로 농촌에서 직접 농사를 짓거나 남의 집에서 고용살이를 했던 것이다. 그리고 제생원 맹아부에서 봉재나 판금을 배운 이들은 방직이나 공업 등에 종사했으며, 청각 · 언어장애인도 일정한 직업이 없는 무직자가 많았다(정창권, 2016: 129)고 알려져 있다.

한편, 지체장애인의 생활상은 비참했던 것으로 보인다. 식민지 산업사회는 노동력을 최우선시하는 사회였다. 노동능력이 취약한 지체장애인은 말 그대로 '불구자' 취급을 받으며 사회적으로 외면당했고, 점차 걸인으로 전락해 갔다. 일부 지체장애인은 그물장이나 어물상, 갓 장사 등으로 생계를 이어가기도 했지만, 주로 걸인 생활을 했다. 그들의 사회적 처지도 열악했다. 그들은 사회적으로 놀림의 대상이었다.[18] 이에 따라 점차 자신의 처지를 비관한 나머지 자살하는 사례가 빈번히 발생하였다.[19]

17) 『조선맹아자통계요람』에 의하면, 1921년 농아인의 직업은 총 6,847명 중 농업(4,035명), 무직(2,201명), 날품팔이(141명), 방직(139명), 고용살이(138명), 수공업(45명), 공업 기타(33명), 어업(31명), 상업(30명) 등의 순서로 나타났다. 또 1927년에는 총 10,300명 중 무직(4,869명), 농업(4,861명), 날품팔이(187명), 고용살이(166명), 방직(54명), 어업(33명), 수공업(31명), 상업(26명) 등의 순서로 나타났다(백남중, 2001: 80-81).

18) 이러한 모습은 강경애의 소설(1936)에 잘 나타나 있다. 이 작품의 주인공 칠성이도 이른바 절름발이에 한쪽 팔마저 쓰지 못하는 지체장애 걸인이었는데, 그가 동냥하여 집으로 돌아올 때면 어김없이 동네 아이들이 달려와 옷과 얼굴에 쇠똥을 묻히며 놀리곤 했던 것이다(〈지하촌〉, 『강경애 작품집』, 지만지, 2013; 정창권, 2016: 132).

19) 정창권(2016: 132)에 의하면, 1927년 해주에 사는 김춘식(19)은 자신이 반신불수임을 비관하다가 읍내의 비류담에 빠져 죽었고, 1928년 평안북도에 사는 최종옥(55)은 본래 불구자인데다 생활이 곤란한 것을 항상 유감으로 생각하다가 깊은 밤 사람들이 잠들기를 기다려 후원 배나무에 목을 매어 자살했다. 또 1935년 서울의 철도학교에 다니는 한 학생은 왼쪽 팔뚝이 구부러져 자유롭게 사용하지 못하는 이른바 '곰배팔이'였는데, 한 여고생과

그 밖에 뇌전증은 일제강점기에도 여전히 치료가 불가능하여 어쩔 수 없이 인육(人肉)에 의존하곤 했다는 설도 있다. 그래서인지 당시 사람들은 뇌전증 환자를 두려워하거나 범죄시하는 경향이 있었으며, 어떤 부모들은 부양을 포기하고 뇌전증이 있는 자식을 일부러 살해하기도 했다는 보고도 있다(정창권, 2016: 132-134).

정신적 장애인의 삶

정신적 장애로는 정신장애인과 지적장애인이 있었다. 정창권(2016: 135-139)의 연구에 따르면, 당시 정신장애인도 해마다 증가 추세에 있었는데,[20] 장애의 특성상 발작할 때 살인이나 폭행, 방화 같은 범죄를 저지를 수 있다고 생각한 사람들은 정신장애인을 두려워하여 의도적으로 살해하기도 했다고 전해진다. 다른 장애인들이 어떻게든 일자리를 찾아 살아갔던 것과는 달리, 정신장애인은 세상 그 어디에도 발붙일 곳이 없었던 것이다. 반면에 지적장애인은 지능이 떨어져 세상에 별로 쓸모없는 사람으로 여겨졌다. 또 이러한 왜곡된 사회적 인식 때문에 가정 내에선 배우자로부터 소외나 배신을 당하기 일쑤였고, 사회적으로는 범죄의 대상이 되기도 했다.

기타 장애인의 삶

정창권(2016: 151-152)의 연구에 따르면, 기타 장애인으로는 성 기능 장애, 기형아, 한센병 환자, 장애여성, 장애 일본인 등이 있었다. 오늘날엔 성

약혼까지 했다가 불구자란 이유로 파혼을 당하자 이를 비관하여 다량의 비소(독극물)를 마시고 자살하기도 했다.

20) 조선총독부 위생과의 조사에 의하면, 1926년 정신장애를 가진 남자는 1,837명, 여자는 549명으로 총 2,386명이었고, 1927년에는 남자 1,847명, 여자 575명으로 총 2,422명이었다(『동아일보』, 1929년 1월 25일자).

기능의 문제를 병으로 인식하나 일제강점기에는 불구, 즉 장애로 인식했다. 당시 성 기능 장애인에게 가장 힘들었던 것은 역시 결혼문제였는데, 그들은 결혼하기가 무척 힘들었고, 설령 결혼했다 할지라도 그 사실이 알려지면 파혼이나 이혼 소송을 당하곤 했다고 한다.

일제강점기에도 다양한 유형의 기형아가 태어났는데, 그들에 대한 사회적 인식이 워낙 좋지 않아 태어난 지 얼마 안 되어 해당 부모들에 의해 죽거나 버려지곤 했다. 마찬가지로 한센병도 일제의 식민 지배가 깊어가는 1920년대 말과 1930년대 초반에 환자 수가 급증했다. 그들도 여전히 마지못해 인육으로 병을 치료하고자 했다. 이로 인해 당시 한센병 환자들은 순사와 더불어 공포와 기피의 대상이 되었고, 집에서 쫓겨난 한센병 환자들은 걸인이 되어 일정한 거주지가 없이 유랑하며 빌어먹고 살아가곤 했다. 그밖에 장애여성은 가정 내에선 동정의 대상이요, 사회적으론 범죄의 대상이었다. 특히, 장애 여성은 결혼하기가 쉽지 않았고, 설령 결혼한다 해도 얼마 안 있어 이혼당하는 경우가 많았다고 한다.

장애인에 대한 사회적 인식

일제강점기에 장애인에 대한 사회적 인식은 날이 갈수록 부정적으로 변해갔다. 장애인은 기본적으로 불쌍하고 쓸모없는 존재이자 놀림의 대상이었으며, 언제 범죄를 일으킬지 모르는 위험인물이요, 일반 사람들과 가까이해서는 안 되는 공포와 기피의 대상이 되었다. 정창권(2016: 152)의 연구에 따르면, 당시 장애인은 결혼하기가 무척 힘들었을 뿐 아니라 설령 결혼해도 어떤 방식으로든 이혼을 당하곤 했다. 또 사회적으로도 사기나 강도, 폭행, 살인 등 각종 범죄의 대상이 되었다. 심지어는 가족이나 이웃들로부터 의도적으로 살해되거나, 그렇지 않으면 스스로 목숨을 끊어야 했다.

이러한 장애인에 대한 인식은 당시의 관련 문학작품을 통해서도 찾아볼 수 있다.[21] 문학 작품들은 당시 장애인에 대한 평가의 일단을 보여준다고 할 수 있겠는데, 정근식(2002: 46)은 최경희(2003)의 말을 빌려 "일제강점기 문학에 장애인이 자주 소재로 등장하는 현상은 식민지 자본주의의 모순 및 도시산업화, 그리고 여전히 존재하는 전통적 봉건의식의 영향력이라는 역사적 조건에서 사회 비판적 수단으로서 역사적 실존체로서의 작중 인물과 작가가 공유하는 저항의식의 심리적 투사라고 볼 수 있다"라고 다소 장황하게 말하고 있다.

한편, 장애인복지정책이 부재한 가운데 '불구자'는 단순히 구제와 통제의 대상으로 간주되었다. 특히, 걸인 부랑아 집단에 대한 통제 대책을 세우면서 불구자의 문제가 제기되었다. 이러한 상황에서 부랑하는 불구자들을 수용할 수용소의 설립과 직업교육을 통해 재활할 수 있도록 도와야 한다는 여론이 형성되었다. 그러나 예산문제 등을 이유로 총독부 당국이 대책 마련에 미온적인 태도를 보였다. 거리의 불구자들은 그대로 방치되었고, 이들의 문제는 일제 말기에 이르기까지 해결되지 않은 채로 남아 있었다. 장애인들은 민족적 동정심을 불러일으키는 존재이자, 사회의 안전을 해치고 비위생적인 존재라는 이미지[22]가 각인되어 갔다(소현숙, 2017: 298-300).

심지어 불구자에 대한 구호 활동을 벌였던 인사들 사이에서도 장애인에 대한 인식은 부정적이었다. 1921년 평양에서 "고아와 무의무가(無衣無家)한

---

21) 나도향의 『벙어리 삼룡이』(1925), 소영의 『꼽추 이야기』(1929), 정일수의 『눈병신이 아들』(1932), 한설야의 『절둑발이』(1932), 계용묵의 『백치아다다』(1939), 최태용의 『바보용칠이』(1939), 한인택의 『불구자의 고민』(1932) 등이 있다.

22) '불구자'들은 민족주의적 동정과 우려를 불러일으키는 집단이었다. 종교단체에 의하거나 민족주의적 수사에 호소하는 사회사업이 출현하면서 불쌍한 동포에 대한 동정심과 그에 대한 사회적 책임이 강조되었고, 그 과정에서 불구자는 노약자나 고아와 함께 주요한 구제의 대상이 되어 갔다(소현숙, 2017: 303).

불구자를 수용 구호"하기 위해 고아원설립기성회를 조직한 유지들은 사업의 개요를 설명하면서, 그 취지를 다음과 같이 알리고 있다.

> "한 사회는 사람의 一身과 같다. 일신에 혈기가 충족하고 의지가 튼튼하여만 완전한 사람이 되는 것과 같이 사회도 병폐 될 만한 모든 것을 제거하고 공동한 목적을 확립한 후에야 비로소 완전한 사회라 할 것이다. 그러면 사회의 병폐라 함은 무엇이뇨. 왈, 전염병이라든가 도적이라든가 맹자 아자 농자 跛者(절룩발이)와 같은 불구자라든지 걸인이라든지 부정한 남녀관계라든지 이 모든 것은 다 사회의 병폐이다. 병폐를 제거함은 오인의 본능인 동정심에 의할 것이지만은 일편으로 오인은 그 사회에 거주하는 각 개인의 공동책임이라 하노라. 어찌하여 그런고 하니 이 병폐로 하여 사회에 받는 손해가 막중한 연고이다. 가령 빈핍한 가정의 아이나 無衣無家한 아이는 교육을 받을 수 없나니 교육을 받지 못하면 결국 불량배로 화케 되기 쉬움은 사실이다. 이 불량자가 사회에 대하여 여하한 손해를 끼치는가 하는 것은 사실이 증명하는 것이다. … 오늘날 문명한 다른 나라에서는 사회정책을 銳意로 실행하는데 그 사회정책이라 함은 다른 것이 아니라 이 사회적 병폐를 제거함에 不外한다"(『동아일보』, 1921. 10. 13.; 소현숙, 2017: 304에서 재인용).

위의 취지를 보면, 장애인은 경제적인 손실을 넘어서 사회의 도덕적 타락을 이끄는 존재로 간주되고 있다. 장애인은 걸인이나 전염병, 부정한 남녀관계와 동급으로 간주되었고, 제거해야 할 사회적 병폐로 인식되고 있었던 것이다. 장애인 수용시설은 "구호"를 위한 것으로 인식되었지만, 사회적 병폐를 제거하는 것은 단순한 구호의 차원이 아닌 장애인들에 대한 사회적 격리까지도 의미하고 있었던 것이다(소현숙, 2017: 305).

법적 무능력자

주윤정(2020)의 연구에 따르면, 법적으로도 장애인의 무능은 공식화되었다. 1921년 조선민사령의 개정에 의해 의용(依用)된 일본민법은 사인(私人) 간의 계약 관계에 대해 정하며 능력의 범위를 규정했는데, 그 능력조항에서 '정신박약'은 물론 '농자(聾者), 아자(瘂者), 맹자(盲者)' 등 장애인을 금치산자, 준금치산자로 규정하여 권리 행사에 후견인 등의 동의와 보호를 받아야 하는 이들로 설정하였다. 여기서 권리를 제한받는 것은 능력이라는 규정 때문인데, 이로써 권리 주체의 자격을 규정해 버린 것이다. 이로 인해 시각장애인들은 시장에서 교환을 할 수 있는 적법한 행위자의 범주에서도 배제되었다. 이로써 전근대 시기 법적 권리 면에서 특별한 제약을 받지 않았던 장애인들은 일제에 의해 도입된 근대법에 따라 법적 무능력자로 규정되기에 이른다. 장애인이 무능하다는 사회적 인식이 법에 반영된 것이 아니라 근대법의 일방적인 이식과정을 통해 능력과 무능력의 경계가 새롭게 규정되고, 장애인들이 무능한 존재로 인식되기 시작한 것이다. 이러한 법적 변화 속에서 무능력하고 불완전한 자로서의 장애인에 대한 인식은 더욱 확대되고 강화되어 갔다.

조선총독부의 시선

후술하겠지만, 조선총독부는 1911년 6월, 조선 내 고아 양육과 맹아자 교육 그리고 정신병자 구료를 목적으로 「제생원규정」을 반포하고 제생원을 설립하였고, 1913년 4월 1일 맹아부가 설치되었다. 『매일신보』는 맹아부를 "심성이 완명불량(頑冥不良)[23]하여 가정과 린리(隣里, 이웃 마을)에 무한한 위험을 양출(釀出)하는 병자의 신세"를 가진 자들을 교육하는 선진 기

23) 미련하고 사리에 어두우며 품성이 불량하다는 뜻.

관으로 바라보고 "성은우악(聖恩優渥)"[24]을 칭송하였다(『매일신보』, 1913. 11. 5.; 1914. 2. 25.; 1914. 3. 31.; 이방현 · 이방원, 2018: 292에서 재인용). 일제강점기 동안 언론에서는 맹아자를 비롯한 걸인, 미취업자, 부랑아, 방랑자 등에 대해서 사회의 낙오자를 의미하는 '사회패잔자(社會敗殘者)'라는 용어를 사용하기도 하였다.

조선총독부는 고아 · 맹아자 · 부랑아를 '심성이 불량하여 사회에 물의를 일으키거나 혹은 일으킬 우려가 있는 아동'으로 인식하고, 수용기관에의 규칙적인 생활과 정신훈육 그리고 실업교육을 통해 개조해야 할 대상이라고 규정하였다. 그 개조의 방향은 '선량한 신민' 육성이며, 그 신민이란 '천황에 충성하는 하급기술인'을 의미하였다(이방현 · 이방원, 2018: 302).

2. 일제강점기의 장애인복지

일제강점기 장애인을 포괄적으로 지칭하는 불구자라는 개념이 출현하였지만, 식민지라는 조건에서 일제의 복지정책은 지극히 미진한 것이었다. 그리고 장애인은 별도의 구제대상이 아니라, 빈민이나 이재민, 걸인 구호와 관련된 일반적인 구제에 포함되어 있었다. 즉, 장애인만을 위해 독립적으로 제도화된 정책은 없었으며, 각종 은사금의 이자로 지원되는 구제사업은 그때그때 임시적이고 즉흥적인 성격이 강했다.

24) 은혜가 매우 넓고 두텁다는 뜻.

1) 은사금제도[25)]

식민지사회복지는 일왕의 은사금이라는 형식의 재원으로 시작되었다. 즉, 일본의 왕들이 보낸 은사금을 기금으로 하여 그 이자수입을 주요 재원으로 하고, 부족한 예산은 국가의 재정에서 충당했다. 비록 공적 재원이라고 하더라도 그것이 수급자의 권리가 아니라 특별한 배려임을 분명히 하였다. 말하자면, 일제강점기의 사회복지는 국민의 권리로서가 아니라 '황실의 특별한 배려'라는 성격으로 시작된 것이다. 1910년 8월 조선총독부 총독은 「임시 은사금(恩賜金) 배분에 관하여」(훈령)라는 「통감유고(統監諭告)」를 발표하였다. 그것은 일왕이 식민지 조선을 위하여 하사한 은사금을 어떻게 배분할 것인가에 관한 것이었다.

은사금이라는 이름의 재정은 그 재원으로 보면 두 가지였다. 하나는 국비이고, 다른 하나는 황실 고유자산의 자금, 즉 내탕금(內帑金)이었다. 그런데 식민지 조선에의 은사금은 공채 발행으로 만들어진 국비였다(大友昌子著, 2007: 98). 복지에 충당되는 국가 사업비를 특별한 은사금이라는 주종관계로 특징되는 형식으로 시행한 의도가 조선왕조의 무위와 무능을 상기시키면서 일본 지배체제의 우월성을 과시하고, 그에 대한 충성을 확보하려는 것에 있었다.

일왕의 임시은사금 총액은 3,000만 엔이었다.[26)] 은사금은 직접 사업비로 사용하는 것이 아니라 그것을 기금으로 삼고, 그 이자수입으로 사업비를 충당하는 방식을 취했다. 은사금의 용도 중 가장 큰 몫을 차지하는 것은 '수산(授産)과 교육, 기근 구제의 항목'인데,[27)] 이 항목은 사회복지사업과

25) 은사금제도에 관한 내용은 전적으로 박광준(2013)에 의존하였음.

26) 1911년도 조선총독부 특별회계 세출예산(경상비와 임시경비 포함)이 48,741,782엔이었으므로 1년 예산의 약 62%에 달하는 거액이었다(박광준, 2013: 128).

직접적으로 관련된다. 그 가운데는 맹아자 교육, 정신병 구제기금, 행려병자 구호자금 등도 포함되어 있었다.[28)]

식민지 조선에서 최초의 구빈 법률인 「은사진휼자금 궁민구조규정」(恩賜賑恤資金 窮民救助規定, 1916, 이하 「부조규정」)이 적용되기 전까지의 빈곤대책은 이 임시은사금에 의해 이루어졌다. 그 보호 내용은 일본의 「휼구규칙」(恤救規則, 1874)에 준하여 시행되고 있었던 것으로 보인다.

2) 공공부조제도의 시행

일제강점기의 중요한 사회복지법률 중 중요한 것은 무엇보다도 공공부조에 관한 법률이었다. 1916년 「부조규정」이 최초의 공공부조법이었는데, 그 대상과 급여내용을 보면 다음과 같다(박광준, 2013: 132).

먼저, 「부조규정」의 대상은 독신자로서 ① 폐질자, 불구자 또는 중병자, ② 만 60세 이상의 노쇠한 자로서 생계를 유지할 수 없고, 부양의무친족이 없는 자, ③ 독신이 아니더라도 위의 조항에 해당하여 가족의 부양을 받지 못하는 자, ④ 가족의 부양을 받을 수 없는 사정의 13세 미만의 아동 등이다. 그리고 급여의 내용은 ① 폐질자, 불구자, 60세 이상 노쇠자에게 1년에 쌀 1석 8두 이내, ② 중병자에 대하여 1일 남자 4합, 여자 3합 이내에서 증량을 인정, ③ 13세 미만 아동 1년에 쌀 7두 2승 이내였다. 그러나 실제

---

27) 임시은사금 3천만 원의 공채 중 국폐(國幣) 항목인 17,398,000원에서 발생하는 이자수입을 지방의 수산(授産), 교육, 흉겸(凶歉)구제를 위한 자금으로 활용한다는 방침을 정하고 임시은사금 사업을 시행했다. 임시은사금 사업은 이자의 60%는 수산에, 30%는 교육에, 나머지 10%는 흉겸구제에 충당한다는 방침을 세웠다(김윤희, 2016: 241).

28) 1910년 8월 기준 임시은사금 사용내역은 大友昌子(2007), p.99의 〈표 3-1〉과 박광준(2013), p.129의 〈표 3-3〉을 참조할 것.

로 빈궁한 백성 보호의 기능은 수행하지 못했다.[29)]

이 「부조규정」은 1944년 「조선구호령」으로 대체된다. 「조선구호령」은 일본에서 1934년 시행된 「구호법」을 「조선구호령」이라는 이름으로 식민지 조선에 적용한 것이었다. 「조선구호령」은 1944년 제정되어 시행되었지만, 「부조규정」에 비하여 특별한 발전적 내용을 지니고 있지는 않았다. 그 적용대상은 ① 65세 이상의 노쇠자, ② 13세 이하의 아동, ③ 임신부, ④ 불구, 폐질, 질병, 상이, 기타 정신 또는 신체적 장애로 인하여 노동을 하지 못하는 자로 규정되어 있었다.

급여의 내용은 ① 생활부조, ② 의료, ③ 조산, ④ 생업부조가 있었다. 생활부조의 방법은 신청주의였으며, 자산조사가 전제되었고, 구조는 거택보호를 원칙으로 하면서 거택보호가 불가능할 때에는 시설보호 등을 행하는 것이었다. 전달체계는 중앙정부의 사회과가 전체적으로 사무를 관장하고, 국가가 2분의 1 혹은 12분의 7 이내에 보조하고, 도(道)는 4분의 1을 보조하며, 나머지는 읍면이 부담하게 되어 있었다. 이것이 1961년 한국에서 「생활보호법」이 제정될 때까지 한국 공공부조의 근간이 되었다(박광준, 2013: 134).

이상에서 보는 바와 같이 「조선구호령」은 전체 국민의 구빈대책의 일환으로 실시되었기 때문에 장애인의 특성이 고려되지 않았을 뿐만 아니라 시행과 더불어 해방을 맞이하였기 때문에 새로운 법 적용의 효과는 거의 없었다.

29) 그것은 그 급여대상자 수를 보면 알 수 있다. 「부조규정」에 의한 수급자 수를 보면, 1915년에 535명, 1916년에는 35명, 1918년에는 1,521명이었다. 수급자 수가 가장 많은 1927년에는 1,855명이었다. 이 규정에 대체되는 「조선구호령」이 시행되기 직전인 1942년에 그 대상자 수는 1,949명이었다. 급여비에서는 1932년은 수급자가 1,047명, 급여비가 26,670엔이었다. 1인당 급여비가 25엔을 약간 넘고 있다(박광준, 2013: 133).

3) 제생원의 설립과 운영

총독부 직속사업으로서 1911년 6월 「제생원규정」(조선총독부 부령 제77호)에 의해 제생원(濟生院)[30]이 설치되었다. 제생원은 양육부와 맹아부(盲啞部)로 나누어서 아동과 장애아동을 보호하였다.[31] 식민지 이전의 조선에는 23개의 민간복지시설이 있었고, 유일하게 당시 대성 종교의 교주였던 이필화(李苾和)가 1905년 설립하여 90여 명을 보호하던 경성고아원이 있었다.[32] 경성고아원을 인수하는 방식으로 설립된 것이 제생원이다. 제생원은 고아와 장애아동 보호시설인데, 시각장애아와 청각장애아 보호 현황은 〈표 3-2〉와 같다.

〈표 3-2〉 맹아부의 보호인원

구분	일본인	조선인	계
맹본과(盲本科): 3년제	7	32	39
아본과(啞本科): 5년제	19	30	49
계	26	62	88

자료: 「조선총독부제생원사업요람」, 1923년도; 박광준(2013), p.144에서 재인용.

모두 88명이 보호되고 있었는데, 맹아부의 현황은 급비생(給費生)과 자비생(전액 자비는 아니었고 실비정도)으로 나누고 있다. 일본인의 경우 급비생 2명, 자비생 24명으로 자비생이 압도적으로 많았고, 조선인의 경우 자비생

30) 제생원에 관한 내용은 백남중(2001)이 구체적이니 참조할 것.

31) 조선총독부는 1911년 6월 「제생원규정」을 반포하고, 은사금 및 국채보상금 등으로 재정을 마련한 후 서대문 밖 천연정에 제생원을 설립하였다. 이후 제생원은 1912년 2월 부서명을 양육부, 맹아부로 변경하였고, 1913년 4월 1일부터 맹아교육을 시작하였다.

32) 경성고아원은 1905년에 한 개인의 사재로 창설된 사설고아원으로서 우리나라 최초의 근대적 사회복지시설이자 자선사업의 시초라고 평가받고 있다.

25명, 급비생 37명으로 급비생이 더 많았다. 시각장애아에게는 안마나 침술, 청각장애아에게는 수예(手藝) 등 직업재활 프로그램이 시행되었다(박광준, 2013: 143-144).

졸업생의 진로를 보면, 시각장애학생인 맹생의 경우 자혜병원 안마기사로 채용되거나 안마업을 개업하였다. 청각장애학생인 농아생은 배운 바느질을 활용하여 양복영업을 하기도 하고, 사진사, 수세공 등의 직업을 가졌다(이방현 · 이방원 공저, 2018: 291-292).

박광준(2013: 150)은 제생원사업과 관련하여 두 가지 사항에 주목하고 있다. 하나는 사회복지사업실천에 있어서 국가직영사업의 한 모델을 만들었다는 것이다. 이것은 '대상자가 된 극소수 사람에 대한 높은 수준의 보호'로 특징지을 수 있는데, 그것은 현대 일본의 공공부조, 즉 생활보호제도의 가장 큰 특징이기도 하다. 공공의 복지시설은 규제의 상징이다. 민간시설의 복지실천 수준을 규제하는 의미가 있다는 것이다. 제생원의 경우는 하나의 상징으로서 높은 수준의 복지실천을 제시함으로써 일제가 사회복지에 관심이 있음을 선전하는 도구로 삼았다는 것이다.[33] 이러한 공공복지시설은 민간의 복지사업실천을 엄두 내지 못하게 하는 역할을 수행했을 수도 있다. 일제는 상징적 시설로서 하나의 시설을 운영했을 뿐 이와 유사한 복지시설을 확충하는 노력은 하지 않았기 때문이다.[34]

33) 소현숙(2017: 297-298)에 의하면, 일제는 정신장애인이나 한센인, 부랑 장애인처럼 위험한 사람들은 무조건 외딴곳에 수용시설을 만들어 격리시켜 버렸고, 식민지 선전수단으로 만든 제생원은 실제론 한국에 이주해 온 일본 장애인이 상당수를 차지했다. 또한, 일제는 법적으로도 장애인을 무능력자로 보고 후견인 제도를 두어 장애인이 권리를 행사할 때마다 그들의 동의와 보호를 받도록 했다.

34) 1921년 조선총독부의 조사결과, 전국 농아아동의 수요는 약 7만여 명이었으나, 조선총독부가 식민지 조선에 설립한 관련 시설은 일제강점기 전 기간 제생원이 유일하였다. 반면 같은 시기 일본에서는 각 도부현(都府縣)에 맹학교와 농아학교 설치를 의무화하고, 1913년 현재 일본 내 맹아학교가 63개에 달했을 만큼 차이가 심했다. 그뿐만 아니라 입학출원

그가 주목하는 또 다른 하나는 일제가 제생원의 사업에서 장애아동에 대하여 시설보호 차원에서 벗어나 정상적 학교체제로 개편하려는 노력을 기울이지 않았다는 것이다. 말하자면, '조선에도 맹아교육이 있다'는 선언적인 모양새를 유지하는 것에 급급하였고, 장애인학교의 설립과 같은 발전이 없었던 것이다. 그러한 발전은 해방 후에 이루어졌다. 1945년 10월에 '국립맹아학교(6년제 초등교육, 1952년 서울맹아학교로 개명)'가 제생원 맹아부를 모체로 하여 설립되었고, 1959년에는 서울농아학교(1988년 서울선희학교로 개명되었다가 2002년 서울농학교로 개명)와 분리 · 설립되어, 유치부, 초등부, 중등부, 고등부, 사범과가 개설되게 된다.

결국, 이러한 특징으로 비추어볼 때, 일제의 복지실천은 선별주의적이고, 잔여적인 복지모델을 한국사회에 이식하는 결과를 가져왔다고 볼 수 있다.

4) 민간시설 평양맹아학교

일제강점기 시각 혹은 청각장애인을 위한 대표 시설로는 조선총독부 제생원의 맹아부와 민간 종교단체가 운영한 평양맹아학교가 있었다.[35] 앞장에서 살펴본 것처럼, 평양맹아학교는 미북감리교 소속 선교사 로제타 홀이 1894년 맹인 여학생 오봉래를 교육한 경험을 기반으로 설립되었다. 맹인교육으로 시작한 평양맹아학교는 1909년 이익민(李益敏) 등을 중국 체후(芝罘)에 있는 밀러 학교(Miller's School)에 보내 1년간 농아교육과정을 밟게

자의 수가 증가함에도 불구하고 입학 허가율은 감소했고, 학생 수의 증가에도 불구하고 예산의 규모는 오히려 감소했다(이방현 · 이방원, 2018: 292).

35) 이하의 내용은 이방현 · 이방원(2018), pp.365-368을 참조하였음.

했고, 이들이 평양으로 돌아온 후 농아교육을 담당하게 하였다.

이즈음 평양맹아학교는 미국인 록웰(Rockwell)의 재정지원으로 1911년 6월 9일 평안남도 평양부 대찰리(大察里) 163번지에서 수옥리(水玉里) 333번지로 학교 건물을 신축 이전하였다. 이방현 · 이방원(2018)의 연구에 따르면, 한국 최초의 맹아학교라는 자부심으로 조선 맹아자들을 가르쳤던 평양맹아학교는 1930년대 세계적 불황으로 인해 재정난을 겪었지만, 해방 이전까지도 운영되었던 것으로 보인다.

1930년대 중반 평양에 미북 장로회가 운영하는 또 하나의 맹아학교가 이창호 목사에 의해 건립되었다. 장로교연합직제회는 과거 모펫(Samuel Austin Moffett)에 의해 운영되다가 중단된 평양맹아학교를 다시 부활시키고자, 1935년 4월 1일 '평양맹아학교'라는 간판을 걸고 조선총독부 제생원 졸업생에게 가르치게 하였다. 맹아의 수는 1938년 2월 50여 명, 같은 해 6월 80여 명에 달하였다고 보고되었다. 그리고 1939년에는 재학생이 120명으로 증가하여 대타령리에 새로운 부지를 선정하고 신축공사를 실시하였다. 한국인에 의해 설립된 최초의 특수교육기관으로 평가받을 만했다. 그러나 조선총독부 제생원 맹아부와 평양맹아학교 두 곳의 운영만으로 감당하기에는 전 조선의 맹아 수가 너무 많았다.[36]

36) 조선총독부에 의하면, 전 조선의 맹아 수는 1924년 15,639명, 1938년 3월 24,000명, 1938년 12월 32,756명이었다(이방현 · 이방원, 2018: 368).

제4장

미군정 및 한국전쟁기의 장애인복지

1945~1959

제4장
미군정 및 한국전쟁기의 장애인복지

1. 장애인의 역사

1) 시대적 배경[1)]

해방 직후 남한의 정치적 배경

일제 식민지 통치하에서의 온갖 고난과 역경을 견디어 낸 우리 민족은 1945년 8월 15일 감격스러운 해방을 맞이하였다. 그러나 그 감격의 순간은 잠시뿐이었다. 남한의 정치적 상황은 극도로 혼란스러웠다.

새로운 국민국가의 지배권을 둘러싼 정치적 힘들 간의 대결과 충돌, 거대한 대중적 정치참여로 특징되는 해방공간의 모습은 말 그대로 역동적 역사의 한 전형이었다. 특히 해방은 국민국가 수립의 절호 계기이기도 했지만, 다른 한편에서는 사회적 위기의 폭발이었다(황병주, 2000).

해방 이후 대한민국 정부수립까지의 기간, 즉 해방공간은 '대중정치의 시대'로 불린다. 그만큼 정치에 대한 대중의 관심이 컸으며, 대중은 어떤 형태로든 정치참여를 시도하였다. 당시의 여론조사 결과를 보면, 정치적 자유에 대한 관심이 높았고, 절대다수가 사회주의 이념을 선호하였다.[2)] 당

1) 이 장의 시대적 배경은 졸고(2022)에 근거하고 있음을 밝힌다.

시 대중정치 활동의 주도권이 좌익에게 있었음을 짐작할 수 있다(박광준, 2013: 167-168).

해방 직후 소위 좌파 주도로 건국준비위원회[3]의 중앙조직이 탄생하였고, 곧 지방지부로 확산되었는데, 며칠 이내에 전국 13도 전체에 건국준비위원회가 만들어졌다. 그 2주일 후에는 이미 145개의 지방지부가 탄생하였으며, 3개월 이내에 모든 행정조직 수준에서 인민위원회가 생성되었다. 북한에서는 인민위원회가 사회주의 정권수립의 대중적 기반이 되었다. 해방 직후에는 우익이 아직 생성되지 못하고 있었지만, 우익의 힘이 서서히 커지면서 지역의 주도권을 둘러싸고 좌익과 우익 간의 국지적인 싸움이 벌어지게 되고, 그것은 한국전쟁 때까지 이어졌다(박광준, 2013: 168-169).

정당의 결성도 이어졌다. 좌파노선에서는 조선공산당-남로당이, 중도좌파노선에서는 여운형의 인민당이 결성되었다. 또한, 김규식을 중심으로 한 중도우파의 민족자주연맹과 우파의 한국민주당, 김구의 한독당 세력, 이승만의 독립촉성중앙협의회 등의 정치세력이 등장했다. 그러나 당시의 가장 강력한 정치세력은 우리나라의 권력 관계를 실질적으로 주도 · 재구조화했고, 국가기구를 독점했던 미군정이었다. 해방과 동시에 북한에는 소련군이 진주하고, 남한에서는 미군정의 통치가 시작되었는데,[4] 미군정은 억압기

2) 1947년 좌우합작을 추진하면서 미군정이 조사한 여론조사 결과를 보면, 일신상의 회복을 위해 가장 중요한 요인으로 '정치적인 자유'의 비율(55%)이 높게 나타날 만큼 정치에 대한 대중의 관심이 컸다. 더욱 주목할 만한 것은 조사결과 자본주의 지향이 17%, 공산주의 지향 13%, 사회주의 지향이 70%로 나타났다는 사실이다. 이러한 결과는 같은 해 조선 신문기자회가 서울 시내 10개 지점에서 통행인 2,495명을 대상으로 설문 조사한 결과에서도 유사하게 나타나는데, 70% 이상이 국호를 인민공화국으로, 정권형태로 인민위원회를 선호하는 것으로 나타났다. 이러한 결과에서 보면, 해방정국의 사회 분위기가 정치적인 민주공화주의와 사회경제적인 면에서는 사회주의적 정책을 지향하고 있었음을 알 수 있다(임영일, 1985: 416-417; 최영희, 1996: 250; 신순철, 1999: 506-507; 박광준, 2013: 167).

3) 한국 최초의 건국준비단체로 여운형이 중심이 되어 1945년 8월 15일 조직되었다. 그 후 9월 7일에 해산되어 9월 11일에 조선인민공화국이 조각되었다.

구와 식량 통제기구를 장악하고 있었다. 미군정의 입장에서 권력 관계를 폭력적으로 재편할 수 있었기 때문에 억압기구인 경찰과 군대는 중요한 권력수단이었다(윤홍식, 2017: 186-187). 특히 미군정은 일제강점기의 국가기구와 법률을 그대로 계승하고, 남한 내의 자생적인 국가권력 수립 기도를 억제하였다. 이처럼 해방 직후 남한의 정치적 상황은 미군정이 수립됨으로써 사회경제적으로 새로운 국면에 접어들었다.

해방 직후 남한의 사회 · 경제적 배경

이 시기 사회경제적으로는 심각한 위기 상황에 놓여 있었다. 미군정기 경제의 위축은 주요 산업이었던 공업과 농업 부분의 생산지표에서 드러난다. 해방 전후의 제조업 부문의 생산위축상황을 보면, 생산액이 1939년 5억 5,319만 4천 원이었던 것이 1946년에는 1억 3,686만 2천 원으로 감소율은 75%에 달했다. 공장 수는 1943년 6월 기준 1만 6개소에서 1946년 11월에는 5,249개소, 1947년 3월에는 4,500개소로 약 55% 감소했다. 이에 종업원 수 또한 1943년 6월에 22만 5,393명이었던 것이 1946년에는 거의 반감한 12만 2,159명이었다(전호성, 2004: 213).

식량부족문제도 심각하였다. 1946년 봄, 식량부족으로 인하여 기아 현상이 발생하였고, 설상가상으로 같은 해 6월에는 20년 만의 폭우와 홍수사태가 발생함으로써 쌀 생산량의 20%를 버리게 되었다. 이에 따라 배급을 위한 곡식의 양은 총생산량 가운데 겨우 49%에 불과했다. 남한에 배급할 5월분 1인당 배급량은 최저 식량의 20%밖에 되지 않는 것이었다(데이비드

4) 미군정은 미군 군사정부(USAMGIK: the United States Army Military Government in Korea)의 줄임말이며, 1945년 점령군 사령관인 하지가 9월 9일 남한의 점령을 선포한 시기부터 남한만의 총선거로 대한민국 정부가 수립된 1948년 8월 15일까지 지속되었다. 전면적인 군정이 실시된 것은 1946년 1월 4일부터이다.

콩드, 1988: 25-34). 식량부족 현상은 농산물 가격을 비롯하여 각종 물가를 폭등시켰다. 1946년 봄의 서울의 생계비지수는 일제강점기 1937년의 14%에 불과했다(데이비드 콩드, 1988: 26). 1945년 7월에는 남북한을 합하여 47억 원이었던 전체 통화량이 같은 해 9월에는 남한에서만 87억 원으로 증가했다(고현진, 1985: 185; 박보영, 2005: 76).

인플레이션에 더하여 민중들이 직면했던 또 다른 문제는 높은 실업률이었다. 조선은행 조사부의 『조선경제연보』에 의하면, 1946년 11월 기준 100만을 넘는 실업자가 존재하고 있었다. 그 내역을 보면, 전쟁 재해로 인한 실업자가 61만 9천여 명, 그 외의 일반 실업자가 46만 4천여 명으로 전체의 57.84%가 전쟁 재해 실업자였던 것으로 나타났다. 국토가 38선으로 갈라진 것은 특히 남한에 심각한 경제적 타격을 주었다. 해방 당시 한반도 제조공업의 94%를 일본인이 소유하고 있었고, 산업기술자의 80%가 일본인이었다. 공업제품의 자급률은 72%에 불과했다. 이러한 상황에서 해방과 일본인의 철수는 한국에 큰 경제적 타격을 줄 수밖에 없었다. 더구나 공업시설 대부분은 북한지역에 있었기 때문에 농업이 주산업이었던 남한은 극심한 공산품 부족을 겪었다(박광준, 2013: 163).

한편, 미군정기의 사회경제적 곤란의 가장 큰 원인 중의 하나가 농업 분야였다. 조선은행 조사부의 『조선경제연보』(1948)에 의하면, 당시 남한 인구의 약 80%가 농업에 종사하고 있었는데, 농가의 70%가 농지를 전혀 가지고 있지 않거나, 그에 준하는 상태에 있었다(전호성, 2004: 216-217에서 재인용).

미군정의 농업정책 면에서 중요한 것은 식량 및 미곡정책이었다. 군정청은 1945년 10월 5일 군정청 법령 제9호에 의해 「최고 소작료 규정」[5]과 일

5) 군정청은 '소작인에 대한 가혹한 소작료와 이자 등으로 소작인이 반노예화 상태가 되어 있으며 그 생활 수준이 군정청의 목적 수준 이하에 있기 때문에 남한에 국가비상사태를 포고한다'(군정청 법령 제1조)라고 밝히면서 다음의 두 가지 중요한 규정을 시행했다. 첫

반고지 제1호 '미곡의 자유시장'을 공포한다. 또 같은 해 10월 20일에는 일반고지 제2호 '자유시장 설치에 관한 건'이 공포되고, 같은 날 군정청은 10월 20일 이후는 통제가격을 폐지하고 상품판매를 완전 자유화한다. 그리고 1945년 10월 30일에는 법령 제19호를 공포 자유시장 원칙의 회복을 다시 선언한다.[6] 이러한 법령에 근거하여 쌀의 매매가 자유롭게 시장에서 이루어질 수 있도록 그것을 막아온 모든 법률을 폐지하는 것, 즉 쌀의 사적인 판매를 금지하거나 정부 기관의 쌀 공출 요구, 자유로운 쌀 가격의 설정을 방해하는 모든 법률의 폐지가 추진되었다(박광준, 2013: 178).

이와 같은 제반 상황은 빈민 수의 대폭적인 증가를 초래하였다. 해방 이후 1946년 12월 31일까지의 빈민 규모는 요구호자 288만 명과 피구호자 447만 명을 합쳐 735만 6천 명 정도인 것으로 보고되고 있다. 「미군정 정보보고서」에서는 1947년 5월 1일 기준 구호물자를 받는 총구호자가 750만 명으로 보고되었다. 보건후생부의 보고에 따르면, 1947년 3월 31일 기준, 요구호 전재민은 98만 6,540명이었고, 요구호 실직 빈민은 102만 8,890명이었다. 종합적으로 보면, 미군정 기간 동안 최소한 200만 명 이상이 구호를 필요로 했다고 볼 수 있다. 이는 해방 당시 남한 인구의 12.5%에 해당하는 수치이다(이영환, 1989: 431-432; 박보영, 2005: 77). 결국, 식량부족은 미군정기를 통틀어 매우 시급한 과제였고, 그로 인한 민중의 소요 또한 심각했다. 민중의 소요는 9월 총파업과 10월 항쟁이라는 형태로 나타났다.

째, 소작료는 어떤 형태로 지급되든 생산물의 3분의 1을 초과할 수 없다는 것(제2조), 둘째, 정당한 사유 없이 지주가 소작지 계약을 일방적으로 파기하는 것은 무효라는 것(제4조)이다(박광준, 2013: 176-177).

6) 군정청 법령 제19호(1945. 10. 30.)는 국가적 비상사태의 선언, 노무자 보호, 폭리에 대한 보호, 민중의 복리에 반한 행에 대한 공중의 보호, 신문 등의 등기, 벌칙 등의 항목으로 구성되었다(박광준, 2013: 177).

해외 전재동포의 귀환과 빈곤문제

한편, 해방과 동시에 우리 민족은 역사상 유례를 찾기 힘든 인구변동의 과정과 그에 따른 사회적 혼란을 경험해야 했다. 해방 직후 해외로부터 대규모 귀환이동이 이루어지면서 남한의 인구는 급격히 증가하였다.[7] 일제 강점기하에서 강제징용, 징병, 이민 등으로 해외에 거주하다가 해방되면서 귀국한 귀환 동포들은 '전재민(戰災民)'[8]으로 불리었는데, 1945년 10월 이후 1947년 12월까지 남한으로 유입된 인구는 238만여 명으로 당시 남한 인구의 15%를 넘는 수치이다(표 4-1 참조).

〈표 4-1〉 남한의 유입인구(1945.10.~1947.12.)

유입지	귀환자 수	남한 인구에 대한 비율*(%)
북한	859,930**	5.4
만주	304,391	1.9
일본	1,110,972	7.0
중국	71,611	0.5
기타	33,917	0.2
계	2,380,821	15.1

* 1945년 5월 기준, 38선 이남의 인구를 1,580만 명으로 추산한 비율임.
** 북으로부터의 피난민 388,694명, 나머지는 남쪽이 고향인 사람의 귀환.
출처: 브루스 커밍스 지음, 김자동 옮김(1986), p.97.

7) 1945년의 남한 인구는 1,613.6만 명으로 추정되었으나, 1949년에는 무려 403.1만 명이 늘어난 2,016.7만 명으로 집계되었다. 이 기간에 증가한 인구 403.1만 명은 1945년 남한 인구의 25.0%에 해당하는 규모이다. 남한 인구의 연평균 증가율을 보면, 1945~1949년의 기간에 6.08%로 역사상 최고치를 기록하였다(박보영, 2003: 23).

8) 전재민(戰災民)이란 개념은 세계대전에 연루된 전 지구적 차원의 피해자를 규정하는 의미로 사용되었고, 한국 현대사에서는 일제의 수탈정책이나 강제동원을 이유로 해외에 거주하였다가 해방 후 귀환하게 된 집단을 일컫는다. 당시 해외에서 돌아온 사람을 부르던 용어는 전재민, 전재동포, 귀환동포, 귀환민, 귀환전재동포 등 매우 다양했다. 그러나 가장 흔하게 사용된 것은 전재민으로 보인다(이연식, 1998: 1; 황병주, 2000: 80).

전재민들은 생활대책을 마련하지 못한 상태에서 귀국하였기 때문에 생존을 위협하는 살인적인 물가고, 식량부족, 실업사태 등의 상황 속에서 혹독한 빈곤을 경험해야 했다. 1946년 11월 현재 남한의 실업자 약 110만 명 가운데 58%가 전재민이었는데(조순경 · 이숙진, 1995: 232; 박보영, 2003: 33), 이들 대다수는 일정한 잠자리와 일자리를 갖지 못한 채 심각한 생활고를 겪고 있었다. 겨울철이 다가오면서 주택의 부족은 더욱 심각한 문제였다. 또한, 이들 대부분은 먹을거리가 없어 영양부족상태에 있었고, 그로 인한 아사 · 병사자도 속출했으며, 이들 중 상당수는 범죄자가 되거나 정신이상자가 되는 경우도 많았다(『동아일보』, 1947. 1. 9.; 전호성, 2004: 224에서 재인용). 1947년 기준 남한의 요구호재민과 요구호실직 빈궁민을 합하면 200여만 명이 요구호상태였는데, 이러한 상황은 미군정 3년 동안 계속되었다.

이처럼 남한의 입장에서 보면, 전재민의 유입은 사회적으로 부양해야 할 인구가 증가하는 것을 의미하는 것이었는데, 문제는 남한 사회가 이러한 사회문제에 대처할 수 있는 능력과 사회적 기반이 전혀 갖추어져 있지 못했다는 것이다. 전재민들은 당시의 빈곤 인구의 다수를 차지하였고, 열악한 경제 사정과 정치적 혼란 속에서 사회불안과 갈등의 주요한 요인으로 작용하였기 때문에(이혜원 외, 1998: 313-314) 이들에 대한 구호정책은 미군정 복지정책의 근간을 이루게 된다. 그러나 미군정하에서 체계적인 복지정책의 계획을 수립하거나 시행하는 것은 무리였다. 구빈재정을 보충하기 위해 일반 국민의 자선을 촉구하지 않을 수 없었는데(박광준, 2013: 186), 민족차별적 사고가 강했던 미군정 당국의 안이한 대응과 지역 유지 층의 무관심 등으로 인해 소기의 성과를 거두지는 못하였다(이현주, 2004: 52). 따라서 군정 당국이 담당해야 할 전재민 구호의 많은 부분은 민간단체에 의존할 수밖에 없었다.

대한민국 정부수립과 한국전쟁

1948년 5월 10일 제헌 국회의원 선거 때문에 5월 31일 개원한 2년 임기의 제헌국회는 헌법을 제정하여 7월 17일 대한민국헌법을 공포하였다. 제1공화국이 탄생한 것이다. 정부수립 이후 국내 · 외의 정치 상황은 매우 혼란스러웠다. 그러던 와중에 1950년 6월 25일 한국전쟁이 발발하였다. 한국전쟁의 결과 엄청난 규모의 사상자가 발생했고,[9] 해방 이후 그나마 남아 있던 산업 대부분은 파괴되었으며, 한국사회는 감당하기 어려운 심각한 사회문제에 직면하게 되었다. 우선 전쟁 기간과 전후 상당 기간 기본적인 생계문제마저도 해결하지 못하는 생활문제가 심각했다. 전쟁은 또한 대대적인 질병의 만연을 가져왔다. 주요 전염병은 천연두, 발진티푸스, 장티푸스, 디프테리아, 회귀열 등으로 적지 않은 사망자를 발생시켰다.[10] 또한, 전쟁으로 수많은 전쟁고아, 전쟁 피해자, 전쟁 상이자가 발생하였고, 어느 때보다 심각한 가족해체 상황에 직면해 있었다. 특히, 사회복지시설 대부분이 아동복지시설인 것을 보더라도 고아문제는 가장 심각한 사회문제였음을 알 수 있다. 8 · 15 광복 직후 1945년 전국의 시설 수 53개 중 42개가 고아원이었으며, 수용된 아동은 1,819명이었다. 그러나 1948년에는 고아원이 101개로 증가하였으며, 수용보호를 받는 아동의 수도 7,393명으로 급증하였다. 요구호아동시설은 1950년에 215개소로 증가하였고, 전쟁이 끝난 1955년에는 496개소로 늘어났으며, 수용 아동 수도 54,000명에 이르렀다(박병현, 2016: 382). 이들은 전쟁의 와중에 부모와 헤어진 아동들, 생활고로 부모가 버린 아동들이 많았다(최원규, 1996: 114-115).

한편, 한국전쟁은 전쟁고아들의 영양부족과 각종 전염병을 동반하면서

9) 전쟁으로 인한 인명손실은 남북한 총인구 3천만 명 중 약 5백만 명 사상자가 발생하였으며, 남한 측만도 약 200만 명의 사상자가 발생하였던 것으로 추산된다(이영환, 2004: 108).

10) 당시 전염병의 실태에 관해서는 최원규(1996), p.114의 〈표 5-1-2〉를 참조할 것.

수많은 장애아동을 발생시켰다. 특히, 1950년대부터 1960년 초까지 소아마비가 만연하여 전국적으로 약 10만여 명의 환아(患兒)가 발생한 것으로 추정되었다(삼육재활센터, 2002; 이선우, 2009: 95). 이들 장애아동에 대한 구호와 수용 · 보호 역시 중요한 사회문제로 등장하였다. 이에 따라 사회적인 수용보호와 재활치료가 필요하게 되어 1960년대 초까지 각종 수용보호시설이 많이 증가하게 된다. 그러나 한국전쟁에 의한 피난민과 전쟁고아, 장애아동 등의 보호는 당시의 한국정부의 경제 능력으로는 대처할 수 없는 문제였다. 대부분 시설은 민간단체, 외국의 원조단체, 종교단체 등에 의해 운영되었다.

2) 장애인의 삶과 사회적 인식

해방 이후 장애인의 삶

이상 살펴본 것처럼 해방과 동시에 역사상 유례를 찾아보기 힘든 인구변동의 과정과 그에 따른 정치 · 경제 · 사회적 혼란 속에서 살인적인 인플레이션, 식량부족, 그리고 대량실업으로 인한 빈곤에 허덕이는 와중에 설상가상으로 한국전쟁이 발발하면서 우리 민족은 감당하기 어려운 엄청난 시련을 겪어야만 했다. 장애인도 예외는 아니었다. 그러나 미군정기에는 전재민의 빈곤문제가, 한국전쟁기에는 아동보호의 문제가 최우선 관심사였기 때문에 장애인의 문제는 크게 부각되지 않았다. 해방 이후의 시기는 장애인에 대한 인식이 거의 없었다고 해도 과언이 아니다. 여전히 장애인을 바라보는 관점은 장애에 관한 개인적 책임을 바탕으로 한 동정적, 시혜적 관점이 지배적이었다.

그렇다면 이렇게 어려운 시기에 장애인들은 어떠한 삶을 살고 있었을

까? 해방 이후 심각한 타격을 입은 것은 아마도 시각장애인들이었을 것이다. 특히, 그들의 안마업 사정은 매우 심각했다.[11] 일본인들이 떠나는 바람에 일본인을 주요 고객으로 삼아 영업하던 안마업이 쇠락했기 때문이다. 당시 우리나라에는 아직 안마의 고객이 될 만한 경제적 계층이 형성되지 못한 상태였으므로 일본인들의 철수는 안마업에 큰 타격을 주었다. 안마업자들은 무직자가 되거나 점복 등 다른 업종으로 전업할 수밖에 없었다. 적절한 일자리를 찾지 못했던 맹인들이 점복업에 입문하여 종사하게 되는 경우도 점점 늘어났다. 따라서 맹인 조합의 조직 자체는 확장되었다.[12]

한편, 이런 시장 상황의 변화와 더불어 의료체계에도 변화가 일어났다. 미군정청 후생부는 1946년 4월 17일 「조선의료령」을 개정하면서, 시각장애인의 침구 안마술 면허와 영업에 관한 규정인 「안마술, 침술, 구술 영업 취체 규칙」의 효력을 중지시켰다고 전해지고 있다. 이런 조치가 등장하게 된 배경은 첫째, 당시 미국에서는 유럽과 달리 시각장애인이 의료업에 종사하지 않았으므로 이를 할 수 있다고 믿지 않았고, 둘째, 종전의 제생원에서 실시한 침구 안마 교육 연한이 미국의 6년제 초등교육에도 미치지 못하는 3년제였으므로 그 근거를 인정하지 않았고, 셋째, 구술은 의학적 근거가 없는 것으로 생각했으며, 넷째, 당시 군정에 협력했던 지식인들이 시각장애인을 무능력시하여 이료술(理療術)을 행할 수 없을 것이라고 보았기 때문이었다고 한다. 또한, 당시 미국의 맹학교와 맹인 재활원에서는 안마술이나 침술교육을 실시하지 않았고, 모든 맹인에게 동일한 직업을 갖도록

---

11) 이하 시각장애인의 안마업과 관련한 내용은 주윤정(2020)에 전적으로 의존하고 있다.

12) 맹인조합은 1956년에 설립된 '사단법인한국맹인복지협회' 산하 대한 '맹인역리대성회'라는 단체로 가입해 활동했다고 전해진다. 그러나 한국전쟁 이후부터 들어오는 원조물자와 구제 물품들은 주로 기독교계 시각장애인들과 제도권 시각장애인들을 위한 것이어서, 물질적 자원과 교육 기회의 분배에서도 큰 차이가 발생하기 시작했고, 맹인 점복업자들은 시각장애인 내에서도 소수화되기 시작했다(주윤정, 2020).

하는 획일성에 동의하지 않는 미국식 교육 방식이 반영되었을 것이며, 한의학에 대한 경시 태도도 반영되었다고 전해지고 있다.

당시 한국에서의 이런 조치가 안마사들의 영업 활동에 직접 영향을 주지는 않았지만, 시각장애인의 공식 직종 인정을 중단한 결정이었으므로 안마사들은 선교사를 통해 이 조치의 철회를 요구했다고 한다. 이에 대해 미군정청은 혼란기의 수습과 새 질서 확립을 위한 임시 조치라고 해명했다. 하지만 당시 미군정청의 보건정책에 고문 역할을 맡았던 서구 의학 중심적 사고를 하는 한국인 관료들은 안마술, 침술, 구술 같은 것을 의술로 생각하지 않았다. 더구나 미국의 시각장애인들은 의료업에 종사하지 않았으므로 미군정청은 한국의 시각장애인에게 그런 능력이 있다는 생각 자체를 하지 못했을지도 모른다.

이런 혼란스러운 상황에서 안마업에 대한 권리와 자격은 1951년 「국민의료법」이 제정될 때 접골사, 침사, 구사, 안마사 관련 규정이 제정되면서 비로소 다시 문제로 부각되었다. 그러나 1951년 9월 25일 국민의료법 59조에 의해 "종래에 규정된 접골 · 침술 · 구술 · 안마술업자 등 의료 유사업자 제도는 주무부령으로써 정한다"라는 규정이 생겼음에도 10년이 지나도록 시행 규칙을 마련하지 않아 실질적으로는 시행되지 않았다. 일본 식민통치로 이식된 안마업은 한국사회에 자생적으로 뿌리내리기 어려웠다.

한국전쟁 이후 장애인의 삶

한국전쟁 이후 수많은 전쟁고아, 전쟁 피해자, 상이자가 발생하였고, 어느 때보다 심각한 가족해체의 상황에 직면해 있었으며, 이들에 대한 구호가 국가의 중대한 과제가 되었다. 그러나 한국정부가 이러한 상황에 대해 취한 정책적 대응은 실로 미미한 것이었다. 상이군경 및 산업재해 장애인에 대한 보호조치는 어느 정도 활성화되었지만, 일반 장애인에 대한 법제나 국가의 개입은 전혀 없었다. 1960년 이전까지는 한국전쟁으로 인해 야기된 많은 사회문제를 해결하는 데 있어서 외원단체와 토착 민간단체들의 주도적 역할에 맡겨져 왔는데, 일반 장애인에 대한 보호조치 역시 외국의 원조에 전적으로 의존하면서 시설에서의 수용을 중심으로 보호하였다.

1950년대의 장애는 선천성 장애 이외에 질병과 전쟁에 의한 상해가 많은 비중을 차지한다. 장애인에 대한 호칭은 불구자, 불구 폐질자, 장해자 등이었다. 정부 초기 입법에서는 장애(障碍)라는 용어 대신 장해(障害)라는 용어를 사용했는데, 이는 일본의 법률을 옮기는 과정에서 기인한 것이다. 그러나 1954년에 현재의 '한국장애인재활협회'의 모태가 되는 '한국불구자복지협회'가 만들어진 것을 보면, 이 시기에 일반적으로 널리 사용된 호칭은 '불구자'였음을 알 수 있다. 실제로 당시 장애인에 대한 호칭으로 '불구자'라는 용어가 자연스럽게 사용되었으며, 장애인과 관련된 법제는 전혀 없었다. 사회복지서비스는 외국의 원조에 전적으로 의존하고 있었다.

그런데 여기서 우리가 주목해야 할 것은 상이군경에 관한 것이다. 한국전쟁을 통해서 당시 가장 대표적인 장애인문제로 기록되기 때문이다(조근태, 1997: 406). 국민국가는 민족주의의 이데올로기를 통해 국민을 전쟁에 동원했고, 전쟁은 수많은 전쟁장애인을 발생시켰다. 전쟁장애인들에 대해서는 국가유공자로 분류하는 입법도 있었다. 전쟁 부상 장애인은 '상이군경'이라는 이름으로 별도 분류하였으며, 이들만을 대상으로 하는 복지정책이 시행되었다. 상이군경은 최전방에서 전쟁을 수행한 주체였기 때문에 새로운 주체성의 형태로 나타날 수밖에 없었다. 상이군경은 장애 대신 상이'용사'임을 내세웠다. 그들은 대한민국 군복을 입고 군사적 의례를 수행하면서 반공국가를 건설한 주역에 합당한 대우와 지위를 주장했다. 하지만 이는 장애인뿐만 아니라 여타의 국민들과 자신을 구분짓는 방식이기도 했다. 상이군경의 집단적 행동에는 국가가 존재하는 근거와 이유, 성원권에 대한 질문이 빠져 있어서 다른 장애인에 대한 논의가 전혀 없을 수밖에 없었다(박현민, 2008: 21).

상이군경을 위한 복지정책은 당시 참전 중인 군인들의 사기진작을 목적으로 시행된 것이었다. 상이군인을 위한 우선 조치는 크게 두 가지 배경에 의해 이루어졌다. 하나는 상이군경들의 집단적 행동이 사회문제가 되었기 때문이고,[13] 다른 하나는 국가를 위해 헌신하다 장애인이 된 이들에 대한 보상이 없다면 더는 국가에 대한 충성을 요구하기 어려워지기 때문이었다. 국가의 입장에서 상이군경들은 사회통제의 대상이었고, 일반 시민의 입장에서 자신을 대신하여 국가를 위해 희생한 사람들로 여겨졌다. 『경향신문』(1952. 9. 3.) 사설에서 "나라를 위하여 병역의 의무를 다한 그가 부상을 입었을 때 마땅히 그는 나라에서 구조를 받아야 한다. 우리의 실정으로 나라의 구휼이 부족할 때는 마땅히 국민의 거족적 원조를 받을 도의적 권리가 있다"라고 할 정도로 상이군경들에 대한 국가의 보상은 당연한 것으로 인식되었다. 심지어 국가가 보상해 주지 않는다면 시민들이 나서서 원조해야 하는 것으로 생각했다(곽정란, 2013: 269).

이와 같이 전쟁으로 인해 장애를 입은 상이군경들을 단지 국가유공자로 인식하였을 뿐 이들을 장애인으로 인식하는 수준에는 이르지 못하였다(김용득, 2004: 158). 따라서 상이군경이라는 특수한 집단을 위한 정책 외에 전체 장애인을 위한 복지정책은 거의 찾아보기 힘들었다.

장애인 당사자들의 인식도 부재했다. 이 시기 개인으로서 장애인은 존재했지만, 사회현상 및 집단으로서의 장애인은 존재하지 않았다. 즉, 장애인

13) 한국전쟁 참전으로 인해 장애인이 된 이들은 국가를 위해 희생하였음에도 불구하고 생계대책이 없는 것에 격분하여 국가를 상대로 집회를 열거나 떼를 지어 몰려다니면서 시민을 상대로 돈을 요구하는 등 집단행동을 일삼기도 하였다고 한다. 자세한 내용은 임덕영(2008)을 참조할 것.

문제가 구성원이 해결해야 할 문제라는 인식 자체가 없었던 것이다. 따라서 장애인들이 자신의 문제를 사회적 현상 또는 집단의 문제로 인식하고 대책을 요구하는 주체적인 움직임은 거의 찾아볼 수 없었다(김윤정, 1997: 37). 당시는 정부가 경제력을 상실하고 있었으며, 정권 또한 장기적인 독재 권력이 장악하고 있었던 시기였던 만큼 장애인에 대한 국민의 올바른 인식을 기대하기는 어려웠을 것이다.

2. 미군정 및 한국전쟁기의 장애인복지

미군정기는 물론 대한민국 정부수립 이후 한국전쟁기에 이르기까지 장애인만을 위한 법령이나 제도는 찾아보기 어렵다. 이 시기에도 장애인은 독립된 복지의 대상이 아니라 빈민, 이재민, 아동 · 부녀자문제 등과 관련된 일반 사회문제에 포함되어 다루어졌다. 따라서 여기에서는 미군정 및 한국전쟁기에 실시된 복지정책에 대해서 살펴본다.[14]

1) 미군정의 구호정책

앞서 기술한 사회 전반적인 혼란과 사회문제들에 대해 미군정은 구호준칙을 제정하여 대처하고자 했다. 미군정하의 구호준칙이 그것인데, 구호준칙으로는 1946년에 제정된 후생국보 3호와 후생국보 3A호 및 후생국보

---

14) 미군정의 구호정책과 민간단체의 전재민구호활동에 관해서는 졸고(2022)에 근거하고 있음을 밝혀둔다.

3C호가 있었다.[15] 후생국보 3호의 C항은 공공부조를 규정하고 있다. 일제 강점기의 사회복지 관계 법령을 대표하는 「조선구호령」과 유사하게 구호의 대상으로 ① 65세 이상 된 자, ② 6세 이하의 부양할 소아를 가진 자, ③ 13세 이하의 소아, ④ 불치의 병자, ⑤ 분만 시 도움을 요하는 자, ⑥ 정신 또는 육체적 결함이 있는 자로서 구호시설에 수용되지 않고, 가족이나 친지의 보호가 없고, 노동할 수 없는 자로 규정하고 있다. 후생국보 3A호는 이재민과 피난민에 대한 구호를 규정하고 있는데, 구호내용으로는 식량, 의류, 숙사, 연료, 주택, 긴급의료, 매장, 차표 제공 등을 들고 있다. 후생국보 3C호는 궁민과 실업자에 대한 구호규칙으로서 거택구호 시 세대인원에 대한 지급한도액을 규정하였다.[16]

이러한 구호행정은 보건후생부를 중심으로 이루어졌다. 당시 구호사업은 일반구호, 전재민수용구호, 주택구호, 실업구제, 의료구호로 구분되어 시행되었다. 일반구호사업은 시설구호, 공공구호, 응급구호, 이재구호 등으로 이루어졌다(이영환, 1989: 442-446). 시설구호사업은 아동, 노인, 행려장애인 등을 시설에 수용해 구호하는 사업을 말한다. 시설구호사업을 살펴보면, 해방 이후 보호시설은 약 2.5배, 수용인원은 약 4배 증가하였지만(오세영, 2014: 214), 1946년의 경우 요구호자 중 아동은 약 20%, 노인은 약 1.5%, 행려장애인은 0.7%밖에 수용하지 못하는 실정이었다(이혜원 외, 1998: 318). 1947년의 경우 인구대상별 수를 보면, 아동 6,149명, 노인 368명, 행려장애인 704명으로 총 7,211명에 불과했다(이영환, 1989: 443; 윤홍식, 2017: 206). 전체적으로 볼 때 요구호자 95,000명 중 5.5%만이 수용구호되는 실정이었

15) 이 구호준칙은 장인협, 「공적부조제도에 관한 연구」, 박사학위논문(서울대학교 대학원, 1982)에서 기술되어 그 후 많은 연구자가 이 부분을 인용하고 있다. 여기에서는 박광준(2013), p.181에서 재인용하였다.

16) 이렇게 볼 때, 미군정기의 법령은 구호대상자로 모자가정과 이재민과 피난민, 빈민, 실업자를 포함시킨 점 외에 「조선구호령」과는 큰 차이가 나지 않았다.

다(이혜원 외, 1998: 318). 1948년, 1949년에 이르러서도 개선실적은 2배를 넘지 못하였고, 시설의 운영주체도 개인경영이 62.7%에 달하였다(이혜숙, 2009: 427; 박보영, 2005: 86-87). 여기에 법인시설까지 포함하면, 1947년 6월 기준 102개의 시설구호기관 중 민간수용시설의 비중은 전체 수용시설의 4분의 3에 가까운 74.5%였다(윤홍식, 2017: 206). 시설구호사업이 민간에 상당히 의존했음을 보여준다.

공공구호사업은 조선구호령과 후생국보 3C호에 의하여, 65세 이상의 노인, 어린이를 가진 모(母), 임산부, 불구폐질자에 대한 구호를 주요 내용으로 삼고 있는데, 1948년 3월 말 기준 총대상자 304,571명 중 138,309명만이 구호를 받고 있어 구호율이 50%에도 미달하였다. 구호는 식량, 연료, 주택, 의료, 매장(埋葬)에 대한 지원을 중심으로 이루어졌다(이영환, 1989: 445; 이혜원 외, 1998: 318).

응급구호사업은 재난빈민 · 실직자 및 토착빈민 · 실직자들에 대한 긴급구제사업이었는데, 1948년 3월 말 기준 수급자의 수는 전자의 경우 878,674명, 후자의 경우 711,480명에 불과하였다(이혜원 외, 1998: 318).

이재구호사업은 피난민과 이재민에 대한 의류, 식량, 가옥, 여비 및 구급치료 등을 제공하는 일시적 구호였다.

이와 같은 구호실태는 당시의 엄청난 수요에 비해 미군정의 구호수준이 얼마나 형식적이었는가를 여실히 보여주고 있다.

둘째, 전재민 수용구호사업은 주거를 소유하고 있지 못한 귀환 전재민들을 우선 수용보호하고 난 후 각 지방에 정착하도록 하는 사업이었다. 전재민 수용구호의 주된 내용은 주택제공, 취업알선, 귀향지원, 귀농사업 등이었다. 전재민 수용시설로는 국립전재민수용소와 각 지방의 구호소가 있었다. 국립전재민수용소의 경우 1947년 4월부터 1948년 2월까지 22.6만여 명의 실인원, 연인원으로는 75.1만여 명이 보호되었다. 각 지역의 구호소에 의한 구호자 수의 현황을 보면, 전국 합계 실인원 수는 3만 8,000여 명이었으며, 연인원은 100만 명이 넘었다. 그러나 증가하는 요구호자의 수를 한정된 시설에 수용하는 것은 한계가 있었다(박광준, 2013: 185).

셋째, 주택구호사업이다. 미군정은 텐트나 가설주택 등으로 대처하기도 하였지만, 전재민을 위한 주택건설에 노력하였다. 전재민 주택건설의 실적은 〈표 4-2〉와 같다. 1946년과 1947년 사이에 3만 채 이상의 주택이 건설되었다. 그러나 넘쳐나는 주택 수요에 못 미치는 수준이었고, 주택은 주로 토막과 같은 간이주택이어서 주거여건도 좋지 못했다.

〈표 4-2〉 전재민 주택건설 상황

구분	무주택호수	배당호수	완성호수	비고
1946년*	54,655	28,520	19,707	1947년 9월 말 기준
1947년*	110,868	12,030	12,309	1948년 7월 말 기준
1948년	36,816	5,476	–	1948년 5월 기준

* 미건설 수는 지방부담자금 부족으로 진행 부진 중.
** 초과된 호수는 도가 스스로 증설한 것임.
자료: 대한민국공보부, 『시정월보』, 창간호; 전호성(2004), p.239에서 재인용.

넷째, 실업구제사업이다. 실업대책은 크게 세 가지로 구분된다. 직업소개소의 운영을 통한 직업알선, 귀농사업 그리고 취로사업이 그것이다. 직업소개소사업은 일제로부터 이어받거나 신설한 직업소개소를 통해 이루어졌다. 해방 이후 국영직업소개소는 재정난으로 문을 열지 못했기 때문에 1947년의 직업소개소들은 시(市)나 부(府)에서 운영하는 것이었다. 총 11개 직업소개소 중에서 일제강점기부터 유지되어 온 3개소 빼고는 1946년에 3개소, 1947년에 3개소가 신설되었다(이영환, 1989: 453). 하지만 11개 직업소개소의 구직자 대비 직업알선의 비율은 1946년에는 11.6%, 1947년에는 11.9%였으며, 1948년에도 30.5%에 그쳤다(윤홍식, 2017: 207).

귀농사업은 전재민의 대부분 농민 출신이었기 때문에 비교적 호응을 얻었다. 귀농을 희망하는 전재민가구는 32만 호였는데, 그중 3만 2,395호가 귀농알선을 받았다(이영환, 1989: 454-455).

한편, 취로사업을 통해 한시적으로 고용을 보장해 주었는데, 예를 들어 경기도 후생과는 1946년 경기도 내 7만 명에 이르는 전재민을 위하여 산지의 사방공사, 제방공사, 임도건설에 고용할 계획을 밝히고 있다. 또한, 전시 중에 파괴된 중요도로를 수선 개축하는 동시에 실업자 고용창출을 위한 총 공비 2억 원의 큰 토목사업도 동년 8월 시작되었다. 이 사업은 서울과 부산 사이의 국도 320마일을 네 구로 나누어 파괴된 도로를 개수하는 것인데, 고용노동자는 연인원 320만 명으로 추산하고 있다(박광준, 2013: 185-186에서 재인용).

마지막으로 의료구호사업은 미군정기의 구호사업 가운데 가장 열악한 사업이었다. 의료구호 제공을 위해서는 보건의료 인프라 예컨대, 의료진, 병원시설, 보건위생기관 등이 구축되어야 했지만, 현실은 그렇지 못했다.[17] 이로 인해 의료구호사업의 초점은 주로 전염병 관리와 방역에 맞추어졌다.

2) 민간단체의 전재민구호활동

한편, 전재민구호에서는 많은 민간단체도 중요한 역할을 하였다. 최초로 결성된 민간 전재민구호단체는 「조선재외전재동포구제회」였는데, 1945년 8월 31일 결성된 이 단체는 전재민의 귀환을 돕는 일과 함께 여러 민간구호단체를 통합하는 역할을 하였다. 1945년 9월에는 「구호동맹」, 「재외이재동포구제회」, 「불법연구회구호부」(필자: 불법연구회전재동포원호회), 「조선

17) 미군정기 인구 8,300명당 의사가 한 명씩이었고, 인구 1,000명당 의사 수는 0.12명에 불과했다(윤홍식, 2017: 208).

사회사업협회」, 「조선청년단구호부」, 「고려동지회구호부」, 「조선재외전재동포구제회」, 「건준후생부」, 「전재동포구호동맹」, 「불교단구호부」, 「조선인민원호회」, 「건국부녀동맹」, 「경성실업자동맹구호부」 등 13개 단체가 모여서 「조선원호회단체대회」[18]를 구성하였다. 1945년 10월에는 「적색구제회」, 「조선혁명자구원회」, 「조선인민구원회」 등 좌파계열의 구호단체들이 통합하여 「조선혁명자구제회」를 결성하였다(안상훈 외, 2005: 170).

하지만 이 단체들 간에는 이합집산이 많았다. 조선원호회단체대회가 결성된 지 한 달이 채 못 되어 1945년 10월 20일 전재동포구호를 추구하는 단체들은 그들의 역량을 강화하기 위해 구호단체의 연합조직인 「조선원호단체연합중앙위원회」를 결성하였다(황선익, 2018: 136). 이들을 중심으로 많은 구호운동과 구호활동이 전개되었다. 하지만 전재민문제는 해결될 기미를 보이지 않았다. 1947년 『미군정활동보고서』에 의하면, 전국적으로 대략 71,699명만이 전재민 캠프에서 그것도 부적절한 주거에서 생활 중이었고, 415,275명은 캠프 밖의 부적절한 주거지에 거주 중이었다(황병주, 2000: 97).

이러한 상황에서 국가의 개입을 촉구하는 사회적 요구가 증가하자 미군정은 본격적으로 구호운동에 개입하게 된다. 미군정은 민간활동에 대해서 통제적인 태도를 보였다. 그 배경에는 구호운동의 정치적 색채에서 오는 부담이 있었다. 미군정은 구호운동이 정치적 영향력을 행사할 수 있는 중요한 활동이라는 점을 간파했고, 좌익세력이 정치적 지도세력으로 부상하는데 지렛대로 기능하는 것을 용납할 수 없었다. 미군정의 입장에서 구호활동은 자신들의 불안한 정치적 기반을 강화하고 사회에 대한 충분한 통

18) 조선원호단체대회는 미군정의 요청으로 설립되었다. 1945년 9월 23일 미군정은 13개 원호단체 대표를 초청하여 「한국인구호조직중앙단체」의 설립을 논의하였는데, 이에 대한 후속 조치로써 조선원호단체대회가 설립되었던 것이다. 조선원호단체대회는 주로 미군정의 입장을 전달하는 역할을 담당하였다(황선익, 2018: 133).

제력을 확보할 수 있는 요소로 기능해야 했다(황병주, 2000: 98). 하지만, 또 다른 배경으로 구호자금의 집행 등 구호단체의 운영에 대한 불신감도 있었다. 그 불신감은 1946년 3월 19일 군정청장관 러취의 기자회견을 통하여 확인되었는데, 그는 "사설원호단체 이용은 하되, 그 재정은 엄격한 군정 감독하에 두려고 한다"라는 방침을 발표하고, 정부 보조금으로 운영하던 사립단체는 폐쇄키로 하였다(『자료대한민국사』, 1946. 3. 19.; 『서울신문』, 1946. 3. 2.; 박광준, 2013: 187에서 재인용). 미군정은 단체들의 재정문제, 모금의 투명성 문제들이 제기되는 상황을 분열상태라고 비난하며 통제에 나서기 시작했다(황선익, 2018: 140).

결국, 1946년 1월 미군정은 각종의 구호단체에 대한 허가제도를 도입하였다. 모든 구호활동은 군정의 허가를 받아야 하는 등 미군정의 강력한 통제하에 놓이게 된 것이다. 구호단체 통제권을 장악한 미군정은 구호단체들의 활동을 정치적 색채를 제거하여 급식, 직업, 주택알선 등 부차적 역할의 단순 구호활동을 담당하게 하였고, 구호활동의 성과는 고스란히 군정의 정치적 자산으로 기능할 수 있게 되었다(황병주, 2000: 99).

이상 살펴본 바와 같이 미군정기에는 장애인만을 위한 복지정책은 시행되지 않았다. 게다가 미군정의 구호정책이 국가책임에 의한 국민의 최저생활을 보장하는 측면보다 응급 구호적이며, 시혜적인 물질제공의 측면에 치우쳐 있었다. 그뿐만 아니라 미군정의 구호정책은 사회통제적인 성격이 매우 강했다. 미군정이 전재민 구호정책에 집중할 수밖에 없었던 배경에는 눈앞의 혼란을 수습하고 사회를 안정시키는 것이야말로 공산주의로부터 방어할 수 있다는 인식이 자리하고 있었다. 그러나 미군정은 체계적이고 제도화된 사회보장제도를 도입하기보다는 미국 원조에 의존하여 일시적이고 시혜적인 성격의 구호를 도입했다. 구호물자를 전달하기 위해서는 강화된 행정체계가 필요했고, 따라서 미군정은 강화된 행정체계를 바탕으로 구호정책을 통제해 나갔던 것이다. 이러한 상황에서 장애인복지정책을 기대하기는 어려웠다.

3) 한국전쟁 이후의 장애인복지

1950년대 장애인 관련 법률 및 제도

해방 이후 장애인문제가 정책적으로 다루어지기 시작한 것은 전쟁희생자에 대한 사회복지 차원의 원호를 목적으로 제정된 1950년의 「군사원호법」과 1951년의 「경찰원호법」을 그 시작으로 볼 수 있다.[19)]

「군사원호법」과 「경찰원호법」은 상병군인, 상이경찰관의 생계부조, 직업보호, 수용보호 등을 규정하고, 이들이 신체와 정신에 현저한 장애가 있을 때 의료시설에 수용하여 간호할 수 있는 제도를 마련하였다. 비록 군인과 경찰관에 관한 것이기는 하나 장애문제에 관하여 특별히 제도적으로 대처하려는 노력이 있었음을 알 수 있다(임안수 · 송영욱, 1997: 91).

그러나 「군사원호법」과 「경찰원호법」의 제정을 통한 상이군경의 직업보호, 즉 우선 임용제도는 실효를 거두지 못했다. 그리하여 1956년부터 명령고용제도를 채택하게 되는데, 그 내용은 30인 이상의 남자를 고용하는 사업주가 남자 고용인원의 10% 내에서 원호대상자를 고용하도록 하는 것이었다(이달엽 외, 2006: 180).

그 밖에 1950년대 장애인 관련 법률 및 제도는 다음 〈표 4-3〉에 제시한다.

---

19) 유완식(2011)은 「군사원호법」과 「경찰원호법」을 장애인고용정책의 시초라고 보고 있는데, 그 이유는 「군사원호법」은 1956년 개정을 통해 '고용 명령(군사원호법 제19조)'에 관한 규정이 신설되었고, 같은 해에 「경찰원호법」도 원호 종류에 '직업보호(군사원호법 제5조)' 규정을 추가로 포함시켜 생계부조를 위한 소득보장 이외에 고용대책을 마련하기 시작했기 때문이라는 것이다. 하지만 그 대상이 일부 상이군인의 고용에 관한 내용을 담고 있었을 뿐 장애인 전체에 대한 고용을 다루지는 못하였다.

〈표 4-3〉 1950년대 장애인 관련 법률 및 제도

법률 및 제도	제정	내용
군사원호법	1950. 4. 14.	• 상병군인에 대한 보상 및 원호 관련 법령의 기본법에 해당하는 법률 • 1961년 「군사원호보상법」이 있었으며, 1984년 「국가유공자 예우 등에 관한 법률」로 통합관리
순직 및 상이 경찰관보상금 급여규정	1950. 4. 28.	• 순직 및 상이경찰관에 대한 보상 관련 규정 • 1961년 공무원재해보상규정으로 제정되었다가 1962년 9월 1일 폐지
중앙상이군인 정양원직제	1951. 1. 22.	• 상이군인의 수용·간호 및 직업보도를 위하여 사회부장관 소속하에 중앙상이군인정원을 두도록 한 대통령령 • 1963년 12월 14일 정부조직법으로 통합·폐지 • 상이군인에 대한 직업재활의 효시
순직 및 상이 형무관보상금 급여규정	1951. 3. 12.	• 순직 및 상이 형무관에 대한 보상 관련 규정 • 1961년 「공무원재해보상규정」으로 폐지·제정되었다가 1962년 9월 1일 폐지
중앙상이군인 정양원규정	1951. 3. 15.	• 상이군인을 수용·보호하기 위한 정양원을 규정한 사회부 부령 • 1953년 「상이군인정양원규정」으로 개정되었다가, 1962년 대통령령의 「상이군인경의료규정」으로 폐지·제정되어 1984년 「국가유공자 예우 등에 관한 법률」로 통합관리
경찰원호법	1951. 4. 12.	• 상이경찰관 혹은 그 가족의 생계를 부조하기 위한 규정 • 1961년 「군사원호보상법」으로 폐지·제정되었다가 1984년 「국가유공자 예우 등에 관한 법률」로 통합관리
중앙상이군경 직업보도소직제	1952. 4. 27.	• 「군사원호법」과 「경찰원호법」의 규정에 따른 부조대상에 대하여 직업보도를 위해 중앙상이군경직업보도소를 두도록 한 대통령령 • 1961년 국립직업보도원직제로 폐지·제정되었다가 1962년 원호처 직제로 폐지
전몰군경유족과 상이군경 연금법	1952. 9. 26.	• 전투 또는 전투에 준하는 행위로 인하여 상이를 입은 군인 또는 경찰관에게 연금을 지급하기 위한 규정 • 1984년 「국가유공자 예우 등에 관한 법률」로 통합관리
중앙재활원 직제	1955. 12. 2.	• 「전몰군경유족과 상이군경연금법」에 의한 연금해당자 중 직업기술을 규정한 대통령령

출처: 이성규(2011), pp.76-84의 내용을 토대로 필자 구성.

정리하면, 이 시기의 장애인복지는 장애 일반을 대상으로 한 것이 아니라 특수한 원인에 의해 장애를 지닌 사람만을 주요 정책의 대상으로 삼았음을 확인할 수 있다. 이 시기에는 장애인 일반에 관한 제도나 법령은 존재하지 않았다. 다만, 1949년 12월 31일에 제정 및 공포된 「교육법」에 특수학교와 특수학급에 관한 규정을 두고 있었다.

교육법의 제정과 특수학교의 설립

해방 후에는 미군정청이 일본으로부터 제생원을 인수하여 보건후생부 산하에 두고, 학제를 6년제 초등학교로 변경하였으며, 교명도 국립맹아학교로 변경하였다(1945. 10. 1). 1947년 9월 1일에는 동교에 5년제 중등부가 신설되었으며, 이 중등과에 보통과 · 침안과 · 음악과가 개설되었다. 이 중등부의 설치는 우리나라 중등특수교육기관의 효시가 되었다. 1948년 2월에는 동교가 보건복지부로부터 문교부로 이관됨으로써 특수교육이 일반아동을 위한 교육관계법의 준용을 받게 되는 계기가 되었다(김승국, 1997: 171; 김영환, 1997: 194; 한성희 외, 1997: 213).

1949년에는 「교육법」이 제정되었다. 제정된 「교육법」에는 교육기관의 종류에 특수학교와 특수학급에 관한 규정을 두었다. 특수학교는 시각장애자 등 심신에 장애가 있는 자에게 초등학교, 중학교에 준한 교육과 그 실생활에 필요한 지식 및 기능을 가르치는 것을 목적으로 하고(동법 제143조), 특별시 또는 각 도는 특수학교를 각 1교 이상 설립하여야 한다고 규정하고 있다(동법 제144조). 그리고 특별한 경우에는 공회당 기타 사용 가능한 건물을 이용하여 초등학교 또는 중학교는 신체허약자, 성격이상자, 정신지체자, 농자 및 난청자, 맹자 및 난시자, 언어부자유자 등에 해당하는 학생을 위하여 특수학교를 둘 수 있도록 규정하였다(동법 제145조). 이처럼 1949년에 제정된 「교육법」 제143조와 제145조에 의해 특수교육의 법적 근거가 마련되었다.[20] 이것은 처음으로 장애인에 관한 특별한 서비스를 제도적으로 마련한 것이었다.

또한, 시각장애와 청각장애 특수학교만이 아니라 기타 장애 특수학교가 설립되었으며, 일반학교에 특수학급이 설치되었다. 시각장애 특수학교와 청각장애 특수학교는 1945년부터 설립되었지만,[21] 정신지체 특수학교는 1967년부터 설립되었다.[22] 그리고 지체부자유(지체장애) 특수학교는 연세대학교 의과대학 세브란스 소아재활원 초등학교가 문교부로부터 1964년에 인가받았다(김승국, 1997: 177).

1945년 광복 이후부터 1960년대 말까지 설립된 특수학교는 모두 33개교였다. 이 중 국립학교인 서울맹학교와 서울농아학교 2개교와 공립학교인 제주맹아학교, 부산맹아학교, 대구 남양학교 및 경남초등학교 4개교를 제외한 나머지 27개는 모두 사립이었다. 그리고 장애 영역별로도 지체부자유학교 4개교와 정신지체학교 3개교를 제외하고는 26개교 모두 맹·농학교였다(김영환, 1997: 195-196). 우리나라의 특수교육은 다른 장애 영역의 교육보다 맹·농교육을 중심으로 이루어져 왔음을 알 수 있다.

그 후 1967년 특수교육 5개년계획이 마련된 후, 몇 차례 '특수교육 발전계획'이 발표되었으나, 이 계획들은 당시 경제발전 우선이라는 고도성장정책에 밀려 그 추진이 지지부진하고 말았다(석은영, 2001; 조흥식, 2006: 77).

---

20) 이 법이 있어 특수학급의 설치는 가능하였지만, 특수학급은 1960년대 이후에야 설치되기 시작하였다. 주로 정신지체아동을 입급시킨 최초의 특수학급은 1962년 경북 영주초등학교에 설치되었고, 저시력 아동을 위한 최초의 특수학급은 1969년 서울 월계초등학교에 설치되었으며, 난청아동을 위한 최초의 특수학급은 1987년에 서울 교동초등학교에 설치되었다. 그러나 특수학급이 본격적으로 설치된 것은 1974년 이후이다(김영욱, 1997: 240).

21) 1959년 1월 14일 맹농아교육 분리에 관한 대통령령이 공포되자, 동년 4월에 국립맹아학교가 서울맹학교와 서울농아학교로 분리되었다(김승국, 1997: 177).

22) 정신지체 아동을 위한 교육은 1949년에 설립된 중앙각심학원에서 시작되었다(김승국, 1997: 177).

즉, 1970년대 초반까지는 장애인 교육에 대한 일부 민간의 움직임이 있었을 뿐 정부의 적극적인 개입은 없었다고 판단된다.

장애인복지시설

한국전쟁으로 인한 전쟁고아들과 장애를 입은 상이군인들에 대한 구호가 긴급한 사회문제로 떠오르자 이들에 대한 응급구호의 필요성이 증가하여 시설의 수가 급격히 증가했다. 1950년 '후생시설 설치기준'이 공포되면서 모든 시설에 대해 설비의 강화 및 기준의 준수를 요구하게 되어 사회복지시설에 대한 관권개입의 역사가 시작되었다(백은령, 2006: 203). 그러나 대부분 시설은 부족한 국가재정에 의해 제대로 지원받지 못하는 상태에서 외원단체에 대한 의존도가 높았다.

이 시기 장애인복지시설의 현황을 간단히 살펴보자. 〈표 4-4〉는 1948~1958년까지의 시설 현황을 나타낸 것이다. 이 중에서 몇 개의 대표적인 시설을 소개하면 다음과 같다(이청자, 1997: 431-440).

첫째, 1945년에 설립된 천애원은 우리나라 최초의 장애인 거주시설이다. 일제강점기 만주 길림에서 근화원을 설립하여 해외에 거주하는 불우동포를 구제하던 허근이 귀국 후 서소문에 있던 적산가옥을 받아 근화원을 천애원으로 개칭하여 고아와 장애인을 돌보게 되었다. 1947년 인가를 받았으나 그 당시는 단순보호에 그쳤다. 그럼에도 광복 후 최초의 민간 주도의 거주시설이 등장했다는 점에서 의의를 지닌다.

둘째, 삼육불구아동원은 민영재가 1952년 6월 시설인가를 얻어 서울시 용산구에 설립하였다. 삼육불구아동원은 천애원 원생 중 장애아동만을 분리하여 보호한 최초의 지체장애인복지시설이었다. 그뿐만 아니라 우리나라의 재활시설들이 단순보호에서 벗어나 다양한 재활 프로그램을 전개하는 데 모범적 모델을 제시하였다는 평가를 받고 있다.[23]

셋째, 1946년에는 이덕흥 목사가 시각장애인들을 위한 대한기독교 라이트하우스를 설립하였다. 시각장애인들에게 점심과 저녁을 무료로 제공하면서 점자 읽는 방법을 가르쳤다. 이 목사는 미국의 선교자금으로 1951년에는 김해군 구포에 구포 라이트하우스를 설립하였다. 그리고 시각장애인 여성의 자활을 위해 농장을 설립하여 세계 최초로 시각장애인을 위한 농축사업을 전개하였으나, 1964년 해체되었다.

넷째, 1949년 국립시설로 인정된 중앙각심학원은 1970년대까지 우리나라 유일의 지적장애인시설이었다. 일반 사회복지법인으로서 지적장애인을 수용하게 된 동기는 정부의 권유 때문이었다. 전쟁고아가 줄어드는 추세에서 일반 육아시설들도 사업변경을 하였다. 그동안 지적장애인들은 일반 육아시설, 부랑인시설, 농아시설 또는 정신질환자시설에 함께 수용된 실정이었다. 이러한 시기에 일반보육시설과 감화원에 임용되어 있던 이문형은 1948년 미군의 도움으로 지적장애아시설을 설치하고, 국가에 인계하여 1949년 대통령령으로 중앙각심학원이 되었다. 이후 1956년 서울로 이전하고, 1960년에 국립각심학원으로 명칭이 변경되었다. 이 시설은 우리나라 장애인시설 중에 유일한 가족사제도였다. 기숙사 1채(방 4개, 마루 1개, 화장실, 목욕탕, 현관)에 아동의 장애상태에 따라 12~30명이 기거하였으며, 보모가 24시간 근무하였다. 중증 아동은 기숙사에서 식사하였고, 경증 아동은 공동식당에서 식사하였다. 학원이라는 이름으로 출발했으나 단순 수용보호에 지나지 않았다.[24]

---

23) 현 삼육재활센터의 전신을 이루고 있는 삼육불구아동원은 1964년 삼육아동재활원으로 개칭하였고, 1966년 비영리 의료기관 개설 허가를 취득하여 정식병원으로 삼육아동재활병원을 개설하여 작업요법실, 수치료실, 입원실, 진료실을 두었다. 이는 사회복지법인 시설의 재활병원 설립의 효시로 평가받는다.

24) 국립각심학원은 1986년 8월 16일 대통령령 제11954호로 폐지되고, 8월 18일 국립재활원으로 개편된다.

〈표 4-4〉 미군정 및 한국전쟁기 장애인시설의 현황

시설명	장애 유형	설립연도	인가연도	수용인원	소재지
천애원	지체	1945	1947	177	서울
대한기독교 라이트하우스	시각	1945	1949	82	부산
대구맹아학원	시각 · 청각	1946	–	250	대구
중앙각심학원	지적	1948	1949	180	서울
신애불구원	지체	1951	1957	80	부산
제주맹아수용소	시각	1951	–	85	제주
대구안식원	지체	1951	–	250	대구
상이군인 정양원	지체	1952	–	–	부산
삼육불구아동원	지체	1952	–	200	서울
전국맹아학교	시각	1953	1953	38	전북
맹인부흥원	시각	1956	1957	–	서울
한국수족절단자 봉사회	지체	1955	–	100	충북
목포광명원	시각	1957	–	57	전남
목포농아원	청각	1957	–	44	전남
충북광화원	시각	1958	–	44	전남

출처: 이청자(1997), p.424; 백은령(2006), p.203을 토대로 재구성.

재활의료의 도입

치료의학의 발달로 말미암아 각종 질병, 사고로 인한 외상, 선천적 기형이나 질환 등으로 인한 사망률이 감소하고, 반면 장애를 지니고 생존하는 장애인 인구는 증가했다. 그리고 평균수명이 연장되면서 고령인구의 증가와 함께 고령장애인의 수도 증가했다. 이들 장애인을 위한 치료접근은 기능장애로 인한 일상생활의 수행능력은 물론, 이에 수반되는 정신 및 사회심리적, 직업 등의 다면적 치료접근이 필요했다. 질병의 진단보다는 평가, 치료보다는 관리의 측면이 더욱 강조되는 전인적 관리가 요구되어 재활의료가 발전하게 된다(오정희, 1997: 119).

재활의료의 시작은 1950~1953년의 한국전쟁이 그 계기가 되었다고 할 수 있다. 당시 정부는 1951년 부산 교외의 동래온천에 제대 상이군인 중

일부 영구 장애인 1,200여 명을 천 막사에 수용하고 있었다. 약 5평 정도의 의무실을 두고 이들 수용자의 의무 업무를 관리하면서 보건사회부 원호국에서 제반 행정을 관할하였다. 절단자, 뇌손상의 각종 마비증과 간질, 심한 정형외과적 장애를 포함한 말초신경 마비나 목발이나 의자 차를 사용해야 하는 보행장애를 가진 상이군인이 거의 전부였다. 이들은 야전침대를 두 줄로 나누어 배치한 천막에 각기 수용되어 있었으며, 밤낮없이 온천 시가를 다니며 상인들을 협박하거나 돈을 요구하며 희망도 목적도 없는 나날을 보내 많은 사회적 문제를 일으켰다. 이들 중에는 적지 않게 약물 중독자, 알코올 중독자도 발생하여 자살하거나 사회범죄에 직접 가담한 사람들도 있었다(오정희, 1997: 120).

이때 당시 뉴욕 대학교 의과대학 재활의학 연구소장이며 교수였던 러스크(Rusk)가 내한하여 동래 상이군인 정양원의 참상과 한국전쟁에 의한 한국의 긴박한 사회상의 한 면을 돌아보고 간 후, 1952년 8월 미국에서 한미재단(American-Korean Foundation)을 순수 민간원조기관으로 설립하였다. 한미재단 지원사업은 1953년부터 본격적으로 시작되었는데, 포괄적 재활의료를 위한 재활팀을 파송했다. 이때 Rehabilitation을 갱생(更生)으로 하느냐, 또는 재생(再生)으로 하느냐 등 많은 논의가 있었으나, 결국 재활(再活)이라고 부르는 데 합의가 이루어졌다. 이것이 우리나라 재활의료의 시작이라고 할 수 있다(오정희, 1997: 120). 그 후 세브란스병원 내 소아마비 진료소 개설(1954), 삼육재활원의 설립(1957), 세브란스병원 내의 소아재활원 개원(1959) 등 민간차원에서 장애인 의료기관들이 건립되면서 의료재활의 기틀이 마련되기 시작하였다.

장애인복지단체

장애인복지단체는 장애인 스스로가 주축이 되어 설립된 장애인의 단체와 장애인을 위해서 일반인이 주축이 되어 시작한 장애인을 위한 단체로 구분할 수 있으며, 법인단체와 비법인단체로 구분할 수 있다. 정부에 의해 법인 요건을 갖추게 된 시기는 1950년대 후반이므로 초기의 복지단체들은 비법인의 임의단체로 출발하여 여건을 갖춘 단체는 사단법인 등록을 하였고, 나머지는 비법인으로 존속하거나 운영 곤란으로 해체되었다.

한국전쟁 이후 장애인을 위한 단체들이 등장하였는데, 이 단체들은 대부분 의료인에 의해서 설립되었다. 정형외과 의사를 중심으로 한국불구자복지협회가, 이비인후과 의사를 중심으로 한국난청협회가, 안과 의사를 중심으로 한국실명예방협회가 등장하였다. 맹인과 농인이 성인으로서 그들의 권익을 위해 단체를 형성한 반면, 장애별 인구의 수가 가장 많은 지체장애인 중에서 소아마비에 의한 지체장애인들은 아동을 위해 한국소아마비아동특수보육협회를 발족시켰다. 스스로 권익을 주장하기 어려운 정신지체인의 경우는 대한정신지체아보호협회가 일익을 담당하였고, 한국뇌성마비복지회와 한국장애인부모회는 부모들이 주축이 되어 탄생하였다. 장애인을 위한 단체인가, 장애인의 단체인가에 대한 논란은 한국지체장애인협회가 장애 관련 행사나 대표성에 있어서 장애인이 주축이 되어야 한다고 주장한 이래 계속되고 있다.[25)]

4) 외국민간원조단체의 구호활동

한국전쟁에 의한 피난민과 전쟁고아 등의 보호는 당시 정부의 경제 능력으로서는 대처할 수 없는 문제였다. 그래서 국제기구나 미국정부의 원조, 그리고 외국민간원조단체로부터 원조를 제공받았다. 특히, 외국민간원

25) 장애인복지단체의 변천에 관해서는 박순국(1997)을 참조할 것.

조단체는 해방 후 한국에서 활발한 구호 및 원조활동을 전개한 외국 민간 조직을 일컫는데,[26] 시기별로 다르기는 하지만, 절반에서 4분의 3 정도가 선교단체이고, 나머지 단체들도 종교적인 색채가 강했다. 실제 해방 후 외원단체로 등록하여 활동한 단체 중에는 구한말에 들어온 선교단체들도 있었다(한국사회복지협의회 60년사 편찬위원회, 2012).

그러나 외원단체들이 대거 한국에 들어온 계기는 한국전쟁이었다. 이들 단체는 전쟁 중의 혼란한 시기와 전후 복구 시기에 응급구호활동을 활발히 전개하였다. 전재민 응급구호사업, 전쟁고아들을 위한 고아원 운영과 해외입양, 전쟁미망인에 대한 원조, 전후 주택복구사업, 교육사업, 보건의료사업, 지역사회개발사업 등 이들의 원조활동으로 전쟁을 겪은 우리나라 국민들의 고통이 많이 완화된 것으로 알려져 있다.[27]

외원단체들은 국제연합민사원조사령부(UNCAC)에 등록하여 활동했다. 외원단체들은 국제연합민사원조사령부 및 한국정부 보사부와 긴밀히 협력하면서 요구호자에 대한 직접적인 구호를 통하여 많은 기여를 하였다. 전쟁 초반의 혼란이 어느 정도 수습되면서 무차별적이고 무원칙한 구호활동에 대한 반성이 국제기구와 한국정부, 그리고 외원단체 측으로부터 제기되었다. 외원단체는 한국정부와 국제기구, 미국의 원조 등의 활동과 관련되어 있었기 때문에 그 조정을 위하여 1952년에 부산에서 '외국기관 원조기관 한국연합회(KAVA: Korea Association of Voluntary Agencies)'가 결성되었다.

외원단체의 최우선 관심사는 아동보호문제였다. 민간외원의 상당 부분은 아동보호사업에 투입되었다. 아동시설의 운영 재원은 민간 외원의 지원금이 주축을 이루었다. 아동복지시설의 운영 재원에서 외원이 차지하는 비

---

26) 외국민간원조단체는 보통 외원단체 또는 외원기관이라고 불렸는데, 그것은 약칭이고, 정식 명칭은 '외국민간원조단체'였다(최원규, 1996).

27) 외국민간원조단체의 활동에 대한 자세한 내용은 최원규(1996)를 참조할 것.

중은 1957년에 32.8%였는데, 점점 증가하여 1965년에 64%에 이를 정도였으며, 1969년에는 50%를 상회하였다(박병현, 2016: 392-393).

아동복지 분야에 비해 소규모이기는 했지만, 기타 사업으로 양로원 지원, 맹인시설 지원, 부녀복지시설 지원, 탁아소 지원 등이 전개되었다. 장애인복지와 관련하여 외원단체들이 지원한 맹인시설은 대구맹농아자 광명의 집(170명), 부산송도 맹인남자 광명의 집(66명), 태지 맹인여성 광명의 집(10명) 등 모두 3곳으로서 수용인원은 총 246명이었다. 맹인시설에 대한 지원은 비정기 지원과 정기 지원, 그리고 맹인아동후원, 운영기금지원 등이었다. 고아원, 모자원 등 수용시설의 경우와 마찬가지로 맹인시설 건축과 보수를 위한 건축자재 지원은 국제연합 관련 기구나 미군에 의해 이루어졌다. 고아원 아동에 대한 후원과 마찬가지로 맹인시설의 아동들에게도 후원금이 지원되었는데, 이 사업은 선명회에 의해 이루어졌다. 선명회가 지원한 맹인아동은 모두 26명이며, 그들에게는 월 4달러씩 후원금이 전달되었다(최원규, 1996: 157-158).

제5장

권위주의시대의 장애인복지

1960~1987

제5장
권위주의시대의 장애인복지

1. 장애인의 역사

1) 시대적 배경

정치적 배경

1960년대에 접어들어 정치적 상황은 매우 불안정했다. 10년 이상 지속된 이승만정권이 학생과 시민들에 의한 4 · 19혁명으로 물러나고 민주정부인 제2공화국(1960. 6. 15.)이 성립하였으나, 출범 9개월 만에 박정희의 5 · 16 군사쿠데타에 의해 군사정부가 들어섰다.

1962년에 제3공화국(1962~1972)이 들어서면서 경제성장 우선 정책을 추진하게 된다. 절대빈곤으로부터의 해방을 공약으로 내걸었던 박정희정부는 경제성장을 통한 근대화에 국가의 모든 자원을 투입하였다. 이때만 하더라도 노동자계층의 조직적인 요구가 거의 없었기 때문에 비교적 정치적 안정을 찾아가는 듯했다. 그러나 제4공화국(1972~1981)에 들어서면서 정치적 상황은 매우 불안정해진다. 제4공화국의 헌법은 유신헌법으로 불리는데, 이것은 박정희의 장기집권을 위한 것이었고, 이후 독재정치가 강화되었다. 개발독재에 의한 다양한 모순이 축적되었고, 노동자계층과 민주화를 요구하는 국민 대중에 대한 억압이 심해지자 국민의 저항이 거세졌다.

이러한 와중에 박정희는 측근에 의해 암살되었고, 또다시 전두환군부에 의해 12 · 12군사쿠데타가 발생하여 제5공화국(1981~1988)이 들어서게 된다. 전두환의 민주화 운동에 대한 무자비한 탄압은 1987년 6월의 국민적 민주화 항쟁을 불러왔다.[1] 결국, 그해 6월 29일 당시 대통령 후보 노태우를 통하여 대통령 직접 선거제를 골자로 하는 개헌, 언론 자유화, 지방의회 창설 등의 내용을 포함한 6 · 29선언을 하지 않을 수 없었다. 이를 통하여 한국의 정치는 권위주의체제에서 민주주의체제로 이행하게 된다(박광준, 2013: 216-217).

사회 · 경제적 배경

1960년대는 한국전쟁의 복구에서 벗어나 군사정부가 경제개발정책을 강력히 추진한 시기이다. 제3공화국의 박정희정부는 경제발전을 통한 빈곤의 추방을 국정의 최우선 과제로 삼았다. 당시는 국민의 40% 이상이 절대빈곤 상태에 있었다. 1961년 7월에는 경제발전의 사령탑이라고 할 수 있는 경제기획원이 설립되었고, 1962~1966년 「제1차 경제개발 5개년계획」이 시행되었다. 제1차 계획의 목표는 모든 사회경제적 악순환을 시정하고 자립경제 달성을 위한 기반을 구축하는 것이었다. 그리고 1964년경부터는 외자도입에 의한 수출 지향적 공업화로 방향을 전환하여 국가의 주도하에 자본의 동원과 할당, 경제개발을 추진하였다. 제1차 계획 기간 중 연평균 경제성장률은 7.8%였다. 그리고 제2차 계획 기간에는 연평균 10.5%, 제3차 계획 기간에는 연평균 11.2%의 경제성장을 이루었다(박광준, 2013: 217-218).

---

1) 이 과정에서 최초의 희생자는 우연히도 김경철이라는 청각장애인이었다. 그는 말을 못한다는 이유로 진압군에 의하여 무차별 폭행을 당하게 되고 끝내는 목숨을 잃고 만다. 그리고 그의 죽음은 1980년대 장애인이 겪어야 하는 고난을 상징적으로 보여주고 있었다(조근태, 1997: 409).

경제개발정책은 1970년대에도 계속된다. '선 성장 후 분배'라는 정책 기조하에 경제성장 우선 정책을 추진해 감으로써 정권의 정당성을 확보하는 데 성공한다.[2] 이러한 과정에서 사회복지에 대한 투자는 억제되었고, 사회복지가 경제성장에 나쁜 영향을 미친다는 사회적 인식을 가지게 하였다. 사회적인 요구 때문에 사회복지제도가 실시되어도 그것은 경제 능력이 있는 사람을 위한 것이 되어버렸고, 가난한 사람들은 더욱 힘든 생활을 강요당하는 결과를 초래하였다. 정부의 '선 성장 후 분배'의 정책 기조는 장애인복지에도 영향을 미쳤다. 즉, 장애인에 대한 교육, 치료, 직업재활은 1970년대 후반부터 시작되었으나, 정부의 정책 기조로 인해 극소수의 시설장애인과 저소득장애인에 대한 재활정책에 그치고 말았다(김미옥 외, 2004: 29). 이처럼 불평등을 비롯한 각종 사회문제가 심각해져 가고 있었음에도 한국의 외형적인 경제성장을 보고 외원단체들은 원조를 점차 줄이거나 철수하기 시작하였다.

이 시대의 대표적인 사회문제는 빈곤문제와 주택문제였다. 빈곤문제와 주택문제는 급속한 도시화와 깊이 관련되어 있었다. 통계청의 「인구주택총조사」(각 연도)에 의하면, 1960년의 도시화율(동 인구 기준, 읍 인구 제외)은 28.0%였으나, 1966년 33.5%, 1970년 41.2%, 1975년 48.4%, 1980년 57.3%, 1985년 65.4%, 1990년 74.4%로 상승하였다. 상당수의 이주민은 도시 빈곤층을 형성하였다(박광준, 2013: 221). 1970년대 후반 이후 도시 빈곤층의 형성으로 인해 자활보호자의 규모가 상당히 증가하였다. 자활보호자는 대부

2) 『한국통계연보』에 의하면, 1963년의 1인당 GDP는 100달러였는데, 1969년에는 200달러를 넘어섰고(210달러), 1974년에 554달러, 1977년에는 1,034달러를 기록하여 처음으로 1,000달러를 넘어섰다. 박정희는 1980년에 국민소득 1천 달러 시대를 열겠다고 약속했는데 조기 달성한 셈이다. 그리고 민주화로 이행되는 1987년에는 4,968달러까지 상승하였다(서상목 외, 1981: 33; 박광준, 2013: 218). 제3공화국의 경제성장은 1980년대까지 지속되었던 것이다.

분 질병 노동자, 임노동 고용에서 배제된 중 · 장년층의 영세자영업자, 기타 일용직 노동자를 포함하고 있었다.

빈곤문제에 대처하는 생활보호제도의 수급률은 1960년대에 10%를 상회하였으나, 1970년대에 그 비율이 점차 줄어들어 3.5%대를 유지하였다가 1980년대 이후 5%대로 상승하였다.[3] 당시 생활보호제도의 수급률은 최저생계비 이하의 빈곤 인구의 비율을 의미하는 것이었다.

그리고 주택문제는 주택부족 문제, 열악한 주거수준의 문제, 철거민 문제 등이 있었다. 1970년대 이후 서울과 다른 대도시에로의 인구집중으로 도시부의 주택공급 상황은 급격하게 악화되었다. 정부는 1972년 「주택건설촉진법」을 제정하여 제3차 계획 기간에 80만 호, 제4차 계획 기간에 120만 호의 공급계획을 책정하였고, 1981년 이후 1995년까지 다시 500만 호 건설이라는 장기적인 목표도 가지고 있었다. 이러한 공급확대로 주택보급률은 개선되어 1980년 71.2%였던 것이 1995년에는 84.2%로 증가하였다. 그러나 이러한 급격한 주택공급은 부동산투기라고 하는 또 다른 문제를 초래하기도 하였다(박광준, 2013: 223).

한편, 1980년대 이후는 급속한 산업화와 도시화의 부산물로 각종 사회문제가 분출하였고, 군사정부가 퇴진하고 사회의 민주화가 급속도로 진행되어 사회 각 계층에서 나타난 사회복지 욕구의 분출도 폭발적이었다. 구체적으로 열악한 주거환경 문제, 공해, 공공시설의 부재, 향락 퇴폐문화의 흐름, 상대적 박탈감, 산업재해, 범죄, 청소년 가출 등의 문제가 증가하였다. 또한, 도시화로 인해 농촌지역에서는 재가독거노인의 문제가 심각하게 대두되었다. 그리고 1970년대 이후부터 본격적으로 나타났던 핵가족화, 노령화, 기혼여성의 취업률 증가, 이혼율 증가 등의 현상이 가속화되면서 노인,

3) 연도별 실업률 및 생활보호수급자 비율의 자세한 추이에 관해서는 박순일(1994), p.81을 참조할 것.

아동, 장애인, 여성 등 특수집단의 욕구가 증가하였다.

사회복지환경의 변화

이러한 문제를 해결하기 위한 정부의 제도적 뒷받침이 이루어졌는데, 아동, 노인, 장애인을 위한 사회복지서비스 관련법들이 제정 및 개정되기 시작하였다. 「노인복지법」(1981), 「심신장애자복지법」의 제정(1981)과 「아동복지법」 개정(1981),[4] 「청소년육성법」 제정(1987), 「모자복지법」과 「장애인고용촉진법」 제정(1989) 등이 그 예이다. 이에 따라 공적 및 사적 사회복지 부문에도 많은 변화가 있었다.

공적 부문에서는 사회보장과 관련한 공공부조 서비스의 전달인력을 사회복지 전문인력으로 대체하기 시작하였다(1987년 사회복지 전문요원제도 시행). 이에 의해 공공부문에서 사회복지행정에 대한 필요성이 강하게 대두되었다. 민간부문에서는 민간사회복지기관이 아동, 노인, 장애인을 위한 사회복지서비스를 제공해 주도록 복지정책을 시행하였다. 그 결과 전문적인 사회복지조직, 특히 종합사회복지관을 중심으로 한 상담 및 치료 전문 사회복지기관의 수가 급격히 증가하기 시작하였다. 이것은 각 기관조직의 효과적인 관리를 위해 사회복지행정의 필요성이 실제로 나타났음을 의미하는 것이었다.

한편, 1980년대에 들어서면서부터 1970년에 제정되었던 「사회복지사업법」이 계속해서 개정되면서 사회복지부문에서 많은 변화를 가져오게 된다. 1983년에는 「사회복지사업법」 부분 개정을 통해 사회복지사 명칭이 종전의 사회복지종사자에서 사회복지사로 개정되었고, 등급에 따른 자격

---

4) 1961년 12월 30일 제정되었던 「아동복리법」이 1981년 4월 13일 전부개정이 이루어지면서 법의 제명이 「아동복지법」으로 개칭되었다.

조건이 규정되었으며, 사회복지협의회가 법정 단체로서 규정되었다. 1985년에는 「사회복지사업법」 시행령 개정을 통해 사회복지사를 3등급으로 나누고 등급별 자격 기준을 정하였으며, 한국사회복지협의회의 사업 · 조직 · 운영에 관한 사항을 정하고, 시행규칙 개정을 통해 사회복지법인의 기본재산의 액수 및 사회복지시설의 시설기준과 운영기준을 정하였다.

한편, 이 시기는 국제장애인 인권의식 향상에 따른 영향과 군사정권의 정당성 확보 차원에서 마련된 장애자올림픽을 앞두고 국제적인 시선을 의식하여 장애인복지시설을 현대화하고 직업재활에 대한 인식이 싹튼 시기였다(김미옥 외, 2004: 27). 장애인복지에 대한 포괄적 규정을 담은 첫 법안인 「심신장애자복지법」이 제정(1981)된 것도 이 시기의 일이다. 이 법은 장애인복지와 관련한 제반 분야를 포괄하고 있었지만, 주로 장애인복지시설 정책 중심이었다.

국제적 동향

이와 같은 상황에서 국제적으로 UN은 1971년에 '정신지체인의 권리선언'을, 1975년에는 '장애인권리선언'을, 1976년에는 1981년을 '세계장애인의 해'로 지정하는 결의를 하는 등 장애인의 권리에 대한 관심이 증폭되고 있었다. 나아가 1982년 12월 3일에는 '유엔 장애인 10년'을 선포하고, 각 당사국이 이를 실천에 옮기는 데 있어서 하나의 지침이 될 수 있도록 '장애인에 관한 세계행동계획'을 발표하였다.

이러한 국제기구의 움직임은 국내에도 형식적인 변화를 가져온다. 예컨대, 장애인들은 사회참여와 권리를 주장하게 되었고, 장애인복지에 대한 기대심리를 가지게 되었다. 국민들은 장애인복지에 대한 당위성을 인식하게 하는 계기가 되었으며, 정부는 국제사회의 흐름에 맞는 정책 수립을 하게 된다. 또한, 시대적으로 어려운 상황이었음에도 국제대회 개최를 통해 우리의 장애인복지 현실을 알리기도 했다. 1979년에는 우리나라 장애 분야 역사상 최초의 국제회의인 '제6차 범태평양 국제재활대회'를 한국재활협회가 유치함으로써 장애문제에 대한 국제사회의 관심뿐 아니라 국내적인 관심을 촉구하기도 했다.

한편, 1980년 국제장애인연맹(Disabled Peoples International: DPI)이 태동하였고, 이듬해 1981년에는 51개국 4백여 명의 장애인이 참석한 제1회 싱가포르대회에서 정식으로 출범하였다. 이에 영향을 받은 우리나라도 1986년 한국 DPI를 발족시켰다. 이후 꾸준한 국제 활동을 통해 장애인의 인권 개념을 국내에 확산시킴으로써 장애인문제를 인권 차원에서 해결하기 위한 이념적 지평을 여는 데 중요한 역할을 하게 된다.

1980년대를 '세계장애인의 해'로 열은 한국의 장애인계는 장차 1980년대를 일관하여 장애인의 권리확보를 위한 대장정의 서막을 열었다.

2) 장애인의 삶과 사회적 인식

(1) 장애의 명칭과 유형

일제강점기에 등장하여 빠르게 확산된 '불구자'라는 명칭은 1960년대에도 계속해서 사용되었다.[5] 또한, '폐질자'라는 전근대적 용어도 여전히 사용되고 있었다. 장애인에 대한 개념도 명확히 정의되지 않은 시기였고, 장애인에 대한 사회적 인식이 매우 낮았다.[6]

5) 한국전쟁이 끝난 직후 1954년에 현재의 한국장애인재활협회의 모태가 되는 단체가 만들어졌는데, 그 명칭이 '한국불구자복지협회'였다.

6) 김윤정(1997: 36)은 장애인 스스로도 사회 전반의 부정적인 인식을 받아들여 장애를 사회적 현상 또는 집단의 문제로 인식하지 않고, 각 개인의 운명으로 순응하고 합리화하는 경

1961년 우리나라 최초로 보건사회부와 한국아동복리위원회가 공동으로 시행한 『한국장애아동조사보고서』가 발간되었는데, 이 보고서에서 장애의 종류를 절단, 마비, 맹인, 농아, 정신병, 간질, 번족, 혼혈아 등으로 분류했다. 이어 1966년에는 보건사회부가 시행한 전국 장애자 전수조사가 있었는데, 이 조사에서 지체, 시각, 청각, 언어, 정신장애 등으로 구분되었다. 하지만 구체적인 장애인의 용어는 귀머거리 등 여전히 장애인을 비하하는 용어가 사용되고 있었다(권선진, 2006: 319).

1981년 6월 5일에 「심신장애자복지법」이 제정되면서, '불구자'라는 용어 대신에 '장애자' 또는 '심신장애자'라는 용어로 대체되었다. 이 법에서 '장애자'는 '지체장애, 시각장애, 청각장애, 언어장애 또는 정신지체 등 정신적 결함으로 인하여 장기간에 걸쳐 일상생활 또는 사회생활에 상당한 제약을 받는 자'로 정의된다. 심신장애라는 용어는 신체장애 또는 정신적 결함을 가졌다는 뜻이었다. 그러나 심(心)과 신(身)을 붙여 쓰다 보니 사회적으로 장애인은 심리적 문제, 정신적 문제를 갖고 있는 것으로 비치곤 했다. 현재 '지적장애'라 불리는 용어는 '정신박약(精神薄弱)'이라고 쓰였는데, 이 말은 정신적 능력이 전혀 없다는 뜻으로 사용된 것이다. 결국, 장애인은 정신적 문제를 내포할 수밖에 없다는 인식이 많았다(김미옥 외, 2004: 36).

그리고 1981년 9월 서울올림픽 개최가 확정되면서 장애자올림픽도 함께 열리게 되었다. 국가는 이러한 움직임을 대대적으로 언론을 통해 홍보하였고, 국민적 관심을 끌어내는 데 성공하였다. 이때 국가가 '병신', '불구자', '심신박약자' 등과 같은 다양한 주체들을 '장애자'라는 일관된 주제로 새롭게 호명하는 데 성공했다. 박현민(2008: 28-33)은 '장애자'가 장애인들의 광범위한 호응을 얻으면서 '병신', '불구자'와 같은 개념을 서서히 대체할 수

향이 강했다고 지적한다.

있었던 까닭을 두 가지로 설명하고 있다. 첫째, '장애자'는 차별이나 편견이 개재되지 않은 중립적이고 과학적인 명칭으로 받아들여졌기 때문이다. 둘째, '장애자'는 법률, 교육, 노동, 복지 등의 담론과 결합하면서 사회통합적인 개인과 뗄 수 없는 말이 되었기 때문이다. 즉, '장애자'는 어떤 개인에 대한 새로운 명칭이 아니라 의료 · 정책 전문가, 언론 같은 대중매체, 장애인 개인 등으로 분배되는 동시에 유통될 수 있는 새로운 담론으로서 자격을 지닌 개념이었다는 것이다. 이로 인해 장애인은 독자적인 정체성이자 고유한 인간형으로 분류되기 시작했고, 본격적으로 통치 가능한 독자적인 인식의 대상이자 주체로서 구성됨에 따라 '장애'와 '장애자'란 말이 일반화되기 시작했다는 것이다.

(2) 故 김순석 열사의 죽음을 통해 본 장애인의 삶

여기에서는 한 인물의 삶과 죽음에 주목함으로써 권위주의시대의 장애인의 삶을 대변하고자 한다. 물론 이 이야기는 현재에도 관통한다. 故 김순석 열사(1952~1984)의 삶과 죽음에 관한 이야기이다.[7)]

권위주의시대 우리나라 도시는 철저하게 비장애인의 이동편의 중심이었다. 횡단보도의 시작은 성인 발목 높이의 턱이 차도와 인도의 구별이라는 이유로 사방 전체에 설치되어 있다. 비장애인들에게는 아무것도 아닐지 모르지만, 휠체어를 탄 장애인에게는 태산보다 높게 느껴지는 작은 턱이 건

7) 이 글은 정창조 외(2021)와 『함께걸음』(2020. 10), vol.380을 참조하여 서술하였다. 이들 문헌에 의하면, 김순석 열사에 관한 자료는 거의 남아 있지 않다고 한다. 단편적인 구전(口傳)으로 전해지는 몇 가지 활동 이외에 구체적인 유가족의 증언 같은 건 구할 길이 없고, 그의 죽음을 증명하는 유서마저도 그 행방을 찾을 길이 없다고 한다. 『조선일보』에 나왔던 기사가 김순석 열사를 확인하는 유일한 기록이라고 한다.

물마다 자리 잡고 있었다. 비장애인 중심의 이동환경의 대표적인 상징물은 바로 육교였다. 사람 중심이 아니라 차량 중심의 도시계획, 거기에 따라 차량의 질주가 우선이고, 사람은 긴 계단을 올라 차도 위로 건너다녀야 했다. 이동에 제약이 많은 이들은 큰길 건너편이 외국보다 먼 땅이었던 게 바로 대한민국이었다. 故 김순석 열사(이하 김순석)의 삶은 이동의 제약이 곧 생존권의 문제였던 시대를 가로지르고 있었다.

1984년 서울, 한 장애인의 유서

한 사내가 있었다. 그는 어려서 소아마비로 한 다리를 절었다. 1970년 열아홉의 나이에 고향인 부산을 등지고 상경했다. 서울 송파구 거여동의 조그마한 액세서리 공장에 취업해 열심히 일했고, 성실성을 인정받아 공장장이 되었다. 결혼도 하고 아들도 태어났다. 경사가 겹쳤다. 엄청나게 성공하지는 못했지만 그래도 삶에는 늘 작은 희망이 들어차 있었다. 그러나 불운은 예고 없이 찾아왔다. 그해 1980년 10월 교통사고로 인해 두 다리에 모두 철심을 박아야 했고, 결국 휠체어를 타게 된다.

3년여의 투병 생활을 거쳐 그는 다시 일을 시작했다. 송파구 마천동 집 옆에 3평 남짓한 금은세공 작업장을 마련하고 머리핀, 반지, 목걸이 등 각종 액세서리를 만들어 남대문시장에 납품하였다. 당시 물건납품과 대금 수금을 위해서는 4~5일에 한 번꼴로 남대문시장으로 직접 가야 했다. 그러나 집 밖의 세상에서 그는 모든 턱에 가로막혔다. 차도를 건너기도, 화장실을 가기도 힘들었다. 수동휠체어를 탄 그를 보고 모른 척 지나가기 일쑤였다. 남대문 거래처 사장들은 장애인이 만든 것이라며 납품 단가를 깎고 또 깎았다. 어느 날인가는 도로의 턱과 육교 때문에 무단횡단을 하다가 경찰에 적발되어 경찰서에서 하룻밤을 보내기도 했다.

그는 이동할 때마다 자유의 제한을 통감해 왔고 뒤통수에 와 닿는 모멸감과 신경질을 수인하기 힘겨워했다. 가장 기본적인 일상 자체가 부정당하는 현실에 그는 분노했고 좌절했다. 장애인으로 멸시당하는 것도 모자라, 사회 전체의 시스템이 일상의 생존을 가로막아 '불구화(化)'를 강요하는 건 개선될 여지도 보이지 않았다. 모든 게 장애 때문에 제지당하고 가로막혔다. 밥 한 끼, 물 한 모금, 짧은 이동도 힘겨웠다. 생존을 위한 모든 발버둥에 아무도 귀를 기울이지 않았다. 도무지 넘어설 수 없는 세상의 커다란 벽 앞에서 어떻게든 살아보려고 몸부림치던 그는 서울 시장 앞으로 다섯 장의 빼곡한 유서를 남기고 삶을 마감했다. 1984년 9월 19일 오전 10시경 서울 송파구 마천2동 한 지하 셋방에서 발견된 서른세 살의 그에게 경찰은 '음독자살'이라는 한마디로 마침표를 찍어 놓았다. 한 일간지가 그의 죽음을 가시화하지 않았다면 그는 생존과 존재 자체가 완전히 잊혀진 '1인'으로 사라졌을 것이다. 그가 남긴 유서의 내용은 다음과 같다.

> 시장님, 왜 저희는 골목골목마다 박힌 식당 문턱에서 허기를 참고 돌아서야 합니까? 왜 저희는 목을 축여줄 한 모금의 물을 마시려고 그놈의 문턱과 싸워야 합니까? 또 우리는 왜 횡단보도를 건널 때마다 지나는 행인의 허리춤을 붙잡고 도움을 호소해야만 합니까?
>
> 택시를 잡으려고 온종일을 발버둥 치다 눈물을 흘린 적이 한두 번이 아니었습니다. 휠체어만 눈에 들어오면 그냥 지나치고 마는 빈 택시들과 마주칠 때마다 가슴이 저렸습니다. 그까짓 신경질과 욕설이야 차라리 살아보려는 저의 의지를 다시 한번 다져보게 해주었습니다.
>
> 하지만 도대체 움직일 수 있는 공간을 만들어 주지 않는 서울의 거리는 저의 마지막 발버둥조차 꺾어 놓았습니다.
>
> 시장님, 을지로의 보도블록은 턱을 없애고 경사지게 만들어 주셔서 고맙습니다. 하지만 이밖에는 시내 어느 곳을 다녀도 그놈의 턱과 부딪혀 씨름을 해야 합니다. 또 저 같은 사람들이 드나들 수 있는 화장실은 어디 한 군데라도 마련해

주셨습니까?

장애자들은 사람 대우를 받지 못합니다. 대우를 받아도 끝내는 이용당합니다. 조그마한 꿈이라도 이뤄 보려고 애써봤지만, 시간이 흐를수록 사회는 저를 약해지게만 만듭니다.

- 『조선일보』(1984. 9. 22.)에 실린 유서 중에서

그의 꿈은 같은 처지의 장애인들과 함께 금은세공 공장을 운영하며 공동체의 삶을 사는 것이었다. 그러나 그 소박한 꿈은 이동권과 사회적 냉대 속에서 결국 사위어 갔다. 정창조의 말처럼 장애인복지가 제대로 마련되어 있었다면, 장애인들이 맘 놓고 도시 곳곳을 누비고 다닐 수 있었다면, 장애인들이 제가 일한 만큼 받아갈 수 있는 사회였다면, 김순석의 죽음은 없었을 것이다.

故 김순석 열사, 그가 되살아나야 하는 이유

김순석이 유서로 외친 '서울의 거리 「턱」을 없애주시오'라는 절규는 당시에는 듣는 이가 없었다. 생존을 위한 몸부림, 발버둥을 아무도 관심 있게 보지 않았다. 장애인 인권운동이 척박했기 때문일 것이다. 혼자서는 싸움을 할 수조차 없었던 그 시절에 그는 오로지 죽음으로 저항할 수밖에 없었다. 그러므로 그의 죽음은 단순한 개인의 음독자살로 치부하기에는 그 죽음의 무게가 너무도 무거웠다. 뒤늦게나마 김순석의 절규를 함께 외치는 이들이 생겨났고, '이동권'이라는 새로운 용어가 우리 사회에 등장하게 된 시작지점에 그의 유서가 존재하고 있었다.

김순석의 삶을 치열하게 탐구한 것으로 알려진 장애인차별금지추진연대 상임대표 박김영희는 그가 되살아나야 하는 이유를 다음과 같이 말한다.

지금 우리가 일상에 문밖을 나가면 만나는 계단, 만나는 턱, 그것 때문에 나갈 수 없고 도움을 청할 수밖에 없고, 누군가에게 시혜적인 동정의 대상이 될 수밖에 없는, 접근할 권리가 침해당해 왔던 그 현실을 말하고 있는 것이다. 그를 되살린다는 말도 틀릴 수 있겠다. 왜냐, 그는 살아있어야 했던 분이기 때문이다. 오늘을 살고 있는 우리 모두가 김순석이다. 그는 돌아가시지 않았다. 우리가 이 모든 턱을 없앰으로써, 그는 우리 곁에 산다. 오늘 우리가 이것을 살아야 한다. 다시 말한다. 우리 모두가 김순석이다(『함께걸음』, 2020. 10. vol.380).

(3) 장애인에 대한 사회적 인식

1960년대 장애인식

1950~1960년대의 장애인식과 관련하여 대표적 주제로는 상이군경이라 할 수 있다. 상이군경은 나라를 지키다 입은 장애를 주장하며 국가적 지원을 요구하였고, 기대했던 보상이 미미해지자 불만이 팽배하여 집단이기주의 형태로 나타나기도 했으며, 이로 인해 장애에 대한 부정적인 인식이 남기도 하였다(조근태, 1997: 407).

1967년에 장애아동에 대한 국민적 관심을 불러일으키기에 충분한 일이 있었는데, 그것은 바로 '한국소아마비아동특수보육협회(현 한국소아바미협회)'의 설립[8]과 더불어 '소아마비 어린이날'을 제정한 것이었다. 또한, 1967년 한국일보는 국내 언론사로는 최초로 1967년 11월 25일부터 12월 25일까지 "성한 사람이 돌보자, 소아마비 어린이"라는 슬로건을 내걸고 캠페인을 벌였으며, 당시 발행되던 『점자한국』을 발행 지원하는 사업을 실시하

8) '한국소아마비아동특수보육협회'는 당시 행정부 내에 장애인 담당 부서가 없어 '아동'이라는 단어를 삽입해 '아동복지과'에서 법인인가를 받았다. 그러나 내용에서는 아동보다는 오히려 장애인 자조단체의 성격을 지녔으며 이후 장애인과 국민 인식 사이에서는 상호 반응의 통로를 확보하기 시작했다(권선진, 2006: 319).

였다. 이 캠페인 사업은 장애 관련 캠페인에 언론사가 참여하는 효시가 된다. 다른 중증장애보다 소아마비 장애인에 대한 캠페인이 먼저 이루어진 것은 이 당시 다른 장애인들은 외부 출입마저 어려웠으므로 가장 눈에 잘 띄는 소아마비 장애인에 관한 관심이 먼저 기울여진 것으로 알려져 있다(조근태, 1997: 407; 이동석, 2004: 46; 권선진, 2006: 319).

한편, 1968년 6월 권오병 문교부장관은 장애아동의 중 · 고교 입시에서 체육점수의 비례도입을 시행할 수 없다는 입장을 밝혔는데, 이는 당시 문교부가 불과 일주일 전에 장애아동의 중 · 고교 입시에서 체육점수를 필기성적에 비례하여 산정하겠다는 방침을 뒤엎은 것이었다. 이는 여론의 집중적인 공격을 받았다. 당시의 국민 인식은 '불쌍한 사람에 대하여 해줄 수 있는 정도'의 정책에 대해서만 용인하는 수준이었다(조근태, 1997: 407).

이 당시 장애인은 성치 못한 존재이며, 보호를 받아야 하는 사람으로 인식되었음을 알 수 있다. 또한, 장애인은 '경제성장에 장애물이며 최소의 경비로 보호 또는 시설에 수용하여야 하는 존재'로 인식되었다. 장애인에 대한 교육과 재활의 필요성이 제기되었으나, 이는 장애인 자생단체의 목소리였다기보다는 전문가, 행정 관료에 의한 것이었다.

1970년대 장애인식: 국민 인식의 태동

국제적으로 1970년대는 장애인의 권리에 대한 관심이 증폭된 시기였다. UN은 1971년에 '정신지체인의 권리선언'을, 1975년에는 '장애인권리선언'을, 1976년에는 1981년을 '세계장애인의 해'로 지정하는 결의를 하였다. 이러한 움직임에도 불구하고 우리나라에서는 장애인에 대한 차별이 매우 심각했다. 장애인에 대한 특수교육뿐만 아니라 일반교육에서의 장애인 차별도 심했다. 이 시기에 장애인에 관한 국민의 인식을 획기적으로 일깨운 사건은 역시 대학입시문제였다. 장애학생의 대학입학은 당시까지도 넘지 못할 벽으로 존재하고 있었다. 이 문제가 국민 인식의 문제에까지 영향을 미친 이면에는 우리 국민의 엄청난 교육열이 자리하고 있었다. 이러한 상황에서 장애라는 이유로 우수한 성적에도 불구하고 낙방의 고배를 마시는 장애인들은 자연스레 국민의 관심을 집중시킬 수밖에 없었다(조근태, 1997: 408; 권선진, 2006: 320).

1970년대는 높은 시험점수를 받은 장애학생들이 교육기관에서 입학을 거부당하는 일로 장애문제가 사회적 관심을 끌었다. 이 당시 장애문제를 인식하는 수준은 캠페인이나 길거리 서명운동 등으로 단순히 피해 장애인을 구제하는 정도였다. 또한, 장애문제가 사회적으로 불거지게 되었을 경우 정치적 배려로 해결되는 상황이 지속되었다. 이처럼 문제가 된 사례에 대해 사후적으로 해결해 보려는 접근방식은 문제를 해결해 주는 쪽과 혜택을 받는 장애인이라는 시혜와 수혜의 관계를 더욱 고착화하는 결과를 지속시키게 된다(권선진, 2006: 320). 장애인에 대한 동정적 관점과 시혜적인 관점이 국민 인식의 저변에 깔려 있었고, 장애인의 기본적인 권리에 대한 인식은 미미한 수준이었다.

이러한 동정과 시혜의 접근은 정부가 정한 4월 20일 '장애인의 날'을 통해서도 엿볼 수 있다. 남병준(2011)에 의하면, '장애인의 날'의 유래는 1970년 당시 정부가 기념일을 지정할 때 행사를 치르기 편리하게 통계적으로 비가 오지 않는 날인 4월 20일을 '재활의 날'로 정한 데서 비롯되었다고 한다. 그는 당시 '재활의 날'은 '장애인을 위한' 날이라고 하기에도 적합하지 않았다고 지적한다. 여기서 '재활'은 단순히 현장에서 벌어지는 재활치료와 같은 '행위'를 의미하는 것이 아니라, 장애인에게 장애를 극복하고 비장애인 중심의 사회에서 살아갈 수 있는 능력을 키우라는 '재활 이데올로기'를 의미하기 때문이라는 것이다. 결국, 장애인을 문제가 있는 사람, 이대로는 살아가기 힘든 사람, 그래서 불쌍하고 도와줘야 하는 사람으로 규정하고, 장애인은 비장애인 중심의 세상에 적응하기 위해 최선의 재활을 통해 장애를 극복하려고 노력해야 한다는 것이고, 비장애인에게는 동정과 시혜를 요구하는 기만적이고 차별적인 이데올로기가 '사랑'과 '온정'이라는 가면을 공식적으로 쓰게 된 것이다. 그의 지적은 '재활'과 '재활 이데올로기'를 명확히 구분해야 한다는 사실을 상기시켜 준다.

한편, 1981년 「심신장애자복지법」이 제정될 당시에도 장애인에 대한 사회담론은 '장애인은 사회에서 활동하기에 부적절한 존재', '보호를 받아야 하는 열등한 존재', '장애는 개인의 문제이고, 개인적 원인에 의하여 발생하는 것', '재활과정을 통해 사회의 일원으로 만들어져야 하는 존재'라는 것이었다. 따라서 장애인에 대한 차별은 당연한 것으로 받아들여졌고, 열등한 장애인에 대한 재활이 대안일 수밖에 없었다(김미옥 외, 2004: 36). 이러한 장애인에 대한 인식은 1980년대에도 지속되었다.

1980년대 장애인식: 국민 인식의 전환

장애인에 대한 국민 인식은 1980년대에 접어들면서 일대의 전환의 계기를 맞이하게 된다. 1980년대는 장애인들에게 있어서나 국민에게 있어서나 엄청난 변혁기였다는 것은 주지의 사실이다.

1980년대는 UN 장애인의 해 선포(1981)와 장애인 10년(1983~1992) 기간으로서 장애인의 완전한 참여와 평등, 노멀라이제이션(normalization)의 이념이 인식에도 영향을 미치게 되며, 장애인올림픽 개최 등으로 전반적인 장애문제에 대한 관심이 증폭된 시기였다. 「심신장애자복지법」 제정 이후 장애인을 위한 정책이 마련되면서 사회적으로 장애문제가 수면 위로 공식화되기 시작하는 시기였다. 특히, 장애인시설에서의 문제, 생존권, 교육권, 노동권 등에서 장애인의 차별문제가 구체적 사건으로 등장하게 됨으로써 장애문제에 대한 현안들에 대한 대응방식을 통해 문제제기가 이루어지고,

인식도 그에 따라 점점 넓어지기 시작했다(권선진, 2006: 316).

그러다가 장애인들의 인식전환 계기가 되는 사건이 발생하였다. 김순석 열사의 죽음이 그것이다. 그의 죽음으로 장애인편의시설에 대한 문제가 사회 쟁점으로 부각되었다. 또한, 세계 장애인올림픽을 통해 장애인에 대한 일반인의 인식이 질적인 변화양상을 보여주기 시작하였다. 이것이 1980년대 장애인에 대한 인식의 근본적인 변화를 보여주는 단서가 되고 있다. 그러나 이러한 두 가지 사건 못지않게 장애인에 대한 인식의 변화를 가져온 결정적인 계기는 역시 1980년대 중반 이 사회를 휩쓴 민주화에 대한 열풍이었다. 사회 민주화의 열기 속에서 장애인들 또한 자신들의 권리를 자각하기 시작하였으며, 장애인문제에 대한 국민적 관심을 촉구하기 시작하였다(조근태, 1997: 412-413).

한편, 1980년대에는 '한국신체장애자복지회'(1981), '한국장애인부모회'(1985), '한국장애인연맹'(1986), '한국지체장애자협회'(1989) 등 다양한 장애 영역별 자생조직이 활발하게 생겨났다. 이에 따라 장애문제에 대한 조직적 대응에 인식을 공감하게 되었다. 또한, 장애인 청년을 중심으로 한 '울림터'가 장애인의 인권향상과 복지증진을 위해 1986년 결성되기도 하였다(이인영, 2004: 83). 장애 영역별 자생조직이 활발히 생겨난 것은 장애인문제를 개인만의 문제로 보지 않는 시각의 변화를 의미했다. 비록 장애인문제를 사회구조적인 문제로 인식하지는 못했지만, 1980년대 이전보다 높은 의식화 및 조직화의 정도를 보였다. 이러한 변화는 향후 운동조직의 형성에 기본적인 토대가 된다(김윤정, 1997: 41).

2. 장애인운동의 역사

권위주의시대에 비록 조직적이고 개혁적인 모습은 갖추지 못했지만, 자생적으로 출현한 장애인단체들을 중심으로 장애인운동이 태동하였다. 1960년대 안마업을 둘러싼 시각장애인들의 생존권 투쟁이 있었고, 제도권 교육의 입학 거부와 공직 임용 거부 사건에 대한 대응의 형태로 전개된 교육권운동과 노동권운동이 있었다.

1) 생존권운동: 안마업을 둘러싼 시각장애인들의 생존권 투쟁[9)]

시각장애인 노조 결성과 연대

안마에 대한 사회적 수요가 별로 존재하지 않았던 1950년대와 달리, 1960년대에 들어서면서 안마업이 활성화되기 시작했다. 시각장애인들은 자신들의 권리를 보호하기 위해 「근로기준법」에 따라 노동조합을 결성했다. 당시 시각장애인의 안마업은 선회업[10)]에서 안마원 운영방식으로 전환되기 시작했다. 그것은 안마원 원장이 시각장애인을 고용해서 영업하는 방식이었다. 그런데 안마원을 운영하는 원장들이 시각장애인 안마사들에게 공정한 대우를 해주지 않자, 시각장애인들은 마침내 노조를 결성하게 된다.

노동조합은 안마사들의 권익을 보호하고자 해고와 관련된 사항, 안마사 요금과 안마사에게 지급되는 비율, 임금 등에 대해 교섭을 할 수 있었다.

---

9) 이하, 시각장애인의 안마업을 둘러싼 생존권운동과 관련해서는 전적으로 주윤정(2020)에 의존하여 서술하였음을 밝힌다.

10) 돌아다니며 영업하는 것을 일컫는다. 1970년대까지는 시각장애인들이 도심지를 돌아다니며 안마를 할 고객을 찾는 경우가 있었다고 한다(주윤정, 2020: 169).

시각장애인들은 안마를 노동이라 생각했기 때문에 종업원으로 있는 경우에는 노동조합의 구제를 받아야 한다는 의식이 생겨났다. 당시 연합노조에는 요식업 종사자, 미용업 종사자, 서비스 직종 등 여러 업종에 속하는 이들이 참여하고 있었다. 안마사의 경우 단위업소 종사자가 열여섯 명이 안 되어 노동조합을 결사할 수 있는 기준에 해당되지 않았는데, 연합노조에서 안마를 일종의 단일 업종으로 보고 연합노조의 분회를 만드는 방식으로 해결했다고 한다(주윤정, 2020: 171).

노동조합 설립과 별개로 시각장애인들은 안마사협회도 결성했다. 1970년 사단법인 대한안마사협회가 창립되었고, 1971년에는 부산 등지에 10개 지부를 설립했다. 1974년에는 보건사회부로부터 중도 시각장애인 직업 재활교육을 위한 안마수련원이 인가되었다. 대한안마사협회를 중심으로 시각장애인들의 생존권보호 활동이 조직적으로 수행될 수 있었다(주윤정, 2020: 173).

안마사업의 독점권 획득

1960년대에는 침 · 구 · 안마 등 유사의료를 제도화하기 위한 여러 시도가 침술사 협회 등에 의해 이루어졌는데, 이는 의사협회, 한의사협회 등의 거센 반대로 좌초하고 만다. 유사의료법 및 침사 구사의 자격에 대한 법률화는 인정되지 않았지만, 시각장애인들만의 독점적 권리로는 인정받을 수 있었다. 주윤정(2020: 153-156)은 시각장애인들이 경쟁적인 의료체계 내에서 안마업권을 획득할 수 있었던 것은 강력한 조직운동이 있었기 때문으로 보고 있다. 1960년대 이후 시각장애인들은 자신들의 직업권리를 지키기 위해 사회 각계각층에 대한 청원, 호소 등 다양한 전략을 지속해서 펼쳤다. 맹학교를 중심으로 학생들은 동맹 휴학 및 시위 등을 활발히 전개했다. 시각장애인 내부에서는 데모보다 '정상적인 방식'으로 문제를 해결하자는 주장이 제기되기도 했다. 더욱이 시각장애인들은 사회 지도층 인사들과 많은 교분을 하고 있었기 때문에[11] 처음에는 이런 인사들을 통해 문제를 정치적으로 해결하고자 했다. 하지만 점차로 그런 해결방식에 한계를 느끼고 직접 행동에 나서서 데모하기도 했다.

한편, 1966년 2월 9일 국립 서울맹학교 학생들은 유사의료업자 법안이 폐기된 것에 반대해 일제히 동맹휴학에 돌입했다. 또한, 서울맹학교 학생 2백여 명이 의료 유사업자 법의 조속한 국회통과를 촉구하면서 단식농성에 들어갔다. 그리고 가두시위를 했는데, 2월 11일에는 국회의사당 앞까지 나가서 농성하며 자신들의 절박한 생존권문제를 알렸다. 1966년 7월 11일에 문교부는 국립 서울맹학교에 무기 휴교령을 내렸고, 1966년 7월 내내 시각장애인들의 시위 내용이 신문에 보도되었다. 시각장애인들이 국회에서 시위할 때 "국회 경비대와 충돌했는데, 눈이 보이지 않는 그들은 동료를 경비대원으로 오인하고 서로 치고받기도 했다"(『경향신문』, 1966. 7. 8.)라는 기사도 등장한다(주윤정, 2020: 160).

이런 과정을 거치면서 유사의료업자 법안 심의과정에서 안마업권이 시각장애인의 직업보도이며 생존권이라는 인식이 점차 높아졌다. 이는 시각장애인들의 집단행동과 이를 청원과 정치적 로비로 연결시킨 전략이 성공했기 때문이다. 당시 시각장애인들은 대통령에게 시각장애인의 시위 사실을 알리기 위해 기존의 각종 사회적 네트워크를 활용했다. 정치권 등 고위

11) 주윤정(2020: 158-159)에 따르면, 시각장애인을 위한 대표적인 사회사업 단체에 박마리아, 임영신이 이사로 관여하고 있었고, 여성 국회의원 이매리가 시각장애인계와 친하게 지내며 그들의 문제에 많은 관심을 기울이고 있었다고 한다. 더욱이 시각장애인들이 주로 종사하던 안마업과 점복업의 특성상 정계나 교육계 등의 사회 지도층 인사들과 관계를 맺는 경우가 많았다고 한다. 안마업은 일제 식민통치의 유산으로서 소위 상류층의 문화였기 때문에 안마업소들도 처음에는 주로 호텔 같은 곳에 문을 열었고, 고객들은 일본식 안마 문화에 익숙한 이들이 대부분이었다는 것이다.

층 인사들이 안마를 즐겨 받았고, 이를 통해 시각장애인들은 정관계 인사와 관계를 형성할 수 있었다(주윤정, 2020: 161-162).

유사의료의 합법화를 둘러싼 논쟁[12]은 유신시기에 들어서면서 새로운 국면을 맞이했다. 1971년 3월 3일 보사부는 「의료법」 개정을 준비하면서 안마사 허가에 관한 규정을 정지했고, 1973년 2월 비상 국무회의는 「의료법」을 개정 · 공표했다.[13] 이 개정 「의료법」은 안마사의 자격 인정 및 그 업무 한계 등에 관하여 필요한 사항은 보사부령으로 정한다(제62조 제3항)고 규정했다. 보사부는 이를 근거로 1973년 10월 31일에 부령 제428호인 「간호보조원 · 의료유사업자 및 안마사에 관한 규칙」을 제정 · 공표했다. 이로써 시각장애인의 안마업권에 대한 근거가 발생했다(주윤정, 2020: 154).

여러 이익집단의 견제와 갈등으로 인해 정상적으로는 입법화될 수 없던 상황이었지만, 유신 시절 국회를 통한 의결이 부재한 상황에서 비상 국무회의에서 법안이 의결되고 입안되었다. 이것이 가능했던 것은 유신헌법하 비상 국무회의의 일방적 의결 때문이었다. 민주적 의사결정이 배제된 권위주의시대에는 오히려 특수한 권리가 기존 사회의 이해관계 집단들의 갈등을 고려하지 않고 부여될 수 있었던 것이다(주윤정, 2020: 163-164). 이렇게 하여 1973년 시행령으로 시각장애인들은 안마업에 대한 독점권을 갖게 되었다. 즉, 1973년 의료법 체계 내에서 안마가 시각장애인의 독점업종으로 법제화된 것이다.[14]

---

12) 자세한 내용은 조병희(2003)을 참조할 것.

13) 유신체제하에서는 국회가 아닌 국무회의에서 법을 다루던 시절이었다.

14) 의료법에 시각장애인의 안마가 준 의료영역으로 규정되었지만, 실질적으로 산업적 측면에서는 음성 퇴폐산업과 결합하여 의료법은 일종의 안마업을 보호하는 형식적인 수단으로 기능했다. 그래서 2006년 시각장애인 안마사업 관련 위헌 재판 시에도 시각장애인의 안마업이 음성 퇴폐업을 합리화하기 위한 수단이라는 비판이 제기된 바 있다(주윤정, 2020: 233).

2) 교육권운동: 제도권 교육의 입학 거부에 대한 항의 운동

장애인에 대한 복지, 생존권 보장, 취업에 대한 정책이 전혀 마련되어 있지 않았던 이 시기에, 장애인문제가 사회적으로 관심으로 끌 수 있었던 것은 1960년대 말 '장애'를 이유로 학교에 진학하지 못하는 사건들 때문이었다(김윤정, 1997: 34). 장애인 교육권운동은 이러한 제도권 교육의 입학 거부에 대응하는 것으로 시작되었다.

1950년대와 1960년대에 태어난 소아마비 장애인들은 고등교육 및 취업에 대한 욕구가 강했으나, 체능검사, 면접 등에서 불이익이 주어져 각종 입시에서 우수한 성적에도 불구하고 불합격하는 사례들이 늘어났다. 예컨대, 1967년 부산중학교에 지원한 소아마비 장애인 윤철이 학과시험 만점을 받고도 체능검사 때문에 불합격되었다.[15] 윤철은 대통령 앞으로 "불구이기 때문에 지망했던 학교에 못 가게 된 억울함을 참작해 달라"고 탄원서를 보냈다(『한국일보』, 1967. 12. 7.; 박현민, 2008: 24에서 재인용).

이와 비슷한 사건이 계속되자, 소아마비 아동에게 체능 특전을 마련해야 한다는 여론이 일었고, 1968년 문교부에서 해결방안을 만들었으나, 장관이 바뀌면서 폐기되고 말았다. 이에 한국소아마비아동특수보육협회(현 한국소아마비협회)는 대책위원회를 구성하였고, 부모들은 거리 서명운동을 벌였다. 그 결과 정부는 1972년부터 중 · 고교 입학시험에서 장애학생에 대한 체능검사를 면제하기로 결정하였다(『동아일보』, 1972. 1. 31.; 김윤정, 1997: 35; 김미옥 외, 2004: 27; 유동철, 2005: 10; 2009: 403; 박현민, 2008: 24; 이성규,

---

15) 당시 일류 중학교로 꼽히던 경기중학교나 서울중학교는 합격선이 100점 만점에 97점에 육박하는 정도로 치열했기 때문에 장애학생은 체력장에서 5점을 손해 보게 되어 설사 필기시험에서 만점을 받더라도 합격할 수 없었다(한국재활재단, 1996: 275-276; 김정열, 2005: 53).

2011: 118). 그러나 대학입시에서 장애를 이유로 탈락하는 사례들은 매년 반복되었다.

1974년부터는 대학입시 불합격 사건과 이를 해결하기 위한 움직임들이 있었다(김윤정, 1997: 35; 이동석, 2004: 45). 1974년에는 예비고사에 합격하였으나, 시각장애를 가졌다는 이유로 5명(나종선, 시근철, 최춘배, 이익섭, 나찬우)이 대학입시원서 접수를 거절당했다. 이들에 대해 시각장애 관련 11개 단체가 문교부장관과 각 대학 총장 앞으로 탄원서를 보내 시각장애 학생들이 대학에 진학할 수 있도록 보장해 줄 것을 요청했다(『동아일보』, 1977. 1. 24.; 1977. 1. 27.; 박현민, 2008: 25에서 재인용). 1976년에는 학생, 부모 등이 '비교육적 입학 제한 규탄 궐기대회' 등을 가졌지만 대안을 찾지는 못하였다(김윤정, 1997: 35). 그리고 그해에 30여 명의 장애인이 서울대학교에 대거 낙방하는 사건이 발생하자 부모, 장애인계에서 거세게 항의했으며, 이는 비교육적 입학제에 대한 궐기대회 등으로 이어졌다. 이와 유사한 사건들이 줄줄이 뒤를 이었지만, 이렇게 빈번한 입학차별에 대해 당시의 장애 진영은 조직적으로 대응하기보다 단발적이고 개별적으로 대응하였으며, 그 목표도 개인구제 차원에 머물렀다.

1977년에는 서울대학교 응용미술학과에 지원한 청각장애인 박치곤, 영남대학교 약학과에 지원한 장기석, 구본영 등 6명이 모두 필기시험에는 합격했지만, 장애를 이유로 모두 불합격 판정을 받은 사건이 있었다. 이들은 청와대에 진정하고 시민 서명운동을 펼쳐 불합격 취소처분은 받았으나, 약학과 대신 인문계열에 입학해야만 했다. 대학에 진학한 이들 6명은 교육의 평등권이 다시는 박탈당하지 않는 풍토를 만들고자 '대구지역 장애인대학생회'를 만들고, 교육봉사와 사회참여 등을 실천하는 연합동아리로 발전시켰다. 이들은 '학교 입학 거부'라는 장애문제를 단순한 사건이 아니라 장애인의 교육받을 권리, 평등권을 보장하지 않은 것으로 인식했던 것이다(김선규, 1995; 김윤정, 1997: 35; 이동석, 2004: 45). 영남대학교 입학 거부 사건 이후 대구지역의 장애인단체들이 연대의 틀을 유지하기 위해 '대구장애자단체연합회'를 결성하였다. 이것은 장애인의 힘을 결집하는 계기를 만들었다. 이 사건부터는 장애인대학생회뿐만 아니라 각종 장애인단체가 연대해서 장애인문제를 해결하고자 했다(김선규, 1995; 김윤정, 1997: 42).

1978년에도 부산대학교 약학과에서 윤여진, 김호남 등 7명이 무더기로 입학을 거부당하는 같은 사태가 발생하였고, 여론에 밀려 의대, 약대, 공대를 제외한 모든 과를 자유로이 선택할 수 있도록 한 일도 있었다(이동석, 2004: 45-46).

장애인 입학 거부 사건은 1980년대에도 계속되었다. 1980년에는 시각장애인 대부분이 대학원서접수를 거부당했다. 1980년에 영남대학교 약학대학에 지원한 도효희가 한쪽 다리가 1.5센티 짧다는 이유로 입학을 거부당했다. 이에 장애인대학생회 대표단은 불합격 취소 요청을 하였으나 학교측이 철회하지 않자 소송을 제기하였다. 이때 지역 유지들의 지지성명을 유도하고 장애인 출신의 약사를 증인으로 채택하고 재판관에게 건의서를 제출하는 등 다양한 방법을 동원하여 결국, 1981년 2월에 승소 판결을 받았다. 이 소송의 결과로 입학이 허가되었을 뿐 아니라 이후 영남대학교에서 장애인이라는 이유로 입학을 거부하는 일을 종식시켰다(김윤정, 1997: 39-40; 이동석, 2004: 47).

그러나 이러한 판결에도 불구하고 다른 대학들에서는 장애를 이유로 한 입학 거부가 여전했다. 1982년 성균관대학교 약학대학에 지원한 2명이 입학을 거부당했으며, 1984년 동국대학교 1명, 이어 1986년 가톨릭의대 3명, 중앙대학교 약학대학 1명, 대구대학교 한의대 1명, 동국대학교 1명이 장애를 이유로 입학을 거부당했다(이동석, 2004: 47).

대학 진학문제가 거의 잊혀졌던 1986년 2월, 대구한의대에서 2명의 장애인을 불합격시킨 사건으로 다시 한번 장애인들의 움직임이 있었다. 문교부의 시정명령에 대해 교수회의 고유권한을 침범하지 말라는 자세로 일관하였다. 장애인 대표들의 몇 차례의 시정권고에도 반응이 없자 관계기관에 탄원서를 보내고, 1,300여 명의 장애인들이 한의과대학에서 농성을 하였다. 결국, 입학 불가를 고집하던 한의대 측은 입학을 허용하였다(김윤정, 1997: 40).

이상 살펴본 바와 같이 1960~1980년대 초반까지의 장애인 교육권운동은 개별적 청원 중심이었다. 이 시기의 입학 거부 사태 등에 대한 장애인운동 조직들의 대응은 본질적인 제도개선 투쟁으로 발전하지 못하고, 여론의 힘을 빌린 개인적인 구제형식을 벗어나지 못했다. 그리고 행위 주체는 장애인단체의 전문가나 부모, 학생들 중심이었으며, 행위수단도 서명운동이나 관계기관에의 탄원에 그쳤다. 또한, 장애 발생 원인에 대해서도 개인적 문제로 귀인시킴으로써 사회문제로 연결시키지 못한 한계를 나타내고 있었다(이동석, 2004: 46).

3) 노동권운동: 법관 임용 거부 사건에 대한 집단적 대응

입학 거부와 같은 장애인 차별은 공공 노동시장에서도 되풀이되고 있었다. 노동시장에서의 장애인운동의 시발점이 된 사건은 1980년 제22회 사법시험에 합격하여 사법연수원을 수료한 4명의 장애인이 1982년 법관 임용에 지원하였으나, 법원에서는 아무런 이유도 밝히지 않은 채 법관 임용에서 탈락시킨 사건이었다.[16)]

16) 1980년 제22회 사법시험에 합격한 장애인은 박은수, 박찬, 조병훈, 김신 등 네 사람이었다(김윤정, 1997: 40).

당시에 운동역량이 성숙되지 못한 장애 진영은 단발적이고 개별적인 움직임을 보여 왔었다. 그런데 이 사건을 계기로 처음으로 20여 개의 장애인단체가 공동대책위원회를 결성하여 100만인 서명운동을 비롯해 다각적인 대응을 전개해 나갔다. 비록 소수의 법인단체 중심이었으나, 이는 장애인단체가 최초로 공동대책위원회를 결성한 것이었다. 장애인단체들은 미약한 수준이나마 공동대응이 필요한 시점이라는 인식을 하고 있었다. 최초로 공대위 형식의 조직을 형성한 것은 장애인단체 간의 연대를 경험하는 계기가 되었다(김윤정, 1997: 40).

법관 임용 탈락 사건은 전국적인 반향을 불러일으켰다. 한때 대법원은 법관 임용 제외에 강한 고수의 입장을 보였으나, 보건사회부가 유감을 표하는 등 여론이 대법원의 조치에 불리하게 되자 그해 8월 27일 법관 탈락 장애인에 대한 구제조치를 허용한다(이동석, 2004: 48). 이 사건은 비록 장애인 법인단체가 20여 개에 불과했으나 그동안 흩어져 있던 장애인들이 하나로 단결할 수 있다는 것을 보여준 최초의 사건이라는 점에서 의의가 매우 컸다(김윤정, 1997: 42). 그럼에도 불구하고 노동영역에서의 장애인운동 역시 개인 구제 차원에서 완전히 벗어나지는 못했다. 장애인문제를 인권적 측면에서 다루기에는 그 대응이 매우 초보적이었다. 대다수의 장애인단체는 정부나 국가권력에 대한 저항적 관점을 갖지 못했다. 이로 인해 일정한 규모를 지닌 많은 장애인단체는 그동안 의료재활 전문가 집단이 누려왔던 국가로부터의 지원 및 정부와의 동반 관계를 차지하기 위해 노력하였고, 이는 이후 장애인계 주류의 보수 관변화로 나타날 수밖에 없었다는 지적(김도현, 2007a: 51-52)이 나온다.

3. 장애인복지의 역사

1) 생활보호법의 제정

1960년대 이전까지는 일반 장애인에 대해 이렇다 할 법제나 국가의 개입은 없었다. 장애인문제는 문제로 인식되지 않았고, 빈곤문제의 일부로 취급되었다. 그나마 빈곤문제도 정부가 적극적으로 개입을 하지 못하고, 민간단체의 역할에 의존하였다. 다만, 군사정권이 들어선 1960년대에는 전쟁 참여자와 군인에 대한 예우 차원에서 상이군경에 대한 지원은 확대되었다.[17] 그러나 정부가 장애인 전체를 대상으로 한 장애인문제에 대하여 개입하기 시작한 것은 1961년 「생활보호법」 제정부터라고 볼 수 있다. 이 법은 노령, 질병 기타 근로능력의 상실로 인해 생활 유지능력이 없는 자에 대하여 생계보호, 의료보호, 해산보호 등을 제공하는 것을 목적으로 하였다. 이 법의 대상자 중에는 불구, 폐질, 상이 기타 정신 또는 신체장애로 인하여 근로능력이 없는 자가 포함되어 장애로 인한 빈곤자에 대한 국가의 보호가 시작되었다고 볼 수 있다. 이 법에 따른 시설보호 중에는 재활시설이 있었다. 재활시설은 신체 또는 정신장애가 있는 자로서 의료와 직업보도를 함으로써 재활할 수 있는 요보호자를 수용하여 의료재활과 직업보도를 행하는 것을 목적으로 하는 시설을 말한다. 재활시설을 설립할 수

---

17) 1961년에는 「군사원호보상법」, 「군사원호대상자고용법」, 「군사원호대상자임용법」, 「군사원호대상자정착대부법」, 「군사원호대상자자녀교육보호법」이 제정되었고, 1962년에는 「국가유공자 및 월남 귀순자 특별원호법」이 제정되어 국가보훈 장애인에 대한 지원은 계속 증가하였다. 또한, 1963년 12월 「정부조직법」 개정에 따라 군사원호 대상자, 애국지사와 그 유족, 월남 귀순자의 원호와 군인보험에 대한 사무를 관장하는 기구로 국무총리 산하에 원호처를 만들어 국가보훈 장애인에 대한 전담 행정기구를 만들었다(송영욱, 1997; 조흥식, 2006: 75).

있는 근거가 마련된 것이다. 그러나 이 당시의 장애인복지시설에서는 재활의 차원보다는 수용, 보호라는 차원에 중점을 두었다(김미옥 외, 2004).

2) 장애 관련 기본대책 및 심신장애자복지법의 제정

심신장애자종합보호대책

장애 관련 기본대책을 체계적으로 마련한 것은 1978년 6월 17일에 발표된 보건사회부의 '심신장애자종합보호대책'[18]을 통해서라고 할 수 있다. 주된 내용을 정리하면 다음과 같다(이성규, 2011: 129-121).

첫째, 49개 보호시설 수용 중인 장애 어린이에게 장애 정도와 적성에 따라 직업훈련을 실시한다. 둘째, 49개 보호소에 1979년부터 1981년까지 물리치료실 10개, 작업치료시설 18개, 언어치료시설 10개, 직업훈련시설 38개를 설치한다. 셋째, 시설에 있는 장애아의 영양급식을 위하여 지급물자의 양과 종류를 개선한다. 넷째, 목발과 보청기 등 보장구를 지급한다. 다섯째, 1979년에 장애자 실태조사를 실시하고, 보건사회부 안에 장애자보호제도 수립을 위한 전담기구를 설치하고, 국립각심학원에 연구 및 훈련기관을 설치한다.

이는 '세계장애인의 해'를 앞두고 정부 차원에서 장애인문제를 인식하기 시작한 것을 말해 준다(송영욱, 1997). 그러나 종합대책이 시설보호에 한정되어 있었다. 단지, 시설에의 단순보호가 아닌 재활을 위한 각종 치료를 도입하고, 시설보호의 수준을 향상시키겠다는 정책 방향을 보이고 있다(김미옥 외, 2004: 18).

---

18) 우리나라에서는 1989년 장애인복지법이 제정되기 전까지는 장애자로 사용되었다. 따라서 「심신장애자복지법」이 적용된 기간 동안 장애자가 공식적으로 사용된 경우에는 이를 그대로 사용하기로 한다.

심신장애자복지법의 제정

1981년은 UN이 정한 '세계장애인의 해'이었으며, 후속 조치로 1982년부터 1991년까지가 UN이 정한 '세계장애인 10년'으로 결정되었다. 1982년에는 UN에 의해 '장애인에 관한 세계행동계획'이 채택되기도 하였다. 또한, 국내적으로는 1980년대 초반 전두환정권이 자신의 정통성 부재를 '복지국가 구현'이라는 구호로 무마시키려 하였으며, 정권이 사활을 걸고 획득한 1988 서울올림픽 유치 결정과 올림픽 후 장애자올림픽이 열리게 되었다. 이에 따라 정부는 장애인 복지문제에 대한 관심을 갖지 않을 수 없게 되었다(김미옥 외, 2004: 27).

앞서 언급한 1978년의 '심신장애자 종합보호대책'과 군사정권이 내세운 '복지국가 구현'이라는 슬로건에 따라 1981년 6월 5일에 「심신장애자복지법」이 제정 · 공포되었다. 우리나라 역사상 최초로 장애인복지에 관한 종합적인 법률이었다. 「심신장애자복지법」은 심신장애 발생의 예방과 심신장애자의 재활 및 보호에 관하여 필요한 사항을 정함으로써 심신장애자의 복지증진에 기여함을 목적으로 하고 있다. 또한, 이 법에서는 장애의 범주를 지체부자유, 시각장애, 청각장애, 음성 · 언어기능장애 또는 정신박약 등 정신적 결함으로 인하여 장기간에 걸쳐 일상생활 또는 사회생활에 상당한 제약을 받는 자로 규정했다. 이 입법의 주요 시책을 보면 주로 시설에 관한 사항이 주를 이루고 있다. 동법은 장애인시설을 지체부자유자재활시설, 시각장애자재활시설, 청각 · 언어기능장애자재활시설, 정신박약자재활시설, 심신장애자요양시설, 심신장애자근로시설, 점자도서관, 점자출판시설 등 8가지로 분류하고 있다.[19] 이 중 지체부자유자재활시설, 시각장애

---

19) 1989년 12월 「심신장애자복지법」이 「장애인복지법」으로 개정되면서 장애인복지시설을 장애인재활시설, 장애인요양시설, 장애인유료복지시설, 장애인이용시설, 장애인직업재활시설, 점자도서관, 점서 및 녹음서 출판시설 등으로 구분되었다. 이로 인해 장애인이용시

자재활시설, 청각 · 언어기능장애자재활시설, 정신박약자재활시설, 심신장애자근로시설 등 5개 시설은 입소 및 통원을 모두 가능하게 하고 점자도서관, 점자출판시설은 통원만 가능하게 함으로써 통원이 가능한 장애인 이용시설을 운영하게 되었다.

장애인이용시설로 재활센터 건립을 추진하게 되는데, 이의 일환으로 1982년 12월 17일 최초의 장애인종합복지관인 서울장애인종합복지관이 개관하였다. 그러나 장애인복지시설 중 대표적인 이용시설인 장애인복지관의 출발은 종별 장애인복지관에서 출발하였다. 1982년 한국시각장애자복지회가 한국시각장애자복지관(최초의 공식허가를 받은 장애인복지관)을, 1985년 한국농아복지회가 청음회관을, 1986년 한국정신지체인애호협회가 서울시립정신지체인복지관을 개관하였다. 이들 종별 복지관은 대부분 장애 종별 단체들의 권익활동 가운데 지역사회에서 이용할 수 있는 시설과 서비스에 대한 필요성에서 복지관을 건립하게 되었다.

이처럼 1980년 이전까지의 장애인복지시설은 단순 수용 · 보호에 머물러 있었으나, 「심신장애자복지법」 제정에 따라 직업재활시설, 이용시설 등이 생겨난 것이다.

또한, '서울장애자올림픽'을 앞두고 국제적 망신을 피하고자 정부는 1985년부터 1987년까지를 '장애인복지시설 현대화사업 3개년 계획 기간'으로 설정하고 250억 원을 투자하여 시설의 현대화에 박차를 가했다. 대부분의 장애인복지시설이 영세성과 비전문성을 면치 못하고 있다는 판단 아래 낡은 시설을 증 · 개축하였고, 의료재활시설 및 직업재활시설 등 장애인시설을 확충하였다. 그리고 전문재활 기능을 보강하여 장애인에게 각종 전문

설이란 개념이 등장하였다. 1990년대에 들어와 장애인복지 사업이 발전하면서 장애인복지관의 숫자도 많이 늘어나게 되었으며, 특히 1997년부터는 지방자치단체에서 설립한 장애인복지관이 많이 증가하였다.

재활서비스를 제공하였다. 시설운영에 필요한 제반 비용은 정부가 80%를 부담하였다. 이 법의 제정과 함께 장애인복지전담기구로 보건사회부 내에 재활과를 신설하였다. 그리고 1987년부터 장애인등록사업을 실시하였다(보건사회부, 1987; 김용득 · 이동석, 2003; 조흥식, 2006: 80; 이성규, 2011: 134).

한편, 「심신장애자복지법」은 편의시설에 관한 규정을 마련하였다(제13조). 그러나 편의시설의 설치 등을 법적으로 강제하지 않고 단지 노력해야 할 의무를 부과하였을 뿐이고, 구체적인 사항에 관하여 규정하지 않아 실효성이 없다는 비판을 받았다. 이러한 한계는 「심신장애자복지법」이 장애인 당사자나 장애인운동의 적극적인 요구 때문에 제정된 것이 아니라, 유엔의 '1981년 세계장애인의 해' 선포를 계기로 하여 전두환정권의 표면적인 전시행정의 산물로서 등장한 것이라는 점에서 제정 당시 이미 예정된 것이었다(차성안, 2012: 73)는 지적을 받았다.

정리하면, 이 시기는 국제장애인 인권의식 향상에 따른 영향과 장애자올림픽을 앞두고 국제적인 시선을 의식하여 장애인복지시설을 현대화하고 직업재활에 대한 인식이 싹튼 시기였다. 1981년 6월에 제정된 「심신장애자복지법」은 장애인복지에 대한 포괄적 규정을 담은 첫 법안이라는 점에서 의미를 지니고 있었다. 이 법은 장애인복지와 관련한 제반 분야를 포괄하고 있었고, 장애인복지에 대한 구체적인 법적 근거를 제공하였다. 그러나 이 법은 많은 한계점을 지니고 있었다.

3) 특수교육진흥법의 제정 및 개정

1960년대 특수교육의 기반 마련[20]

1960년대부터 장애인 교육은 제도적으로 조금씩 틀을 갖추어간다. 1962년에 광복 이후 우리나라 최초의 특수학급이 설치[21]되었으며, 주로 사학에 의존해 왔던 특수교육을 공교육으로 확대하고자 하는 계획이 마련되었다. 당시 문교부에서는 1960년 이후부터 특수학교와 특수학급의 신설, 특수학교의 의무 교육화, 교원의 확보, 사학에 대한 재정지원 등을 포함하는 특수교육발전계획을 몇 차례 수립하였다. 이 시기는 특수교육 기반을 확립하는 데 관심을 기울인 시기였다. 그러나 이 계획들은 당시 경제성장 우선 정책에 밀려 그 추진이 지지부진하게 되고 말았다.

1963년 11월에는 「교육법」이 개정되어 "특수학교에는 특수학교를 졸업한 자중 고등학교에 준하는 교육을 실시할 목적으로 고등학교과정을 병설할 수 있다"(제143조)라고 규정됨에 따라 서울맹학교와 서울농아학교를 비롯한 다른 특수학교들도 장애학생들을 위한 고등학교과정의 특수교육을 할 수 있게 되었다.

이와 같은 국립맹아학교의 발전 이외에도 광복 이후 여러 특수학교가 설립되어 특수교육의 기반을 마련하게 되었다. 광복 이후부터 1960년대 말까지 설치된 특수학교는 모두 33개교였다. 이 중 국립학교인 서울맹학교와

---

20) 1960년대 특수교육과 관련해서는 이성규(2011)의 내용을 참조하여 서술하였음을 밝힌다.

21) 광복 이후 우리나라에 최초로 설치된 특수학급은 서울 월계초등학교에 설치된 약시학급이다(김승국, 1997). 이 학급은 처음 1학년 3명, 3학년 3명, 총 6명의 아동을 입급시켰으며, 10여 평의 교실에 이동식 전기칠판, 환등기, 약시교정기, 조명확대기 등 50여 점의 설비를 갖추고 설치되었다. 그리고 이 학급에서는 주로 국어, 산수, 사회, 자연을 지도하고, 예능과목과 실과 등은 부분 통합하여 교육하였다. 이 학급은 1975년 2월 말 첫 졸업생을 배출하고 폐쇄되었다(김병하, 1983; 이성규, 2011: 94).

서울농아학교(현, 서울농학교) 2개교와 공립학교인 제주맹아학교(현, 제주영지학교), 부산맹아학교(현, 부산맹학교), 대구남양학교 및 경남초등학교(현, 경남혜림학교) 4개교를 제외한 나머지 27개는 모두 사립학교였다. 그리고 장애 영역별로도 지체부자유학교 4개교와 정신지체학교 3개교를 제외하고는 26개교 모두 맹 · 농학교였다.

또한, 1960년대부터 정신지체아 교육을 시작하였으나, 교육과정이나 교과서, 학습자료, 지도지침서 등이 전혀 없는 상태였으므로 각 학교 나름대로 개발하여 사용하였다. 1974년 최초로 '정신지체아 초등부 교육과정'이 문교부에 의해 제정 · 고시되었다.

특수교육진흥법 제정

1970년대 후반 우리나라 만 6세부터 18세까지의 아동 중 약 200만 명이 특수아동으로 추산되었다. 이들 중 약 1만 5천여 명만이 특수학교와 특수학급에 취학하고 나머지 198만여 명은 방치된 상태에서 이들에 대한 교육대책이 요망되었다. 교육의 기회균등과 사회정책적인 면에서도 이들 장애아동에 대한 교육진흥을 제도화하기 위하여 특수교육진흥에 관한 법률을 제정할 필요성이 제기되었다(김윤정, 1997; 김미옥 외, 2004: 28). 또한, 당시 장애인에 대한 특수교육뿐만 아니라 일반교육에서의 장애인 입시차별도 매우 심각했다. 이에 정부는 1977년 12월 31일 「특수교육진흥법」을 제정하였다. 이 법은 특수교육종합계획의 수립, 특수교육 진흥을 위한 시책 강구, 국공립의 특수교육기관 및 사립의 특수교육기관 중 의무교육과정에 취학하는 자의 무상교육, 특수교육대상자에 대한 교육을 통한 직업훈련 및 직업보도 시행 등을 골자로 하고 있다. 그 주요 내용은 다음과 같다(이성규, 2011: 127-128).

첫째, 특수교육기관은 유치원, 초등학교, 중학교, 고등학교과정을 교육하는 특수학교 및 특수학급으로 규정하고 있다(제2조).

둘째, 특수교육대상은 시각장애인, 청각장애인, 정신지체인, 지체부자유인, 정서장애인, 언어장애인, 기타 심신장애인으로 문교부령이 정하는 판별기준에 의해 결정하도록 규정하고 있다(제3조).

셋째, 국립 또는 공립의 특수교육기관에 취학하는 아동 및 사립의 특수교육기관 중 의무교육과정에 취학하는 아동의 교육은 무상으로 하고 사립학교에 대해서는 국가가 운영비, 시설비, 실험실습비, 직업보도비, 교원봉급, 기타 필요경비를 예산 범위 안에서 보조할 수 있도록 임의규정으로 규정하고 있다(제5조).

넷째, 각 학교의 장은 특수아동이라는 이유로 장애아 입학시험 합격자의 입학 거부 등 불이익 처분을 해서는 안 되도록 규정하고 있다(제10조, 감독관청의 승인을 얻을 경우는 제외).

이 외에도 건강진단과 적절한 조치, 직업보도 실시, 특수교사자의 질 향상을 위한 시책 강구, 점자도서관 설치 등을 규정하고 있다. 또한, 이 법에 의해 의무교육과정(초등학교과정)에 취학하는 자가 무상교육을 받을 수 있게 되었다. 무엇보다 장애아 입학시험 합격자의 입학 거부 등 불이익처분 금지 조항은 우리나라 장애인정책에 처음으로 차별금지 법리를 도입했다는 점에서 큰 의의가 있었다. 그럼에도 불구하고 '입학 지원에 있어 감독청의 승인을 얻은 경우에는 예외로 할 수 있다'라는 예외조항을 두고 있었다는 점과 차별에 대한 처벌규정의 부재는 한계로 남아 있었다.

특수교육진흥법 개정

1987년에 「특수교육진흥법」의 개정이 있었는데, 그 주요 내용은 무상교육에 관한 것이었다. 「특수교육진흥법」 제5조에 의하면, "국립 또는 공립의 특수교육기관에 취학하는 자 및 사람의 특수교육기관 중 의무교육과정에 취학하는 자의 교육은 무상으로 한다"라고 규정되어 있었다. 이 규정에 따라 국공립 특수학교에 재학하는 학생들은 유치부에서 고등부까지 무상으로 교육을 받을 수 있었다. 그러나 사립특수학교는 의무교육과정, 즉 초등과정만 무상으로 교육을 받을 수 있었기 때문에 교육차별문제가 제기되었다.[22] 이에 따라 1987년 10월 24일「특수교육진흥법」중 개정 법률에서 동법 제5조의 무상교육과 관련하여 사립학교에 취학한 유치 · 초등 · 중학 · 고등부과정의 모든 학생에게도 국 · 공립학교와 동일하게 무상교육을 받을 수 있는 내용으로 개정되었다. 그러나 이 당시 특수학교는 학생들에 대한 교육을 담당하는 기능을 수행하기보다는 낮 동안 수용하는 준시설에 가까웠다.[23]

이상 살펴본 바와 같이, 이 시기의 장애인복지정책의 특징은 장애인의 교육, 훈련, 재활이 강조되기 시작했다는 점이다. 하지만 이러한 정책은 재가장애인보다는 시설장애인에게 더 많은 초점이 맞추어져 있었으며, 개인주의적 장애관에 입각해 개인을 변화시켜 그들이 사회에 적응하도록 하는 데 중점이 두어졌다.

4) 군사원호보호대상자고용법의 제정

1950년대의 전쟁희생자에 대한 군경원호대책은 주로 소득보장과 재활서

22) 1987년 1월 당시 국 · 공립학교 26개교, 사립은 68개교로 사립의 비중이 약 70%를 차지하고 있었음에도 국공립 특수교육기관만 무상교육을 하고 있었다. 사립 특수교육기관은 의무교육과정에 해당하는 자만 무상교육을 받게 되어 있었기 때문에 학부모의 학비부담 불균형을 초래하였다(이성규, 2011: 130).

23) 「특수교육진흥법」은 2007년 5월 25일에 제정된「장애인 등에 대한 특수교육법」이 2008년 5월 26일에 시행되면서 폐지되었다.

비스를 제공하는 것이었고, 이들에 대한 고용보장이 시작된 것은 1960년대 들어와서부터이다. 1961년 제정된 「군사원호보호대상자고용법」은 비록 전쟁 복구의 일환으로 국가에 대한 희생 및 공헌자에 대한 보상의 일환으로 제정되었다. 이 법은 국가, 지방자치단체 및 국고보조를 받는 기관과 거래하는 기업체 및 기타 단체와 20인 이상 고용하고 있는 기업체 및 기타 단체의 경우 전체 고용인원의 일정 비율(5%)에 해당하는 인원을 고용하도록 규정하였다(제4조). 만일, 고용하지 않았을 경우 각 해당자의 3년분 임금 이하의 벌금에 처하도록 하였다(유완식, 2011: 71).

「군사원호보호대상자고용법」은 우리나라에서 최초로 고용의무를 도입하고 있다는 측면에서 국가 차원의 장애인직업정책 시작이라는 의미를 지닌다. 하지만 그 대상이 일부 상이군인의 고용에 관한 내용을 담고 있었을 뿐 장애인 전체에 대한 고용을 다루지는 못하였다. 이 법은 1984년 「국가유공자 예우 등에 관한 법률」에 통합된 다음 1997년 「국가유공자법」으로 개정되었다.

5) 산업재해보상보험법의 제정 및 개정

산업재해보상보험법 제정

1960년대 및 1970년대는 경제성장을 국정지표로 내세운 박정희정권에 의해 산업재해보상에 대한 제도가 발전하여 산업재해 장애인에 대해 지원을 하기 시작했다. 산업재해 장애인복지정책은 1963년 「산업재해보상보험법」(이하 「산재보험법」) 제정 이후 발전되었다. 산재보험은 우리나라 5대 사회보험 중 최초의 사회보험제도였다.

산재보험은 근로자들이 업무상의 부상, 질병, 또는 사망한 경우에 근로자 본인의 치료나 부양가족의 생계를 보장하기 위한 제도이다. 근로자의 업무상의 재해를 신속하고 공정하게 보상하며, 재해근로자의 재활 및 사회복귀를 촉진하기 위하여 이에 필요한 보험시설을 설치 · 운영하고, 재해 예방과 그 밖에 근로자의 복지증진을 위한 사업을 시행하여 근로자 보호에 이바지하는 것을 목적으로 한다.

산재보험은 1963년 11월 5일에 제정되어 1964년 1월부터 상시 500인 이상 근로자를 사용하는 광업과 제조업을 대상으로 실시되었다. 그러다 사업장과 적용대상 업종이 점차 확대되었다.[24]

산재보험의 급여에는 요양급여, 휴업급여, 장해급여, 간병급여, 유족급여, 상병보상연금, 장례비, 직업재활급여, 장해특별급여 등이 있다. 이 중에서 장해급여는 근로자가 업무상의 사유로 부상을 당하거나 질병에 걸려 치유된 후 신체 등에 장해[25]가 있는 경우에 지급된다. 장해급여는 장해등급(1~14급)에 따라 장해보상연금 또는 장해보상일시금으로 지급된다. 단, 장해등급 1~3급의 장애인의 경우 연금으로만 지급된다.

산재보험의 재원은 주로 가입자의 보험료로 충당되며, 국가는 매년 예산의 범위에서 보험사업의 관리 · 운영에 드는 비용을 부담할 수 있다. 산재보험은 다른 사회보험과 달리 보험료 전액을 사업주가 부담한다. 단, 특수형태근로종사자의 경우 사업주와 근로자가 보험료의 1/2을 각각 부담한다.

24) 1965년에 200인 이상, 1966년에 150인 이상, 1967년에 100인 이상, 1969년에 50인 이상, 1972년에 30인 이상, 1973년에 16인 이상 사업장까지 확대 적용되었으며, 1976년에는 광업, 제조업 중에서 화학, 석유, 석탄, 고무, 플라스틱 제조업에 한해 5인 이상 사업장으로 확대 적용되었다. 1982년에는 10인 이상 사업장으로 당연적용대상이 확대되었으며, 30개 이상 업종에서 5인 이상 사업장이 당연적용대상에 포함되었다. 그 후 2000년 7월 1일부터 1인 이상 사업으로 적용대상이 확대되어, 거의 모든 사업에 산재보험이 적용되어 오늘에 이르고 있다.

25) 장해란 부상 또는 질병이 치유되었으나 정신적 또는 육체적 훼손으로 인하여 노동능력이 상실되거나 감소된 상태를 말한다.

산재보험은 모든 사업주의 연대책임을 주축으로 하고 있다.

산업재해보상보험법 개정

1970년대까지 우리나라의 장애인고용정책은 주로 전쟁 이후의 원호대상자와 1963년 제정된 「산업재해보상보험법」의 산재장해자 등의 특수 장애인을 정책의 중심에 두고 있었다. 그러나 당시의 법에는 산재근로자의 재고용 및 훈련 등의 고용과 관련된 내용은 포함되어 있지 않았다.

1976년에 「산업재해보상보험법」의 개정이 이루어졌는데, 이 개정에서 신체장해자의 고용촉진에 관한 조항이 신설되었다. 요양 또는 외과 후처리에 관한 시설, 의료재활 또는 직업재활에 관한 시설, 재해 예방에 관한 시설을 설치·운영할 수 있도록 규정하였고, 신체장해자의 고용촉진은 「산업재해보상보험법」에 의한 장해급여를 받은 근로자의 장해 정도를 고려하여 보험가입자, 즉 사업주가 해당 장해자를 적성에 맞는 업무에 고용하도록 노력하게 하는 내용으로 구성되었다(이성규, 2011: 91).

1986년에도 「산업재해보상보험법」의 개정이 이루어졌는데, 이 개정에서는 근로복지사업에 대한 내용이 신설되었다. 노동부장관은 재해의 예방 및 재해근로자의 복지증진 등을 위하여 다음과 같은 사업을 하도록 규정하였다. 첫째, 업무상의 재해를 입은 근로자의 원활한 사회복귀를 촉진하기 위한 목적의 보험시설 설치·운영이다. 여기서 말하는 보험시설은 요양 또는 외과 후 처치에 관한 시설, 의료재활 또는 직업재활에 관한 시설, 재해 예방에 관한 시설이다. 둘째, 장학사업 등 재해근로자와 그 유족의 복지를 위하여 필요한 사업이다. 셋째, 재해 예방 활동에 대한 지원사업 및 근로자의 안전과 보건의 유지·증진을 위하여 필요한 사업이다. 이 사업을 근로복지공사 또는 노동부장관의 지정을 받은 법인으로 하여금 이 사업을 행하게 하거나 위탁받아 운영하게 할 수 있도록 규정하였다(제28조의 2).[26]

6) 심신장애자복지법이 장애인고용정책에 미친 영향

장애인고용정책이 일반장애인을 중심으로 전환되기 시작한 것은 1980년대 들어서이다. 일반장애인을 위해 국가 차원의 장애인고용정책을 위한 법적 근거가 마련된 최초의 법은 1981년에 제정된 「심신장애자복지법」에 의해서이다. 「심신장애자복지법」은 장애인의 노동영역에 적지 않은 영향을 미쳤다. 이 법을 통해 장애인의 고용을 촉진하기 위한 사업이 시작되었고, 자립작업장과 직업훈련이 확대되었으며, 장애인복지관이 설립되어 직업재활사업이 체계적으로 전개되었다.

「심신장애자복지법」 제11조에 규정된 장애인고용촉진에 관한 내용을 보면, 첫째, 국가 또는 지방자치단체는 심신장애자의 고용을 촉진하기 위하여 심신장애자에게 적합한 직종의 개발과 보급, 심신장애자에 대한 적성검사 및 직업지도, 훈련 등의 사업을 실시하여야 한다고 규정하고 있다. 둘째, 국가 및 지방자치단체에서 경영하는 사업에 심신장애자의 적성과 능력에 따라 고용하도록 노력하게 하고 있다. 셋째, 심신장애자에게 적합한 직종을 경영하는 자에게 심신장애자의 적성과 능력에 따라 고용하도록 권유할 수 있다고 규정하였다. 이러한 조항은 국가 및 지방자치단체의 장애인고용 관련 사업수행의무를 규정하고 있으나, 실제적인 장애인고용과 관련해서는 '적성과 능력에 따라~', '노력하여야~'라는 조건을 부여함으로써 직접적인 의무에서 벗어날 수 있는 여지를 보여주고 있다. 또한, 일반사업체에 대한

---

26) 그 이후에도 산재보험은 수차례에 걸쳐 개정이 이루어졌다. 그중에서 1994년 12월 22일에 이루어진 전부개정에서는 정부(노동부)에서 직접 관리 · 운영하던 산재보험 업무를 근로복지공단에 위탁하였고, 1999년 12월 31일 일부 개정을 통해 1인 이상 사업장까지 적용대상을 확대하였다. 2022년 6월 10일 일부 개정에서는 특수형태근로종사자에 대한 특례를 삭제하고, 관련 종사자를 '노무제공자'로 재정의하면서 특정 사업에의 전속성 요건을 폐지하였다.

장애인고용에 대해서도 '~권유할 수 있다'로 임의조항이어서 강제력이 부족하였다. 또한, 제11조의 법 조항 외에 장애인고용과 관련된 추가 조항이 없고 시행령과 시행규칙에도 구체적인 장애인고용에 대한 언급이 없어 상징적인 조항으로 남았다(이성규, 2011: 123-125).

「심신장애자복지법」은 장애인복지와 관련해서 국가가 처음으로 제도적 장치를 마련했다는 점에서 중요한 의의를 지닌다. 그뿐만 아니라 일반 장애인고용에 관한 내용이 공식적으로 법 조항에 등장한 것도 이 법이 처음이라 할 수 있다. 그럼에도 불구하고 「심신장애자복지법」의 제정은 국가의 장애인복지에 대한 의지로 이루어진 것이 아니었기 때문에 장애인고용과 관련해서 국가적 책임과 그 정책수단이 구체화되지는 못했다.

제6장

민주정부시대의 장애인복지

1988~1997

제6장
민주정부시대의 장애인복지

1. 장애인의 역사

1) 시대적 배경

정치적 배경

민주정부시대는 개발독재 혹은 개발주의 일변도의 국가정책에 대한 국민의 대규모 저항으로 민주주의를 획득한 이후 경제위기를 맞이하기까지의 시기를 말한다(박광준, 2013). 정치적으로는 한국의 정치체제가 권위주의 체제에서 민주주의체제로 이행하기 시작한 시기였다(이영환, 2004).

간접선거를 통해 시작된 전두환의 제5공화국은 대통령이 '체육관'에서 선출되었다는 사실만으로 국민의 정치적 소외감을 증폭시키에 충분했다. 대통령의 임기가 다가오자 대통령직선제를 위한 개헌운동이 벌어졌다. 1985년 제12대 국회의원 선거에서 야당 돌풍을 일으켰던 신한민주당(1985년 결성)은 1986년에 1,000만 개헌 서명운동을 주도하기에 이른다. 범국민적인 직선제 개헌 요구에 못 이겨 결국, 신한민주당과 민주정의당의 합의로 국회에 헌법개정특별위원회가 발족하게 된다. 1987년 1월 14일에 벌어졌던 박종철 고문치사사건[1]이 밝혀지면서 대통령직선제를 중심으로 한 국민들의 민주화 요구는 더욱 활발해졌다.

정권유지에 불안감을 느낀 전두환은 개헌논의를 종식시키고 정치시스템을 연장하기 위해 1987년 4월 13일 간접선거제도를 근간으로 하는 호헌조치(護憲措置)를 발표했다. 이 조치는 국민의 대대적인 저항을 불러왔는데, 그 저항이 바로 6월 항쟁이다. 전두환정권은 범국민적 저항에 직면하여 대통령직선제 개헌 등 민주화 조치를 주내용으로 하는 6 · 29선언을 수용할 수밖에 없었다. 국가권력에 대한 시민사회의 승리였다. 1987년 10월 12일 국회 본회의에서 대통령직선제 개헌안이 의결되었는데, 이것은 역사상 처음으로 여야합의에 의한 헌법 개정안 의결이었다. 그러나 1987년 12월 직접선거로 치른 대통령 선거는 야권의 분열 속에서 제5공화국에 뿌리를 둔 군인 출신인 노태우의 당선[2]으로 귀결되었다. 그러므로 제6공화국의 시작은 제5공화국의 군사정부의 연장과 같은 의미가 강했고, 그러한 의미에서 매우 제한적인 민주정부였다. 그럼에도 한국 정치사상 처음으로 평화적인 정권이양이 이루어지는 계기가 되었다. 제6공화국 시기는 1987년 민주항쟁, 노동자대투쟁, 직선제 대통령선거, 그리고 1988년 총선거를 통한 여소야대 국회 성립[3] 등을 계기로 한 민주화 이행, 그리고 1990년 초 3당 합당(보수대연합)에 의한 보수회귀 등이 이루어진 시기였다(이영환, 2004: 230).

1988년의 4 · 26 총선은 우리 헌정사상 처음으로 여소야대 국회를 성립시키면서 민주화 추진의 가능성을 보여준 계기가 되었지만, 1989년 3월 문

1) 1987년 1월 14일 용산구에 위치한 남영동 대공 분실에서 경찰 수사관들이 서울대학교 언어학과 학생 박종철을 심문하던 중 물고문으로 요절에 이르게 한 사건이다. 이 사건을 계기로 성공회 서울주교좌대성당에서 집회가 시작되었고, 6월 항쟁의 도화선이 되었다.

2) 89.2%의 투표율에 36.6%의 득표율로 당선되었다.

3) 애초부터 미약한 지지 기반 속에서 시작한 노태우정부는 이듬해 1988년 4월 26일 13대 총선에서 민주정의당 125석, 평화민주당 70석, 통일민주당 59석, 신민주공화당 35석, 한겨레민주당 1석, 무소속 9석이라는 대한민국 헌정 사상 처음으로 집권 여당이 과반수 획득에 실패하는 여소야대 국회를 불러왔다.

익환 목사 등의 방북사건에 의해 촉발된 공안정국하에서 분위기가 반전되면서 1990년 1월 22일 3당 합당(민주정의 · 통일민주 · 신민주공화당)을 통한 보수회귀로 귀결되었다(조희연, 1994; 이영환, 2004: 35).

보수연합 형태의 3당 합당으로 김영삼은 차기 대통령이 되기 위한 발판을 마련하게 되고, 1992년 선거에서 대통령으로 당선된다. 1961년 이래 최초의 민간정부가 탄생하였다. 김영삼정권은 군인 출신의 대통령이었던 노태우정부와 차별화를 강조하여 '문민정부'라 이름을 붙였다. 그러나 문민정부의 출범 이후에도 상황은 크게 달라지지 않았다. 문민정부는 군부독재 체제로부터의 단절과 정치개혁을 추진했으나, 노사관계에 대해서는 매우 보수적이었다. 전투적 파업이나 급진적 노동운동 분파에 대해서는 노태우정부와 다름없는 강경한 탄압으로 일관했다. 공권력은 대규모 파업 때마다 법의 집행을 명분으로 여전히 투입되었다(이영환, 2004: 42). 그뿐만 아니라 사회복지에 대해서도 소극적으로 대응했으며, 변화하는 국제환경 질서에 적절히 대응하지 못하여 경제위기를 초래하였다.

한편, 이 시기 빼놓을 수 없는 정치적 변화는 바로 지방자치제도의 시행이다. 6 · 29선언 이후 1988년 「지방자치법」을 개정하여 1991년에 기초자치단체와 광역자치단체의 의회를 구성하였고, 1995년에 지방자치단체장의 선거가 시행되면서 한국 역사상 처음으로 지방자치제도가 시작되었다.

사회 · 경제적 배경

권위주의의 해체는 노동운동을 억압하여 임금상승을 억제하던 제5공화국의 노동정책의 해제를 의미했고, 이로 인하여 노동자의 요구는 한꺼번에 분출되었다(박광준, 2013: 244). 6월 항쟁과 6 · 29선언은 국가의 물리적 통제 기제를 이완시킴으로써 연이은 노동자대투쟁(7~9월)의 직접적 계기가 되었다.[4] 그러나 제6공화국 정부는 노동자들이 하나의 계급으로 조직화되는 것에 대해 반동적 탄압으로 일관했다.[5] 6월 항쟁을 통하여 정치민주화를 진전시킨 것은 시민사회의 승리였으나, 사회운동은 「국가보안법」에 의해 강력하게 억압받았다. 노동자들이 정치세력으로 형성되기 위해서는 계급으로서 시민권을 인정하는 법적, 제도적 개혁이 필요했다. 그러나 완강한 국가의 억압 기제가 작동함으로써 노동계급의 독자적 정치세력화는 좌절되었다. 노조의 정치활동금지, 엄격한 정당설립 요건, 노조의 정치자금 기부를 금하는 「정치자금법」 등이 노동계급의 독자적 정치세력화를 가로막았던 것이다. 이런 조건에서 노동자들의 정치세력화를 위한 몇 차례의 선거참여는 모두 쓰라린 실패로 귀결되었다(이영환, 2004: 34-36).

1990년대에 들어서 노동운동이 전국적 조직 차원에서 사회복지 이슈를 주장하기 시작했다.[6] 노동운동단체들은 사회복지개혁을 운동의 주요한 목표로 내세웠다. 이것은 노동자대투쟁 이후 자율성이 신장된 노동운동의 변화된 양상을 보여주는 것이며, 다른 한편 당시 심각하게 대두된 주택문제와 같은 민생문제의 중요성을 반영한 것이었다. 그러나 국가복지를 강조하는 민주노조운동은 민주노조결성과 사수, 임금인상, 단체협약갱신, 노동법

---

4) 당시 노동쟁의의 발생 건수는 1986년 276건에서 1987년 3,749건으로 급증하고, 노조 조직률은 1986년 6월 17.3%에서 1988년 22%, 단위노조 수는 1986년 2,658개에서 1988년 6,142개로 단숨에 뛰어올랐다(이영환, 2004: 25).

5) 정부는 복수노조 금지, 3자 개입 금지, 공무원과 교사노조의 금지 등 노동 통제의 기본적 수단들을 계속해서 유지했다. 노동자대투쟁의 이듬해인 1988년 3월부터 1991년 7월까지 3년 3개월간 노동운동으로 인한 구속자 수는 1,736명에 달했다. 이런 강경탄압하에서 노조조직률은 1989년 23.4%를 고비로 1990년 21.7%, 1991년 19.85%로 떨어진다. 파업 건수도 1989년 1,616건에서 1990년에는 322건, 1991년에는 234건으로 하락한다(이영환, 2004: 36).

6) 1990년 1월에 결성된 민주노조 지향의 전노협(전국노동조합협의회)은 '고용안정보장제도, 공공임대주택, 무상의무교육, 의료보장제도, 복지재정지출확대 등 제도적, 정책적 개선을 쟁취한다'라는 사회보장 요구를 강령 차원에서 수용하였다. 한국노총 역시 1991년 2월 대의원 대회에서 '노동운동의 이념으로 민주복지사회 실현을 위한 노동조합주의를 채택하고, 사회복지를 포함한 생활영역에서의 투쟁의 중요성을 강조'하는 양상을 보여주었다(이영환, 2004: 41).

개정투쟁을 당면과제로 삼을 수밖에 없었기 때문에, 사회개혁운동은 개별 노조 혹은 연맹의 부분적 대응수준에 머무르는 한계를 드러냈고, 그 결과 사회적으로 부각된 복지운동을 창출하지는 못하였다(이영환, 2004: 42). 그러나 사회복지의 확대를 명시적으로 요구하면서 투쟁을 전개하던 노동운동은 1995년 민주노총이 창립되면서 사회개혁투쟁으로 본격화되었다.[7)]

한편, 1987년 이후의 민주화운동과 노동자 대투쟁은 장애인의 의식을 깨우는 데 영향을 미쳤다. 이전까지는 자신들의 목소리를 내지 못했던 장애인과 장애인단체들은 1988년 '서울장애자올림픽' 개최를 계기로 운동이라는 틀을 통해 장애인문제를 해결하고자 하는 욕구를 표출하게 되었다. 서울장애자올림픽대회를 앞두고 장애인운동 주체들과 젊은 장애인들이 주축이 되어 여러 장애인단체를 설립하고, 1988년 장애자올림픽 개최 반대운동 및 장애인운동을 펼쳐나가기 시작했다.

또한, 노동자대투쟁의 영향을 받아 1980년대 말이 되면서 장애인노동권 운동이 본격적으로 시작되었다. 한국에서는 1960년 전후로 발생한 30여만 명의 소아마비장애인이 1980년대에 들어서면서 대거 대학에 진학하게 된다. 이들은 1980년대 중반 이후 졸업을 하고, 사회에 진출하게 된다. 당시 이들 대부분이 직업을 가지지 못하면서 일할 권리 요구 운동이 거세게 일어났다. 이러한 청년대학생의 노동권 요구는 장애계를 하나의 목소리로 묶어냈다. 1989년 「장애인복지법」 및 「장애인고용촉진법」 양 법안 쟁취를 위한 공동대책위원회가 결성되었고, 결집된 역량을 쏟아낸 결과, 1990년 「장애인고용촉진 등에 관한 법률」이 제정되었다(김정열, 2005: 51-52). 이 시기에는 각종 사단법인 형태의 장애인단체들이 만들어져 장애인 당사자가 장애문제의 중심으로 등장하는 계기가 되었다. 하지만 대부분의 장애인

7) 민주노총은 1995년 창립대회에서 의료보험통합과 같은 사회보장개혁안을 강령과 기본과제로 채택하였는데, 자세한 내용은 이영환(2004), pp.46-47을 참조할 것.

단체가 소속 회원들의 이익만을 대변하는 경향이 강하였고, 장애문제에만 한정함으로써 사회운동, 노동운동과의 연대가 잠시나마 단절되었던 시기이기도 했다(고춘완, 2005: 74).

사회복지환경의 변화

1987년 6월 민주항쟁과 연이은 노동자대투쟁(7~9월)은 한국의 현대정치사뿐만 아니라 사회복지의 역사에 있어서도 분기점이 되었다. 1987년 이후 국가와 자본의 노동계급에 대한 일련의 복지제공은 노동운동과 더불어 활발하게 이루어졌다. 이러한 점에서 '노동계급에 대한 일종의 복지공세(welfare offensive)'(성경륭, 1991: 135)라고 불린다. 무엇보다 이 시기는 보편적 사회보험제도가 구비되는 등 복지국가의 틀이 갖추어지는 시기였다.

제6공화국 시기에는 다음과 같은 사회복지제도의 발전이 이루어졌다. 첫째, 국민연금제도, 최저임금제도, 전 국민의료보험제도의 실시 등 소득 및 의료보장이 확대되었다. 둘째, 1989년에 「모자복지법」, 1990년에 「장애인고용촉진법」, 1991년에 「영유아보육법」, 1992년에는 「고령자고용촉진법」 등이 차례로 제정되어 복지체계가 정비되었다. 셋째, 지역복지의 핵심적인 서비스 전달체계인 사회복지관의 운영이 전국적으로 확대 실시되었다. 넷째, 재가복지가 중요시되었고, 그 결과 재가복지봉사센터가 급격하게 증가하였다. 다섯째, 1987년부터 사회복지전문요원제도의 시행을 통해 공공부조서비스의 전달인력을 사회복지 전문인력으로 대체하기 시작하였다.

이러한 사회복지의 발전과 함께 1987년부터 1996년까지의 5년간 정부지출 대비 복지지출은 3% 증가하였고, 1990년에는 1960년 이후 최고치인 5.2%를 차지하였다. 그러나 문민정부에 들어서 신자유주의 정책을 추진함에 따라 복지지출은 정체상태를 보였다. 1987년 이후 점증하던 정부의 복지비 지출은 1992년부터 GDP 대비 1.6% 선에서 고정되었다. 1995년까지는 복지예산의 증가율이 평균적인 재정증가율에도 미치지 못했다(이영환, 2004: 40-45). 문민정부의 거시경제정책은 확실히 실패했다. 무엇보다도 1997년 외환위기를 불러온 장본인이 바로 문민정부라는 것이 그 증거였다.

그럼에도 불구하고 문민정부시기에 4대 사회보험제도가 완비된 것은 높이 평가할 만했다. 산재보험제도(1963), 국민연금제도(1988), 전 국민 의료보험제도(1989)에 이어 1995년에 고용보험제도가 도입됨으로써 제4대 사회보험제도가 완비되었다. 게다가 여성발전기본법(1995), 정신보건법(1997), 사회복지공동모금회법(1997)이 제정되는 등 사회복지의 확충이 이루어졌다. 또한, 이 시기는 장애인에 대한 다양한 논의가 시작되는 시기이기도 했다. 장애인의 복지, 교육, 고용, 여성장애인 등에 대한 인식이 더 본격적으로 확산되었다. 1990년대 중반 이후 특히, 정부정책에서도 장애인복지 기반구축을 위해 제1차 장애인복지발전 5개년계획이 수립된 기간으로서 장애인에 대한 인식에도 많은 변화를 가져왔다.

2) 장애인의 삶과 사회적 인식

장애인의 명칭

1988년에 개최된 장애인올림픽을 계기로 장애인 당사자나 일반국민들의 장애인에 대한 인식도 일대 전환의 계기를 맞이하게 된다. 장애인이라는 용어도 1980년대 초반까지는 불구자, 심신장애자, 정신박약자 등으로 혼용되다가, 1989년 「장애인복지법」이 제정되면서부터 공식적인 용어가 '장애인'으로 대체되었다. 장애인들은 '장애자'의 '자'가 '놈 자(者)'이고 일본식 표기이므로 '장애인'으로 고치기를 원했다. 이에 따라 「심신장애자복지법」은 「장애인복지법」으로 개정되었고, 이후 '장애인'으로 사용되기 시작했다.

「장애인고용촉진법」도 법안이 국회에 상정될 때에는 「장애자고용촉진 등에 관한 법률(안)」으로 상정되었다. 그러나 장애인계가 「장애인고용촉진 등에 관한 법률」로 고쳐 달라고 요구하였고, 국회가 이를 수용하면서 장애인이란 명칭을 사용하게 된 것이다(김규성, 1993: 97). 이 시기 장애인의 반대개념으로 '정상인'과 '일반인'이 지배적이었는데, 장애인들은 '예비장애인'이란 표현을 사용하기도 했다(『함께걸음』, 1994년 6월호).

故 최정환 열사의 죽음을 통해 본 장애인의 삶

이 시기 장애인들의 경제조건은 매우 열악했다. 장애인들은 노동시장에서 소외되고 차별받는 것이 현실이었다. 1985년 노동부는 장애인 실업률이 35%에 달한다고 보도하였지만, 실제로 장애인 실업률은 50%에 달하는 열악한 실업 현황을 보이고 있었다.[8] 이러한 상황은 1990년대에도 지속되었다. 급기야 장애인들은 생존권마저 박탈당하고 있었다. 여기에서는 한 인물의 삶과 죽음에 주목함으로써 이 시대의 장애인의 삶을 되돌아보기로 한다. 최정환 열사(1958~1995)의 삶과 죽음에 관한 이야기이다.[9]

최정환 열사(이하 최정환)가 어떤 삶을 살아왔는지는 알려진 게 거의 없다. 기껏해야 1958년 6월 30일에 대전에서 태어났고, 곧 부모에게 버림받아 고아원에서 자랐다는 것 정도다. 본래 비장애인이었던 그는 고아원을 나온 후, 스물한 살(1979년) 때 당한 교통사고로 하반신마비를 입고 오른쪽 다리를 절단했다. 말하자면, 척수장애와 교통사고 중도장애인으로 장애등

8) 『서울신문』 1986년 1월 8일 자에는 "취업이 가능한 장애인이 53만 명이고, 45.1%인 23만 5천 명의 장애인이 실업자인 것"으로 보도되었다. 그리고 1980년 보사부 보고에 의하면, "장애인의 62.4%가 무직이며 소득이 전혀 없는 장애인이 68%를 차지하고 있는 것"으로 보고되었다(이인영, 2001: 28).

9) 최정환 열사의 삶과 죽음에 관해서는 강혜민(2021)을 참조하여 서술하였다.

급 1급 1호의 중증장애인이었다.

당시 가족과 사회로부터 버림받고, 갈 곳 잃은 장애인들이 독지가나 종교단체가 만든 공동체에서 삶을 이어가곤 했는데, 최정환 역시 서울 둔촌동에 있던 장애인 거주시설 '애덕의 집'에 들어갔다. 애덕의 집에서는 서각 프로그램을 운영했는데, 그는 여기서 서각기술을 배웠다. 그는 서각을 곧잘 했고, 특히 붓으로 대나무를 잘 그렸다고 한다.

그러나 시설생활은 그리 오래 하지 않았다. 최정환은 애덕의 집에서 1~2년가량 살다가 다시 지역사회로 나왔다. 하지만 지역사회는 그에게 자립을 쉽게 허용하지 않았다. 그나마 그는 연락도 닿지 않는 아버지가 법적으로 존재한다는 이유로 생활보호대상자도 될 수 없었다. 그렇다고 취직이 될 수 있는 상황도 아니었다. 그는 다방을 돌며 껌을 팔거나 시장바닥에서 수세미를 팔기 시작했다. 어찌 보면 평범한 선택이었다. 당시 거리로 나온 장애인들은 양말, 라이터, 휴지 등 기본적으로 손이 많이 가지 않는 간단한 공산품을 주로 팔았다. 어느 정도 상권이 형성되어 있는 지역만 찾으면 하루 먹고살 만큼의 수입은 거둘 수 있었다. 온몸이 먼지와 땀범벅이 되어 하루치 노동 값을 손에 쥐고서 마천동 재개발지역 셋방[10]으로 돌아오면 앵벌이, 노점을 하는 장애인들과 삼삼오오 모여 지내기도 하였다.

1990년대 초 '워크맨'과 같은 휴대용 카세트가 보편화되면서 음반시장에 활기가 돌자, 수세미에서 카세트 노점으로 종목을 바꾸었다. 탁월한 선택이었다. 최정환은 성내역(현 잠실 나루역)에서 카세트 노점을 하다가 이 자리를 다른 장애인에게 넘겨주고 양재역으로 갔다. 그는 고물 티코를 개조해 오토바이도 만들었다. 삼륜 오토바이에 카세트테이프 좌판을 싣고 노점을 했다. 이제야 제 몸 하나 건사할 수 있었지만, 일상의 위태로움은 좀처

10) 강남 세곡동 소재 10만 원짜리 사글세 비닐하우스에서 살았다는 설도 있다.

럼 사라지지 않았다. 거리에서는 생계의 유일한 수단을 빼앗으려는 자와 빼앗기지 않으려는 자 사이의 격렬한 몸싸움이 계속되었다. 당시 서초 · 강남은 서울에서 가장 큰 상권이 새롭게 형성된 지역으로 노점이 늘어 다른 곳보다 단속이 심했다.

1993년 문민정부가 들어서도 노점상에 대한 탄압은 크게 달라지지 않았다. 최정환도 그랬다. 1994년 여름 서초구청 노점단속반원으로부터 폭행을 당하여 왼쪽 다리가 부러지고 만다. 전치 8주의 중상을 입은 그는 왼쪽 다리마저 마음대로 쓸 수 없게 되었다. 그가 서초구청에 피해보상을 요구하자 서초구청에서는 '폭행 상해 사실을 형사고소하지 않으면 노점단속을 하지 않겠다'라며 합의를 종용하였다. 굴욕적이었지만 생계가 걸려 있는 일이니 더 이상 문제를 제기하지 못했다. 그러나 서초구청은 그와의 약속을 지키지 않았다. 언제 그랬냐는 듯 단속을 계속하는 구청 단속반에 최정환은 끝내 병원 진단서를 들고 가 신고했지만, 경찰은 움직이지 않았다.

1995년 3월 8일 저녁, 최정환은 또다시 단속을 당했다. 그는 단속반과의 실랑이 끝에 노점상 행위에 필요한 스피커와 배터리를 모조리 빼앗기고 만다. 그날 밤 구청 당직실로 압수당한 물품을 찾으러 갔다. 하지만 그는 아무것도 얻어내지 못한 채 구청 앞마당으로 내쫓기듯 나와야 했다. 그는 당장 다음날부터 생업에 종사할 수 없다는 절망감과 서초구청이 고소하지 않으면 단속하지 않겠다는 약속을 어긴 것에 대해 격분했다. 그리고 저녁 9시 30분, 서초구청 앞마당에서 온몸에 시너를 끼얹고 분신했다. 강남병원으로 이송된 그는 얼굴 3도, 신체 2도, 전신 88%의 화상을 입고 중환자실에 입원했다. 기도 절제 후 산소 호흡기를 통해 생명을 유지하던 중, 1995년 3월 21일 오전 1시 50분경 끝내 숨을 거두었다. 그는 "복수해 달라, 400만 장애인을 위해서라면 죽어도 좋다"라는 유언을 남겼다.[11)]

만약 우리 사회가 장애와 가난에 대한 모멸감을 주지 않았더라면, 정부의 노점에 대한 지속적인 탄압이 없었더라면, 계속되는 상실감과 패배감을 안겨주지 않았더라면 아마도 그의 죽음은 없었을 것이다.[12)]

장애인에 대한 사회적 인식

1987년 이후 장애에 관한 인식의 전환점을 맞게 된다. 장애 당사자들을 중심으로 장애문제는 개인의 문제가 아닌 사회 · 환경적인 문제임을 인식하고, 사회가 전적으로 책임을 져야 한다는 문제의식이 형성되기 시작하였다. 구조적인 장애문제는 사회의 책임이기 때문에 장애인에 대한 기본적인 생계보장은 당연히 국가가 책임져야 한다는 것이었다.

1990년대는 장애인운동세력의 성숙과 이를 뒷받침할 수 있는 정치세력이 형성된 시기였다. 이로 인해 장애인문제를 사회문제로 인식하기 시작하였고, 시설에서의 보호뿐만 아니라 재가장애인에 대해 최저생계비 보장을 목적으로 한 복지급부가 시작되는 등 사회 · 경제적 지원이 확대된 시기였다. 그러나 여전히 장애인에 대한 사회적 인식은 부정적이었다. 이러한 부정적인 인식은 장애인시설에 대한 님비현상(NIMBY: Not In My Backyard)이 극적으로 표출된 것에서 확인된다. 대표적으로 1987년 11월 청량리에 위치한 신망애재활원의 건축에 대하여 인근 주민들이 결사반대하며 공사

---

11) 최정환은 분신 후 병원에 실려 와서 "4백만 장애인을 위해서라면 내 한목숨 죽어도 좋다", "복수해 달라"고 절규해 이번 분신이 개인 차원의 한풀이가 아닌 근본적인 장애인문제를 사회에 알리려는 의지임을 표현했다(『함께 걸음』, 1995. 4. 1).

12) 박승학(1992), 최정환(1995), 이덕인(1995)은 장애인 노점상으로 구청의 단속에 항의해서 분신하거나 의문의 죽임을 당한 사람들이다. 이들은 장애인 작업장을 전전하다가 노점을 시작했다는 공통점이 있다. 1996년에는 정성준(2월), 이주훈(3월), 김영배(4월), 진삼섭(5월), 윤형규(6월), 김황용(9월)이 생활고에 비관해서 자살하는 사태가 연이어 일어난다. 이외에도 수많은 장애인이 자신의 목숨을 담보로 생존권을 주장하면서 이 땅을 떠났다. 1990년대에 들어서 장애인운동이 시민운동 외에도 생존권 투쟁에 기반한 빈민운동의 성격을 띠게 된 이유는 이러한 배경에서다(박현민, 2008: 43-44).

를 방해한 사건을 들 수 있다. 신망애재활원은 원래 종교단체가 세운 미인가시설로 홀로 생계를 꾸리기 힘든 장애인들이 모여 사는 공동체였다. 그들은 얼마 전까지 거리 곳곳에서 행상을 하며 먹고살았으나, 마침 그해 한 독지가의 도움으로 장애인거주시설로 변모할 준비를 하고 있었다. 그러나 주민들은 땅값이 떨어진다느니, 자녀교육에 좋지 않다느니 외쳐대며 이를 저지하려 했고, 이를 지역이기주의로 규정한 장애인들은 이내 주민들에 대항하는 싸움에 나선다.[13] 이 사건은 장애인계와 지역주민들이 극단적인 대치상태를 보이면서 1990년 청량리 부지 내 신망애재활원의 건축공사는 끝내 무산되는 아픔을 안겨주었다(정창조, 2021).

그리고 또 1991년 10월 정부에서는 천안에 장애아동을 가르칠 공립 특수학교를 설립하고자 했으나 주민들의 반대에 부딪혀 공사를 중단하는 사건이 발생하였다. 님비현상은 장애인에 대한 억압이 '병신'과 '불구자'에게 행사하는 개별적인 폭력과 편견을 넘어서 비장애인 집단과 장애인 집단의 방식으로 문제화될 수 있음을 나타내는 사례였다(박현민, 2008: 37-38).

한편, 이 시기에 의미 있는 변화도 있었다. 장애인에 대한 인권의식이 싹트기 시작했다는 점이다. 1992년 UN이 정한 '세계장애인 10년'이 끝남에 따라 UN 아시아·태평양경제사회위원회(ESCAP)는 '아·태 장애인 10년(1993~2002)'을 선포하였다. 여기에서 '장애인의 완전 참여와 사회통합'이라는 구호가 나오게 되었고, 장애계의 최대 화두도 사회통합에 맞추어졌다. 이를 위해 장애문제는 인권문제로 다루어져야 한다는 의식이 강하게 나타났다(김미옥 외, 2004: 31).

또한, 1995년부터 시행된 장애인의 고등교육 확대를 위한 대학특례입학제도가 도입되면서 정원 외로 장애학생들을 받아들이는 대학들이 늘어나

---

13) 물론 최근의 탈시설화운동의 차원에서 보면 분명 한계가 있는 싸움이었지만, 당시에는 탈시설화에 대한 인식이 부재했던 상황이었을 것이다.

게 되었다. 여러 가지 시행상의 문제점에도 불구하고 장애학생들에게는 고등교육을 받을 기회가 그만큼 넓어진 것은 분명하며, 대학에서도 어렵지 않게 장애학생들을 접할 수 있게 되었다는 점은 의미가 있는 변화라 할 수 있다(권선진, 2006: 325).

2. 장애인운동의 역사

1) 심신장애자복지법 개정 및 장애인고용촉진법 제정운동

양대 법안 제정운동과정

1987년 6월 항쟁의 성과로 그해 12월 대통령 직접선거를 앞두게 되면서, 장애인계는 「심신장애자복지법」 개정과 「장애인고용촉진법」 제정의 문제를 본격적으로 제기하게 된다.[14)] 구체적으로는 1987년 12월 대통령 선거시 각 정당 후보와의 간담회에서였다. 「장애인고용촉진법」의 제정은 일정 규모 이상의 사업체에 일정 비율의 장애인고용을 의무화하고자 하는 것이 핵심이었다. 그리고 「심신장애자복지법」의 개정은 임의사항이었던 법 조항을 의무사항으로 전환하고, 생계 및 의료 지원을 확대하며, 장애인 등록제를 시행하는 것 등을 주요 목표로 하고 있었다(김도현, 2007a: 52). 민정당

14) 「장애인고용촉진법」 제정의 문제가 표면화되기 시작한 것은 1984년 제8회 장애자올림픽 개최 확정 이후로 '기업체에 장애인고용을 의무화하겠다'라는 방침을 10월 보건사회부가 발표한 것에 기인한다. 또한, 최초의 입법 의지는 1984년 제11대 국회에서 보건사회위원회 정정훈(민한당) 의원 외 80인에 의해 제안된 「심신장애자고용촉진법안」으로 발현되었지만, 큰 관심을 끌지 못하고, 회기만료로 1985년 4월 10일 자동 폐기되었다. 1985년 8월 노동부가 「신체장애인고용촉진법」을 제정하여, 그해 국회에 제출할 방침을 발표한 것에서부터 비롯된다(이인영, 2001: 29).

노태우 대통령 후보는 선거공약으로 장애인고용문제를 제기하였으나, 선거 이후에는 국회에서 법안 심의조차 되지 않았다. 논의만 무성할 뿐 5년여 동안 뚜렷한 성과는 보이지 않았다.

그러다가 「심신장애자복지법」 개정과 「장애인고용촉진법」 제정을 둘러싼 대규모 장애인운동의 도화선이 되는 계기가 찾아오는데, 그것은 바로 1988년 3월 28일 '보람의 집' 장애인 20여 명이 장애인의 생존권 보장을 요구하며, 서울 종로의 연동교회를 점거해서 한 달 이상 진행한 단식투쟁이었다. 이 투쟁은 순복음교회 목사들이 교회의 헌금을 장애자올림픽 지원금으로 기부하려는 것에서 비롯되었다. 이 사실을 알게 된 장애인들이 기만적인 장애자올림픽에 기부하기보다는 영세 장애인들에게 나누어 주어야 한다고 주장하며 단식을 시작했다.[15] 이들의 단식투쟁은 이후의 장애인운동을 불러일으키는 하나의 계기가 되었다.

이 단식투쟁을 시작으로 소위 '양대 법안 투쟁'은 '장애자올림픽 거부투쟁'의 양상과 맞물려 본격적으로 전개되었다. 1988년 4월 16일 울림터[16]를 중심으로 장애인 대학생 동아리의 전국적 연합체인 전국지체부자유대학생연합회(약칭 전지대연),[17] 서울 · 경인지역장애인연합회(약칭 서장연)가 주축이 되어 최초의 대규모 집회[18]라고 할 수 있는 '기만적인 장애인복지정책

15) 이 당시 장애인복지예산은 겨우 50억 원 정도였으나 장애인올림픽에 배정된 예산은 직접적인 비용만 약 200~300억이었다(『함께걸음』, 2003년 12월호). 이는 장애운동 진영을 자극하기에 충분했다.

16) 울림터는 1986년 9월 14일에 여성백인회관에서 대학생과 청년 활동가 10여 명이 모여 창립했다. 창립 멤버들의 다수는 정립회관의 고등부 모임인 '밀알'에서 활동했던 사람들이었는데, 이들은 반미 통일운동과 계급적 노동자운동에 대한 연대를 지향했던 당시 학생운동 조직들의 사상적 지향을 받아들이고 있었다. 장애문제를 제도 내의 문제를 넘어 변혁운동으로 고민하기 시작한 최초의 조직으로 알려져 있다(김도현, 2007d: 63).

17) 전지대연은 전국지부 대학정립단(서울), 울림터(서울), 디딤돌(부산), 다크호스(대전), 청솔(익산), 푸른샘(대구) 등 전국의 지체부자유 대학생 조직의 연합체를 지칭한다.

규탄대회'를 명동에서 개최하였다. 이 집회에서 장애인들은 "한국의 장애인복지정책이 전혀 없는 상태에서 장애인올림픽을 개최하는 것은 장애인을 우롱하는 처사"라고 주장하며 대규모 거리시위를 벌였다. 집회에 참석한 청년 장애인들은 '노동 권리 쟁취'라는 여섯 글자의 혈서를 쓰고, 성명서를 통해 「장애인고용촉진법」의 즉각 제정과 「심신장애자복지법」 개정(장애인 등록제 시행, 장애인 권익 증진 등)이 선행되지 않는 장애인올림픽 거부를 주장했다. 또한, 대회를 마친 후 농성 장소인 연동교회까지 거리행진을 벌였다(김윤정, 1997: 44; 김미옥 외, 2004: 29-30). 진입 시위 도중 전경이 휘두른 방패에 얼굴을 난타당해 병원에 후송되는 유혈사태가 발생하기도 하였다(『함께걸음』, 1989: 32; 곽정란, 2003: 34).

결의 대회 내용이 정부와 언론에 의해 왜곡되고 사회의 관심을 불러일으키지 못하자, 울림터의 회원 일곱 명은 그다음 날인 4월 17일부터 삼육재활원을 점거하고 단식농성에 들어갔다. 보건사회부, 장애인단체, 언론의 3자 회담이라는 요구 사항이 5월 1일에 받아들여지면서 울림터는 농성을 풀었지만, 정부의 약속 불이행으로 결국 3자 회담은 열리지 못했다(김도현, 2007a: 52). 곧이어 6월 7일 장애인단체들은 대사회토론회를 개최하여 「장애인복지법」 개정과 「장애인고용촉진법」 제정이라는 양대 법안을 공식적으로 요구하게 된다(이인영, 2001: 29). 이후 7월 2일에 박흥수 등 청년 장애인 8명이 장애자올림픽조직위원회 점거투쟁에 돌입하여 보건사회부차관을 비롯한 정부 담당자들과 장애인 대표단과의 공청회 약속을 받아낸 후 해산했고, 실제로 7월 27일에 공청회가 개최되었다(김도현, 2007d: 45). 그리고 장애우권익문제연구소[19]를 중심으로 작성된 「심신장애자복지법」 개정

---

18) 약 2천 명의 장애인과 장애인의 권익에 관심을 가진 일반 시민들이 모인 것으로 알려져 있다(이성재, 1988: 5).

19) 전문사회운동조직인 장애우권익문제연구소는 전문자원의 동원, 제 사회세력의 규합, 전

안과 「장애인고용촉진법」 제정안은 7월에 발표회를 거쳐 8월에 장애인계의 최종안이 확정되었다(김도현, 2007d: 46).[20]

이러한 노력에도 불구하고 여전히 언론과 정부는 이 문제에 대해 무관심하였고, '서울장애자올림픽'은 치러지게 되었다. 그러자 장애인복지정책에 대한 정부의 안일한 태도를 규탄하기 위해 전국지체부자유대학생연합회, 전국특수교육과 대학생연합회, 서울경인지역 사회복지학과 대학생연합회 등이 장애인과 연합하여 10월 9일에 안암동 개운사에서 '기만적인 장애자올림픽 거부 및 장애인 생존권 결의대회'를 개최하였다. 그들은 '기만적인 장애인올림픽 행정당국 각성하라. 장애인고용촉진법 즉각 제정하라. 장애인복지예산 확대 지원하라' 등의 구호를 내걸었다.

1988년 제13대 국회의원 선거로 여소야대(與小野大) 정국이 형성된 가운데 정부의 논의를 지켜보던 각 정당에서는 장애인고용촉진 관련 법안을 발의하였다. 1988년 12월 제144회 정기국회에서 평화민주당의 이철용 의원 외 83명이 「심신장애자고용촉진법안」(12월 2일)을, 민주정의당 양경자 의원 외 61명이 「장애자고용촉진법안」(12월 7일)을, 통일민주당의 이인제 의원 외 57명이 「심신장애자고용촉진법안」(12월 12일)을 각각 발의하였다.

그리고 1988년 9월 15일 대통령 직속 자문기관으로 발족된 '장애인복지대책위원회'는 1989년 8월 28일 「심신장애자복지법」 개정과 '장애인 의무고용제도의 도입'과 「장애인고용촉진법」 제정 및 '장애자직업재활공단'의 설치 등을

문적인 대안 제시 등 고용촉진법률 제정의 주춧돌 역할을 하였다. 더욱이 장애우권익문제연구소팀에 1989년 3월부터 사법연수생들이 합류함으로써 장애인고용촉진법안 마련에 있어 법률적 전문성을 확보하게 된다(이인영, 2001: 37).

20) 당시 장애우권익문제연구소는 장애계의 법안 초안을 평민당 이철용 의원에게 제출한 상태였으며, 각 당의 안도 이에 기초하여 마련된 것이었다. 그러나 그 이후에도 장애우권익문제연구소 측은 여러 차례의 법률안 수정을 거쳐 최종안을 1989년 5월에 국회에 제출하였다(이인영, 2001: 39).

내용으로 한 '장애인복지대책안'을 대통령에게 제출하였다(이성규, 2011: 160).

한편, 1989년 10월 28일에는 '한국장애인총연맹'을 중심으로 양 법안과 관련된 투쟁에 공동으로 대처하기 위해 '심신장애자복지법 개정 및 장애인고용촉진법 제정을 위한 공동대책위원회'(이하 양대 법안공대위)가 결성되었다. 양대 법안공대위는 처음에는 한국장애인총연맹, 서울장애인단체협의회, 장애우권익문제연구소 등 5개 단체로 출발했으나, 빠르게 31개 단체[21]로 확대되었다(이동석, 2004: 49; 김도현, 2007d: 46).

양대 법안공대위의 구성 직후인 10월 30일부터 11월 9일까지는 투쟁의 정점을 이루게 되는 야당 당사 세 곳에 대한 순회 점거 농성이 전지대연 소속 회원 30여 명을 중심으로 진행되었다.[22] 전국지체부자유대학생연합회는 약 10일 동안 각 당을 차례로 점거하여 혈서, 삭발, 단식투쟁 등의 활동을 전개하였으며, 이 과정에서 장애계는 당시 3당 총재는 물론 관계자들로부터 양 법안의 제 · 개정에 대한 약속을 받아내게 되었다.[23] 이 농성

21) 대한안마사협회, 대한정신박약자애호협회, DPI, 사회복지촉진협의회, 장애우권익문제연구소, 전국지체부자유대학생연합회, 전국사회사업학과복지학과대표자협의회, 전국특수교육과학생연합회, 천주교장애자복지협의회, 한국농아복지회, 한국뇌성마비복지회, 한국맹인복지회, 한국소아마비협회, 한국시각장애자복지회, 한국약시재활협회, 한국장애인총연맹, 한국장애자복지회, 한국장애자복지시설협회, 한국장애자재활협회, 서울장애인단체협의회, 부산지체장애자협의회, 제주지체장애자협의회, 삼육재활원, 서울장애자종합복지관, 서울남부장애자종합복지관, 서울시립정박자복지관, 애향재활병원, 정립회관, 청음회관, 한국점자도서관 등 총 31개 단체(이인영, 2001: 35).

22) 양대 법안공대위 구성 직후에 이루어졌다는 사실이 보여주듯, 이 투쟁은 공대위 차원에서 기획된 것은 아니었다. 전지대연은 이미 9월 30일에 정립회관에서 수련회를 갖고, 의미 있는 내용을 담는 양 법안의 쟁취를 위해서는 선도적인 투쟁이 필요함을 확인하며 야당 당사 점거 농성을 결의해 놓았던 것이다. 이 농성은 각 정당을 압박하여 장애인계의 요구가 반영된 법안이 통과되는 데 중요한 전기를 마련했다고 할 수 있다(김도현, 2007d: 46).

23) 평민당에서는 김대중 총재와, 이상수 노동위위원장, 이철용 의원과 김충조 의원 등 보사위 의원과의 면담 속에 이번 정기국회에서 반드시 장애인들이 요구한 법안으로 통과시켜 줄 것을 약속했다. 또한, 민주당에서는 김영삼 총재와 이인재 노동위원회 의원과의 면담 속에 정기 국회에서 장애인이 요구하는 법안으로 통과시켜 줄 것을 약속했다. 그리고 공

은 장애인계의 요구가 반영된 법안이 통과되는 데 중요한 전기를 마련했다(이동석, 2004: 49; 김도현, 2007d: 46).

전지대연의 이러한 역할이 소기의 성과를 발휘하자, 1989년 11월 10일 공대위측은 곧바로 기자회견 등을 통해 법 제정 시 장애계의 요구사항 등을 발표했다. 그리고 11월 11일에는 공대위 주최로 국회의사당에서 '심신장애자복지법 개정과 장애인고용촉진법 제정을 위한 4백만 장애인 총 결의대회'를 열었다. 전지대련, 전국특수교육학과연합회, 사회복지대학생협의회, 재활협회 등에서 참석한 2천여 명의 장애인들이 양 법안이 이번 국회에서 반드시 통과되어야 함을 한목소리로 외쳤다. 집회 이후 공대위는 양 법안소위원회에 참가하는 등 장애인들의 입법 활동에 직접 참여하는 계기를 만들었다(김윤정 1997: 45; 이동석, 2004: 49).

장애인들의 이러한 투쟁에도 불구하고 정부나 정책입안자들이 무관심으로 일관하자, 장애인들은 그해 11월 17일부터 24일까지 8일간 명동성당에서 노상 철야단식을 단행했다. 그리고 11월 17일에 장애계의 요구를 노동소위원회 위원장 면담을 통해 공식적으로 요구하게 된다. 11월 20일, 국회 노동위원회 법안소위 이상수위원장은 장애계의 의견을 최대한 수렴할 것을 약속하였으며, 이러한 약속으로 공대위는 직접 법안소위심의과정에 참여하여 공대위 측 법안을 설명하게 된다.[24] 〈표 6-1〉은 각 정당이 제출한

화당에서는 김종필 총재와 이병희 부총재, 김병용 노동위원회 의원과의 면담 속에 장애인들이 요구하는 법안으로 관철시켜 줄 것을 약속했다(이인영, 2001: 31).

24) 전 장애인공동대책위원회의 대변인 자격으로 장애우권익문제연구소의 이성재 변호사가 「장애인복지법」 개정과정은 물론 「장애인고용촉진법」 심의과정에 참여하게 된다. 당시 법안 심의는 이상수 의원과 노무현 의원과의 협의 속에 진행이 되었으며, 장애인들은 첫째로, 장애인을 고용하는 업체와 '고용률'은 100 이상 상시근로자의 업체를 대상으로 2% 이상을 요구했고 이 법안의 운영주최인 장애인고용촉진공단의 이사에 장애인이 과반수 이상으로 해달라고 요구했으며 장애인을 고용하지 않았을 때 내는 벌과금 형태인 고용부담률은 최저임금 이상으로 해달라고 요구했다. 한 달 가까운 줄다리기 속에 '고용률'은 1% 이상으로(시

법안과 장애계안을 비교해 놓은 것인데, 각 당의 안과 장애계의 안이 차이가 있음을 확인할 수 있다.

〈표 6-1〉 각 정당의 장애인고용촉진법 제출안과 장애계안 비교

주요법안 / 쟁점	민정당안	평민당안	민주당안	공화당안	장애계 최종안
명칭	장애자 고용촉진법	심신장애자 고용촉진법	심신장애자 고용촉진법	심신장애자 고용촉진법	장애인 고용촉진법
목적	장애인의 직업재활과 고용보장	장애인의 직업생활을 통한 사회통합	장애인의 직업안정과 사회복지증진	장애인에 대한 취업 기회의 보장	장애인고용촉진과 직업안정 통한 장애인 생존권보장
국가 및 지자체 책임	추상적 임의적	노동부장관이 보사부장관의 협조통해 종합적 직업재활과정에 노력	소극적 규정	소극적 규정	추상적 임의적
사업주 책임	고용기회 제공 고용관리	고용에 대한 책임, 고용관리	소극적 규정	고용기회 제공 고용관리	고용기회 부여 고용관리의 의무
집행기구	직업재활 공단	심신장애자 고용촉진협의회	장애인고용 촉진공단	장애인위원회	장애인고용 촉진공단
대상사업주 범위	300인 이상 사업주	100인 이상 사업주	100인 이상 사업주	100인 이상 사업주	상시 100인 이상 근로자 고용 사업주
기준 고용률	5/100 범위 내	공공기관 3/100 이상 사업주 2/100–3/100	2/100 이상	2/100 이상	100분의 2 이상 범위 내에서 대통령령으로 정하는 고용률
정책수단	부담금제 경제적 지원	고용납부금, 고용조정금, 조성금, 장려금	고용납부금 경제적 지원	고용납부금 지원제 불명확	고용납부금 부과, 보조금, 장려금 지급
재원 조달방식	고용부담금 국가출연 (임의)	고용납부금, 국가출연금 (500억 이상)	고용부담금 국가출연 (임의)	고용납부금	고용자본금 정부 출자

출처: 이인영(2001), p.34.

행령에서는 2%로 정했다), 공단의 이사 중 장애인 비율은 3분의 1, 그리고 고용하지 않았을 때 부과되는 벌과금은 최저임금의 60%로 정하면서 「장애인고용촉진에 관한 법률」이 통과되었다(신용호, 2001; 이인영, 2001: 31).

그러나 이미 7개의 법안이 상정된 가운데 정부안과 공대위 법안에 큰 차이를 보여, 1989년 11월 21일부터 노동부 소위에서는 법안 단일화 작업에 착수하게 된다. 그리고 11월 27일 크게 쟁점이 되었던 장애인 의무고용률, 공단구조, 공단기금관리, 고용촉진금 등 4개 항목에 대한 합의를 통해 단일안을 마련하게 된다. 이러한 합의안 도출을 통해 12월 1일 「장애인복지법」이 국회상임위를 통과하였다. 동시에 12월 16일 「장애인고용촉진법」도 발의 1년 만에 국회본회의를 통과하여 「장애인고용촉진 등에 관한 법률」로 제정되기에 이른다(이인영, 2001: 31-32).

이로써 장애인 등록제 시행, 저소득장애인에 대한 의료비와 교육비의 지원 및 생계 보조 수당의 지급, 공공요금의 감면 등을 시행할 수 있는 법적 근거가 마련되었다. 또한, 1989년 12월 30일 비로소 「심신장애자복지법」이 전면 개정되어 「장애인복지법」으로 제정되었고, 장애인을 노동시장으로 배출할 수 있는 「장애인고용촉진 등에 관한 법률」이 1990년 1월 13일에 제정되기에 이른다. 매우 긴박하면서도 속도감 있는 투쟁의 결과였다.

노동부의 시행령을 둘러싼 의견대립

1990년 8월 23일 노동부는 「장애인고용촉진 등에 관한 법률」 시행령(안)을 마련하여 입법예고하였다. 입법예고안에는 의무고용제의 실질적인 내용을 규정하는 장애인고용의무대상의 범위를 상시근로자 100인 이상 사업주로 하고, 기준고용률을 2%로 하며, 상시 장애인 근로자 10인 이상 사업주는 장애인직업생활상담원을 선임하도록 규정하였다.

노동부는 동 시행령안 입법예고에 대해 정부 각 부처, 경제인단체, 장애인단체 등 약 90개 기관에서 100여 개의 의견 제출을 받았다. 이 과정에서 가장 큰 쟁점이 되었던 것은 전체적인 비용부담의 크기를 결정하게 되는 의무고용대상 사업주의 범위, 기준고용률, 부담금 기초액, 직업생활상담원

배치 등에 관한 결정이었다(이성규, 2011: 163).

노동부의 시행령(안)이 발표되자, 한국경영자총연합회(이하 경총)은 즉각 반대 입장을 표명했다. 경총은 기업 측의 입장을 노동정책에 적극적으로 반영해 달라고 요구하는 의견서를 정부에 제출하였다. 경총의 입장은 다음과 같다(이성규, 2011: 163).

첫째, 장애인고용 의무대상사업장의 규모를 상시근로자 300인 이상으로 상향 조정해야 한다는 것이었다. 실질적으로 300인 미만의 영세사업장은 인사 및 노무관리가 전근대적이고 비과학적으로 관리가 이루어지고 있다는 이유였다. 둘째, 기준고용률을 1%로 하향 조정하고, 그 적용에도 1991년 0.5%, 1992년 0.8%, 1993년 1%로 하는 경과조치를 둘 필요가 있다는 것이었다. 장애인고용을 과다하게 강제하게 되면 기업에 큰 부담이 된다는 이유였다. 셋째, 장애인직업생활상담원의 선임대상 사업체 규모를 상향 조정하고, 상담원은 전임직원이 아님을 명시해야 한다는 것이었다. 이 또한 기업에는 과중한 부담이 된다는 이유였다. 넷째, 의무고용대상 업체에서 제외되는 업종을 명시해야 한다는 것이었다. 건설업이나 광업 등 과중한 육체적 부담이 요구되는 업종이나 직접 고객을 상대하는 직종에서는 사실상 장애인을 고용하기 어렵다는 이유였다. 그리고 고용의무대상 장애인의 범위에 산재장애인을 포함시켜 줄 것을 요구하였다.

한편, 공대위도 노동부의 시행령 입법예고에 대해 장애인계의 입장을 밝힌 의견서를 제출하였다. 공대위의 입장은 첫째, 현 실정에 맞도록 기준고용률을 5%로 상향 조정해야 한다는 것이었다. 노동부가 제시한 2% 정도의 기준고용률로는 열악한 취업구조를 개선할 수 없다는 이유였다. 둘째, 취업 장애인의 90% 이상이 상시근로자 99명 이하의 기업에 고용된 상황을 반영하여 적용대상 사업장을 상시근로자 20인 이상의 사업체까지 확대해야 한다는 것이었다. 셋째, 10인 이하의 장애인고용사업체도 직업생활상담원을 두어야 한다는 것이었다. 장애인을 10인 이상 고용하지 못하는 사업체가 주류를 이룰 것이 분명한 상황에서 10인 이상의 장애인고용사업체만 직업생활상담원을 두겠다는 것은 기업주의 입장만을 반영하겠다는 것이기 때문이었다.

〈표 6-2〉「장애인고용촉진법」 시행령을 둘러싼 쟁점

요구주체 / 쟁점사항	노동부 입법예고안	경제인단체 (경총)	장애인단체 (공대위)	노동부 최종안
의무고용대상 사업주의 범위	100인 이상	상시근로자 300인 이상	20인 이상	300인 이상
기준고용률	2%	1% 경과조치 인정	5%	2% 경과조치 인정
부담금 기초액	–	최저임금의 60%	최저임금의 60% 이상	최저임금의 60%
직업생활상담원	10인 이상 고용업체	임의규정	장애인근로자 10인 미만 업제 적용	10인 이상 고용업체
적용제외 업종	–	광범위, 임시	–	광범위, 명시

출처: 이성규(2001), p.165.

「장애인고용촉진법」 시행령의 결정과정에는 경제인단체와 장애인단체의 의견대립뿐만 아니라 정부 부처 간의 견해도 극명하게 대립하였다. 보건사회부는 장애인의무고용대상 사업주의 범위를 상시근로자 100인 이상의 사업자로, 기준고용률을 3%로 할 것을 주장하였다. 그에 반해 경제부처들은 장애인의무고용대상 사업주의 범위를 상시근로자 300인 이상의 사업주로, 기준고용률을 2%로 주장하였다. 「장애인고용촉진법」 시행령은 이렇게 각계각층 및 정부 내 부처 간의 심한 의견대립을 겪은 후에 결정된다. 전반적으로 경제부처와 경제인단체의 의견이 대폭 반영되어 노동부안은 내용에서 크게 후퇴하게 되었다(이성규, 2011: 165).

의무고용률 1% 하향 조정 반대 투쟁

한편, 재계가 끊임없이 법률에 대한 이의를 제기하자 '세계화'의 기치를 강조하는 정부 여당은 기업 활동 규제 완화를 명목으로 내세워 장애인 의무고용률을 1%로 하향 조정하려고 했다. 이에 장애계는 거세게 저항했다. 그러나 재계는 1994년 6월에 다시 이 문제를 제기했고, 정부가 이를 수용하려 하자 장애계는 강력하게 반발하고 나섰다. 다양한 장애인운동조직들[25]은 성격의 차이가 있다 하더라도 장애인 의무고용률 2% 쟁취투쟁에 적극적으로 결합하였다(고춘완, 2005: 74). 1993년 장애인운동청년연합회(이하 장청)와 통합하여 새롭게 출범한 전국장애인한가족협회(이하 전장협)가 그 투쟁의 중심에 서 있었다. 전장협은 중앙집행위원회를 긴급히 소집하고 장애인 의무고용률의 하향 조정을 막기 위한 특별위원회를 구성했다. 전장협은 8월 27일에 국회와 민주자유당을 방문하여 항의 집회를 갖고, 회원 5명이 야당인 민주당사에서 단식농성에 돌입하며 투쟁을 본격화하게 된다. 그리고 9월 24일에는 장애인 의무고용률을 1%로 하향 조정하는 데 반대하는 대중집회를 개최했다(김도현, 2007d: 74). 이러한 장애계의 강력한 반발에 부딪혀 정부는 1994년 12월 의무고용률을 건드리지 않으면서 재계의 요구를 반영한 개정안을 발표하게 된다.

그 개정안의 핵심 내용은 크게 두 가지였다. 하나는 중증장애인의 범위를 기존의 1급에서 2급까지 확대하고 한 명의 중증장애인을 고용하면 두 명의 경증장애인을 고용한 것으로 간주하는 '중증장애인 2배수 고용 안정

---

25) 1990년대 중반을 넘어서면서 장애인들에 대한 억압과 차별을 철폐하기 위한 다양한 운동 형태와 조직들이 결성되었는데, '장애인편의시설촉진시민연대', '장애여성공감', '서울 DPI', '에바다공대위', '장애인인권확보를 위한 청년학생연대', '노들장애인야간학교' 등이 대표적이다. 이러한 장애인운동조직들은 교육, 인권, 시설비리, 여성 등의 문제에 접근하기 시작하였으며, 사회운동과의 연대를 모색하였다.

제'를 도입하는 것이다. 다른 하나는 기업이 장애인 직업재활시설 등에 원료와 기술을 제공하고 판매를 전담하거나 도급을 주고 그 생산품을 납품받는 경우에도 장애인을 고용한 것으로 간주한다는 이른바 '연계고용제'의 시행이다. 모두 의무고용에 대한 기업의 부담을 간접적으로 경감시키는 조치들이었다(이성규, 2001: 184-185).

1995년 4월 20일, 장애인의 날을 맞아 전장협은 전국민주노동조합총연맹(이하 민주노총), 산업재해노동자협의회와 함께 '장애인고용촉진을 위한 노동자 · 장애인 결의대회'를 개최했다. 장애인운동과 민주노조운동의 연대가 시작되는 대회였다. 이 대회에서 민주노총은 소속 1천 2백여 사업장들의 단체 협약을 통해 장애인 의무고용문제를 전면적으로 제기하겠다고 밝혔다(김도현, 2007d: 76). 장애계의 저항과 반대 속에서 '중증장애인 2배수 고용안정제'는 철회되었으나 '연계고용제'는 1995년 8월 4일에 개정된 법률에 포함되었다.

양대 법안 투쟁의 의의와 한계

장애인의 가장 절박한 문제였던 생존권 및 노동권문제를 해결하려 했던 '양대 법안 투쟁'은 장애문제의 사회 구조적 성격을 드러내면서 국가의 책임을 사회적으로 제기한 조직적인 투쟁이었다. '양대 법안 투쟁'은 입장과 가치를 달리하는 진보적인 단체와 보수적인 단체의 연계를 통해 이루어졌는데, 이념이 다른 만큼 내부의 갈등과 모순이 끊이지 않았지만, 장애인계가 조직적으로 대응한 최초의 사건이었다(김윤정, 1997: 48)는 점에서 의미를 찾을 수 있다. 김상호(1994)는 양대 법안 투쟁을 거치면서 장애인운동이 사회운동의 부문 운동으로 자리매김할 수 있는 토대가 마련되었다고 말한다. 또한, 이러한 과정들은 장애인 생존권 확보의 정당성을 사회에 알리는 계기가 되었으며, 전체 장애인의 단결과 장애인운동을 지지하는 세력들과의 연대의 틀을 마련하는 계기가 되었다고 평가하고 있다. 이러한 점에서 '양대 법안 투쟁'은 한국사회에서 진정한 장애인운동의 시작으로 이야기될 만큼 중요한 의미가 있는 투쟁으로 평가받고 있다(김도현, 2007a: 52; 김도현, 2007d: 48-49).

그러나 '양대 법안 투쟁'은 성과와 함께 일정한 한계도 지니고 있었다. 장애운동가 김도현(2007a: 53; 2007d: 49)은 양대 법안 공대위를 이끌었던 상층부가 현장의 운동가들이 아닌 망명가들이었고, 중요한 순간에 대중투쟁보다는 인맥을 동원한 협상을 통해 문제를 해결하려는 태도를 보임으로써 투쟁의 성과를 대중운동의 강화로 연결시키지 못했다는 점을 한계로 지적했다. 그 결과 투쟁을 통해 집결되었던 역량은 이후 흩어져 버리고 만다.

2) 故 최정환 열사의 죽음과 생존권운동

1993년 8월 가평지역에 야시장을 벌이려는 지체장애인협회(약칭 지장협) 회원들과 공무원이 마찰을 빚게 되는 과정에서 공무원이 장애인을 심하게 폭행하는 일이 발생하였다. 한국지체장애인협회가 8월 27일 여의도에서 '장애인 폭행 규탄 및 인권 쟁취 결의대회'를 갖고 장애인 생존권 보장을 요구하기도 했다. 그리고 1995년 1월 성북구 정릉동에 야시장을 열려고 한 장애인들과 불법 가건물을 단속하려고 하는 성북구청과의 마찰로 인해 충돌이 발생하자 전국장애인연합회가 그동안 묵인되어 왔던 야시장을 철거하려는 성북구청의 무리한 단속을 비난하며 생존권 보장을 요구하였다(『장애인복지신문』, 1995. 1. 20.; 유동철, 2005: 14).

장애인들의 생존권운동이 대중의 관심을 끌게 된 계기는 1995년 3월 21일 지체 1급 장애인 故 최정환 열사(이하 최정환)의 죽음이었다.[26] 그는 장애와 가난에 대한 모멸, 노점에 대한 지속적인 탄압으로 인해 생존권을 박탈당하자 1995년 3월 8일 서초구청 앞마당에서 스스로 자신의 몸에 불을 댕겼다. 최정환이 분신한 다음 날 9일 대한성인장애인복지협의회(이하 성장협), 전노련, 전장협을 중심으로 '장애인 노점상 최정환 분신 사건에 관한 진상규명 및 관련자 처벌을 위한 비상대책위원회'(이하, 비대위)가 꾸려졌다. 비대위는 최정환이 입원한 강남시립병원 노조 사무실을 임시로 빌려 쓰며 투쟁 계획을 세워나갔다.

3월 11일 최정환의 분신에 대해 300여 명의 장애인과 노점상들이 서초구청 앞에서 규탄대회를 열었다. 휠체어를 탄 장애인들이 목에 밧줄을 묶고 저항하였고, 완전무장한 경찰들은 구청 계단 위에서 방패를 들고 내려다보고 있었다. 16일 오전 11시에는 전노련 주최로 '살인 단속 분쇄 및 장애인 노점상 최정환 사건 규탄대회'가 종묘에서 열렸다. 1,800여 명의 노점상들이 참가해 김영삼정권의 노점상 대책을 규탄하며 살인적인 폭력 단속 중단을 촉구했다. 참가자들은 전경의 저지를 뚫고, 종각에서 을지로 2가, 명동성당까지 최정환 사진이 담긴 피켓과 플래카드를 들고 행진했다.

병원으로 옮겨진 최정환은 극심한 화상 속에서 사경을 헤매다 "복수해 달라, 400만 장애인을 위해서라면 죽어도 좋다"라는 유언을 남기고 3월 21일 새벽 끝내 사망한다.

투쟁은 이틀간 밤낮없이 이어졌다. 3월 24일 낮, 성균관대학교에서 싸움의 서막이 올랐다. 성대 앞 도로는 최루탄으로 뒤덮었다. 성대 금잔디광장에서는 노점상, 철거민, 대학생 등 1,500여 명이 참석한 투쟁 결의대회가 열렸다. 시위는 경찰이 결의대회 후 가두 진출에 나서는 이들을 막아서면서 격화됐다. 완전무장한 채 방패와 곤봉을 휘두르며 진압하러 들어오는

26) 이하 강혜민(2021)을 참조하여 서술하였다.

경찰들을 향해 대학생들은 화염병을 내던졌다. 성대투쟁은 최정환 사망 후 비대위가 '장애인 노점상 최정환 열사 빈민장례위원회'(이하 장례위)로 조직을 전환하고 벌인 첫 사건이었다. 장례위에는 도시빈민(전노련, 전국철거민연합), 장애인(성장협, 전장협, 한국DPI)뿐만 아니라 노동(민주노총 준비위원회), 교육(전국교직원노동조합), 농민(전국농민회총연맹), 사회운동(전국연합, 국민회의 등), 통일(민족회의), 학계(민주평등사회를 위한 전국 교수연구자협의회 등), 종교, 법조, 보건의료, 청년 · 학생 등 다양한 이들이 함께했다. 민주정부가 들어선 후 주춤했던 운동권의 최대 규모의 결합이었다.

이렇게 오른 싸움의 서막은 그날 밤 시신 탈취 투쟁으로 이어지고, 다음날인 25일에는 도심 곳곳이 불길로 치솟았다. 사망 당일부터 국가는 시신을 탈취해가려고 시도했다. 시체는 단지 물리적으로 '죽은 시체'가 아니었다. 주검은 싸움의 근거였고, 시작점이었기에 빼앗겨서도, 훼손되어서도 안 되었다. 시체를 둘러싼 팽팽한 긴장이 이어졌다.

원래 계획대로라면 3월 25일 오전 9시 연세대학교 노천극장에서 영결식을 하고, 서울시청과 서초구청에서 노제를 한 후에 용인에 있는 천주교 공원묘역으로 향해야 했다. 그런데 시신이 경찰에 탈취당하면서 계획은 어그러진다.[27] 시신 없이 영결식을 치러야 했다. 영결식을 마친 이들은 가두 진출을 시도한다. 경찰은 곤봉으로 내리치며 진압에 나섰다. 장애인들은 화염병으로 응수했다. 마치 전투를 방불케 했다. 오후 6시경에는 한강대교 강북방향 4차선 도로를 자동차와 휠체어로 1시간 30분가량 점거하기도 했다. 3월 8일 분신일 때부터 25일 연대투쟁까지 17일간의 싸움은 숨 고를 틈도

27) 최정환 시신이 경찰 손에 넘어갔던 배경에는 당시 장례투쟁에 함께했던 일부 장애인단체의 '배신'이 있었다고 한다. 연대투쟁 전날 밤, 장례위는 홍남호의 생선 판매 트럭에 시신을 실어 연대로 옮기려다 경찰에게 트럭 채 빼앗기는데, 홍남호는 '연대로 가지 않겠다'라는 각서를 쓰고서야 풀려날 수 있었다고 한다. 홍남호는 대한성인장애인복지협의회(이하 성장협) 부회장이자 당시 장례위 호상으로 장례 내내 상주 역할을 했었다(강혜민, 2021).

없이 긴박하고 치열하게 이어졌다. 하지만 '열사의 시신이 일부 장애인의 거래 때문에 탈취당했다'라는 사실은 그만큼 깊은 상흔을 남겼다.

최정환의 분신으로 장애인운동은 각성을 하게 되고, 장애민중이 처한 문제를 전체 사회구조 속에서 사유하며, 이를 운동적으로 풀어가는 방법을 모색하게 된다. 전장협은 1995년 5월에 노점분과(1998년 자립사업부로 개편)를 만들고, 전노련과 '장애인자립추진위원회'(이하 장자추)를 결성한다. 장자추는 "돈 없고 힘없는 이 땅의 장애인들이 스스로 살아갈 수 있는 생계대책을 마련하자"라는 취지에서 장애인과 도시빈민의 노점활동을 지원하기 위해 만든 조직이었다. 장자추의 활동 목표는 "전국 노점장애인의 이해와 요구를 대변하고 장애인의 완전한 사회참여와 평등 실현", "전장협 조직의 강화"였다. 1990년대에 들어 운동단체로서 이렇다 할 활동이 없었던 전장협은 장자추의 활동을 통해 본격적으로 활동에 나서게 된다.

3) 특수교육진흥법 개정운동

한국의 장애인 교육권운동이 1980년대까지 입학 거부에 대처하는 방식이었다면, 1990년대에는 장애인의 교육권 확보를 위한 조직적인 운동방식으로 발전하게 된다. 1994년 장애인의 의무교육권 확보운동이 정점에 있었다고 볼 수 있다(김정열, 2005: 53). 1991년 천안의 정신지체특수학교인 인애학교 건립을 주민들이 반대하는 사건을 계기로 장애인과 장애인단체들은 「특수교육진흥법」의 문제점을 지적하고, 그 개정운동에 들어가게 된다.

특수교육진흥법 개정운동의 배경

「심신장애자복지법」 개정과 「장애인고용촉진법」 제정 이후, 장애인문제에 있어 쟁점이 될 만한 공통과제가 없었고, 장애인계의 활력소가 되었던 청년학생단체들의 활동이 침체기를 맞이하면서 장애인계 전체의 움직임이 둔화되었다. 결국, 운동성을 유지하면서 활발한 활동을 했던 청년학생단체는 조직을 해체하거나 다른 기성조직으로 편입[28]되었다. 그러다 1991년 천안인애학교 설립을 둘러싸고 지역주민들이 반대하는 사태가 벌어지자, 장애인운동은 다시 조직을 정비하고 결집하기에 이른다. 천안인해특수학교 건립사건은 공립특수학교인 천안인애학교 건립을 지역주민들에 더해 해당 군청까지 나서서 반대한 사건이었다. 이 사건은 1991년 장애인들의 최대 쟁점 사안 가운데 하나였다. 장애인단체들과 장애인 학부모단체들은 '천안인애학교 사태 해결을 위한 공동대책위원회(약칭 천안인애학교 공대위)'를 구성하여 청와대와 국회에 압력을 행사하는 한편, 공청회와 대중 집회를 여는 등 적극적으로 대처하여 입지 승인을 받아냈다. 이 활동은 장애인시설 건립 반대에 대한 성공적 대응의 최초 사례라 할 수 있다(김윤정, 1997: 62; 이동석, 2004: 51; 이성규, 2011: 183).

천안인해학교 공대위의 활동으로 학교가 성공적으로 건립되면서 한시적 기구인 공대위를 상설화하자는 움직임이 생겨났고, 지금껏 사안에 따른 대책위원회에서 상시적인 조직으로 탈바꿈하게 되었다. 그리고 장애인계의 숙원인 단일창구 마련을 위한 계기가 되었고, 장애인운동의 진일보로 받아들일 수 있었다(김윤정, 1997: 54-55).

이 사건을 계기로 장애인 교육권 확보에 대한 대중의 요구가 거세게 일어났다. 당시 특수교육기관이 너무나 부족했기 때문에 장애아동의 교육을

28) 1993년 8월 장애인운동청년연합(장청)과 장애인한가족협회(장한협)가 전국장애인한가족협회로 통합하였다. 장청은 경제적 문제와 운동적 성격만 지닌다는 평가를 받았고, 대외적으로 긍정적 효과를 얻지 못하였으며, 장한협에서는 장청의 젊은 두뇌와 뛰어난 활동력을 가진 사람들이 필요하다는 이유로 통합하게 되었다. 전장협의 출현은 장애인단체통합이라는 큰 과제에 자극제가 되었다(김윤정, 1997: 54).

위한 법적, 제도적 개선 등 보다 근본적인 대책이 필요했다. 장애인 당사자는 물론 장애인 부모회, 장애인운동단체, 특수교육 관련 전문가들 사이에서도 공감대가 형성되어 있었다. 그리하여 장애인운동은 「특수교육진흥법」 개정운동이라는 이슈를 중심으로 다시 한번 그 힘을 집결하게 된다.

특수교육진흥법 개정운동의 전개과정

1992년부터는 장애인의 교육권 확보를 위해 '장애인복지를 위한 공동대책위원회'(이하 '공대위')[29]가 결성되어 장애인단체가 독자적으로 법안을 제정해 국회에 입법청원을 하는 등 활발한 움직임을 보였다. 공대위는 1992년 4월 18일 '한국 특수교육의 문제와 법률적 해결책에 관한 공청회'를 개최하여 특수교육진흥법의 문제점을 지적하고,[30] 그 개선책을 마련하기 위한 운동 방향을 제시함으로써 법 개정운동을 시작하였다. 그러나 공대위는 1992년 6월 13일에 개최된 '한국 특수교육의 이념 정립을 위한 심포지엄'에서 특수교육제도의 개선을 위해서는 법 개정보다 본질적인 제도의 개선이 필요하다는 공동인식하에 운동 목표를 '장애인교육에 관한 기본법(이하 기본법안)의 제정'으로 방향을 재설정하게 된다(배용준, 1995; 김윤정, 1997: 51-52). 기본법안은 10여 차례의 공개적인 공청회를 거치면서 부모와 현장의 소리, 전문가의 의견을 조직화하는 과정에서 한국사회에서 장애인의 교육권문제를 알리고 동의를 얻어내는 역할을 하였다(김정열, 2005: 53).

---

29) 1992년 마장동에 성동장애인복지관을 건립하는데 '교육상 좋지 않고 땅값이 떨어진다'라는 이유로 주민들이 반대하여 시설건립이 벽에 부딪히자 '장애인복지를 위한 공동대책위원회'를 구성하여 대응하게 된다(이동석, 2004: 51).

30) 1977년 12월 31일에 제정된 「특수교육진흥법」은 1987년 10월에 일부 개정되었고, 관련 시행령과 시행규칙이 몇 차례 개정되었지만, 애매하고 임의적인 규정이 많아 실질적으로 장애인의 교육권을 보장하는 데 한계가 있으며, '통합교육'이라는 시대적 조류에 뒤처지고 있다는 문제가 제기되었다(곽정란, 2003: 38-39).

한편, 교육부는 1992년 5~6월에 한국특수교육협의회를 중심으로 한 관련 전문가의 의견 및 자료를 수집하여 정리하여 7~8월에 「특수교육진흥법」 개정안을 수립하고, 의견을 수렴하게 되었다(김정권, 1993: 8). 그런데 한국특수교육협회의 관점과 공대위를 비롯한 장애인운동단체의 요구와는 차이가 있었다. 한국특수교육협회의 특수교육 관련 전문가들은 기존의 「특수교육진흥법」은 그대로 존속시키고, 내용의 개정만을 요구하였다. 반면, 공대위를 중심으로 한 장애인운동단체는 기존의 「특수교육진흥법」을 완전 폐기하고, 새로운 「장애인교육에 관한 기본법」을 제정하자고 주장하였다(곽정란, 2003: 39).

한국특수교육협회의 안은 1992년 9월에 1차 조정에 들어갔고, 같은 해 11월에 개정안에 대한 공청회를 열었으며, 수렴된 의견을 종합하여 12월~이듬해 2월 사이에 개정안을 2차 조정하였다. 이에 의하여 1993년 3~4월에 동법 시행령, 시행규칙 입안을 위한 계획을 수립하였다.

공대위는 1993년에 장애인의 의무교육권 확보를 주요 골자로 하여 마련한 「장애인 교육에 관한 기본법안」을 전체 장애인의 안으로 해서 국회에 입법 청원하였다. 그리고 공대위는 다른 시민사회단체에 공동대응해 줄 것을 제의하였다. 그 결과, 27개의 시민사회단체가 참여하여 '장애인 교육권 확보를 위한 범국민대책회의'(이하, 대책회의)라는 한시적 조직을 결성하게 된다. 대책회의는 서명 작업, 법안 토론회 등 지역공동대책회의를 통해 전국 단위의 지속적인 활동을 펼쳐나갔다. 같은 해 5월에 여러 차례의 공청회와 세미나 등을 통해 의견수렴과정을 거쳐 「장애인 교육에 관한 기본법」을 만들어 민주당의원입법으로 임시국회에 심의를 요청했으며, 이의 제정을 위해 회원과 단체장 · 사회저명인사의 서명을 받는 한편, 5월 8일에는 대대적인 거리 서명운동을 벌이기도 하였다(김윤정, 1997: 52).

이러는 와중에 교육부는 1993년 7월 15일에 개정 입법(교육부 공고 제

1993-18호)을 예고했다. 그리고 같은 해 9월에 교육부는 「특수교육진흥법」 개정안 정부 최종안을 마련하여 국회에 제출하였다. 두 달여 만에 발표된 교육부 최종안에는 장애아동의 의무교육에 대한 기존 규정에 대한 언급도 없었고, 장애아동의 의무교육권을 완전하게 보장하지 않는 안이었다.

최종안에 의무교육권에 대한 언급이 빠져 있는 것으로 알려지면서 공대위는 교육부의 최종안에 대해 전면적인 반대 투쟁에 나섰다. 우선 9월에 '민주당안'과 '공대위안' '교육부안'을 가지고 토론회를 여는 것을 시작으로 11월 6일에는 탑골공원에서 4백여 명의 시민이 참여한 가운데 장애인 의무교육이 실현될 수 있도록 시민들의 관심을 호소했다. 한편, 국회에 「장애인교육에 관한 기본법」 제정을 촉구하는 범국민대회를 갖고, 명동성당까지 평화행진을 했다. 이 과정에서 전국특수교육연합회 등 장애인교육과 관련된 학생들도 단식농성, 수업거부, 대중 집회 등을 통해 힘을 실어 주었다(김윤정, 1997: 53).[31]

결국, 국회 교육위원회는 정부안과 민주당 안을 절충해서 기존의 「특수교육진흥법」을 전면 개정한 「특수교육진흥법」 개정 법률안을 1993년 12월 17일에 최종적으로 결정했다. 그리하여 마침내 1993년 12월 「특수교육진흥법」 개정안이 국회를 통과하였고, 1994년 1월 7일 전면 개정되었다.

---

31) 전국특수교육학과연합회 등 장애인교육과 관련된 학생단체들은 10월 5일 대구에서 열린 전체회의를 통해 「특수교육진흥법」 개정안과 함께 '보수교육'과 '가산점제도'를 장애인교육의 질을 떨어뜨리고 일반교원 적체를 해소하기 위한 편법이라고 비난하고, 이의 철폐를 위해 단식농성, 수업거부, 대중 집회 등 강도 높은 대응을 하였다. 그리고 10월 26일 전국특수교육학과연합회는 명동성당에서 관련학과 학생 및 시민 600여 명이 참석한 가운데 '장애인 교육권확보'와 '보수교육 철폐' 등을 요구하는 거리집회를 했다. 성명서를 통해 '교육부가 15년 만에 내놓은 「특수교육진흥법」 개정안은 장애아동을 기만하는 조항으로 가득 차 있다'라고 밝히고, '교육부의 특수교육진흥법 개정안의 철회'와 '보수교육 철폐' 등을 요구했다(『함께걸음』, 1993년 11월호; 김윤정, 1997: 53).

특수교육진흥법 개정운동의 의의와 한계

장애인 교육권 확보를 위한 운동은 1992년과 1993년 진행되면서「특수교육진흥법」 전면적 개정이라는 성과를 가져왔다. 장애를 이유로 자행되었던 입학거절은「특수교육진흥법」 개정으로 정당성을 상실하게 되었다. 개정된「특수교육진흥법」 제13조에 학교장 등은 장애를 이유로 입학을 거절하지 못하도록 명문화했기 때문이다.[32] 또한, 이 법의 개정으로 장애인 교육도 일반교육과정에 준하여 초등학교와 중학교과정을 의무교육으로 규정하게 하는 중요한 정책적 성과를 거두었다.[33]

「특수교육진흥법」 개정운동은 장애인들이 자발적으로 현행 제도상의 모순을 바로잡고자 시작된 장애인운동이었지만(김윤정, 1997: 62), 한계도 지니고 있었다. 장애운동가 김도현(2007d: 61)은 장애인복지공대위를 중심으로 한 개정운동이 현장의 특수교사나 학부모 등 특수교육의 실질적 주체들을 투쟁의 과정에서 조직화해내지 못한 아쉬움을 토로한다. 즉, 이들을 대중 운동의 주체로서 지향시키지 못함으로써 장애인 교육의 문제를 두고 지속적으로 싸워나갈 대중 운동의 주체가 형성되지 못하고, 장애인 교육 예산 확보와 같은 후속 활동이 이루어지지 않으면서,「특수교육진흥법」 개정안은 현실적으로 큰 변화를 가져오지는 못했다는 것이다.

---

32) 이 조항의 영향으로 1999년 서원대에 원서 자체를 접수하지 못했던 서주현(뇌병변 장애 1급)은 소송을 제기해 '학교 측은 모두 500만 원의 위자료를 지급하라'라는 판결을 받아냈으며, 학교 측은 이와 더불어 50만 원의 벌금형도 함께 받았다. 이 외에도 2000년 서울교대에 입학거절을 당한 김훈태, 2000년 청주대에 편입원서를 냈다가 거절당한 황선경 등이 장애우권익문제연구소와 함께 학교를 상대로 소송을 제기하여 학교 측으로부터 편입학 권리를 획득하게 되었다(김도현, 2007; 이성규, 2011: 239).

33) 「특수교육진흥법」은 2007년 5월 25일 폐지되고,「장애인 등에 대한 특수교육법」으로 대체된다.

4) 장애인 이동권운동

장애인 이동권운동의 뿌리는 1984년 1월 20일 장애자올림픽 서울 유치 결정이 있었던 그해 9월 19일에 휠체어 장애인이던 김순석 열사가 서울시장 앞으로 '서울거리의 턱을 없애 달라'는 유서를 남기고 자살한 사건이었다. 당시에는 그의 몸부림에 세상이 귀 기울여 주지 않았지만, 뒤늦게나마 김순석 열사의 절규를 함께 외치는 이들이 생겨났고, 장애인편의시설에 대한 전국적인 파장을 불러일으켰다. 국민들은 점차 장애인편의시설이 필요하다는 데 입을 모으기 시작했다. 이에 서울시는 즉시 서울 시내의 모든 횡단보도 턱을 없애겠다고 발표하였다.

그 이듬해 한국방송공사는 장애인편의시설과 관련한 프로그램인 장애인 도심적응훈련 '이제는 파란불이다'를 방영하였는데, 이 프로그램은 그동안 무관심의 영역에 머물러 있던 장애인편의시설문제를 국민들의 관심권 안으로 진입시키는 데 결정적인 영향을 미쳤다. 그리고 '이동권'이라는 새로운 용어가 우리 사회에 등장하게 되었다. 그 시작지점에 김순석 열사의 유서가 존재하고 있었다.

이동권에 대한 관심은 타 장애인의 권리운동과 마찬가지로 1988년 서울올림픽과 함께 장애자올림픽이 서울에서 개최되면서부터 본격화되었는데, 이는 장애인의 이동권 보장 없이는 장애자올림픽 개최는 있을 수 없다는 운동이 이동권에 대한 관심을 불러일으켰다.

이후 1992년 장애우권익문제연구소가 녹색교통과 함께한 '함께 걸음 시민대행진'은 90년대의 이동권운동의 물꼬를 텄으며, 1994년에는 장애인 교통약자 이동권 확보를 위한 지하철 실태조사 기자회견을 통해서 이동권문제를 강하게 제기하였고, 같은 해 4월 여성단체연합, 노인단체, 녹색교통, 장애우권익문제연구소 등이 '함께 걸음 시민대행진' 조직위원회를 구성하여 매년 사회와 국민을 향해 장애인의 이동권문제를 부각시켰다(장애우권익문제연구소, 1994: 5). 이러한 운동방식은 대중들의 의식을 변화시키는 데는 의미가 있었지만, 장애인의 이동권 보장을 위한 예산 확보에는 영향을 주지는 못했다. 하지만 교통 관련 시민단체와 환경단체, 장애인단체 등이 참여한 보행권연대 조직을 구성하면서 장애인 등 보행약자는 물론 모든 시민이 쾌적한 거리를 만날 수 있는 운동이 전국 네트워크를 통해 시작되었다. 이러한 보행권 운동은 서울시를 비롯한 지방자치단체에서 조례를 만드는 성과를 거두게 되었다. 보행권 운동은 육교나 지하도 대신 횡단보도 설치를 요구하는 운동을 지속하여 성과를 거두었다(김정열, 2005: 55).

1996년 12월에는 장애인편의시설촉진시민연대(이하 편의연대)가 설립되었다. 이 단체는 누구나 안전하고 편리하게 건물을 이용할 수 있는 세상, 누구나 안전하고 편리하게 이동할 수 있는 세상 만들기를 설립목적에 명시하고 있다. 편의연대의 출범으로 우리 사회에서 장애인의 접근권에 대한 좀 더 구체적이고 지속적인 문제제기가 가능하게 되었다. 이러한 일련의 움직임과 운동의 결과 1997년 「장애인 · 노인 · 임산부 등의 편의증진보장에 관한 법률」(이하 「편의증진법」)이 제정되면서 이동권에 대한 기대가 높아졌다(김정열, 2005: 55). 하지만 도로와 여객시설을 제외하고 버스, 지하철, 택시 등 실질적인 장애인의 이동권인 교통수단에서의 접근성 보장은 거의 이루어지지 않았다. 대부분 조항들이 의무가 아닌 권장사항이었으며, 건설교통부 소관은 교통수단에 대한 접근 보장을 「편의증진법」의 주관 부처인 보건복지부가 하기에는 한계가 있었다. 그 결과, 서울의 지하철은 엘리베이터 설치율이 50% 이하로 남아 있었으며, 휠체어 사용자가 이용할 수 있는 시내버스는 우리나라에 단 한 대도 없는 결과를 가져왔다.

5) 장애인 참정권운동

장애인의 참정권 문제에 대해 장애인들이 직접 자기 목소리를 낸 것은 1992년 대통령 선거를 앞두고 투표소 건물을 1층에 마련하고 편의시설을 설치해 줄 것을 요구하면서부터라고 볼 수 있다(『동아일보』, 1992. 11. 11). 당시 장애인단체들은 시각장애인투표 도구 비치와 유세 시 수화 통역자 배치, 후보자 점자 홍보전단지를 요구하였고, 투표소 편의시설 설치를 요구하는 등 장애인 참정권운동이 본격적으로 시작되었다. 그러나 이러한 요구는 극히 일부 장애인단체만 주장했고, 사회 여론도 그다지 주목하지 않았다. 장애인 참정권운동이 본격적으로 세간의 주목을 받기 시작한 것은 4대 지방자치 선거가 시작되면서부터다. 1995년 6.27 지방선거를 앞두고 장애계의 강력한 요구 운동이 있었다(김정열, 2005: 56).

1996년 4월 11일 15대 총선을 계기로 장애인투표소가 사회적 이슈로 등장했다. 장애우권익문제연구소의 1996년 투표소 실태조사를 통해 장애인의 참정권을 훼손하는 투표소 문제를 거론하게 된 것이다. 당시 장애인 투표소 접근성 문제는 물리적 접근성, 편의시설 부족, 정보 접근성 제한, 투표보조인 문제 등 다양한 측면에서 존재했다. 이전까지 별로 관심을 보이지 않던 언론들도 논평을 통해 장애인의 투표소 접근보장을 알리기 시작했다. 이를 계기로 선관위는 점자투표 안내문 1만 6천 매를 배포하고, 선거 당일 장애인을 돕기 위해 투표보조자를 배치하였다.[34)]

한편, 부산장애인총연합회는 처음으로 장애인 부재자 투표에 관한 문제

---

34) 이후에도 집중적으로 1층 이외의 투표소에 대한 문제 제기를 통해 2002년 지방선거에서는 1층 이외의 투표소가 7% 수준으로 떨어지게 되었으며, 보조원 2인을 반드시 배치하도록 하는 등 장애인의 참정권을 미미하나마 확보하게 되었다(『함께 걸음』, 1997. 11.; 김윤정, 1997: 58-59; 이동석, 2004: 53).

를 들고나와 중앙선관위로부터 지체장애인들이 부재자 신고를 통해 거소투표가 가능하다는 유권해석을 받아냈다(『한겨레』, 1996. 6. 20). 그러나 투표소를 옮기지는 못하였다. 그리고 1996년 국회의원 총선거 당시 「장애인복지법」에 보장된 장애인의 실질적인 선거권 보장을 요구하며 국가를 상대로 소송을 했고, 부분적인 승소를 통해 1999년 「장애인복지법」 23조에 명시적으로 권리규정을 하게 되었다. 그리하여 2000년 총선에서는 중앙선거관리위원회가 주최하는 후보자 초청토론회에서 의무적으로 수화통역과 문자방송을 하는 성과를 거두었다(김정열, 2005: 56).

3. 장애인복지의 역사

양대 법안 투쟁으로 1989년 「장애인복지법」, 1990년 「장애인고용촉진등에 관한 법률」이 제정되었다. 이 두 법의 개정 및 제정으로 인해 장애계가 표출한 문제인 생계문제, 고용문제와 관련하여 복지급여로서 경제적 지원이 시작되었다. 그리고 교육권확보를 위한 지속적인 운동을 통해 1994년 「특수교육진흥법」 개정이 이루어졌고, 아울러 이 시기에 장애인의 이동권 운동과 참정권운동이 싹트기 시작했다.

1) 개정 장애인복지법

1989년 12월 30일에 「심신장애자복지법」(1981년 제정, 1984년 개정)이 「장애인복지법」으로 전면 개정되었다. 개정 「장애인복지법」의 주요 내용은 다음과 같다(전홍윤, 1990; 조흥식, 2006: 82).

첫째, 개정 「장애인복지법」에서는 '심신장애자'라는 용어를 '장애인'으로 변경하였고, '지체부자유자'를 '지체장애인'으로, '정신박약'을 '정신지체'로 변경하였으며, 장애인 등록제도와 장애인수첩제도를 도입하였다.

둘째, 장애발생의 예방에서부터 의료, 고용, 수당지급 등 장애인의 자립과 보호에 필요한 모든 장애인대책에 대해 국가와 지방자치단체의 책무가 명백함을 규정하였다. 즉, 국가 및 지방자치단체의 책무로 장애발생의 예방, 재활의료, 중증장애인의 보호, 보호자에 대한 배려, 장애인의 교육, 장애인의 직업지도, 장애인용 주택의 보급, 문화 환경의 정비, 경제적 부담의 경감(전화요금 할인, 철도요금 할인, 도시철도요금 면제, 고궁 · 박물관 · 공원 등 요금 면제) 등을 규정하였다.

셋째, 복지조치로 ① 재활상담 및 의료기관, 장애인복지시설에의 입소 · 통원조치, ② 장애인의 의료비 지급, ③ 장애인이 부양하는 자녀의 교육비 지급, ④ 보장구의 교부 수리, ⑤ 자금 대여, ⑥ 공공시설 내 매점 또는 자동판매기 설치 우선허가, ⑦ 담배소매인 홍삼판매인 우선지정, ⑧ 우표 판매업 우선허가, ⑨ 자립훈련비 지급, ⑩ 장애인 제작품 우선구매, ⑪ 공공시설의 우선이용, ⑫ 생계보조수당의 지급, ⑬ 도로 · 공원 · 공공건물 · 교통시설 · 통신시설 · 공동주택 · 기타 공중이 이용하는 시설의 편의시설 설치, ⑭ 방송의 수화 · 자막 삽입 등을 규정하였다.

넷째, 장애인복지시설로 ① 장애인재활시설, ② 장애인요양시설, ③ 장애인유료복지시설, ④ 장애인이용시설, ⑤ 장애인직업재활시설, ⑥ 점자도서관, ⑦ 점서 및 녹음서 출판시설 등을 규정하였다.

다섯째, 장애인의 날과 장애인주간 설정을 법률로 정하였다.

여섯째, 한국장애인복지체육회의 설립, 장애인단체의 보호 육성 등에 관하여 규정하였다.

개정 「장애인복지법」은 기존 3장 32개 조에서 7장 58개 조로 개정될 정도로 많은 변화가 있었다. 이러한 변화는 장애인 당사자의 주장을 통해 획득한 것이다. 개정 「장애인복지법」에 따라 장애인에 대한 복지서비스는 조금씩 확대되었다. 저소득장애인에 대한 의료비 · 자녀교육비 지급, 보장구 교부, 자금의 대여, 생업지원, 자립훈련비 지급, 생계보조수당 등 주로 저소득장애인에 대한 경제적 지원이 시작되었다.

또한, 일반장애인에 대한 경제적 지원도 확대되어 전화요금 감면(1989), 장애인 승용 자동차 LPG연료 사용 허용(1990), 국 · 공립박물관, 공궁 및 능원의 장애인 무료입장(1990), 철도 및 지하철도 요금 50% 할인(1991), 국내선 항공료 50% 할인(1~3급 장애인은 보호자 1인 포함)(1991, 1993), 지하철 무임승차제(1993) 등 각종 이용요금 할인 혜택이 시작되었다. 그러나 저소득장애인에 대한 국가지원은 한정된 자원으로 인해 생존권을 보장하기에는 미흡한 수준이었고, 일반장애인에 대한 지원은 소득지원이 아닌 필요경비를 감면해 주는 것으로 중산층 이상의 장애인이 저소득장애인보다 더 많은 혜택을 받는 문제점을 드러냈다. 또한, 장애인복지법의 조항들은 '할 수 있다'와 같은 임의규정이 많아 법 개정의 한계를 드러냈다.

2) 장애인고용촉진법 제정

1990년 1월 13일에 제정된 「장애인고용촉진 등에 관한 법률」(이하 「장애인고용촉진법」)은 장애인의 고용 활성화를 통한 자립생활을 목표로 하는 것으로 장애인의 경제적인 문제를 고용을 통해 해결하고자 하는 것이었다. 「장애인고용촉진법」은 장애인의 의무고용제도를 도입한 것으로 한국 장애인고용제도의 시작을 알리는 것이었다. 이 법은 국가 및 지방자치단체와 사업주의 장애인고용에 대한 책임을 명시하였고, 상시근로자 300인 이상 사업주에 대해서는 소속 근로자의 2% 이상을 장애인으로 고용하도록 의무화하였다. 그리고 이를 준수하는 사업주에게 고용지원금, 보조금을 지급하고, 반대로 일정률 미만의 장애인을 고용하는 사업주에게는 장애인고용부담금을 내도록 하였다. 국가 및 지방자치단체도 장애인이 소속 공무원 정원의 100분의 2 이상 고용될 수 있도록 노력할 것을 규정하였다.

한편, 「장애인고용촉진법」에 의해 장애인고용을 전문적으로 담당할 장애인고용촉진공단이 설립됨으로써 장애인고용에 관한 재원 및 행정체계를 갖추게 되었다. 장애인고용촉진공단의 주요 사업은 장애인고용에 관한 정보의 수집 · 분석 · 제공 및 직업소개, 장애인의 고용촉진 및 직업재활에 관한 조사연구, 장애인 적응훈련 및 장애인 직업생활상담원의 양성연수, 사업주와 관련 기관에 대한 직업생활 및 고용관리에 관한 기술적 사항의 지도지원, 장애인에 대한 적성검사 · 직업지도 · 평가 · 기타 직업에 필요한 지식과 기능교육, 장애인 직업훈련 및 장애인 표준사업장 운영, 장애인 고용촉진을 위한 홍보 · 교육 및 장애인 기능경진대회 등 관련 사업 등으로 되어 있다(조흥식, 2006: 83).

이처럼 「장애인고용촉진법」은 장애인 의무고용제도를 중심으로 법적 기반이 완성되었다고 볼 수 있다. 그러나 「장애인고용촉진법」은 집행과정에서 많은 문제점들이 노출되었다. 장애인고용률은 시행 초기와 크게 달라지지 않았고, 고용되는 장애인도 경증장애인에게 한정되어 제정 초기의 목적을 이루지 못하고 있다는 비판을 받았다(김미옥 외, 2004: 32-33). 1, 2급 중증장애인의 사업체 고용비율은 17.5%에 불과했고, 중증장애인에 관한 규정은 법에도 구체화하지 못했다. 지적장애인의 경우 다른 장애에 비해 취업장애인 비율이 25%로 제일 낮았고, 그다음이 시각장애인 27.6%로 낮았다(한국보건사회연구원, 1995). 말하자면, 지적장애나 시각장애 등의 중증장애 유형은 취업에 어려움을 겪고 있었다. 특히, 중증장애인 취업과 관련하여 보건복지부와 장애인고용촉진공단의 이중적인 전달체계, 중증장애인에게 적합한 전문적인 직업재활 역할 수행 미비 등이 가장 큰 문제점으로 지적되었다(조문순, 2001).

또한, 1997년 장애인 근로자 수가 고용의무 인원 43,411명에 훨씬 미치지 못하는 10,331명으로 법 시행 이후 7년이 넘도록 장애인고용률은 2%에도 훨씬 못 미치는 0.4%대의 비율에 그쳐 대부분의 사업체가 장애인을 실제 고용하기보다는 부담금에 의존하고 있는 것으로 파악되었다.[35] 더욱이 법 시행 전 이미 300인 이상 의무고용사업체에 고용되었던 장애인이 7,758명으로 실제 고용효과는 10,331명도 아닌 2,573명에 불과하여, 7년 동안 매년 367명이 동법의 효과 인원이라고 볼 수밖에 없기 때문에 「장애인고용촉진법」 제정 목적 자체가 의문시되었다(나운환, 1998; 이인영, 2001: 46). 「장애인고용촉진법」의 집행과정에서 나타난 이러한 문제점들은 「장애인고용촉진법」 개정 논의의 배경이 되었다.

3) 특수교육진흥법의 전면개정

장애인 교육권확보를 위한 장애인운동의 결과 「특수교육진흥법」 전면개정이라는 성과를 가져왔다. 정부는 1992년 4월에 '특수교육발전계획'을 확정 발표하고, 1994년 「특수교육진흥법」을 개정하여 장애인에 대한 교육에 있어 통합교육이 원칙임을 천명하였다. 그리고 특수교육이 개별화의 교육원칙에 따라 이루어져야 함을 선언하고 순회교육제도, 파견교육제도, 치

35) 사업주들은 장애인들을 고용하기보다는 벌금으로 고용부담금을 부담하는 쪽을 택했다. 장애인들의 생산성이 떨어져 사업의 경제성을 저해할 수 있다는 우려가 고용부담금 액수보다 컸다는 것을 의미한다(조문순, 2001).

료교육제도, 보호자교육제도 등을 신설하였다. 「특수교육진흥법」의 개정된 주요 내용은 다음과 같다(윤점룡, 1994: 18-21).

첫째, 특수교육대상자를 초·중학교과정의 교육은 의무교육으로 하고, 유치원과 고등학교과정의 교육은 무상으로 한 것이다. '의무교육'이라는 용어가 생기면서 헌법 제98조(유예·면제조항)의 삭제 논란이 없어졌다.

둘째, 특수교육에 관한 주요 사항을 심의·건의하기 위하여 교육부에 '중앙특수교육심사위원회'를 각 시·도에 '지방특수교육심사위원회'를 두도록 하였고(제4조 1항), 교육부장관 및 교육감은 특수교육심사위원회의 심사를 거쳐 특수교육대상아동을 선정·배치하도록 하였다.

셋째, 특히 제5장에 벌칙조항을 두어 각급 학교의 장은 교육감의 특수교육대상자 배치를 받고도 정당한 사유 없이 이에 응하지 아니할 때는 50만원 이하의 벌금을 물게 하였다(제10조, 제11조).

넷째, 정부는 특수교육의 주요 시책에 관한 연차 보고서를 매년 정기국회 개회 전까지 국회에 제출하도록 하였다(제9조).

다섯째, 교육감은 학령기가 지났거나 교육을 받지 못하고 있는 특수교육대상자가 수용되고 있는 장애인복지시설, 아동복지시설, 의료기관 또는 가정 등에 특수교육 교원을 순회하도록 하거나 파견하여 교육을 실시하는데 필요한 대책을 마련하도록 하였다(제14조).

여섯째, 고등학교과정을 설치한 특수교육기관에 전문기술교육을 실시하기 위하여 수업연한 1년 이상의 전공과를 둘 수 있도록 하였다.

위와 같은 개정으로 무상교육, 의무교육 등의 확대 실시로 장애아동의 교육권을 확대 보장하는 데 법적 기본 틀을 갖추게 되었다.

박승희(2001: 2)는 "특수교육진흥법 개정 운동을 중심으로 한 장애인 교육권운동은 장애인교육에 대한 공교육의 기회 확대와 통합교육의 기반을 마련하는 데 기여하였다"라고 평가했다. 즉, 많은 일반학교에 특수학급이 증설된 것은 특수교육에 대한 기회가 양적으로 확대된 것뿐만 아니라 물리적인 통합의 기초를 마련하였다는 것이다. 그러나 한 반에 15명의 아이들이 있는 상황에서 개별교육을 행하는 것은 실제로 무리가 있었으며, 통합교육에 대해 차별을 하였을 때도 어떠한 처벌이 없었기 때문에 통합교육도 담보해 낼 수가 없었다(조흥식, 2006: 84).

한편, 1994학년도부터는 일반교육대상자들의 고등교육 확대를 위해 전국 대학의 입학시험에서 장애학생을 정원 외로 선발하는 특례입학제도가 시행되었다. 이 제도는 장애인에게 고등교육기회를 부여하고 취업기회를 부여하는 점에서 긍정적인 제도로 평가되고 있으나, 역차별이라는 부정론도 존재하였다(조흥식, 2006: 84).

4) 장애인 · 노인 · 임산부 등의 편의증진에 관한 법률 제정

장애인 등 편의증진법 제정 배경

1984년 1월 20일 휠체어를 사용하는 장애인이던 김순석 씨가 '서울거리의 턱을 없애 달라'는 유서를 남기고 자살한 사건과 88서울올림픽과 88서울장애자올림픽 대회는 편의시설이 확충되는 주요한 계기가 되었다. 정부는 1988년 서울장애자올림픽 대회 준비와 관련하여 장애자 편의시설을 계속 확대해 나가기 위하여 「건축법」 시행령을 개정하여 공공업무시설, 학교, 승강기 설치대상 건축물에 장애인을 위한 경사로 설치 등을 규정하였다. 1989년 전면 개정된 「장애인복지법」에서는 편의시설에 관한 규정도 대폭 개정되었다. 「심신장애자복지법」과 달리 편의시설의 설치를 법적 의무로 강제하는 규정(제33조 제2항)을 둠으로써 편의시설 설치의무규정을 강화하였다. 편의시설을 설치하여야 하는 시설, 설비의 기준 등에 관하여 구체적으로 필요한 사항은 대통령령으로 정하도록 하는 위임의 근거 규정(제33조 제3항)을 두었다. 편의시설을 설치하지 않는 경우 복지기관에게 시정을 요구할 권한을 부여하고(제33조 제4항), 특별한 이유가 없는 한 이에 응할 의무를 부과하며(제33조 제5항), 이에 불응한 자를 50만 원 이하의 벌금에 처하도록 하는 처벌규정(제57조 제3호, 양벌규정은 제58조 참조)을 두는 등 실효성을 확보하기 위한 장치도 나름대로 규정하였다(차성안, 2012: 74).

그러나 그 후 개정된 「장애인복지법 시행령」(1990. 12. 1.) 제30조는 설치하여야 할 시설이나 설비의 대강 항목만을 정하고, 세부설치기준을 보건사회부장관이 관계부처의 장과 협의하여 정하도록 다시 위임하였다(동조 제2항). 그리고 이에 따른 세부설치기준은 한동안 제정되지 않다가 무려 4년이 지난 1994년 12월 30일이 돼서야 「장애인편의시설 및 설비의 설치기준에 관한 규칙」(보건복지부령 제1호)이 제정되었다(차성안, 2012: 74).

1993년에는 장애인 지하철 무료승차가 처음 시행되었으나, 지하철의 편의시설이 미비한 실정에서 장애인복지공동대책위원회는 새롭게 건설되는 지하철 역사에 장애인편의시설을 설치할 것을 요구하였다. 그러나 이 당시만 하더라도 시설설치가 의무조항이 아닌 임의규정으로 되어 있어 훗날 이동권투쟁의 시발점이 되었다(권선진, 2006: 324).

한편, 1995년 12월 개정된 「건축법」 시행령에 의해 편의시설에 대한 규제가 강화되는데, 동령에 따르면 “건축물에 설치하여야 하는 장애인 관련 시설 및 설비는 장애인복지법령이 정하는 바에 의한다”라고 규정함에 따라 장애인편의시설을 설치하지 않은 경우 건축허가를 받지 못하도록 하였다. 그러나 이를 실행하고자 하는 행정당국 및 사회의 의지가 부족함에 따라 장애인편의시설의 확충은 미흡했다.

1996년에는 편의연대가 출범하면서 우리 사회에서 장애인접근권에 대한 지속적인 문제가 제기되었다. 그 결과, 장애인편의시설의 확충을 위하여

1997년 4월 10일에 「장애인 · 노인 · 임산부 등의 편의증진에 관한 법률」(이하 「장애인등편의증진법」)을 제정되어, 1998년 4월 11일에 시행되었다.[36)]

장애인등편의증진법의 주요 내용

먼저, 이 법률은 장애인 · 노인 · 임산부 등이 생활을 영위함에 있어 안전하고 편리하게 시설 및 설비를 이용하고, 정보에 용이하게 접근하도록 함으로써 이들의 사회활동 참여와 복지증진을 도모하려는 목적으로 제정되었다(제1조, 제2조 참조). 동법에서는 장애인 등의 접근권을 규정함으로써 구체적인 권리로 명시한 점이 주목된다. 접근권의 전제로 이동권이 포함되어 있다고 해석할 수 있다. 다만, 도보 이동, 휠체어 이동 기타 교통수단을 통한 이동 등 이동 그 자체에만 초점이 맞춰진 것은 아니다 보니, 이동권 보장 측면에서는 어느 정도 한계가 있다는 지적(노호창, 2020: 167)도 있다.

둘째, 장애인 · 노인 · 임산부 등이 인간으로서의 존엄과 가치 및 행복을 추구할 권리를 보장받기 위하여 시설과 설비를 동등하게 이용하고, 정보에 자유롭게 접근할 수 있는 권리를 가진다고 선언하고 있다. 이를 가능하게 하는 시설과 설비 등을 장애인 · 노인 · 임산부 등의 편의증진을 위한 편의시설로 정의하고 있다(제4조).

셋째, 편의시설을 설치해야 할 대상시설과 편의시설의 설치기준을 제시하고 있다. 대상시설에는 도로, 공원, 공공건물 및 공중이용시설, 공동주택, 교통수단, 통신시설, 그리고 기타 장애인 등의 편의를 위하여 편의시설의

---

36) 「장애인등편의증진법」의 제정과정에 관해서는 국회의 입법과정에 대한 상세한 분석을 한 차성안(2012)의 논문을 참조할 것. 차성안의 논문에서는 새정치국민회의와 신한국당에서 각자 제출한 의안들이 어떤 과정을 통하여 준비되었고, 어떤 쟁점에서 차이를 보였는지, 그리고 양 법안의 주요 내용이 보건복지위원회, 법제사법위원회의 심의과정에서 어떻게 절충되어갔으며, 입법과정에 참여한 주체들이 어떠한 역할을 하였고, 각자 어떤 영향을 끼쳤는지를 아주 상세하게 분석하고 있다.

설치가 필요한 건물 · 시설과 그 부대시설이 포함된다. 설치하여야 하는 편의시설의 종류는 대통령령으로, 편의시설의 구조 · 재질 등에 관한 세부기준은 보건복지부령으로 정하고 있다.

넷째, 편의시설의 설치와 운영에 관하여 지도하고 감독하는 시설주관기관을 중앙정부인 보건복지부와 지방자치단체로 명기하고, 시설주관기관이 담당해야 할 역할을 명시하고 있다. 즉, 시설주관기관은 장애인편의시설 활성화를 위해 편의시설 설치기준의 적합성 확인, 편의시설에 관한 지도감독, 실태조사, 편의시설의 설치계획 수립, 시행 및 보고의 업무를 수행해야 한다.

다섯째, 편의시설 설치를 촉진하기 위한 각종 지원사업에 대하여 명기하고 있는데, 정부는 민간의 편의시설 설치를 촉진하기 위하여 금융지원, 기술지원, 세제지원 방안 등을 강구하여야 하며, 편의시설에 관한 연구개발 촉진, 편의시설 설치촉진기금의 설치 등의 내용을 담고 있다.

마지막으로 벌칙과 과태료, 이행강제금에 관한 사항을 강화하였다. 즉, 시설주관기관의 시행 명령을 받은 건물주가 이를 이행하지 않은 경우 3천만 원 이하의 이행강제금을 부과할 수 있도록 함으로써 구제조치의 실효성을 확보하고자 하였다.

한편, 신규 민간시설은 이 법의 적용을 받으나 이미 지어진 시설의 경우 적용을 받지 않고, 공공기관의 경우 2년에서 7년 이내에 편의시설을 설치하게 되어 있어 편의시설 증진의 급격한 변화는 없었다. 하지만 공공기관에 경사로 설치, 장애인 전용주차장 설치 등은 어느 정도 효과를 거둔 것으로 평가된다(김미옥 외, 2004: 33).

그러나 「장애인등편의증진법」은 많은 한계점이 지적되었다. 그중에서도 차성안(2012)은 대상시설의 범위, 기존 대상시설 중 정비의무를 지는 대상시설의 범위를 대통령령에 위임한 것과 경사로, 승강기 등 편의시설 세부 설치기준을 전적으로 행정입법으로 정하고 있는 것을 이 법의 근본적인 한계로 지적하고 있다. 부연하면, 이 법을 봐서는 어떤 대상시설에 어떤 편의시설이 설치되어야 하는지를 전혀 가늠할 수 없다는 것이다.[37] 이 법의 시행령과 시행규칙상의 기준도 매우 미흡하다는 것이다. 특히, 기존 대상시설 중 편의시설 정비의무를 지는 범위가 지나치게 협소하다. 앞으로의 「장애인등편의증진법」의 개정운동은 포괄위임의 형태를 띤 「장애인등편의증진법」의 구조 자체를 바꾸는 형태로 이루어지거나, 그게 힘들다면 시행령, 시행규칙의 개정에 집중할 필요가 있다고 지적한다. 특히 대상시설 범위의 확장, 기존 대상시설 중 편의시설 정비의무를 지는 대상시설 범위의 확장, 편의시설 세부 설치기준의 적합성 및 다양화 방안 등에 대한 문제제기가 필요하다는 것이다.

차성안(2012)은 또한 편의시설 설치의무가 이행되지 않는 경우, 구제수단에 관한 입법적 보완이 필요하다는 점을 강조한다. 예를 들어, 편의시설을 시설주가 설치하지 않는 경우, 당해 대상시설을 이용하는 장애인이 법상 시정명령, 이행강제금을 신청할 수 있는지, 개인이 시설주를 상대로 손해배상청구를 하는 것 외에 편의시설 설치의무의 이행을 직접 소송으로서 구할 수 있는지가 해석상 문제가 될 수 있다는 것이다. 그러므로 장애인 개인이 이용할 수 있는 구제절차에 관한 구체적인 규정 마련이 요구된다는 것인데, 예를 들면, 법에 명문으로 "시설주 등이 이 법을 위반하는 경우 당해 대상시설을 이용하거나 이용하려는 장애인의 구제절차에 관하여는 「장애인차별금지법」 제4장, 5장을 준용한다"라는 식의 규정을 두는 등 입

37) 버스, 기차 등 주요 교통수단 및 교통 관련 시설 등에 있어서 휠체어 리프트, 에스컬레이터, 엘리베이터, 탑승보조 서비스 등 구체적인 교통편의 장치의 설치 기타 제공 여부와 관련해서는 동법 시행령 및 별표 등 하위규범을 상세히 분석해야 파악할 수 있는 한계는 분명히 존재하였다(노호창, 2020: 168).

법적 해결이 필요하다는 것이다.[38)]

「장애인등편의증진법」은 여러 차례 개정되면서 보건복지부에 편의증진 심의회를 구성하는 조항이 신설되었고, 설치대상 시설 중 도로와 교통수단은 2005년 1월 27일 제정된 「교통약자의 이동편의증진법」에 이관되어 삭제되는 등 일부 조항이 수정되었다.

38) 「장애인차별금지법」 제4장은 장애인차별시정 기구 및 권리구제 등에 관한 내용이고, 제5장은 손해배상, 입증책임에 관한 내용으로 구성되어 있다.

제7장

IMF 경제위기 이후의 장애인복지

1997~

제7장
IMF 경제위기 이후의 장애인복지

1. 장애인의 역사

1) 시대적 배경

경제 · 사회적 배경

1997년 말에 불어 닥친 IMF 경제금융 위기는 한국사회에 전례 없는 사회문제를 발생시킨 충격적인 사건이었다. IMF 구제금융은 매우 긴축적인 거시경제정책과 구조조정, 미시경제의 자유화 등을 조건으로 한 것이었다. 그 결과, 산업화시기에는 나타나지 않았던 근본적인 경제사회구조의 변화를 경험하였다. 경제사회구조의 변화는 노동시장의 양극화로 이어졌고, 이는 유례없는 대량실업과 빈곤인구를 양산하였다.

1998년 2월에 100만 명을 돌파한 실업자 수는 1999년 초에는 약 200만 명 가까이 치솟았다. 경제위기 이전에는 3% 미만을 유지하던 실업률이 1998년에는 7.0%까지 올랐다(김종일 외, 2010: 292). 1998년의 경제성장률은 -5.9%를 기록했고, 빈곤율은 3.1%에서 10.9%로 급증하였다(박광준, 2013: 274). 절대빈곤층의 규모를 보면, 1996년에는 전체 세대의 3.1%에 그쳤는데, 2000년에는 8.2%로 급격하게 상승하였고, 2003년에는 10.4%가 되었다

(여유진 외, 2005: 133). 이는 다시 이혼, 아동 · 노인의 유기, 가출, 노숙, 자살, 결식아동의 증가 등 각종 사회병리 현상을 야기해 빈곤문제가 중요한 쟁점으로 떠올랐다.[1] 또한, 1997년 외환위기 이후 노동시장의 유연화로 인해 비정규직[2]은 전체 임금노동자의 절반 이상을 차지할 정도로 지속적으로 증가했다.[3] 비정규직은 일자리 안정성이 많이 떨어지고, 안정성만큼이나 보상도 큰 차이가 나며, 복지혜택도 정규직보다 훨씬 적다. 비정규직은 사회적 양극화를 촉진하는 요인으로 작용했다.

이러한 노동시장구조의 양극화라는 경제사회구조의 변화는 사회보장제도에 영향을 미쳤다. 사회보험제도에서는 사회보험료의 부담을 가중시켰고, 사회적 위험(social risks)에 처해 있음에도 불구하고 보험급여를 받지 못하거나 충분한 급여를 받을 수 없는 이른바 '사회보험의 사각지대'를 확대시켰다. 또한, 노동시장구조의 양극화는 장애인에게도 크게 영향을 미쳤다. 특히, 노동과정에서의 장애노동자에 대한 차별은 높은 실업률과 장기적인 실업상태를 만들어 내고 있었다. 2000년 12월 공식적인 장애노동자의 실업률은 28.4%로 같은 시기 일반실업률 4.8%의 약 6배에 달했다. 장애인 의무고용정책을 지속적으로 시행하고 있음에도 불구하고 실업률이 줄어들지 않았고, 오히려 자본에 의해 장애노동자의 배제가 확대되고 있었다. 그리고 장애노동자는 항상 고용불안정상태에 놓여 있었다. 비숙련, 단순노무직종사자가 더욱 많고, 점차 증가추세에 있었다. 취업장애인의 직업별분포

1) 경제위기 직후 실직가정을 대상으로 한 조사에 의하면, 가정폭력 경험률 11.8%, 이혼 · 별거율 12.3%, 자녀의 심리적 불안과 위축 발생률 49.9%, 자녀양육에 따른 스트레스 경험률 25.9%, 자녀의 비행 발생률 3.3% 등인 것으로 나타났다(김승권, 1998: 308-333).

2) 비정규직은 '고용기간 1년 미만의 단기계약자, 법정노동시간 이하의 불완전취업자, 계절노동자, 부분취업의 재택근무자, 일용노동자와 시간제노동자' 등을 일컫는다(김영화 외, 2011: 165).

3) 2021년도 통계청 자료에 따르면, 전체 임금노동자의 38.4%를 차지하고 있다.

는 29.9%가 단순노무직, 다음이 농어업으로 25.6%, 서비스·판매직이 21.1%, 기능직이 11.7%, 전문사무직이 11.1%로 단순노무직, 비숙련직이 매우 높았다. 또한, IMF 경제위기 이전과 비교할 때 상용직은 4.5% 줄어든 반면, 임시직과 일용직이 각각 2.4%, 1.4% 증가한 것으로 나타났다. 장애인노동자의 비정규직화가 증가함으로써 고용불안이 심화되고 있었다(고춘완, 2005: 70-72).

한편, IMF 외환위기로 인해 저성장, 고실업을 겪게 됨에 따라 장애인 등록률이 높아지는 현상이 나타났다. 과거에는 장애가 노출되는 것을 꺼리거나 복지혜택이 적다고 생각하여 등록을 기피하는 경우가 많았으나, 경제가 어려워지면서 다소간의 혜택을 기대할 수 있는 장애인등록이 늘어나기 시작한 것이다. 그리하여 1998년은 전년 대비 18% 정도 높아진 등록률(43%)을 보였으며, 이후에는 등록률이 꾸준히 늘어나게 된다(권선진, 2006: 326). 이러한 현상은 경제적 어려움에 따라 복지급부에 대한 관심이 높아진 것에 그 원인이 있겠지만, 한편으로는 그만큼 국민 인식이 변화되었다고도 볼 수 있을 것이다.

한편, 2020년 감염병인 코로나 바이러스19(이하 코로나19)가 국내뿐 아니라 전 세계를 뒤덮었다. 코로나19의 대유행은 한국사회를 완전히 바꿔놓았다. 계속되는 국가재난 속에 한국사회는 물론 사회복지마저 위기에 처했다. 코로나19 사태는 사회복지에 크게 영향을 미쳤다. 예컨대 사회복지기관의 업무에 큰 변화를 가져왔으며, 사회복지대상자의 생활을 크게 압박하였다. 그뿐만 아니라 사회복지학 교육기관에도 큰 변화를 초래하였다(최옥채, 2020c: 276). 무엇보다 전염병 같은 사회적 재난에서 위험의 크기는 계급, 성별, 장애 유무, 국적, 질병 이력 등에 따라 다르게 나타나는 법인데, 코로나19로 인한 위험의 크기는 장애인을 비롯한 사회적 취약계층에게 더욱 크게 나타났다.

정치적 배경

IMF 외환위기 상황에서 탄생한 정부가 김대중정부(1998~2003)이다. '국민의 정부'라고 칭한 김대중정부는 경제위기 속에서 '복지의 정치화'(송호근 · 홍경준, 2006: 122)를 적극적으로 추진하였다. 물론 김대중정부가 친복지정책으로 일관한 것은 아니었다. 시장경제의 효율을 극대화하기 위해서는 사회안전망의 확충이 필요하다는 판단 아래 복지를 확충한 것이었고, 그 정책 기조는 신자유주의적 세계화의 영향에서 벗어나지 못했다.[4] 경제위기 속에서 탄생한 김대중정부는 IMF로부터 자금지원을 받기 위해 그 전제조건으로 신자유주의 정책을 수용해야만 했다.

IMF 체제하에서 지금까지 경험해 보지 못한 경제위기와 대량실업, 빈곤의 문제에 직면한 국민의 정부는 빈곤 및 실업대책, 사회보험통합에 몰두할 수밖에 없었다. 국민의 정부가 금융위기를 극복하기 위해서 내세운 정책기조는 '생산적 복지'였다. 생산적 복지정책은 한국사회복지정책에 있어서 큰 전환이라고 할 수 있는 제도적 발전을 가져오기도 했다. 예컨대, '전국민연금제도'의 완성, 건강보험제도의 통합, 고용보험과 산재보험의 적용대상 범위 확대, 국민기초생활보장제도의 도입, 경로연금의 신설, 장애 범위의 확대, 가정폭력방지법 제정, 저소득층의 자녀를 위한 무상보육사업, 사회복지관과 재가복지봉사센터 설치의 확대 등이 그것이다.

한편, 1998년 12월 9일 정부는 '한국장애인인권헌장'을 제정 선포하였다. 이 인권헌장에는 장애인의 인간 존엄과 가치를 확인하고 장애인의 자립

---

4) 실제 한국의 사회복지발전에 있어서 발전의 방향, 원리, 결과, 복지이념과 제도의 성격을 둘러싼 논쟁(김연명 편, 2002)이 이루어진 바 있는데, 사회복지정책이 확대되었다는 점을 인정하면서도 그것의 본질은 신자유주의적인 성격을 지니고 있었다는 견해와 사회복지정책의 비중이 높아진 것은 경제적인 구조조정의 성공을 위한 안전장치에 불과하다는 혹평에 이르기까지 다양한 견해가 제기되었다.

노력과 인권보호, 사회참여와 평등을 보장하는 기본원리와 장애인의 기본적인 권리를 명시하고 있다. 그러나 이 헌장은 선언적 규정일 뿐 국가행정에 어떤 강제력도 가지지 못했기 때문에 현실에 반영되지는 못하였다(조문순 · 이동석, 2002).

국민의 정부를 계승한 노무현정부(2003~2008)도 '참여정부'란 이름으로 '평등과 분배'를 국정 목표로 설정하고, 국가복지의 확대를 통해서 체제의 정당성을 높이려고 하였다. 참여정부는 복지이념으로서 시민단체의 정부 정책결정에 대한 참여를 강조하는 '참여복지'를 내세웠다. 그러나 노무현 정부의 '참여복지'와 김대중정부의 '생산적 복지'는 본질적으로 내용이 거의 비슷했다. IMF 위기 이후의 시기는 한편으로는 복지확대가 진행되면서 다른 한편으로는 복지의 시장화가 동시에 진행되는 독특한 복지발전 양상을 보인 시기였다.

한편, 작은 정부를 지향한 이명박정부(2008~2013)는 반복지(反福祉)정책을 펼쳤다. 집권 초기부터 재벌 대기업 중심으로 경제정책을 추진했다. 이로 인해 중소자영업자가 몰락하고, 비정규직이 증가하였으며, 빈곤층이 증가했다(박태균, 2018: 329-330). 이명박정부는 경제를 앞세움으로써 사회복지를 위기로 몰아갔다(최옥채, 2022c: 202). 경제도 부자를 위한 경제였다. 이 시기에 유행한 말이 '능동적 복지'였다. 그러나 이것은 수사학에 불과했다.

경제민주화와 생애주기별 맞춤형 복지 등을 주요 공약으로 내세워 당선된 박근혜정부(2013~2017. 3.)는 출범 초기부터 신자유주의에 매몰되어 공공성을 훼손하는 정책을 일관되게 추진하였다. 돈과 권력이 지배하는 구조적 폭력사회, 도덕성과 공공성이 무너진 사회, 이 모두가 신자유주의가 빚어낸 것이었다. 2014년 4월 16일 295명의 사상자를 낸 세월호 사건은 그 실상을 여실히 드러낸 사건이었다. 그러나 그것은 신호탄에 불과했다. 2016년 우리나라는 이른바 박근혜 · 최순실 게이트의 충격에 휩싸였다. 수

상한 비선 실세의 국정농단, 재벌과 권력의 추악한 거래, 직권남용, 인사전횡, 입시부정, 공무상 비밀누설, 책임방기 등 '종합비리세트'처럼 매일 같이 터져 나오는 뉴스 보도에 시민들은 깊은 절망감에 빠져들지 않을 수 없었다. 결국, 이에 대한 시민들의 분노는 촛불집회로 이어졌고, 1천만 명 이상의 시민들이 촛불을 들었다. 촛불집회가 가장 절정을 이룬 것은 대통령 탄핵안 표결을 앞둔 시점인 제6차 촛불집회인데, 무려 236만여 명의 촛불이 전국을 수놓았다. 촛불의 성난 민심은 마침내 12월 9일에 국회 재적의원 78%에 이르는 압도적인 찬성으로 대통령 탄핵소추안을 통과시켰다. 2017년 3월 헌법재판소에서 탄핵을 인용해 박근혜정부는 임기 5년을 채우지 못하고 막을 내렸다.

촛불혁명에 의해 탄생한 문재인정부(2017. 5. 10.~2022. 5. 9.)는 출범 초기에 행정부 부처들에 적폐 청산 전담모임을 만들어 대응하였다. 또한, 문재인정부는 검찰개혁을 위해 온갖 힘을 다했으나, 기대한 만큼 성과를 내지 못했다. 그러면서 기업주들을 편들고, 그들에게 유리한 일을 했다. 예컨대, 종합부동산세 완화를 내놓았고, 코로나19 위기 대응에서 노동자와 서민의 생계를 직접 지원하기보다 기업을 지원하는 데 주안점을 둔 것이 대표적이었다(김동철 · 김문성, 2020: 562-563). 문재인정부는 불평등을 완화하고 경제성장 혜택에서 뒤처진 이들을 지원하는 포용적 복지국가를 내세웠지만, 그 성과는 기대할 만한 수준은 아니었다.

2) 장애인의 삶과 사회적 인식

(1) 장애인의 삶과 현실

통계를 통해 들여다본 장애인의 삶

한국보건사회연구원의 『2023년 장애인 실태조사』의 결과에 의하면, 전국 장애인 수는 2,657,397명이다. 이 중 재가장애인은 2,630,374명이다. 장애 유형별 등록 장애인 수는 지체장애인이 117.0만 명, 청각장애인 43.0만 명, 시각장애인이 25.0만 명, 뇌병변장애인이 24.4만 명, 지적장애인이 22.7만 명이다. 안면장애인이 2,737명, 심장장애인이 5,039명으로 규모가 작았다. 2020년과 2023년의 장애 유형별 장애인 수를 비교하면, 청각장애, 신장장애, 지적장애, 자폐성장애 등이 증가하였고, 지체장애, 뇌병변장애 등은 감소하였다. 〈표 7-1〉을 보면, 장애인의 수는 지속적으로 증가해 오다가 2017년부터 다소 감소하고 있음을 알 수 있다.

〈표 7-1〉 전국 장애인 수의 추이 (단위 : 명, %)

구분		재가장애인	전체
2023년	장애인 수 (출현율)	2,630,374 (–)	2,657,397 (–)
2020년	장애인 수 (출현율)	2,622,950 (–)	2,623,201 (–)
2017년	장애인 수 (출현율)	2,580,340 (5.21)	2,668,411 (5.39)
2014년	장애인 수 (출현율)	2,646,064 (5.43)	2,726,910 (5.59)
2011년	장애인 수 (출현율)	2,611,126 (5.47)	2,683,477 (5.61)
2005년	장애인 수 (출현율)	2,101,057 (4.50)	2,148,686 (4.59)
2000년	장애인 수 (출현율)	1,398,177 (2.98)	1,449,496 (3.09)

자료: 보건복지부·한국보건사회연구원, 『장애인 실태조사』, 2012, 2023.

장애인의 삶을 통계적으로 들여다보자. IMF 외환위기 직후인 『2000년 장애인 실태조사』에 의하면, 전체 등록 장애인의 수는 약 145만 명으로 전체 인구의 3.09%였다. 이 중 경제활동인구는 48.1%였고, 장애노동자의 실업률은 28.4%로 같은 시기 전체 실업률 4.8%의 6배에 이르렀다. 또한, 장애인가구의 월평균 소득은 약 108만 원으로 전체 가구 233만 원의 46.4%에 불과했다. 20여 년이 지난 『2023년 장애인 실태조사』에서는 장애인 경제활동 참가율은 38.8%로 전체 인구 경제활동 참가율인 64.7%의 약 절반 수준에 불과한 것으로 나타났다. 장애노동자의 실업률은 4.2%로 전체 인구 실업률 2.1%에 비해 2배 높은 수준이다. 또한, 장애인가구의 월평균 소득은 305.8만 원으로 전국 월평균 가구소득(2022. 4/4분기 기준 483.4만 원)의 63.3% 수준으로 나타났다. 장애인가구의 월평균 지출은 242.6만 원으로 전국 월평균 가구지출(2022. 4/4분기 기준 362.5만 원)의 66.9% 수준이었다. 이러한 사실에 근거해 볼 때, 장애인의 소득수준은 조금씩 향상되고는 있지만, 여전히 매우 낮은 수준임을 확인할 수 있다.

또한, 장애인들은 타인의 도움이 절대적으로 필요한 삶을 살아왔다. 보건복지부의 『2005년 장애인실태조사』에서 전체 약 215만 장애인 중 35%에 해당하는 75만 명이 일상생활에서 타인의 도움이 필요한 것으로 조사되었다. 이 중 34만 명은 일상생활에서 타인의 도움이 절대적으로 필요하며, 10만 명은 실제 도움 제공자가 없는 상태에서 살아가고 있는 것으로 나타났다. 그리고 나머지 65만 명 중 92.5%인 60만 명은 가족 구성원의 도움에 의존하고 있었다.

장애인의 빈곤한 삶

장애인은 빈곤한 삶을 살아왔고, 지금도 빈곤한 삶을 살고 있다. 장애인의 빈곤문제는 전 세계 공통적으로 직면한 문제이지만,[5] 우리나라의 경우가 더욱 심각하다. 정부가 발표하고 있는 최저생계비와 중위소득을 활용해서 2005년부터 2008년까지 장애인과 비장애인의 빈곤율을 분석한 김태완의 연구(2010)에 의하면, 장애인의 빈곤율이 비장애인의 빈곤율보다 2배 이상 높게 나타났다. 절대적 빈곤수준으로 보면, 2005년 장애인의 빈곤율은 22.9%로 비장애인의 빈곤율 11.2%에 비해 두 배 높게 나타나고 있다. 2005년 이후 장애인, 비장애인 모두 빈곤율이 낮아지고 있지만, 변함없이 장애인의 빈곤율이 비장애인보다 두 배가 높다. 반면에 상대적 빈곤수준이라고 말할 수 있는 중위소득 50% 기준의 빈곤율도 역시 개선되고 있지만, 절대적 빈곤에 비해 개선 폭이 높지 않다는 것을 알 수 있다.

한편, 2008년을 기준으로 전체 장애인의 64.2%가 하위계층에 포함되며, 상위계층에 포함되는 장애인은 8.5%에 불과한 것으로 분석되었다(김태완, 2010). 또한, 장애인의 가구소득은 비장애인의 가구소득의 62%로서 OECD 국가 중에서 가장 낮은 수준을 보이며, 임금소득과 급여소득이 없는 장애인의 비율이 49.5%로 멕시코를 제외한 OECD 국가 중에서 가장 높은 것으로 보고되었다(변용찬 외, 2004).

장애인은 장애로 인해 경제활동에 참여하지 못하거나 경제활동에 참여하더라도 비장애인에 비해 낮은 수입 때문에 빈곤에 빠질 가능성이 크다. 그뿐만 아니라 장애인이 있는 장애인가구의 비장애가구원도 장애인가구원을 돌보기 위해 경제활동 참여에 제약을 받는 경우가 많다(이선우, 2015: 38).

결국, 장애는 추가비용이라는 새로운 지출 요인을 발생시킬 뿐만 아니라 소득감소까지 유발시켜 마침내 장애를 가진 개인을 빈곤상태에 이르게 하

5) 세계보건기구의 『WHO 세계장애 보고서』(2012)에 의하면, 근로연령층의 비장애인에 비해 근로연령층 장애인의 빈곤율이 노르웨이, 슬로바키아, 스웨덴 3개국을 제외한 모든 국가에서 높게 나타났다. 근로연령층 비장애인의 빈곤율에 대한 근로연령층 장애인의 상대적 빈곤율을 의미하는 상대적 빈곤 위험은 오스트레일리아, 아일랜드, 한국이 2배 이상의 가장 높은 수준을 보인다.

는 것이다(윤상용 외, 2019: 213). 인간으로서의 존엄과 가치를 존중받으며 모든 분야의 활동에 참여할 장애인의 권리가 빈곤 때문에 박탈되고 있다고 해도 과언이 아니다.

故 최옥란 열사의 죽음을 통해 본 장애인의 삶

여기에서는 한 인물의 삶과 죽음을 통해 이 시대 장애인의 삶을 조명해 본다. 故 최옥란 열사(이하 최옥란)의 삶과 죽음에 관한 이야기이다.[6)]

최옥란은 1966년 7월 3일 파주에서 태어났다. 열병을 앓은 뒤 뇌성마비를 갖게 되었다. 초등학교에 입학할 나이가 되었음에도 학교 입학을 거절당하는 등 어려움이 있었지만, 배움에 열정이 많았다고 한다. 18세의 나이에 파주를 떠나 인천의 성린 직업재활원에 입소하게 된다. 첫 독립 시도였다. 이후 박성구 신부가 운영하는 작은 예수회에 거주하며 검정고시를 준비해 1986년 중입 검정고시에 합격한다. 1987년에는 광명에 있는 명휘원에 입소하여 명혜학교 중학교과정에 등록했다.

1980년대에 불어 닥친 민주화에 대한 열망과 사회 변화의 물결은 최옥란을 비껴가지 않았다. 그는 1988년 장애문제 연구회 '울타리' 창립회원을 시작으로 장애인 생존권운동에 뛰어들었다. 그러나 결혼과 임신, 출산 등으로 이전처럼 활동 참여가 어려워진다. 그의 결혼생활은 순탄하지 않았다. 1993년 사랑하는 아들을 얻었지만, 1998년에 이혼했다. 경제적인 이유로 양육권을 빼앗긴 것은 물론이고 아들의 접견마저 금지된 상태였다. 남편을 상대로 양육권 소송을 벌인 끝에 약간의 면접시간을 인정받았지만, 그에게는 충분하지 않았다. 이때부터 아들과 함께 살기 위해 노점상을 하면서 돈을 모으기 시작한다. 힘에 부치는 노점상 생활이 계속되었다. 그러

6) 故 최옥란 열사에 관해서는 김윤영(2021)과 권인희(2011)을 참조하여 서술하였다.

던 와중에 1999년 「국민기초생활보장법」이 제정되어 2000년 10월에 시행되었다. 이 제도의 시행은 그가 노점상을 포기하게 되는 결정적인 계기가 되었다. 일정 수준 이상의 소득이 생기면 기초수급대상에서 제외되는 시스템이기 때문이었다. 그는 도리 없이 노점상을 포기했고, 그렇게 기초생활수급자가 되었다.

그리고 2001년, 지하철 선로를 점거하고 경찰의 저지선을 밀어붙이는 장애인운동의 현장으로 돌아왔다. 기초생활수급자가 된 그는 너무 열악한 최저생계비의 문제를 주변 동료들에게 호소했다. 그의 한 달 총소득은 수급비 28만 6천 원, 장애수당 4만 5천 원을 합한 총 33만 1천 원이었다. 그러나 그가 한 달간 사용해야 할 생계비는 주택관리비 16만 원, 약값과 병원 교통비 25만 원, 식비 22만 원을 합쳐 모두 63만 원이 발생하는 실정이었다. 부족한 32만 5천 원을 위해 그는 노점을 다시 하고 싶었지만, 당시는 이웃 상인의 신고로 주민센터에 노점운영 사실이 발각되어 수급권 박탈 통보를 받은 뒤였다. 수급자가 되면 한 푼도 벌어선 안 된다는 것을 알았다. 이처럼 「국민기초생활보장법」은 수급권의 범위가 매우 좁고 급여의 액수가 실질적인 생계비의 현실에 미치지 못했고, 많은 제도적 모순을 지니고 있었다.

그렇게 최저생계비 현실화를 위한 농성이 시작되었다. 2001년 12월 겨울 명동성당에서 '국민기초생활보장제도 개혁'을 요구하며 일주일 동안 홀로 천막농성을 하였다. 명동성당 농성을 결의하며, 그는 다음과 같이 말했다.

> 제가 이렇게 명동성당에서 그것도 추운 겨울에 텐트 농성을 결심한 것은 이러한 어처구니없는 현실이 비단 저에게만 해당되는 것이 아니라는 것을 알고서부터입니다. 수많은 수급자가 그리고 차상위계층이 말도 안 되는 제도 때문에 고통을 받고 있다는 현실은 저에게 한편으로 힘을 갖게 만들었습니다. 제가 무엇을

> 해야 할지를 명확히 해주었습니다.
>
> 국민기초생활보장제도가 정말로 저같이 가난한 사람들의 최저생계를 보장하는 제도로 거듭나기를 희망합니다. 벌써 두 명의 수급권자가 자살을 했다는 이야기를 들었습니다. 더 이상 수급자들이 자살하거나 저같이 자살을 생각하지 않도록 바뀌었으면 합니다(김윤영, 2021: 252에서 재인용).

이후 최옥란은 '한 달 생계비로는 생계가 보장되지 않는다', '현실적인 대책을 마련하라'라는 요구와 함께 28만 6천 원을 국무총리에게 직접 반납하기 위해 길을 나선다. 경찰의 저지로 결국 반납에 실패하자, 농성단과 함께 김원길 보건복지부장관에게 반납을 시도한다. 최옥란은 장관이 사는 빌라 문 앞에 자신의 급여를 담은 봉투와 '28만 원 가지고 한번 살아보라'라고 쓴 쪽지를 내려놓는다.

> 집이 정말 좋았습니다. … 이런 집에 살고 있는 김원길은 우리 같은 사람들에게 28만 원으로 한 달을 살라고 합니다. 김원길이 28만 원을 가지고 한 달을 살 수 있는지 확인할 수 있으면 좋겠습니다.

살아보기 위한 마지막 몸부림으로 그는 헌법재판소에 '최저생계비 계측 위헌확인 소송'을 제기하고 "다시는 나 같은 사람이 없어야 한다"라며 결의를 불태웠다. 그러나 '아들의 양육권'과 '쥐꼬리 수급권' 사이에서 처절하게 갈등하던 그에게 출구는 없었고, 2002년 2월 21일 광명시 하안동 소재 자신의 영구임대아파트에서 수면제 20알을 복용한다. 한강성심병원으로 옮겨져 겨우 목숨은 건져 다행인 듯하였으나, 음독 후유증으로 한 달 뒤인 3월 26일 새벽에 심장마비로 숨을 거두고 만다(『국민일보』, 2001. 12. 5.; 『한겨레신문』, 2002. 3. 29). 더 이상 기초생활수급자들이 죽지 않은 세상을 만들기 위해 스스로 거리에 나섰던 그는 바뀐 세상을 마주하기도 전에 세상을 떠났다. 36세의 짧은 생이었다. 그가 마지막 남긴 유서는 김대중 대통령에게 쓴 편지였다.

> 김대중 대통령께
>
> 이제 내 나이 35세. 우여곡절이 많은 장애인입니다. 당신도 장애인이면서 현재 시행하고 있는 법이 나의 작은 꿈들을 다 잃게 했습니다. 노동도 할 수 없는 장애인이 그나마 거리에서 장사해서 돈을 벌어서 이 세상에서 제일 사랑하는 나의 아들을 찾으려고, 힘이 들어도 참으며 살아왔습니다. 그러나 거리에서 장사도 못하게 하니 이제는 더 살 수 없는 심정입니다. 다시는 저와 같은 동료들이 상처받지 않고 살았으면 합니다. 이러한 죽음을 선택한 것은 절망, 좌절. 희망이 없어 선택하게 되었습니다. 나의 주위 계신 동료 여러분께 부탁이 있습니다. 내 이루어지지 않은 것들을 꼭 이어주십시오. …

故 박기연 열사의 죽음을 통해 본 장애인의 삶

또 한 사람의 삶과 죽음 통해 이 시대 장애인의 삶을 돌아보기로 하자. 장애인활동지원제도의 도입을 이끌어 내는 계기가 된 故 박기연 열사(이하 박기연)의 삶과 죽음에 관한 이야기이다.[7)]

박기연(1959년 5월 25일생)은 혼자서는 신변처리를 할 수 없는 뇌병변 1급 장애인이었다. 그는 언어장애가 심한 편이었다. 한글을 몰라 타인의 말에 고개를 끄덕이거나 미소로 답하는 것이 그가 소통할 수 있는 방법의 전부였다. 일상생활에서 누군가의 보조가 필요했지만, 그에겐 자신을 돌봐줄 수 있는 가족조차 없었다. 부친과 단둘이 살았지만, 부친은 몇 해 전 치매에 걸려 그를 돌볼 수 없는 상황이었다.

---

7) 故 박기연 열사에 관해서는 박희정(2021)과 권인희(2011)을 참조하여 서술하였다.

그는 아침에 동사무소에서 파견돼 오는 가사도우미의 도움을 받아 하루 한 끼를 먹었고, 집에 있는 날이면 아침을 제외한 다른 끼니는 굶어야 했다. 집 밖에 나가면 다른 사람들의 도움을 받아 식사할 수 있었는데, 도우미가 오지 않는 일요일이면 아침식사를 거를 수밖에 없었다.

사람이 사는 과정에 기본적 요건이 되는 '먹는다'라는 행위가 중증장애를 가진 그에게는 누군가의 도움 없이 할 수 없는 일이었던 것이다. 결국, 그는 불규칙적인 식사로 인한 위장장애로 2005년 겨울 두 차례의 위 수술을 받아야 했고, 퇴원 후에는 형의 간병을 받았지만, 간병 중에 그의 팔이 부러져 고생했다고 한다.

언제부터인가 장애를 차별하는 세상의 구조를 인식하기 시작한 박기연은 2000년대에 들어 이동권 투쟁이 펼쳐졌을 때, 전동휠체어를 움직여 투쟁의 현장을 누볐다. 심지어 그는 이주민이나 성소수자 권리투쟁에도 참여했다. 그의 투쟁은 시간이 지나면서 교육권과 활동지원서비스 제도화를 요구하는 투쟁으로 확대되었다. 그러나 그는 더 이상 자신의 삶을 감당할 수 없었던 것일까? 간석역으로 인천행 열차가 미끄러져 왔을 때, 그는 일말의 머뭇거림도 없이 선로를 향해 전동휠체어를 움직였다. 단말마의 비명도 없이 48년의 삶이 멈췄다. 2006년 6월 2일의 일이었다(『내일신문』, 2006. 6. 29). 그를 알던 사람들은 활동지원서비스만 있었다면, 그가 결코 자기 목숨을 내던지는 선택을 하지 않았을 것이라고 입을 모았다. 생전에 박기연이 투쟁을 통해 간절히 요구했던 것은 바로 활동지원제도의 도입이었다. 활동지원제도의 도입은 그에게 '생존권'의 문제였던 것이다.

차별받는 장애인의 삶

장애인들은 생활환경, 의료시설 이용, 교육환경, 결혼 및 취업, 직업생활, 문화 및 체육생활, 주거생활 등 제반 환경에서 차별받아 왔다. 2000년대 초반 한 여론조사에서 장애인의 73.7%가 장애로 인해 차별받고 있는 것으로 조사된 바 있는데, 구체적인 내용은 다음과 같다(장애우권익문제연구소 · TNS 공동여론조사, 2003; 김정열, 2005: 44-47에서 재인용).

먼저, 장애인은 신체적 손상과 기능장애로 인해 교통, 통신설비, 공공건물, 도로 이용 등의 물리적인 환경에 적응하기가 매우 어렵다. 이러한 물리적인 장벽은 장애인들이 사회참여하는 데 제한이 되고, 이로 인해 사회적 고립과 격리를 경험하게 됨으로써 사회적 불평등 구조의 원인이 되고 있다. 다음과 같이 언론에 나타난 차별사례의 제목만 보더라도 우리 사회에서 장애를 가지고 살아가기 얼마나 어려운지를 알 수 있다.

- 공공기관 이용 시 계단이 불편함
- 출근시간에 버스를 타면 바쁜 시간에 탄다고 핀잔을 줌
- 휠체어로 접근할 수 없음
- 버스 같은 경우는 탈 엄두도 못 냄, 지하철역도 마찬가지임, 그 때문에 관공서나 어디를 가려고 해도 엄두가 나지 않음
- 은행에서 대출이나 카드 발급 시 자필 서명을 할 수 없다는 이유로 거절당함(시각장애인)
- 음식 메뉴를 볼 수 없음
- 목욕탕에 갔을 때 다치면 누구 책임이냐며 오는 걸 꺼려해 한동안 목욕탕에 가지를 못함
- 구청이나 병원에 수화통역사가 없어서 어려움

둘째, 뇌성마비 장애인, 발달장애, 시각, 청각장애인 등 비교적 장애가 심한 경우, 의료시설 이용에 많은 어려움을 겪고 있다. 특히 치과, 산부인과, 이비인후과 등을 이용할 때 거부당하는 사례가 많이 나타나고 있다고

한다. 늘 병원을 찾을 수밖에 없는 사람에게 있어 의료기관은 선택의 여지가 없다. 이러한 상황에서 경제적인 어려움마저 더해지는 사람들인 경우는 체감으로 느끼는 차별이 가장 심한 분야이다.

셋째, 법적으로 장애인의 교육권이 보장되고 있다고 볼 수 있으나, 실제로 교육 현장에서는 여러 형태의 차별이 발생하고 있다. 유치원교육에서부터 대학교육에 이르기까지 직 · 간접적인 교육차별이 일어나고 있다.[8)]

넷째, 장애인들은 결혼과 취업과 관련해서도 차별을 받아왔다. 『2017년 장애인실태조사』의 결과에 의하면, 결혼에서 17.9%, 취업에서 30.9%가 차별 경험이 있는 것으로 나타났다. 장애 유형별로 보면, 결혼과 취업 모두 정신적 장애인의 차별 경험이 50% 이상으로 가장 많았다.

다섯째, 장애인의 직장생활에서의 차별 경험을 소득(임금), 동료관계, 그리고 승진으로 구분하여 살펴보면, 『2017년 장애인실태조사』에서 장애인은 소득(임금)에서 19.4%, 동료관계에서 17.6%, 그리고 승진에서 12.4%가 차별 경험이 있는 것으로 나타났다.

여섯째, 장애인은 문화, 체육 생활상에서도 차별받아 왔다. 경제수준이 높아지면 당연히 수반되는 문화, 여가활동에서 장애인만은 여전히 어려움을 겪고 있는 것으로 조사됐다.

일곱째, 가족 중에 장애인이 있다는 사실만으로 주인으로부터 입주를 거부당한 경험이 있는 장애인들도 많았다고 한다. 이웃과의 친목활동에서 의도적으로 배제를 받은 경험이 많이 있고, 공동주택에서 편의시설을 사용하는 데 불편을 경험한다. 더욱 안타까운 현실은 가족생활 내에서도 차별을

---

8) 『2017년 장애인실태조사』 결과에 의하면, 전체적으로 유치원(보육시설) 37.1%, 초등학교 40.3%, 중학교 33.0%, 고등학교 26.0%, 대학교 11.8%가 차별 경험이 있는 것으로 나타났다. 또한, 장애인의 학교생활 시 또래 학생으로부터가 47.1%로 가장 많은 차별을 받았고, 다음이 교사로부터 18.7%, 학부모로부터 13.7%인 것으로 나타났다.

받는다는 사실이다. 가족들이 장애인을 대하는 잘못된 태도는 극단적으로 과보호하거나, 이와는 정반대로 무시하는 태도이다. 가족 행사 시 참여를 배제시키고, 형제 등의 결혼 시 상대 가족에게 알려지는 것을 꺼려해서 인사를 시키지 않는 사례가 보고되고 있고, 혼자서는 외출조차 하지 못하게 하는 과보호로 인해 자립기회를 주지 않는 경우가 많다.

그밖에도 세상에 드러나지 않고 숨겨진 장애인 차별은 너무도 많았다.[9] 차별은 덧씌워져 희망 없는 삶을 이어지게 했고, 결국 장애인을 죽음이라는 벼랑으로 몰고 가는 경우도 많았다. 하지만 사회적 민주화 바람과 장애인 스스로 인권의식의 발로에서 시작된 장애인 차별의 이야기는 점차 드러나기 시작했다.

코로나19와 장애인의 삶

2020년 코로나19가 국내뿐 아니라 전 세계를 뒤덮었다. 국내에서 처음 집단감염이 나타난 건 청도 대남병원의 정신병동이었다. 폐쇄병동인 5층 수용자 103명 전원이 코로나19에 감염되었으며, 그중 8명이 사망했다(『함께걸음』, 2020. 5). 치사율이 7%라는 사실에 공포에 떨어야 했다. 여기서 주목할 것은 코로나19는 기저질환이 있는 사람들에게 치명적임에도, 신체질환자가 아닌 정신질환자와 정신장애인들이 모조리 감염되었고, 사망자도 많았다는 점이다. 한국 최초의 코로나19 사망자도 이곳 정신병동 환자였다. 그는 20년 이상 바깥세상과 단절된 채 갇혀 지내다 죽었다. 대남병원 정신병동의 입원환자 대부분은 장기간 입원했다. 다른 말로 장기수용되었다(명숙, 2020: 61). 언론은 물론 청도군청 역시 과거부터 만성 폐질환을 갖고 있었던 사망자가 20년 이상 시설에서 생활하며 몸무게가 42kg에 불과

9) 구체적인 사례는 박김영희(2012)를 참조할 것.

할 정도로 건강관리를 제대로 하지 못하는 환경 속에 있었던 점을 감염에 치명적이었던 이유로 꼽았다(『뉴스민』, 2020. 2. 21).

또한, 대남병원 정신병동 입원자 중 두 번째 사망자도 장기간 입원한 50대 여성으로 알려졌다. 사회로부터 배제되었던 취약한 몸, 그 배제로 인하여 취약해진 몸들이 고립된 곳에서부터 첫 사망과 집단감염이 시작되었던 것이다(전근배, 2020a: 174-175). 창문에 쇠창살이 쳐 있는 좁은 방 침대도 없는 바닥에서는 6~8명의 환자가 생활하고 있었으며, 치료를 위한 충분한 의료진도, 적절한 환경도, 인도적인 처우도 없었다(『함께걸음』, 2020. 5.)고 한다. 코로나19 감염으로 인해 죽어서야 정신병원을 나올 수 있었던 현실. 이 모든 게 정신질환자들이 병원이 아닌 지역사회에서 주체적으로 살 수 있는 사회적 지원이 부재한 상황에서 비롯된 것이었다.

정신병동만이 아니었다. 시설의 다른 형태인 노인요양병원과 장애인거주시설도 예외가 아니었다. 칠곡의 '밀알사랑의 집'이라는 중증장애인시설에서 22명이 집단감염되었고, 대구 한사랑 요양병원에서 75명이 집단감염되었다(명숙, 2020: 61-62). 장애인이 감염에 취약한 이유는 장애인의 본래의 건강상태나 장애 특성에서 비롯되기보다 사회의 불평등 구조에서 비롯된다고 볼 수 있다.

코로나19 상황에서 장애인들은 더욱 격리되고, 차별적 조처로 인해 가중된 고통을 겪어야만 했다. 강도 높게 시행된 사회적 거리두기로 인해 장애인복지관, 장애인보호작업장, 특수학교 등 전국에 있는 많은 기관들이 기관 업무 일부 혹은 전부 잠정중단되었다. 이로 인한 피해는 고스란히 이용자들 몫이었다.

전근배(2020a)는 국제장애연맹과 유엔인권최고대표사무소의 권고사항을 토대로 건강권, 시설생활, 지역생활 · 자립생활, 교육권, 기타 5개 영역을 분석 틀로 구성하여 코로나19 위기가 장애인의 삶에 미친 영향을 분석한

바 있는데, 이를 통해 코로나19로 인한 장애인의 삶을 엿볼 수 있다.[10)]

첫째, 건강권의 측면에서 코로나19 대응을 위한 초기 접근에서부터 장애인은 배제되었다. 코로나19 확산에 따른 공적 마스크 공급을 앞두고, 정부는 2020년 3월 초 감염 취약계층에 대한 체계적인 지원을 위하여 「감염병의 예방 및 관리에 관한 법률」을 개정하였다. 그러나 감염 취약계층의 범위 안에서도 장애인은 제외되었다. 정부가 정한 감염 취약계층의 범위는 '만 12세 이하의 어린이 및 만 65세 이상의 노인', '임산부 및 기저질환자'로 국한되었다. 장애인의 기본적인 건강상태와 가구환경, 생활 특성 등은 고려되지 않았다. 이에 따라 장애인에 대한 감염병 대응 매뉴얼 및 추가적인 재난 시 정책에 대한 사회적 고려는 도외시되었다.

둘째, 최초 사망자에서부터 빠른 추세의 확산에 이르기까지 집단 수용시설의 문제가 나타났다. 국내 코로나19 사망자 중 절반 이상이 시설이나 병원에서 감염된 것으로 나타났다. 코로나19 위기에서 장애인거주시설과 같은 집단 수용형태의 사회복지시설이 지니는 집단성, 격리성, 권력 불평등성, 비선택성 등의 특징이 더욱 강화되었다.

셋째, 코로나19 위기는 지역사회에 거주하고 있는 장애인들의 지역생활 및 자립생활에 큰 지장을 초래했다. 예컨대, 지역사회서비스 기관(복지관, 주간보호시설 등)의 운영이 중단되면서 그나마 존재하고 있었던 기관 중심의 사회적 지원체계 · 돌봄 시스템이 붕괴되는 상황이 발생하였다. 특히, 이런 상황은 지역에서 생활하는 데 있어 상당한 시간을 지역사회기관에 의존했었던 발달장애인은 더 직접적인 타격을 받게 되었다. 발달장애인은 주간활동서비스 기관, 복지관, 주간보호시설 등의 기관들을 원활하게 이용할 수 없는 상황이 되자, 그 당사자와 가족이 오롯이 책임을 떠안게 되었

---

10) 보다 더 자세한 사항은 전근배(2020a)를 참조할 것.

다. 그 결과, 자녀 살해 및 동반 자살과 같은 안타까운 결과도 발생했다.

넷째, 코로나19는 유 · 초 · 중 · 고, 대학교, 평생교육기관 전반에서 장애인 학습자의 접근성 문제를 초래하였다. 학교의 운영 중단이 장애학생들에게 급식, 또래들과의 교류, 문화 활동 등에 참여할 기회에 모두 부정적인 영향을 미쳤다. 이런 문제는 학교 이외에는 별다른 사회적 교류를 갖기 어려운 연령대, 장애정도에 놓인 학습자일수록 더 쉽게 노출되었다.

이렇듯 코로나19는 우리 사회의 불평등을 노골화하였다. 왜 재해가 발생하면 장애인은 꼼짝없이 희생되어야만 하는지에 대한 깊은 고민에 빠져들게 했다.

(2) 장애인에 대한 사회적 인식

장애문제를 부분적으로나마 차별로 보아 법적으로 인식하게 된 시기는 1990년대에 들어서부터이다. 1990년 「장애인복지법」이 전면 개정되면서 '장애인 차별을 명시적으로 금지하는 조항'(제3조 2항)이 신설되었다. 그러나 이 조항을 어겼을 시, 이에 따른 구체적인 실행조치와 벌칙조항이 없어 실효성이 없었다.

김대중정부가 들어서면서 장애문제를 인권 차원에서 이해하기 시작했다. 다른 나라에서 찾아볼 수 없는 '장애인인권헌장'을 제정 선포했다. 이에 영향을 받아 '제1차 장애인복지발전 5개년 계획'(1998~2002년)의 기본방향에 장애문제를 인권 차원에서 다뤄야 함을 분명히 하였다(김정열, 2005: 60). 장애인인권헌장 제정은 다분히 형식적이라는 비판을 받긴 했지만, 장애문제를 인권의 문제로 국가 차원에서 인식하기 시작했고, 사회적으로 인권에 대한 논의가 활발하게 진행되었다는 점에서 큰 의의가 있다.

인권단체와 시민사회단체 중심으로 '인권법제정공대위'를 구성하기도 했다. 여러 장애인단체가 참여했다. 그러나 법 명칭이 「인권위원회법」으로 축소 수정되었고, 내용에서도 인권법제정공대위안보다 훨씬 축소된 수준으로 제정되었다. 이에 장애인 차별을 다룰 독자적인 입법의 필요성이 대두되었다. 이러한 요구는 장애계의 공통관심사가 되었다.

2000년대에 들어서면서 장애인들은 과거와 같이 도움을 받는 개별화된 존재가 아니라 기본적 권리를 갖는 동등한 구성원으로서 자기 목소리를 내기 시작했다.[11] 특히, 장애인 당사자들과 단체를 중심으로 한 새로운 장애운동이 활발해지면서 그간 객체로서 머물던 장애인들이 주체로서 목소리를 직접 내기 시작한 것이다(권선진, 2006: 327). 장애는 사회구조적인 문제에서 생기는 것이므로 장애인에 대한 차별을 철폐하기 위해서는 사회구조의 변혁을 통해야 한다는 인식이 확산되었다. 이러한 장애에 대한 시각은 장애인이동권 투쟁을 통해서 확인된다.

2007년과 2008년은 매우 중요한 해로 기억되었다. 한국사회 최초의 인권법이라 불리는 「장애인차별금지 및 권리구제 등에 관한 법률」(약칭 「장애인차별금지법」)이 제정되었고, 거의 동시에 유엔 장애인권리협약이 제정되어 우리나라도 가입국이 되었기 때문이다. 이로써 장애인의 문제를 시혜적이고 동정적으로 바라보던 전통적인 시각에서 벗어나 권리, 또는 인권의 관점에서 바라보게 되는 계기를 갖게 되었다. 특히, 「장애인차별금지법」의 제정은 장애인이 더 이상 복지의 대상으로만 존재하는 수동적 존재가 아니라 스스로 인권을 강화하는 계기를 마련하였다.

한 가지 부언해 두고 싶은 것은 장애여성에 대한 일반의 인식이다. 조미

11) 2000년대 초반 세계적으로 장애인을 보는 새로운 패러다임의 키워드는 '동정에서 권리로(from charity based to rights-based)'였다. 이는 장애인도 당당한 소비 주체임을 알리는 의미가 있다. 소비자는 스스로 선택하고 결정할 수 있다. 그러나 우리나라에서 살아가고 있는 장애인은 소비자로서 지위가 없었다(김정렬, 2005: 40).

경(2002)과 김효진(2004)의 연구에 따르면, 장애여성은 여성과 장애인으로서 생활 전반에 걸쳐 각종 차별과 편견 속에서 살고 있다. 장애여성은 여성이라는 조건 탓에 성차별을 경험하며, 독립적인 생활은 꿈도 꾸지 못하고 살아가는 경우가 많다. 그래서 그들은 평생 집밖에 나가보지도 못한 채 가족의 짐이 되어 살거나 시설에서 살아간다. 가사노동 혹은 가족에 대한 부양은 온전히 그녀들의 몫이다. 그러나 그녀들의 가사노동 가치는 전혀 인정받지 못하고 있다. 또한, 이예자(2002: 11)는 “장애여성은 여성이라는 범주에 낄 수 없는 무성적인 존재로 규정되기도 하고, 어린애 대하듯 함부로 말하고, 행동해도 된다는 의식이 우리 사회에 은연중에 깔려 있다”라고 지적한다. 예를 들면, 장애여성은 성생활을 할 수 없을 것이다. 결혼해서 아이를 낳을 수 없을 것이다. 아이를 낳아도 장애아를 낳을 것이다. 일을 잘 해내지 못할 것이다와 같은 잘못된 편견들이 우리 사회에 뿌리 깊게 존재한다는 것이다. 그동안 우리 사회는 장애여성을 당당한 권리를 가진 삶의 주체로 보기보다는 보호의 대상, 불쌍한 존재 내지는 무시의 대상으로 여겨왔던 것이다.

2. 장애인운동의 역사

1) 장애인 생존권운동

(1) 장애인연금법 제정운동

빈곤문제 해결과 최저생계비 현실화를 위한 농성 투쟁

장애인의 생존권운동은 한때 주춤하다가 2000년 10월 「국민기초생활보장법」이 시행된 이후 다시 제기되기 시작했다. '생존권 쟁취와 최저생계비 현실화를 위한 농성단'(이하 농성단)이 2001년 12월 3일 오후 2시 명동성당 앞에서 농성 돌입 기자회견을 열었다. 기자회견의 내용은 "김대중정부의 선전과는 달리, 국민기초생활보장제도는 저소득 빈곤계층 단 한 명의 최저생계도 보장하지 않고 있습니다. 오히려 신자유주의와 정리해고를 정당화하는 기제로 국민기초생활보장제도를 악용하고 있습니다"라는 것이었다('생존권 쟁취와 최저생계비 현실화를 위한 농성단' 기자회견 자료, 2001. 12. 3.; 김윤영, 2021: 240에서 재인용).

농성단은 최저생계비의 문제를 집중적으로 제기했다. 농성단은 '빈곤층의 최저생계비를 보장하는 제도'로 「국민기초생활보장법」이 거듭나야 함을 강조하며, 지역별 · 가구 유형별 최저생계비 도입, 생계급여의 현실화, 교육 · 의료 · 주거급여의 현실화라는 구체적인 요구안을 제기했다(김윤영, 2021: 241). 그렇게 최저생계비 현실화를 위한 농성이 시작되었다. 농성 3일차인 12월 5일, 농성단은 광화문 정부종합청사 뒤편에서 '생존권 쟁취와 최저생계비 현실화를 위한 투쟁대회'를 진행하였다. 12월 8일에는 '생존권 쟁취와 민중복지 실현을 위한 결의대회'가 명동성당 입구에서 진행되었고, 12

월 10일에는 '지역별 · 가구 유형별 최저생계 도입을 위한 헌법소송 기자회견'이 진행되었다. 그러고 나서 "현행 최저생계비 산출방식이 장애인가구 등의 특성을 고려하지 않고 추가비용을 개인에게 전가해 헌법상의 행복추구권과 평등권 등을 침해한다"라며 헌법재판소에 위헌확인 소송을 냈다. 이 헌법소헌(2001헌마849)은 이듬해 최옥란의 사망으로 기각된다. 그러나 이후에도 '빈곤문제 해결과 최저생계비 현실화'를 위한 농성 투쟁은 계속되었다.

장애인연금법제정공동대책위원회의 결성과 활동

「국민기초생활보장법」을 둘러싼 투쟁 이후 장애인의 기본적인 생존권 보장을 위한 「장애인연금법」 제정의 필요성이 대두되기 시작하였다. 2002년 9월에 정신지체인전국부모연합회, 한국뇌성마비부모회, 한국뇌성마비장애인연합 3개 단체는 중증장애인과 그 가족들의 현실적인 삶의 문제들을 해결하는 근본적인 방법이 '무기여장애인연금제도'의 실현이라는데 의견을 모으고, '장애인연금법제정공동대책위원회'(이하 공대위)를 출범시켰다. 공대위는 2002년 10월 5일 국회의원회관 소회의실에서 20개 단체의 122명이 참석한 가운데 '무기여장애연금법 법안 설명회'를 개최함으로써 공식적인 활동에 들어갔다. 그리고 지방순회 설명회, 장애 관련 신문 및 단체지, 언론을 활용하여 공대위활동과 법안을 홍보해나갔다.

2002년 11월 28일에 대선을 앞두고 '장애인연금법 제정을 위한 공청회'를 11개 단체, 한나라당 · 민주당 · 민주노동당부대표, 국회의원, 정책위원 등 100여 명이 참석한 가운데 국회의원회관 소회의실에서 실시하였다. 이후 공대위는 정당별로 공약 채택을 위한 활동을 하였다. 그 결과, 12월 16일 '대통령후보 초청 대 토론회'에서 노무현후보는 장애인연금제도의 도입에 대한 약속을 직접 언급하였고, 대통령인수위의 정책공약에 연금제도가 포함되었다(이진숙 · 이석형, 2010: 13-14).

2003년 1월에 제2차 '장애인복지개발 5개년계획'에 장애인연금제도의 도입 일정 및 예산이 발표되었다. 4월에는 '장애인연금제도의 도입을 위한 대토론회'가 실시되었고, 5월에 한나라당 이원형 의원으로부터 「장애인연금법」의 법안 발의를 약속받았다. 그러나 9월에 이원형 의원이 이를 장애수당의 확대로 대체 입법하여 공대위와의 약속을 파기하고 만다.

공대위는 거리투쟁과 기자회견, 100만인 서명운동, 장애인연금제도 대토론회 개최 등 다방면으로 「장애인연금법」 제정 운동을 전개해 나갔다. 당시 공대위는 노무현 대통령의 공약인 장애인연금을 무력화시키고, 장애수당 확대로 본질을 흐리는 경제 관료를 규탄하는 성명을 발표하기도 했다(박은수, 2010: 113). 그런 가운데 2004년 총선이 끝난 후 17대 국회가 열리자, 공대위는 일부 국회의원과 연대하여 입법 투쟁을 전개하기 시작하였다. 2005년 4월에는 열린우리당의 장향숙 의원[12]이 6천억 규모의 무기여장애인연금의 도입을 추진하겠다고 선언하였다. 같은 해 6월에는 한나라당의 정화원 의원[13]이 「중증장애인연금법」 제정을 추진하겠다고 선언하였다.

2006년에는 공대위가 지역별 간담회를 개최하고, 「중증장애인연금법」을 발의한 정화원 의원실과 공동으로 기자회견을 개최하는 등 「장애인연금법」 제정을 위한 활동은 한층 활발하게 전개되었다. 공대위는 투쟁선포식 및 집회, 문화행사, 결의대회, 캠페인, 토론회 등을 통해 「장애인연금법」의 사회적 이슈화와 입법화를 위해 지속적인 노력을 전개하였다(박은

---

12) 장향숙 의원은 제17대 국회에서부터 국회보건복지위원회 위원 및 여성가족위원회 위원으로 정치활동을 하였다.

13) 정화원 의원은 시각장애인으로 부산지역에서 사회복지활동을 하였으며, 1996년부터 2002년까지 한나라당 부산시 지부 부위원장을 지냈다. 그리고 그는 2004년 5월부터 2008년 5월까지 제17대 한나라당 국회의원으로 활동하면서 2004년 7월부터 국회 보건복지위원회 위원으로서 장애인관련법의 제정을 위해 노력하였다. 그러나 임기만료 후에 그는 한나라당에서 재공천을 받지 못함으로써 그의 활동은 종료되었다(이진숙 · 이석형, 2010: 15).

수, 2010: 116). 이로 인해 「장애인연금법」 제정이 크게 쟁점이 되는 듯했다. 그러나 이 당시 「국민연금법」 개정과 「노인장기요양보험법」의 도입에 대한 이슈와 맞물리면서 「장애인연금법」의 제정에 대한 아젠다는 잠시 주춤하게 된다.

장애인연금법제정공동투쟁단 결성과 활동

그러다가 2007년 대선을 앞두고 무기여장애연금은 다시 장애계의 커다란 이슈로 떠오르게 된다. 2007년 5월 22일에 104개 장애인단체는 '기초장애연금법제정공동투쟁단'을 결성하였다. 같은 해 6월 11일부터 6월 28일까지 국회 앞에서 「기초장애연금법」의 제정을 촉구하는 1인 시위를 하면서 「기초장애연금법」 제정을 위한 다각적인 모색에 돌입한다(이진숙 · 이석형, 2010: 14). 그러나 국민적 관심사였던 국민연금을 개혁하는 과정에서 기초노령연금에 비해 상대적 약점을 지니고 있었던 「기초장애연금법」은 7월 3일 「국민연금법」 개정안 통과과정에서 외면당하고 만다. 그 후 공대위는 활동이 한동안 주춤했다(박은수, 2010: 119).

그러다 2007년 10월 말 대선이 임박해오면서 공대위는 명칭을 '장애인연금법제정공동투쟁단'(약칭 공투단)으로 변경하면서 새로운 출발을 하게 된다. 공투단은 그해 11월에 '범장애계대선공약실현공동행동'과 연대하여 이명박후보의 대선공약에 장애인연금제도 도입을 포함시키는 데에 성공하게 된다. 그 후 공투단은 '장애인연금공투단TFT'를 꾸려 2008년 1월부터 7월까지 「장애인연금법」(안) 초안을 마련하고, 8월에 국회의원회관 소회의실에서 '장애인연금법안 제정을 위한 공청회'를 실시하였다. 그리고 9월에 「장애인연금법」의 제정을 위한 보건복지가족위원회 의원들과 간담회를 진행한 뒤에, 11월에 장애인연금공투단 전체회의에서 「장애인연금법」(안)을 확정하게 된다. 그리고 같은 달에 「장애인연금법」의 발의를 위한 공투단과 민주당 박은수[14] 의원이 간담회를 가진 후, 2009년 1월에 「장애인연금법」의 제정을 청원하게 된다. 또한, 같은 해 3월에 공투단과 박은수 의원의 주최로 국회 본청 정론관에서 「장애인연금법」의 발의를 알리고, 조속한 법 제정을 촉구하는 공동기자회견을 열어 정치권과 정부의 관심을 촉구하게 된다(이진숙 · 이석형, 2010: 14-15).

장애인연금법 국회 제출과정[15]

2009년 4월 2일, 박은수 의원은 민주당론으로 「장애인연금법」을 대표발의하여 국회에 제출하였다. 이로써 「장애인연금법」은 본격적인 입법과정을 거치게 된다. 이 법안은 공동투쟁단이 제출한 청원안을 그대로 수용한 것이었다.[16] 지금까지 장애계의 요구를 그대로 수용한 법안이 단 한 번도 국회에 그대로 제출된 예가 없었다는 점에서 의미가 있었다.

그러자 정부는 '기초장애연금도입추진TF팀'을 구성하여 중증장애인 기초장애연금안을 제시하였다. 2009년 7월 23일부터 8월 13일까지 「중증장애인 기초장애연금법안」을 입법예고하였다. 보건복지가족부는 이 정부입법안에 대하여 8월 11일에 공청회를 개최하고자 하였으나, 장애인단체와 장애인당사자들의 강력한 반대로 무산되었다.

정부 측 법안은 기획재정부 등 부처 간 이견이 해소되지 않아 상당한

---

14) 박은수 의원은 공투단과 함께 장애인연금법의 제정을 위한 노력에 힘을 기울였는데, 그는 판사 출신으로 대구에서 사회복지활동을 하였으며, 2004년 6월에 한국장애인고용촉진공단 이사장, 2004년 7월에 청와대 빈부격차차별시정위원회 위원 등을 거쳐, 2008년 5월에 제18대 국회의원 및 보건복지위원회 위원으로 활동하게 되었다(이진숙 · 이석형, 2010: 16).

15) 이하 「장애인연금법」 국회 제출과정에 관해서는 박은수(2010)에 전적으로 의존하고 있음을 밝힌다.

16) 이 청원안은 2007년 5월 22일 열린 공투단 제1차 전체회의를 시작으로 약 1년 6개월여 동안 준비한 법안이었다.

진통을 겪은 10월 29일에 가서야 국회에 제출되었다. 정부는 입법 예고 당시 법안 제명이었던 「중증장애인 기초장애연금법안」을 「중증장애인연금법」으로 수정하여 제출했다. '기초장애'라는 말을 삭제한 것을 보면, 중증장애인만 연금수급대상으로 하고자 하는 의도를 엿볼 수 있었다.

법안이 10월 국정감사 직후에 제출되었기 때문에 박은수 의원을 포함한 다수의 국회의원은 국감기간을 통해서 기존에 입법 예고된 법안의 주요 내용과 체계를 강하게 비판했다.[17] 그뿐만 아니라 부처 간 협의를 하는 과정에서 보건복지가족부장관과 기획재정부장관의 갈등이 언론에 보도될 만큼 법 제정과정이 순탄치 않았다.

한편, 2009년 9월 15일에 한나라당 윤석용 의원도 「중증장애인연금법」을 국회에 제출하였다. 정부가 제출한 「중증장애인연금법」보다 앞서 제출했지만, 정부 측 법안의 주요 내용이 윤석용 의원의 법안보다 먼저 공표되었다. 법의 주요 내용과 골간은 두 법안이 크게 다르지 않았다.

박은수 의원의 「장애인연금법」과 정부 측의 「중증장애인연금법」, 그리고 윤석용 의원의 「중증장애인연금법」, 이 세 법률안의 가장 큰 차이점은 첫째는 수급대상, 둘째는 연금의 구조, 셋째는 연금액의 규모와 예산규모, 넷째는 장애수당 존치여부였다. 이를 각각 비교하면 〈표 7-2〉와 같다.

17) 국감 당시 지적되었던 문제점으로는 230만 등록 장애인의 13.7%(32만 명)밖에 되지 않는 수급대상자 수(보편성 결여), 장애수당 폐지로 인해 장애인들의 실제 소득에는 변화가 없거나 오히려 소득이 줄어들 수 있는 문제 등이었다. 이는 당시 국정감사 속기록에 잘 나타나 있는데, 자세한 내용은 박은수(2010), pp.135-136을 참조하기 바란다.

〈표 7-2〉 장애인연금법안 비교

구분	장애인연금법 (박은수 의원)	중증장애인연금법 (윤석용 의원)	중증장애인연금법 (정부)
대상	• 소득인정액 하위 70%인 18세 이상 장애인(162만 명) * 중증 41만, 경증 121만	• 소득인정액 하위 70%인 18세 이상 중증장애인(41만 명) * 중증범위: 1, 2급 및 대통령령에서 정하는 3급 장애인	• 소득인정액 하위 56%인 18세 이상 중증장애인(32만 6,000명) * 중증범위: 1, 2급 및 대통령령에서 정하는 3급 장애인
지급액	• 최저임금의 25% 이상 (최저임금법 제10조 제1항) – 중증장애인: 25만 원 – 경증장애인: 12.5만 원 (1/2 이하) ※장애인연금심의위원회에서 매년 산정	• 최저임금의 30% 이상 (최저임금법 제10조 1항) – 중증장애인: 30만 원	• 기본급여: A값의 5% ('10년 9.1만 원)(국민연금법 제51조 제1항 제1호) • 부가급여는 대통령령에 위임 – 예산은 기초 6만 원, 차상위 5만 원(최저생계비 100~120%), 최저생계비 120~150% 소득을 가진 장애인 0원 기준으로 산출
현행 장애수당 존치여부	• 장애수당 유지	• 장애수당 유지	• 장애수당 폐지 • 경증장애인 수당 존치
소득평가 적용단위	• 부부 ※ 부부가 모두 대상자이면 기본급여 20% 감액	• 좌동	• 좌동
기초생활 보장제도 적용	• 소득평가액 산정시 연금지급액의 30% 계상	• 소득평가액 산정시 연금지급액의 40% 계상	• 기본급여를 소득평가액에 계상하지 않음
추가 소요예산	• 전체예산 2조3,650억 원 – 국비 1조7,028억 원 • 추가예산 2조1,803억 원 – 국비 1조5,606억 원 ※ 장애수당 3천억 원별도	• 예산 추계 전	• 전체예산 4,445억 원 (국비 67%, 지방비 33%, 운영비 45억 원) – 국비 2,948억 원 – 지방비 1,452억 원 – 운영비 45억 원 ※ 1년 예산임
전달체계	• 국가 및 지방자치단체 또는 국민연금공단	• 국가 및 지방자치단체 또는 관련 전문기관	• 국가 및 지방자치단체

출처: 박은수(2010), p.139.

〈표 7-2〉에서도 알 수 있듯이, 정부의 법안과 윤석용 의원의 법안은 장애계의 입장과는 상당히 동떨어져 있는 내용이었다. 우선, 정부법안은 보편적 소득보장을 요구하는 장애계의 입장과는 다르게 중증장애인만을 대상으로 한정하고 있었다. 연급수급액도 40% 이상의 차이를 보이고 있었다. 이러한 차이는 자연스럽게 연간 예산규모의 차이로 드러났다.

장애인연금법 국회 심의과정[18)]

2009년 10월 23일, 국정감사가 끝나고 난 후 본격적으로 차기 년도 예산에 대한 심의가 시작되었다. 「장애인연금법」은 2010년도 장애인연금 예산과 연계된 입법의제였기 때문에 법 심의 및 제정에 있어서 2010년도 예산을 얼마나 확보하느냐 하는 것은 대단히 중요한 문제였다. 박은수 의원과 그가 속해 있는 민주당은 2010년도 장애인연금 예산의 마지노선을 정부 측 예산인 1,519억 원의 두 배가 넘는 3,240억 원으로 책정하고, 이를 관철하기 위해 치밀하게 움직였다. 그 결과, 복지위에서 통과되어 예결위에 송부되었다. 박은수 의원은 「장애인연금법」에 대한 심의를 예산안과 연계해서 최대한 뒤로 미뤄두는 전략을 구사했다. 소수의 야당 입장에서 실질적으로 장애인연금제도를 도입하는 방법은 예산안과 법안을 연계 처리하는 것밖에는 없다고 판단했기 때문이다. 그러나 「장애인연금법」에 대한 논의를 마냥 뒤로만 미룰 수 없는 노릇이기도 했다. 이에 따라 12월 23일과 24일에 열린 복지위 법안심사 소위에서 본격적으로 「장애인연금법」에 대한 심사가 시작되었다.

그러나 제명, 수급대상, 연금액, 장애수당 존치 여부 등을 두고 입장차가

---

18) 이하, 「장애인연금법」 국회 심의과정에 관해서는 박은수(2010)에 전적으로 의존하고 있음을 밝힌다.

커서 처음부터 난항을 겪었다. 이에 12월 24일 오후 4시경부터 복지위 소회의실에서 「장애인연금법」 심의를 위한 실무자 회담이 열렸다. 이 회의는 시작부터 긴장감이 감돌았다. 그러나 의원실 측에서 장애수당 존치, 연금심의위원회 설치, 부가급여액 명시 등의 내용을 양보함으로써 2시간여에 걸친 실무 협상은 비교적 성공적으로 끝났다. 법 제명을 「중증장애인연금법」이 아닌 「기초장애연금법」으로 하고, 수급대상을 "1, 2급과 대통령령으로 정하는 3급 일부"에서 "1, 2급과 대통령령으로 정하는 3급 이하"로 하며, 「기초노령연금법」 부칙의 예에 따라 법의 부칙에 "기초급여액을 2028년까지 '국민연금가입자의 평균소득 월액'의 10/100으로 인상한다"라는 조항 등을 삽입하는 것을 전제조건으로 한 양보였다.

이에 따라 12월 28일에 열린 복지위 법안소위에서는 박은수 의원이 대표 발의한 「장애인연금법」과 윤석용 의원이 대표 발의한 「중증장애인연금법」, 정부가 발의한 「중증장애인연금법」을 병합 심의하여 그 대안으로 「기초장애연금법」을 통과시켰다. 이 「기초장애연금법」은 의원실과 복지부 사이에 있었던 실무협의안을 거의 그대로 반영한 것이었다. 법안소위에서 통과된 「기초장애연금법」은 다음 날인 12월 29일에 보건복지가족위원회 전체회의를 통과하여 법사위로 회부되었다.

그러나 해가 바뀌고, 2010년 2월에 임시국회가 열릴 때까지도 「기초장애연금법」은 법사위에서 논의는커녕 상정조차 되지 않았다. 그 이유는 기획재정부의 비토 때문이었다. 기획재정부는 복지위에서 통과된 「기초장애연금법」 중 네 가지 내용을 문제 삼아 여당 정책위 의장을 비롯하여 법사위 여당 간사에게 상정을 보류해 줄 것을 요청한 사실이 드러났다. 네 가지 내용이란, 「기초장애연금법」이라는 제명, 1, 2급과 3급 '이하'라는 수급대상, 2028년까지 기초급여를 A값의 10%로 인상하다는 부칙조항, 그리고 1촌 직계혈족과 그 배우자를 제외한다는 소득조사 기준 등이었다. 말하자면, 기획재정부의 입장은 경증장애인에게는 연금을 지급할 필요가 없으므로 법 제명을 「중증장애인연금법」으로 해야 한다는 것이었고, 수급대상의 조항에서도 '3급 이하'가 아니라 '3급'으로 해야 한다는 것이었다. 그리고 소득조사 기준도 1촌 직계혈족과 그 배우자를 포함해야 한다면서 장애인들은 원래 가족이 돌보는 것이라는 논리를 폈던 것이다.

장애인연금법제정공동투쟁단은 후퇴에 후퇴를 거듭한 법안이긴 하지만, 우선 제도를 도입하고 나서 제도 개선을 해나가자는 쪽으로 방향을 잡았다. 박은수 의원도 상당히 미흡한 내용의 법안이라고 판단했지만, 제도 도입에 뜻을 두자는 대세적 분위기를 수용하였다. 그리하여 「기초장애연금법」의 법사위 통과와 2월 임시국회 회기 내 본회의 통과를 목표로 한 움직임이 치밀하게 전개되었다. 그러나 2월이 다 되도록 「기초장애연금법」은 상정되지 않았다. 결국, 3월 2일로 예정되어 있던 임시국회 회기가 끝나버렸다. 천만다행으로 바로 3월 임시국회가 열렸다. 2월 임시국회 마지막 날이었던 3월 2일 열린 본회의가 여야 간 대립의 여파로 의결정족수가 미달하여 37건의 미처리 안건을 남겨둔 채 종료되었기 때문이다. 어찌 되었든 이런 사정으로 3월 3일부터 3월 임시국회가 열렸고, 우여곡절 끝에 3월 31일 오전 10시부터 열린 법사위원회 전체회의에서 「기초장애연금법」은 통과되었다. 단, 「기초장애연금법」으로 올라온 법안이었지만, 법사위에서는 장애계의 의견을 절충하여 「장애인연금법」으로 하여 통과하기로 하였다. 또한, '1급, 2급 및 3급 이하를'을 '3급 중'으로 수정하였다. 그리고 같은 날 오후 2시에 열린 국회 본회의에서 「장애인연금법」이 통과되었다. 신상진 의원이 보건복지위원회 위원장 대리로 제안 설명이 이루어졌고, 재석 201인 중 201인의 찬성으로 가결되었다. 그리고 2010년 4월 12일 정식으로 제정 · 공포되었으며, 7월 1일부터 시행되었다.

(2) 장애인차별금지법 제정운동

장애인차별금지법제정추진연대의 출범

장애인복지의 역사에 있어서 하나의 획을 그을만한 사건은 뭐니 뭐니 해도 「장애인차별금지법」의 제정 및 시행이었다.

「장애인차별금지법」 제정 운동은 2001년 부산지역의 온라인 NGO 운동단체인 '열린네트워크'가 국토순례와 서명운동을 진행하며, 「장애인차별금지법」 제정운동을 시작한 데서 비롯되었다. 그리고 온라인 활동과 함께 법안작업도 병행하여 2002년 11월 「장애인차별금지 및 권리구제절차에 관한 법률」(안)을 완성하게 된다. 한편, 장애우권익문제연구소도 2002년 4월 국회에 「장애인차별금지법」 제정 청원을 시작으로 6월에 '장애인차별금지법 제정위원회'를 구성하여 10월에 「장애인차별금지법」(안)을 마련하였다.

두 단체에서 비슷한 법안을 만들고, 차별금지에 대한 장애계의 욕구가 합일점에 이르게 되자, 2002년 11월 한국장애인단체총연맹(약칭, 한국장총)은 전 장애인단체들이 연대하여 장애인 대중투쟁으로 만들어가자는 제안을 했다. 이에 따라 조직구성에 대한 논의과정을 거쳐서[19] 한국장애인단체총연합회(약칭 장총련)를 포함한 58개 단체가 참여하면서 2003년 4월 15일 '장애인차별금지법제정추진연대(약칭 장추련)'가 출범했다. 이로써 「장애인차별금지법」 제정운동은 본격화된다.

장추련 장애인차별금지법(안) 최초 공개

장추련은 출범 선언문을 통해 "한국사회 일상 영역에서 장애인들은 무차별적으로 거부당하고 배제되어 헌법에 명시된 기본권을 침해받고 있음"

19) 장추련의 조직구성에 대해서는 박김영희(2012), p.178을 참조할 것.

을 지적하고, "장애인이 인간답게 살아가기 위한 최소한의 권리가 보장되는 입법이 필요함"을 촉구했다(이성규, 2011: 242).[20]

그리고 장추련은 당사자를 주축으로 독자적인 법안을 준비한다. 그 배경에는 정부와 전문가들에 의해 만들어진 전시적인 정책들에 대한 불신이 작용했다. 그뿐만 아니라 차별을 경험하는 장애인의 의견과 경험을 적극적으로 반영하기 위해서는 장애인 당사자에 의한 법을 만들어야 한다는 의지가 반영되었다. 또한, 「장애인차별금지법」 제정운동과정을 통해 장애당사자 간의 집단적 정체성을 획득하고, 그들의 역량을 강화하고자 하였다(장애인차별금지법제정추진연대, 2004; 곽정란 · 김병하, 2004: 255).

장추련은 각종 토론회와 공청회를 열어 「장애인차별금지법」 제정의 필요성을 알리는 한편, 법안에 대한 의견을 수렴하여 2004년 5월 14일에 「장애인차별금지법」(안)을 처음 공개하였다. 이 법률안은 국무총리 직속의 독립적인 장애인차별금지위원회의 설치와 실효적 권리구제수단으로서의 시정명령제도, 징벌적 손해 배상 제도, 차별에 대한 입증 책임 전환 등의 도입을 핵심 내용으로 하고 있었다. 결국, '차별시정기구의 위상'과 '실질적인 권리 구제수단'이 법안의 핵심이면서 동시에 이후 투쟁과정에서의 핵심 쟁점이었다(김도현, 2007b: 263-264).

먼저, 장추련은 독립적인 장애인차별금지위원회를 설치하고자 했다. 「장애인차별금지법」 입법운동이 시작되던 시기부터 국가인권위원회는 이미 장애차별 진정사건 조사, 시정권고 기능을 수행해 오고 있었지만, 장추련은 강제력이 없는 차별시정 권고가 차별 피해자 구제에 한계[21]가 있다

20) 장추련은 "장애인의 목소리로, 장애인의 감수성으로, 「장애인차별금지법」을 제정"하기 위해, 우리나라에서 장애인 차별에 대한 실태를 고용, 교육, 공공시설물 이용, 대중교통수단 이용, 정보접근 및 의사소통, 장애여성, 생활시설, 정치적 · 경제적 차별 등에 걸쳐 상세히 지적하고 있다(「장애인차별금지법」 대구공청회자료, 2004. 7. 15).

21) 국가인권위원회가 설립된 이후 2005년 3월까지 3년 5개월 동안 종료 처리한 장애인 관련

는 것을 경험으로 알고 있었다(김명수, 2019: 289). 기존의 국가인권위원회가 장애인의 차별문제를 제대로 다루기에는 역부족이라고 판단했기 때문에 장애인차별금지위원회를 통해 강제성을 지닌 시정명령의 권한을 부여하고자 했던 것이다.

그리고 징벌적 손해 배상제도는 악의의 반복적인 차별행위에 대해 실제 손해액보다 많은 금액을 피해자에게 배상하도록 하는 제도를 말하는데, 이는 강한 제재를 통해 법적 실효성을 높임과 동시에 차별을 미연에 방지하도록 하는 예방의 목적도 지니고 있었다.

마지막으로 입증책임전환은 차별행위가 있었다는 것을 진정인이 제기하면, 그러한 행위가 없었다거나 장애를 이유로 한 차별이 아니라거나 정당한 사유가 있었다는 것을 가해자가 입증하도록 하는 것인데, 이미 「남녀고용평등과 일 · 가정 양립 지원에 관한 법률」에서도 "이 법과 관련된 분쟁해결에서의 입증책임은 사업주가 부담한다"라는 조항을 두고 있었다.

「장애인차별금지법」은 '복지법'이 아니라 '인권법'으로서의 절차를 가지자는 결의를 하고, 2005년부터 본격적인 장외투쟁을 시작하며, 국회 법안 발의를 준비했다(박김영희, 2012: 180).

장애인차별금지법제정공동투쟁단 결성과 활동

2005년 3월 24일에 4 · 20장애인차별철폐공동투쟁단(이하 4 · 20공동투쟁단)을 결성하였고,[22] 4 · 20공동투쟁단은 이틀 뒤인 3월 26일에 제1회 전국장애인대회를 개최하였다. 한편, 2005년 4월 국가인권위원회 점거농성을 하면서 「장애인차별금지법」은 복지법이 아닌 인권법이기 때문에 국회 보

차별시정 사건은 94건이었는데, 그중 국가인권위원회의 개입에 의한 합의나 조정이 이루어진 것은 4건에 불과했으며, 9건의 권고 조치만이 있었다(김도현, 2007b: 263).

22) 4 · 20공동투쟁단의 결성과 투쟁에 관해서는 뒤에서 설명하기로 한다.

건복지위원회 소속이 아닌 법제사법위원회 소속의원을 통해 발의하기로 했다. 그리고 각 정당 정책위원회와 법제사법위원회 소속 국회의원들에게 장추련의 법안을 발의할 의사가 있는지 질의서를 보냈다. 질의서에 대한 답변을 유일하게 민주노동당에서 보내왔다. 우선, 간담회를 가지자는 민주노동당의 제안에 따라 3차례의 간담회를 통하여 장추련의 주요 목표를 요구하였으며, 민주노동당 내의 치열한 논의와 장추련의 토론을 거쳐서 민주노동당의 법제사법위원회 소속의원인 노회찬 의원을 통해 입법발의하기로 했다(박김영희, 2012: 181). 입법발의 전인 9월 14일에 장추련은 기자회견과 「장애인차별금지법」 제정 결의대회를 열고, 독립적인 장애인차별금지위원회 설치, 실질적인 권리 구제수단의 마련, 법무부 소관의 입법을 강하게 요구했다(이성규, 2011: 243).

2001년부터 4년여간 준비되어 온 「장애인차별금지법」은 2005년 9월 20일에 민주노동당 노회찬 의원에 의해 정식 발의되었고, 이후 본격적인 입법 투쟁에 돌입하게 되었다. 10월 26일에는 전국장애인차별철폐연대준비위원회(약칭 전장연(준))가 출범하였다. 그리고 이에 즈음하여 10월 말에는 인권단체, 사회단체, 정당 등을 포괄하는 '장애인차별금지법제정공동투쟁단(이하 장차법공투단)'이 구성되었다. 장차법공투단은 국회 앞에서 「장애인차별금지법」 제정을 요구하며 무기한 천막농성에 들어갔다. 농성 시작 후 경찰은 보름 동안 세 차례에 걸쳐 천막을 강제 철거했다. 하지만 장차법공투단은 그때마다 새로 천막을 설치하고 농성을 이어갔다. 11월 9일에는 국회 앞에서 「장애인차별금지법」 제정을 촉구하는 결의대회를 개최하고, 11월 22~23일에는 여의도의 국회와 무교동의 국가인권위원회를 왕복하는 거리 대행진을 했다. 한편, 수요 거리 문화제, 사이버 시위 등 다양한 투쟁을 벌였다(김도현, 2007d: 130-131). 그러나 정부는 「장애인차별금지법」 제정추진을 하지 않겠다는 입장을 공식화했고, 이에 영향을 받아 발의된 법안은 안건 상정조차 되지 못한 채[23] 2005년 정기국회는 마감되었다.

제2차 국가인권위원회 점거농성

장추련은 열린우리당과 한나라당 및 언론의 관심을 촉구하기 위해 2006년이 되자마자 국회 본관 앞에서 「장애인차별금지법」 제정 촉구 기자회견 및 소망 날리기를 개최하였다(박김영희, 2012: 182).

정부의 무관심과 국회의 늦장에 대해 장추련은 국가인권위원회가 준비 중인 「(사회적)차별금지법」에 「장애인차별금지법」을 흡수시키기 위함이라는 판단을 했다. 이에 장추련은 "국가인권위원회는 독립적인 장애인차별시정위원회를 포함한 「장애인차별금지법」 제정의 필요성을 인정하라"는 기자회견을 갖은 뒤, 2차 국가인권위원회 점거농성에 들어갔다(2006. 2. 28). 점거농성과정 중에 장추련은 화요집회, 장애인운동투쟁사 사진전 및 차별실태 보고회(국회), 4 · 20공동투쟁 및 결의대회를 개최하고, 3차례의 국가인권위원회와의 간담회를 추진했다. 60여 일 농성을 통해 끈질긴 설득과 협상을 벌인 결과, 장추련은 국가인권위원회로부터 독립적인 「장애인차별금지법」 제정의 필요성을 인정한다는 공식발표를 얻어냈다(박김영희, 2012: 184).

69사투(死鬪)

60일간의 국가인권위원회 점거농성을 끝내고 장추련은 2006년 6월 27일에 보도 자료를 통해 「장애인차별금지법」 제정을 목표로 6월부터 9월 사이에 사력을 다해 집중적으로 투쟁한다는 의미의 '69사투(死鬪)' 계획을 발

23) 박김영희(2012: 180)에 의하면, 안건 상정이 무산된 이유는 국가인권위원회에서 준비하고 있는 「(사회적)차별금지법」이 제정될 경우 별도의 「장애인차별금지법」이 필요할지에 대한 견해 차이가 정리되지 않았기 때문이었다.

표했다. 이러한 계획에 맞추어 전국 순회 간담회 및 지역별 결의대회, 국회 앞 화요집회, 열린우리당과 한나라당 주요 당직자 면담 추진, 사회단체들의 지지 서명 작업 등을 진행했다. 그 결과, 열린우리당 김한길 원내대표와의 면담을 통해 「장애인차별금지법」 연내 제정 약속을 받아냈다. 그리고 8월 중순에는 정부의 제안에 따라 정부 각 부처와 장추련이 함께 하는 '장애인차별금지법민관공동기획단'(이하 민관공동기획단)이 구성되었다.[24] 「장애인차별금지법」을 둘러싼 쟁점들이 이 민관공동기획단의 논의과정에서 첨예하게 나타났다.[25] 법 제정을 둘러싸고 가장 많은 논란을 불러일으킨 쟁점은 바로 장애인차별시정기구의 위상과 권한의 문제였다. 이는 끝까지 합의에 이르지 못한 쟁점이었다.

장애계는 독립적인 시정기구와 이 시정기구에 시정명령이 도입되어야 한다고 주장했다. 그 근거는 인권위원회는 시정권고만을 행사할 수 있으므로 차별피해의 실질적 구제에 한계가 있다는 것이었다. 또한, 인원위원회의 조직과 인력으로는 장애인 차별문제를 다루기에 전문성과 감수성을 보장하기 어렵다는 근거를 내세웠다(남찬섭, 2007b: 11).

하지만 정부부처의 반대 입장 또한 완강했다. 정부부처는 시정기구 독립과 시정명령 도입에 모두 반대했는데, 그 이유는 다음과 같았다(남찬섭, 2007b: 12). 첫째, 이미 정부 차원에서는 2003년부터 오랜 부처협의를 거쳐 차별시정기구 일원화 방침을 결정한 바 있었다. 그렇기 때문에 이 방침을

24) 국가인권위 점거 농성을 마치고 한 달여가 되어가는 시점에 대통령 자문 빈부격차차별시정위원회(이하, 차별시정위)가 「장애인차별금지법」을 민간이 함께 만들자며 제안을 해왔다. 12개 부처와 기관이 참여하는 정부 단위와 장추련이 '장애인차별금지법 민관공동기획단'(이하, 장애인차별금지법 기획단)이라는 이름으로 약 12번(기획단 회의 7회, 소위원회의 5회)의 만남 속에서 「장애인차별금지법」(안)을 만들었다(박김영희, 2012: 185).

25) 「장애인차별금지법」 제정을 둘러싼 쟁점에 관해서는 이승기(2007)와 남찬섭(2007b)이 자세하니 참조할 것.

결정할 때와 유사한 수준의 논의를 거치지 않은 상태에서 정부가 독립적인 시정기구의 도입을 결정할 수는 없는 것이었다.

둘째, 차별시정기구 일원화 방침을 결정할 당시 인권위원회의 위상은 옴부즈맨으로서 정한다는 것이 정부 내의 합의였기 때문에 그 사유가 장애인차별이라 할지라도 시정명령권을 인권위원회에 부여하는 것은 곤란하다는 것이었다.

셋째, 정부부처들은 시정명령의 도입이 오히려 장애인의 고용기피 요인이 될 수 있고, 또 시정명령의 대상이 정부부처가 될 경우, 이행강제금 부과 여부 등 현실적인 문제가 발생할 우려가 있다는 이유였다.

넷째, 장애라는 차별사유에 대해서만 시정명령이 도입될 경우, 다른 차별사유의 처리와 형평성 시비가 일어날 소지가 있다는 이유였다.

시정기구 위상 및 권한에 대해서 합의에 이르지 못하게 되자, 차별시정위원회가 결정한 정부 최종안은 '시정기구를 일원화하고, 시정권고를 행사하는 안'이었다. 하지만 이 결정은 2006년 12월 8일에 열린 확대 당정회의에서 뒤집힌다. 이 회의에서 여당은 시정명령권을 도입하는 것으로 결정하고, 시정기구의 소재지는 인권위원회와 국무총리실, 법무부의 세 가지 중에서 재검토하여 최종안을 만들어 달라고 주문하였다. 장애계에서 주장하는 핵심적인 사항 중의 하나가 차별행위에 대한 권리구제수단의 확보였는데, 입증책임의 완전한 전환이라든지, 징벌적 손해배상 제도의 도입이 사실상 불가능한 상황에서 열린우리당에서 양보할 수 있는 최대한의 것은 시정명령제도의 도입이라고 판단한 것이다(이승기, 2007: 238). 그 결과, 차별시정위원회와 국조실은 12월 11일 관계부처회의에서 시정기구 소재지 문제를 재검하였는데, 이날 회의에서 '시정기구는 일원화하되 시정권한은 인권위원회와 법무부 간에 이원화하는 방안'이 새롭게 나왔다. 즉, 장애인차별시정기구는 인권위원회 내에 소위원회로 설치하되 소위원회는 시정권고만 행사하고, 시정권고를 이행치 않을 경우 인권위원회가 법무부장관에게 시정명령의 발동을 요청하여 법무부장관이 시정명령을 발동할 수 있도록 하는 것이었다(남찬섭, 2007b: 14).

차별시정위원회는 12월 11일 관계부처회의 결과에 따라 정부 최종안은 '시정기구 일원화-시정권고안'(제1안)과 '시정기구 일원화-시정권한 이원화안'(제2안)의 두 가지로 작성하여 12월 14일 당에 송부하였고, 여당은 같은 날 의총을 열어 2개의 정부 최종안 중 제2안을 채택하였다. 그리고 차별시정위원회는 이를 장애계와 정부부처에 모두 통보하였다. 장애계는 독립적인 시정기구가 아니라는 이유로 동의하지 않았다. 법무부 역시 반대 의견을 제시했는데, 장애계와는 다른 이유였다. 즉, 시정권한 이원화안은 차별피해의 신속한 구제에 어려움이 있을 수 있고, 인권위원회와 법무부 간 차별사건에 대한 조사범위의 혼란문제 및 조사결과에 따른 판단 차이가 있을 경우 혼란이 발생할 수 있다는 이유였다. 법무부는 '인권위원회가 시정권고를 내릴 경우 이를 법무부장관에게 통보하고, 법무부 장관은 이 통보 사실에 근거하여 이후 진행 상황을 지켜보면서 시정명령의 발동여부를 결정하는 것'으로 수정해야 한다고 주장하였다. 당은 법무부 수정의견을 그대로 수용하였다. 이로 인해 12월 15일 법안을 발의하려던 여당의 계획이 연기되어 2006년 12월 18일 오후 4시경에 발의하게 되었다(남찬섭, 2007b: 15-16). 비록 주요 쟁점 사안에 대해서는 다 합의를 이끌어내지는 못했지만, 이를 통해 마련된 법안은 지체장애인인 열린우리당 장향숙 의원을 통해 발의되었으며, 시각장애인인 한나라당의 정화원 의원 역시 같은 날 유사 법안을 발의했다(김도현, 2007d: 131-132; 박김영희, 2012: 185). 이렇게 기존의 노회찬 의원의 안을 비롯해 3개의 법안이 국회에 제출되었다.

2007년 장추련은 '2월 국회 장애인차별금지법 제정 끝장 투쟁'을 선포했다. 기자회견과 집회 등으로 분위기를 올리고, 2월 16일에는 귀향선전전을 진행하였으며, 2월 임시국회가 시작되는 날, 전국 동시다발적으로 각 당사 앞에서 1인 시위를 전개했다. 이로써 2007년 2월 22일 「장애인차별금지법」은 보건복지위원회 상임위를 통과하였고, 3월 2일 법사위 상임위를 통과하였다. 그리고 회기 마지막 날인 3월 6일에 재석 의원 197명 중 196명의 찬성(기권 1명)으로 국회 본회의를 통과하였다. 그리고 4월 4일 대통령 서명식을 거쳐 4월 10일 공포되었다(법률 제8341).

「장애인차별금지법」은 장애인 당사자가 중심이 되어 입법을 추진하고 연대운동을 통해서 제정된 것이었다. 모든 사람과 마찬가지로 장애인이 차별받지 않고 기본적인 자유와 권리를 누릴 수 있는 당당한 주체라는 사실을 당사자 스스로 국가와 다른 사회구성원들에게 명확히 주지시킨 것이다(김명수, 2019: 288). 또한, 「장애인차별금지법」은 '복지'가 아닌 '인권'이라는 새로운 가치 지향적인 화두를 놓고, 사활을 건 투쟁의 성과였다(박김영희, 2012: 190). 말하자면, 「장애인차별금지법」은 복지가 아닌 인권의 관점에서 접근하는 인식전환의 결과물이었다.

이처럼 우리나라 장애인운동에 있어 「장애인차별금지법」 제정운동은 "장애인 인권운동의 결실이며, 위로부터가 아닌 아래로부터의 거대한 연대운동이며, 보편적 인권운동으로 장애인운동을 전환시켰다"(김병하, 2005: 15)는 데 중요한 의미를 부여할 수 있다.

(3) 장애인 활동보조서비스 제도화 투쟁

장애인 활동보조서비스[26] 제도화 투쟁이 시작된 결정적인 계기는 2005

26) 2011년 「장애인활동지원에 관한 법률」이 시행되면서 활동보조서비스 대신 활동지원서비스라는 용어를 사용하게 되었다. 여기에서는 2011년 법 시행 전이므로 활동보조서비스라는 용어를 사용한다.

년 경남 함안에서 발생한 장애인 동사사고 때문이었다. 2005년 12월 19일 월요일 오전 9시, 경남 함안군에서 근육장애를 갖고 있던 한 중증장애인(조모씨, 남 41세)이 보일러가 터져 나온 물에 얼어 죽는 사고가 있었다. 그가 자던 한 평 남짓한 방안은 수도배관이 강추위에 동파되면서 터져 나온 물이 흘러들어 흥건히 젖어 있었다. 그가 덮고 있던 이불도 마찬가지였다. 구조전화조차 할 수 없을 만큼 중증의 장애인이었던 그는 홀로 동사한 채 발견되었다. 활동보조인이 있었더라면 참사를 막을 수 있었던 이 사건은 중증장애인의 생명과 직결되는 장애인 활동보조서비스의 제도화는 더 이상 미룰 수 없는 사안임을 여실히 보여주었다.

전국장애인차별철폐연대(약칭 전장연)는 2006년 3월 20일부터 장애인 활동보조서비스 제도화 투쟁을 전개해 나갔다. 활동보조서비스가 중증장애인의 권리임을 선포하고, 삭발투쟁 및 서울시청 등 전국 각지에서 무기한 천막농성을 벌이며 활동보조서비스 제도화를 요구하였다. 당시 이명박 서울시장은 활동보조서비스에 대한 책임을 정부에 떠넘기며 면담조차 응하지 않고 있었다. 그 와중에 서울시는 노들섬에 오페라하우스 건립 예산으로 7000억 원을 배정했다. 그런데 그들이 돈이 없다며 깎으려 했던 활동보조서비스 예산은 고작 15억 원이었다.

2006년 4월 27일 중증장애인들은 기어서 한강대교를 건너 노들섬까지 가는 투쟁을 벌였다. 맨몸으로 한강대교를 기는 중증장애인 뒤편에는 30여 명의 장애인이 서로의 휠체어를 쇠사슬로 묶고 차량을 막아섰다. 중증장애인들은 거칠고 뜨거운 아스팔트 위를 맨몸으로 기면서 자신의 삶과 투쟁에 대한 철저한 의지를 보여주었다(홍세미, 2021: 311).

결국, 서울시는 조례제정을 통해 활동보조서비스를 전면 시행하겠다고 약속했다. 전국의 지방자치단체에서도 활동보조서비스 제도화에 대한 장애인계의 욕구가 확산되었고, 중앙정부 차원에서 활동보조서비스 제도화가 본격적으로 논의되기 시작하였다.

2007년 1월 보건복지부는 장애인 활동보조서비스를 전국적으로 시행하기 위한 사업지침을 발표했다. 하지만 본인부담금 10%를 부담해야 하고, 한 달 이용 시간은 최대 80시간으로 제한되며, 차상위 200% 안에 드는 소득수준의 사람만 서비스를 이용할 수 있다는 내용이었다. 활동보조서비스를 '중증장애인의 권리'로 인정하지 않는 것이나 다름없었다. 이에 1월 24일 중증장애인 활동가들은 국가인권위원회를 점거하고, 무기한 단식농성에 돌입하게 된다. 그들이 요구하는 것은 활동보조서비스의 대상 제한 폐지, 생활시간 보장, 본인부담금 폐지 이 세 가지였다. 삭발한 중증장애인들이 곡기를 끊은 지 23일째 되던 날, 보건복지부는 중증장애인들의 요구를 일부 수용하겠다고 발표했다. 소득수준과 관계없이 활동보조서비스를 받게 하고, 이용시간을 최대 180시간으로 확대하겠다는 내용이었다(홍세미, 2021: 312). 마침내 2007년 4월부터 416억 원의 예산으로 최중증 저소득장애인을 대상으로 활동보조서비스를 전국적으로 제도화하였다. 주된 내용은 다음과 같다(보건복지부, 2007; 이성규, 2011: 203-204).

첫째, 당시 활동보조서비스 신청자격은 만 6세 이상~만 65세 미만의 「장애인복지법」상 등록 1급 장애인에게 소득기준과 무관하게 주어졌다. 다만, 만 6세 이상~만 18세 미만 장애아동에 대해 월 30~50시간 범위에서 지원할 수 있도록 하였다.

둘째, 서비스 기준 단가는 시간당 8,000원으로 하였으며, 대상자의 특성 및 서비스의 종류에 상관없이 동일하였다.

셋째, 서비스 제공시간은 활동보조인이 1회 방문 시 2시간을 기본으로 하며, 2시간 이상은 1시간 단위로 산출하였다. 또한, 휴일(토·일 포함) 및 야간별도 할증은 없으며, 도서·벽지 거주 장애인에 대한 방문 서비스 제공 시 1회당 원거리 교통지원금, 3,000원이 지급되었다.

넷째, 서비스 대상자에게는 정해진 등급에 해당되는 만큼의 매월 일정액의 바우처를 지원하였는데, 매월 일정액의 본인부담금 선납 후 바우처 지원액을 사용할 수 있었다. 또한, 소득수준에 따라 본인부담금에 차등을 두는데, 기초생활수급자는 면제, 최저생계비 120% 이내는 2만 원, 최저생계비 120% 초과는 4만 원 본인부담금이 책정되어 있었다.

중증장애인들의 목숨을 건 투쟁으로 일궈낸 장애인 활동보조서비스제도는 장애인들의 소중한 자립생활 기반이 되었다. 그러다 2007년 4월 「노인장기요양보험법」이 국회를 통과하면서 새로운 국면을 맞이하게 된다. 2011년 활동보조서비스제도가 확대된 장애인활동지원제도가 시행되게 된 것이다. 그러나 장애인활동지원제도는 '인간다운 삶을 위한 기본적인 권리이자 자립생활을 위한 당연한 권리로서 보장되어야 한다'라는 장애인들의 요구를 충족시키지는 못했다.

(4) 4 · 20장애차별철폐투쟁

4 · 20투쟁의 시작

장애인차별철폐운동은 2002년부터 시작되었다. 장애인의 날인 4월 20일이 정부와 관제화된 장애인단체에서 주최하는 전시성 행사 위주로 진행되는 것에 대한 문제제기[27]로부터 비롯된 것이었다(고춘완, 2005: 41). 장애인의 날 행사는 '장애는 개인이 극복해야 할 문제'라는 이데올로기를 널리 전

27) 장애인의 날은 장애인에 대한 이해와 장애인의 재활 의욕을 고취하고, 복지 증진의 계기를 마련하기 위해 제정했다고 한다. 이날을 기념하며 장애인 복지유공자 포상, 장애인 '극복상' 시상, 축하공연 등 각종 행사가 벌어지는데, 이런 방식으로 장애인의 날을 기념하는 행위는 장애인을 '이해해야 하는 대상'으로 타자화하고 '재활 · 극복을 해내야 하는 자'로 대상화한다는 지적(연윤실, 2022: 32-33)이 있다.

파하는 행사나 다름없었다(김도현, 2007d: 147).

장애인들은 시혜와 동정으로 얼룩진 장애인의 날을 거부하기 시작했다. '양대 법안 투쟁'이 진행되었던 1988년에 '장애인권익촉진 범국민결의대회'가 열리고, 1989년에 '기만적인 복지정책규탄 및 400만 장애인인권쟁취 결의대회'가 장애인의 날을 앞둔 4월 16일에 개최되면서 정부 주도의 행사에 저항하는 흐름이 형성되었다. 그러나 민주정부시대에 들어 한동안 현장투쟁은 단절되었다. 그러다 2001년 장애인이동권 투쟁을 계기로 현장투쟁이 복원되면서, 이러한 투쟁의 전통 역시 '4 · 20장애인차별철폐투쟁(이하 4 · 20투쟁)'이라는 이름으로 되살아나게 된다(김도현, 2007d: 147-148).

4 · 20공동기획단 결성과 활동

2002년 4월 20일 장애인의 날을 맞이하여 장애인이동권연대는 전국의 장애인단체와 시민사회단체들에 제안하여 '4 · 20장애인차별철폐투쟁공동기획단(이하 4 · 20공동기획단)'을 결성하게 된다. "기만적인 시혜와 동정을 거부한다"라며 4월 20일을 '장애차별철폐의 날'로 정하고, 다양한 요구와 행사를 진행하였다.[28] 2003년 4 · 20공동기획단에서 제출한 선언문의 내용을 보면, 장애인차별철폐투쟁의 성격을 알 수 있다(고춘완, 2005: 41-42).

- 4 · 20일 시혜와 동정의 장애인의 날을 당당한 장애인권을 쟁취하는 '장애인차별철폐 투쟁의 날'로 선포한다.
- 장애인의 이름으로 장애인 차별철폐와 전쟁반대, 파병반대를 선포한다.

---

28) 4 · 20공동기획단에는 전국적으로 87개의 장애인단체와 사회단체가 참여했으며, 4월 15일부터 일주일간 4 · 20투쟁 선포식, 버스 타기 투쟁, 이동권 투쟁의 평가와 전망에 대한 토론회, 장애인의 의무고용 외면하는 삼성 재벌 규탄대회, 에바다복지회 문제해결을 위한 결의 대회, 장애인 투쟁 영상전 등을 진행했다(김도현, 2007d: 148).

- 자본의 세상에서 '차이'가 '차별'이 되는 사회구조적인 모순을 폭로하고 선전하는 날로 선포한다.
- 진보적인 장애운동의 연대투쟁을 모아내고, 이후 조직적인 연대를 지속적으로 열어나간다.

2004년에는 3월 27일부터 4월 19일까지 거의 한 달여 동안 세종문화회관 앞에서 매일 집회와 노숙투쟁을 동시에 전개했다. 그러나 첫날부터 투쟁은 만만치 않았다. 3월 27일 2시부터 시작된 최옥란 열사 2주기 추모문화제는 '촛불'을 들지 않아 문화행사로 볼 수 없다며 불허하겠다는 경찰과 실랑이가 끊이지 않았고, 또 해가 졌을 때는 개정된 「집시법」에 따라 야간집회는 불허하겠다는 경찰의 강경태도에 부딪혀, 4 · 20차별철폐단 출범식은 경찰들에 에워싸여 대치하는 형태로 지속될 수밖에 없었다. 200여 명의 참가자들은 치열한 몸싸움을 하면서 끝까지 저항했고, 결국 80여 명이 연행되기까지 했다. 그래도 투쟁은 계속 이어졌다. 매일 7시면 세종문화회관에 모여 교육권, 노동권, 시설문제, 자립생활운동 등을 주제로 시민들에게 장애문제의 심각성을 알렸다. 노숙투쟁 또한 각 단위별로 조를 짜서 하루도 거르지 않고 한 달여 동안 진행되었다(『함께걸음』, 2004. 5).

4 · 20공동투쟁단으로의 재편과 활동

2005년에는 '기획단'이라는 이름이 4 · 20투쟁의 대중적 성격을 제대로 드러내지 못한다는 의견이 받아들여져, '4 · 20장애인차별철폐공동투쟁단(이하 4 · 20공동투쟁단)'으로 명칭을 변경해 활동을 전개했다. 4 · 20공동투쟁단은 2005년 3월 24일부터 국가인권위원회에서 점거농성을 벌였다. 4 · 20공동투쟁단은 정책요구안을 제시하면서 정부 측의 수용을 촉구했다. 정책요구안은 장애인차별철폐를 위한 법률 제정, 장애인 생존권과 생활권 쟁취, 장애인의 사회적 권리확보 등 3개 영역에 걸쳐 11개 요구안으로 되어 있었다(『에이블 뉴스』, 2005. 3. 30.; 김병하, 2005: 16).

첫째, 장애인 차별철폐를 위한 법률 제정 영역에는 장애인계가 추진하고 있는 「장애인차별금지법」 제정, 「장애인교육지원법」 제정, 「도로교통법」, 「선거법」 개정 등이 포함되어 있었다.

둘째, 장애인 생존권과 생활권 쟁취 영역에는 중증장애인 노동권 확보 및 장애인연금제도 도입, 국민기초생활보장제도 개혁, 장애인 자립생활(IL)보장, 장애인이동권 및 편의시설, 사회복지시설 민주화 및 공공성 확보 등이 포함되어 있었다.

셋째, 장애인의 사회적 권리확보 영역에는 장애여성에 대한 폭력의 문제와 정보 접근권, 장애여성 성폭력 · 가정폭력 피해자의 인권 확보, 장애인 정보 접근권 확보, 장애인 문화권 확보 등을 포함하고 있었다.

그리고 2006년의 4 · 20투쟁은 「장애인교육지원법」 제정, 활동보조인 서비스 제도화, 「장애인차별금지법」 제정이라는 3대 투쟁 목표를 상정했다. 장애인교육권연대가 3월 13일부터, 전장연(준)의 '활동보조인서비스제도화투쟁위원회'가 3월 20일부터, 장추련이 3월 28일부터 각각 국가인권위원회와 서울시청 앞에서 농성에 돌입했으며, 이를 중심으로 다양한 대중투쟁이 강도 높게 진행되었다(김도현, 2007d: 150).

4 · 20공동기획단과 4 · 20공동투쟁단의 활동은 이후 '전국장애인차별철폐연대준비위원회'의 설립에 귀중한 밑거름이 되었다. 또한, 4 · 20투쟁은 국가가 전시적으로 지정한 '장애인의 날'의 의미와 행사를 정면으로 거부하고, '장애인 차별철폐의 날'을 선포함으로써 대중적이고 상징적인 차원에서 시혜와 동정의 이데올로기를 깨뜨려 나갔다는 의미를 지니고 있다(김도현, 2007d: 151)는 평가를 받고 있다.

3대 법안 제개정 투쟁

2011년 4 · 20투쟁은 장애인의 자립생활을 가로막고 장애인을 가족의 부양대상으로만 규정하는 가족주의에 맞선 「국민기초생활보장법」 개정, 그리고 장애등급제의 존폐여부를 결정지을 「장애인활동지원법」 개정, 또 그동안 장애인복지 중에서도 사각지대에 놓여 있었던 「장애아동복지지원법」 제정 투쟁 등 '장애 · 빈곤층 민생 3대 법안 제 개정 투쟁'을 중심으로 진행되었다(남병준, 2011: 56).

'장애 · 빈곤층 민생 3대 법안의 핵심쟁점은 다음과 같다(남병준, 2011: 58-64). 먼저, 「국민기초생활보장법」 개정의 핵심쟁점은 부양의무자 기준 폐지와 최저생계비의 현실화였다. 이에 대해 4 · 20공동투쟁단은 「국민기초생활보장법」의 부양의자 기준을 폐지하고, 상대적 빈곤선 도입과 더불어 최저생계비를 현실화하라고 요구하였다. 또한, 기초장애연금의 대상을 확대하고 부가급여를 20만 원 이상으로 인상하며, 지자체 장애수당 역시 대상을 확대하고 급여를 인상하라고 요구하였다.

둘째, 「장애인활동지원법」 개정의 핵심쟁점은 장애등급제 폐지와 전달체계 개편, 서비스 이용 연령제한 폐지, 본인부담금 폐지, 서비스 이용 상한제 폐지 등이었다. 4 · 20공동투쟁단은 장애등급과 연령에 의한 장애인 활동지원 서비스 신청 자격제한을 폐지할 것과 본인부담금 인상 철회, 예산확대를 통한 장애인의 생활시간 보장, 사회서비스 노동자의 기본권 보장 등을 요구하였다.

마지막으로 「장애아동복지지원법」 제정의 핵심쟁점은 크게 두 가지였다. 하나는 보육지원체계 강화 및 의료 · 돌봄 · 가족지원 등 종합적인 장애아동복지 제공이었고, 다른 하나는 가구소득 및 장애등급으로 제한된 장애아동복지서비스의 보편화였다. 4 · 20공동투쟁단은 성인기 장애인 중심의 장애인복지체계에서 소외된 장애아동과 가족을 위한 별도의 지원체계를 마련하라고 요구했다. 또한, 장애아동 재활치료를 무상의 보편적 권리로 법제화하여 장애 유형에 따른 서비스 차별을 철폐하고, 서비스 이용자의 선택권을 보장하라고 요구했다. 그뿐만 아니라 장애아동 돌봄서비스와 가족지원 서비스의 대폭 확대와 법적 근거 마련을 요구하였고, 또 장애아 의무교육 시행에 맞춰 장애아동보육시설에도 장애아동 4명당 1명의 유아특수교사를 배치할 것을 요구하였다.

(5) 장애등급제 폐지운동

장애등급제

장애등급제는 1981년 「심신장애자복지법」 제정과 1982년 장애등급기준의 발표로 시작되었다. 장애등급은 의학적 기준에 의해 1~6등급으로 구분되었다. 그리고 1989년 전면 개정된 「장애인복지법」에 장애등록을 제도화하였다. 장애인등록제 도입의 주목적은 장애인 현황을 파악하는 것이었다. 장애등급제는 의학적 기준에 따른 신체적 · 정신적 손상을 평가하기 위한 것이었다. 이렇게 만들어진 장애등급제는 공적 장애인복지뿐만 아니라 민간영역의 서비스 지원에 있어서 대상자와 지원수준을 결정하는 핵심적 기준이 되어왔다. 소득보장, 직업재활, 교육, 감면 · 할인제도, 보건의료 등 장애등급제가 장애인복지에 미치는 영향은 거의 절대적이라고 할 수 있다.

그러나 장애등급제는 사회적 모델이 아닌 의료적 모델에 기반을 두고 있다는 점에서 많은 비판을 받아왔다. 예컨대, 이승기(2015)는 의학적 기준에 따른 장애등급제는 다양하고 복잡한 서비스 영역에 적용하기에는 획일적이고 단순한 기준이라는 한계를 지닌다고 비판하였다. 즉, 현행 장애등급제는 장애인의 의학적 장애상태 외에 개인적 환경과 욕구 등에 대한 정보를 주지 못하게 되고, 이것은 개인적 상황과 맥락에 맞는 서비스 제공에 오히려 걸림돌로 작용하게 된다는 것이다. 김동기(2018)는 장애등급제는 '동일 등급=동일 욕구=동일 서비스'라는 매우 이해하기 어려운 등식에 기반을 두고 있는 제도로서, 등급 안에 장애인의 서비스와 욕구 필요도를 사전적 · 획일적 · 기계적으로 수량화시켜놓은 제도라고 주장하였다.

한편, 장애계는 서비스의 제공이 장애인의 욕구나 능력의 유무가 아니라 단순한 의학적 기준에 의해 이루어지고 있다는 비판과 함께 의료적 기준으로 장애인 몸에 점수를 매기는 행위는 그 자체로 차별이며, 장애인에 대한 낙인찍기라며 강하게 비판하였다. 예컨대, 남병준(2010: 44)은 "장애와 장애인은 고정된 것도 개인적인 것도 아니고, 장애인이란 결국 사회적인 서비스를 필요로 하는 사람임에도 불구하고, 장애등급제는 장애인은 몇 점짜리 이하의 몸을 가진 사람이라는 차별적인 의식을 유포하여, 장애와 장애인의 사회적 관계를 은폐한다"라고 지적하였다. 그리고 박경석(2012)은 장애인의 몸에 등급을 매겨 장애인을 낙인화 하는 측면이 있다고 비판하였다. 장애계에서는 법적으로 신체기능 정도에 대해 등급을 매긴 장애등급으로 인해 편견과 제약이 생기고, 이는 사회적 낙인이 된다는 점에서 장애등급제를 비판하였다. 이들의 주장은 장애를 가진 사람도 마땅히 당당한 사회구성원으로서 차별받지 않고 살아갈 권리가 있고, 장애인에게 필요한 사회서비스는 보편적 권리로서 보장해야 한다는 생각과 맞닿아 있다.

장애등급제 폐지운동의 배경

장애등급제 폐지운동의 배경에는 장애등급심사의 확대가 자리한다. 1981년 「심신장애자복지법」 제정 이래, 6등급 체계의 장애등급제가 유지되면서 그 나름의 외형적 발전을 해왔으나, 2007년 장애등급심사제도가 도입되면서 균열이 생기기 시작했다. 노무현정부가 2007년 장애등급심사제도를 도입한 후,[29] 이명박정부는 '장애인 부정수급자'를 관리 · 감독한다는 명목으로 기존 장애인마저 재판정등급을 강요하였다(이금희, 2020: 59).

보건복지부는 2007년 4월부터 중증장애수당 신규 신청자를 대상으로 장애등급심사를 진행하였고, 2009년 10월부터는 활동보조서비스를 신규로 신청하는 1급 장애인에 대해 장애등급심사를 의무화하였다. 2010년 1월부터는 신규로 1~3급 장애등록을 신청하는 경우에도 장애등급심사를 확대하였다. 신규로 장애수당, 장애연금, 활동보조 등 사회서비스를 신청하는 경우, 그리고 2년 이상 활동보조서비스를 이용한 장애인도 장애등급심사를 하도록 지침을 개정하였다. 그러자 장애인에 대한 등급규정이나 판정기준에 많은 문제가 드러나기 시작하였다. 가장 큰 문제는 장애등급 재심사 결과, 많은 중증장애인의 등급이 하향 조정되었다는 것이다. 보건복지부 발표에 따르면, 2007년 4월부터 2010년 3월까지 총 92,817건의 장애등급심사 결과, 장애등급을 유지한 경우는 60%이며, 상향조정된 경우는 고작 0.4%(352명)였고, 등급이 하향된 경우는 무려 36.7%인 34,064건이었다. 이 중 1급에서 2급으로 하락한 경우는 25.6%(7878건), 2급에서 3급으로 하향된 경우는 40.0%, 3급 이하(경증)는 14% 하향된 것으로 나타났다(보건복지부, 2010).

당시 활동보조서비스의 경우 1급 장애인만 서비스를 신청할 수 있었고, 장애인연금제도는 1급과 2급, 그리고 3급 중복장애인으로 신청자격을 제한하고 있었다. 각종 감면제도 역시 장애등급에 따라 감면대상을 제한하거나 차등적용하고 있었기 때문에 장애인으로서는 자신의 몸이 몇 등급이냐에 따라 생존의 문제가 달려 있었다. 등급하락은 곧 중증장애인들의 활동지원서비스를 비롯하여 각종 복지서비스의 축소로 이어지기 때문에 장애

---

29) 노무현정부는 2007년 장애등급심사제도를 도입하여, 장애등급판정의 객관성을 제고 하고자 판정 절차를 변경하여, 재심사를 의무화했다. 중증장애 수당액 상향조정(기초수급자 월 7만원 → 13만원)을 계기로 국민연금공단이 신청인에 대해 장애등급심사를 적용하기 시작하였다.

인의 입장에서는 그들의 생존을 위협하는 실로 무시무시한 결과였다.[30)] 「장애인활동지원법」이 시행된 2011년에는 1~6급 전체 장애인에게 등급심사를 확대하였고, 활동지원 수급대상을 1급 장애인으로 제한하자, 서비스 지원이 축소된 장애인의 불만이 극에 달했다.

정부는 정부대로 장애등급재심사에 따른 전산시스템 구축과 심사지원 인력 선발에 많은 예산을 지출하게 되었고, 장애인은 장애인대로 엄청난 부담을 떠안게 되었다. 장애등급심사에 드는 모든 비용, 예컨대 등급재판정을 위한 CT, MRI, 근전도검사 등 값비싼 검사비 전액을 장애인이 부담해야 했다.

장애등급제 폐지운동의 전개

장애등급제의 강화는 곧 장애계의 강력한 항의로 이어졌다. 전장연은 5월 1일 성명서를 통해 "장애의 사회 환경적 요인을 무시하고, 의료적 기준으로 장애인의 몸을 등급화하는 장애등급제는 시대착오적 발상"이라고 하였다. 또한, "장애등급심사의 목적은 예산의 절감과 복지축소뿐이다"라고 일축하면서, 향후 장애등급제 철폐를 위한 투쟁에 매진할 것이라고 밝혔다(『헤럴드 경제』, 2010. 5. 1). 2010년 5월 25일 장애등급심사 대응을 위한 연대기구 제안서를 각 장애인단체[31)]와 시민단체 대표에게 보냈다. 이것이 장애등급제 폐지에 대한 본격적 투쟁의 시작이었다.

30) 보건복지부의 장애등급심사 확대 시행과 장애등급판정기준 개정으로 인해, 장애등급이 하락하고 장애등급 1급이 아니면 활동지원서비스를 신청조차 할 수 없어 중증장애인이 사망하는 안타까운 사고가 연이은 언론 보도를 통해 알려지면서 사회적 관심을 끌기 시작하였다. 이와 관련하여 장애인에게 제공되던 활동지원서비스가 중단되는 피해사례는 이금희(2020: 66-70)를 참조할 것.

31) 공동제안 단체에는 한국장애인자립생활센터협의회, 장애우권익문제연구소, 전국장애인부모연대, 전국장애인차별철폐연대, 한국뇌병변장애인인권협회가 있었다.

2010년 9월 전장연은 국민연금공단 장애등급심사센터를 점거하고 장애등급기준의 재검토, 등급기준에 의한 대상자 선정 폐지 등을 요구하였다. 그 결과, 보건복지부로부터 장애인계와 함께 장애등급제에 관한 논의 테이블을 만들겠다는 약속을 받아냈다. 2011년 4월 20일에는 장애등급제 폐지와 보편적 복지쟁취를 구호로 내세우면서 장애등급제 폐지에 대한 요구를 더욱 강화하였다(이금희, 2020: 73).

하지만 보건복지부는 2011년 10월 이후 「장애인활동지원법」 시행령, 시행규칙을 제정하여 신청자격을 1급 장애인으로 한정하였다. 또한, 만 18세 이하의 중증장애아동에 대해 서비스 기준을 성인의 절반으로 제한, 본인부담금을 월 최대 15%로 대폭 인상하여 중증장애인일수록 더욱 불리해졌다. 이러한 불합리한 제도 시행으로 중증장애인들의 피해사례가 속출하자, 이에 반발한 장애인단체는 장애등급 재심사 중단과 장애등급제 폐지를 촉구하는 활동을 벌였다. 그리고 국회 국정감사에서도 이 문제가 집중적으로 지적되면서, 사회적으로 확대되었다(남병준, 2011).

2012년 3월, 4 · 20공동투쟁단은 제8회 전국장애인대회를 시작으로 투쟁에 돌입했다. 중증장애인 150여 명이 서울역에서 노숙농성을 진행한 후, 보건복지부 앞에서 장애등급제 폐지, 부양의무제 폐지, 발달장애인법 제정 등 요구하며 보건복지부장관과의 면담을 촉구했다.

정부의 지지부진한 상황을 지켜보던 전장연은 2012년 18대 대선을 앞두고, 장애등급제 폐지를 보다 공론화하기 위해 2012년 8월 8일 '장애등급제 · 부양의무제폐지공동행동'(이하 공동행동)을 출범시켰다. 장애인단체와 진보사회단체들로 구성된 공동행동[32]은 이날 서울 광화문광장에서 출범

32) 공동행동은 전국장애인차별철폐연대, 한국장애인자립생활센터협의회, 장애인교육권연대, 전국장애인부모연대, 전국장애인야학협의회, 한국뇌병변장애인인권협회, 빈곤사회연대, 홈리스행동, 전국공공운수사회서비스노동조합 사회복지지부, 빈민행방실천연대, 평등사

기자회견을 열고 무기한 농성에 돌입했다. 공동행동은 "장애등급제와 부양의무제는 장애인들의 복지를 제약하고 가족에게 부양 의무를 떠넘기고 있다"면서 "예산 운운하지 말고 이를 폐지하라"라고 주장했다. 공동행동은 장애등급제 · 부양의무제 폐지를 위한 100만인 서명운동과 10만인 엽서 쓰기 운동도 전개하였다. 엽서는 각 정당 대통령 후보와 19대 국회 보건복지위 의원들에게 보내졌다. 공동행동에 따르면, 출범 기자회견은 서울은 물론 경기, 대전, 대구, 부산, 울산, 광주, 전주, 광주, 충북, 창원 등에서 동시다발적으로 열렸다(『뉴시스』, 2012. 8. 8).

공동행동의 이러한 투쟁과정에서 시민들의 지지와 사회적 이슈를 만들어 내는 성과를 얻었다. 그리고 장애등급제를 둘러싼 정세는 정부의 계획보다는 장애인운동에 의해 새로운 국면을 맞이하게 되었다.

장애인계는 '대선장애인연대'를 구성하여 12대 공약 중 최대 쟁점인 '장애등급제 폐지, 「장애인권리보장법」 제정' 등의 약속을 모든 대통령 후보자들로부터 받아냈다. 당시 새누리당의 박근혜 후보는 2012년 선거에서 복지 이슈를 선점하여 '「장애인권리보장법」 제정과 장애등급제 폐지 및 개선'을 약속하고, "신체적 장애를 의료적으로 판정하는 장애등급제 폐지를 위해 장애계의 의견을 적극 수렴하겠다"라고 밝혔다. 민주통합당의 문재인 후보 또한 대통령에 당선되면 장애등급제 폐지를 '국민명령 1호'로서 시행하겠다는 공약을 내세웠고, 통합진보당의 이정희 후보도 "장애인복지법과 낙인의 사슬인 장애인등급제를 폐지하고, 「장애인권보장법」을 제정하겠다"라고 공약했다(이금희, 2020: 81-83). 이처럼 주요 정당에서 장애등급제 폐지를 대선공약으로 채택하면서 장애인등급제 폐지가 정책 아젠다로 부상하기 시작하였다.

회노동교육원, 전국민주노동조합총연맹 등 12개 공동대표단체와 176개 개별단체가 참여하였다(이금희, 2020: 75).

2013년 박근혜정부가 출범했다. 박근혜정부는 대선공약으로 내세운 장애등급제 폐지를 국정과제로 공식화했다. 2013년 4월 15일에 장애판정체계기획단을 구성하여 정부 차원의 논의를 시작하였고, 5월 28일 제13차 장애인정책조정위원회 회의에서 장애등급제(1~6등급)를 개인의 욕구 및 사회 · 환경적 요인을 고려한 장애판정기준을 마련하는 맞춤형서비스체계로 전환하여, 2014년까지 등급을 2~3개로 단순화한 후 2017년까지 단계적으로 장애등급제를 폐지하겠다고 밝혔다(보건복지부, 2013; 이금희, 2020: 83).

장애판정체계기획단에서는 주로 장애등급제 폐지 이후에 현행 장애등급을 대체하는 의학적 기준정비, 중증과 경증장애인으로 구분되어 시행되는 장애수당, 장애인연금 등 소득보장체계 정비, 장애정도에 따라 할인율이 차등 적용되는 감면 · 할인제도 개편, 그리고 관련 지원 전달체계 개편 등이 논의되었다(이승기, 2015; 서동명 외, 2022: 336).

그러나 장애등급제 폐지 이후의 구체적인 대안, 즉 새로운 체계나 제도에 관한 대안을 마련하지 못한 채, 기획단은 2013년 12월 16일에 4가지 합의사항을 채택하면서 활동을 마무리하였다. 기획단의 4가지 합의사항은 첫째, 장애등급제 폐지를 위한 중간단계로써 중증/경증의 단순화 과정을 거치지 않고 장애등급제 폐지를 추진하는 것, 둘째, 소득보장을 위한 종합판정체계를 마련하는 것, 셋째, 감면 · 할인제도를 정비하는 것, 넷째, 장애영역별 특성을 반영한 인정조사표를 마련하는 것이었다.[33)]

이후에 이에 대한 본격적인 논의를 위하여 2014년 4월 4일에 장애인종합판정개편지원단이 구성되었다. 이 지원단에서 주로 논의된 내용은 장애영역별 특성을 반영한 인정조사표의 개발에 관한 것이었고, 다른 부분에 대한 논의는 기획단의 4가지 합의된 내용에서 크게 벗어나지 않았다. 결과

33) 2013년 장애판정체계기획단에서 합의된 내용을 중심으로 한 장애등급제 폐지의 쟁점 분석에 관해서는 이승기(2015)를 참조할 것.

적으로 2013년과 2014년의 정부 차원의 노력은 장애등급제를 인정조사표를 기준으로 하는 종합판정체계로 전환하여 서비스에 대한 욕구를 반영한다는 것이 주된 내용이었으며, 장애등급제 폐지에 따른 세부 정책의 개편은 이루어지지 않았다(이진숙 · 임윤용, 2018: 327).

그렇게 장애등급제 폐지는 정부의 소극적 대처로 진전되지 못한 채 시간만 흘러갔다. 그러던 중 박근혜 대통령의 국정농단사건에 의해 헌정사상 처음으로 대통령이 탄핵되는 상황이 발생했고, 그 영향은 장애인등급제 폐지에도 직접적인 영향을 미쳤다. 결국, 박근혜정부 하에서 장애인등급제 폐지는 실현되지 않았다.

19대 대통령 선거가 조기에 시행되었다. 각 정당이 장애등급제 폐지를 선거공약으로 내세움으로써 다시 한번 장애등급제 폐지가 아젠다로 부상하는 계기가 마련되었다. 19대 대통령으로 당선된 문재인 대통령은 100대 국정과제 중에 장애등급제 폐지를 포함시켰다. 다만, 완전 폐지가 아닌 단계적 폐지였다. 그러자 공동행동은 2017년 7월 20일, 성명을 통해 「100대 국정과제와 국정운영 5개년 계획」에 장애등급제 폐지에 대한 구체적 계획이 없다며, 강력하게 비판하였다(이금희, 2020: 85).

이렇게 2012년 12월에 시작된 광화문 농성은 문재인정부에 들어서도 계속되었다. 2017년 문재인 대통령은 장애등급제 폐지를 약속했고, 박능후 보건복지부장관이 농성장에 방문해 약속대로 장애등급제를 폐지하겠다고 밝혔다. 장애인의 완전한 사회통합과 참여를 위한 정책들을 함께 논의하는 민관협의체를 구성하며 농성을 마무리했다(연윤실, 2022: 37). 민관협의체는 장애계 4명, 학계 6명, 복지부 2명 등 총 12명으로 구성되었다(보건복지부, 2017. 10. 19). 민관협의체의 1차 회의는 2017년 10월 20일에 개최되었는데, 이때 논의된 주요 내용은 장애등급제 단계적 폐지에 따른 주요 장애인 관련 사업의 기준 마련에 대한 것이었다(이진숙 · 임윤용, 2018: 328).

하지만 이러한 노력은 「장애인복지법」 일부 개정 법률안 법률 개정으로 인해 금이 가기 시작한다. 민관협의체 2차 회의 다음 날인 11월 15일, 복지부는 「장애인활동지원법」, 「장애인연금법」 등 개정을 위해 협의체에 소속된 장애인단체[34]와 간담회를 했다. 당시 장애인단체들은 등급제 폐지를 위한 로드맵과 예산확대 방안, 장애인연금 지급대상을 기존 1, 2, 중복 3급에서 3급까지로 확대하고, 장애등급재심사 중단 등의 논의가 먼저라며 법안 개정 유보를 요청했다. 하지만 복지부는 '국회 일정과 장애인의 이익을 위한다'라며 개정안 통과를 강행했다(『비마이너』, 2017. 12. 7). 그 결과, 2017년 12월 1일 장애등급제 폐지를 알리는 「장애인복지법」 일부 개정 법률안이 통과되었다. 이로써 장애등급제 폐지의 법적 근거가 마련되었다.[35] 그러나 장애계는 12월 1일 「장애인복지법」 등 법률 개정과정에 대해 유감을 표명했다. 장애계는 장애등급제 폐지 민관협의체에서의 논의 내용이 전혀 반영되지 않은 채 보건복지부가 독단적으로 개정안 통과를 진행했다고 주장하였다(『비마이너』, 2017. 12. 7).

그 후 2018년 8월 22일 정부는 「장애인복지법」 시행령 및 시행규칙 일부 개정안을 입법예고하였고, 장애등급제 폐지 시행을 앞두고 두 차례에 걸쳐 장애계 35개 단체가 참여하는 토론회를 개최하였다. 그리고 2019년 7월 1일, 장애등급제의 단계적 폐지가 시행되었다. 1842일간 이어진 광화문역 지하농성의 결실을 보는 역사적인 날이었다. 31년 만의 일이었다. 그럼에도 불구하고 정부와 장애계의 온도 차는 확실히 컸다. 정부는 장애등

34) 협의체에 소속된 단체는 한국장애인단체총연맹, 한국장애인단체총연합회, 전국장애인차별철폐연대이다.

35) 장애등급제 개편 사항을 반영하기 위해 '장애등급'이라는 용어를 '장애 정도'로 변경하고, 맞춤형 서비스를 제공하기 위한 '서비스지원종합조사'를 실시할 수 있는 법적 근거(안 제32조, 제32조의 4, 제32조의 5, 제32조의 8 및 제60조의 2)를 마련함으로써 장애등급제가 단계적으로 폐지되었다.

급제 폐지를 통해 수요자 중심의 장애인 지원체계가 구축될 것이라고 평가했고(보건복지부, 2019), 장애계는 예산 증액 없는 복지는 가짜라며 완전한 등급제 폐지를 요구했다(『한국일보』, 2019. 7. 1). 정해진 예산 범위 내에서 복지서비스를 제한하는 근본적인 문제는 변하지 않았기 때문에 장애인들은 새로운 싸움을 결의할 수밖에 없었다.

장애등급제가 단계적으로 폐지되며, 6개의 장애등급은 중 · 경증으로 이원화되고, 활동지원시간을 판정하는 도구는 인정조사에서 서비스지원종합조사로 바뀌었다.[36] 그런데 종합조사를 받은 장애인의 활동지원시간이 삭감되거나 활동지원서비스 이용 자격이 박탈되는 일이 발생했다. 이에 장애계는 장애등급제 폐지를 '가짜 폐지'라 명명하며, 장애등급제 '진짜 폐지'를 위한 또 다른 투쟁을 시작했다.

2024년 7월 1일 오후 3시, 장애인들이 국회 앞으로 모였다. 850여 명의 전장연 활동가들이 이동권, 탈시설권, 교육권 등 장애인권리를 책임지고 보장할 것을 정치권에 촉구하며, 제6회 장애등급제 '진짜 폐지' 결의대회를 열었다.[37] 전동휠체어의 행진, 이른바 '전동(前動)행진'은 그렇게 시작되었다. 전동행진은 "평등하고 차별 없는 세상을 향해 앞으로(前) 나아가는(動)"이라는 의미를 담고 있었다(『비마이너』, 2024. 7. 1).

한편, 전장연은 결의대회를 마친 후 오후 4시 30분부터 '7대 장애인권리

---

36) 의학적 기준도 기존의 장애등급제와 흡사했다. 정부는 장애등급제 단계적 폐지라는 타이틀을 내걸고 있지만, 결국 다른 방식으로 장애등급을 심사하는 형국이다. 서비스지원종합조사는 서비스 수급자의 수를 적절히 통제함으로써 예산 범위를 초과하지 않도록 하는 기제로 작동한다(연윤실, 2022: 37).

37) 전동행진에 앞서 진행된 결의대회에서 정기열 경기장애인차별철폐연대 공동대표는 "20년이 넘는 세월 동안 이동권을 쟁취하기 위해 투쟁했다. 그러나 여전히 전국의 저상버스 도입률은 34%이다. 60%가 넘는 곳을 장애인은 버스로 이동할 수 없다는 이야기"라고 지적했다. 이는 전국의 버스 10대 중 7대는 여전히 장애인이 탈 수 없는 버스라는 뜻이기도 하다(『비마이너』, 2024. 7. 1).

법안 1년 내 제정'을 촉구하며 전동행진을 했다. 전동행진 참가자들은 국회에서 출발해 마포대교를 건너 공덕역까지 행진했다. 이후 참가자들은 공덕역과 마포역에서 대중교통을 타고 선전전을 진행하며 국회 앞 '한국판 T4 농성장'으로 다시 돌아왔다. 오후 8시 30분부터는 '장애시민권리 회복 장애인권리약탈 고발 파리패럴림픽 투쟁 결의 문화제'를 열었다(『비마이너』, 2024. 7. 1). 지금도 투쟁은 계속되고 있다.

(6) 정신건강복지법 입법운동

정신장애 당사자 조직의 등장

2000년대 초중반 장애인의 직접적 참여와 주도를 강조하는 분위기가 고조되었다. 이러한 분위기는 정신장애운동에서도 나타났다. 정신장애 당사자운동은 이 시기 당사자들의 온라인 경험 공유와 소규모의 오프라인 자조모임으로부터 시작되었다고 볼 수 있다(최창현, 2022). 이러한 소규모의 네트워크들은 2010년경 공식적인 운동조직으로 발전한다.

하지만 정신장애인 당사자운동 조직이 공식적으로 등장한 것은 2000년의 일이다.[38] 최초의 정신장애 당사자조직으로 한국정신장애인협회(이하 한정협)가 2000년 대한정신보건가족협회(이하 가족협회)의 산하조직으로 출범하였다.[39] 이후 2010년 3월, '한국정신장애인연합'(이하 한정연)이 출범하였고,[40] 같은 해 5월, 한국정신장애연대 KAMI(Korean Alliance on Mental

38) 이하의 내용은 김현민(2019), pp.21-22의 내용을 참조하였음을 밝힌다.

39) 한정협은 정신장애 당사자조직으로서 정신장애인 상호간의 교류, 협력, 지지, 정보교환을 촉진 · 도모하고, 정신장애인에 대한 사회적 차별과 편견을 해소하여 정신장애인의 인권과 복지를 증진하고, 정신장애인의 삶의 질을 향상시킬 것을 목적으로 하여 출범하였다. 그러나 당사자를 중심으로 한 활동에 있어 가족협회 산하조직으로서의 한계를 느끼고, 2015년 가족협회에서 독립하여 독립적인 당사자조직으로서 새롭게 출범하였다.

Illness)(이하 카미)가 설립되었다. 카미는 정신질환에 대한 편견으로 지역사회에서 소외된 정신병 환자 · 장애인과 가족의 회복지원, 삶의 개선, 사회의 차별 제거를 위해 설립된 조직이다. 당사자뿐 아니라 당사자와 가족, 친구, 전문가와 인권활동가, 일반 시민이 조직의 활동가가 된다.

2012년 12월에는 한정연의 회원들이 중심이 되어 한국정신장애인자립생활센터(이하 한정자)를 설립하였다. 정신장애인을 지원하기 위한 우리나라 최초의 자립생활센터였다.

2000년대에 활성화되었던 온라인 카페는 2009년 오프라인 모임을 조직하면서 2013년 '문화예술협동조합 파도손(이하 파도손)'을 결성하였다. 문화예술 활동을 목표로 시작된 파도손의 당사자들은 2014년부터 2016년까지 진행된 「정신보건법」 제24조의 위헌법률 심판과정과 「정신보건법」 개정과정에서 활발한 활동을 하면서, 2016년 5월 당사자 권익옹호활동을 위한 '정신장애와 인권파도손'으로 명칭과 활동의 내용을 변경하였다.[41] 이렇게 결성된 단체들은 당사자주의를 운동의 주요 이념으로 삼아 서울의 대표적인 단체로 성장하였다. 이 두 단체는 2013년 5월 보건복지부의 「정신보건법」 개정안 반대 투쟁, 2014년의 헌법소원, 「정신장애인 권리보장과 복지지원에 관한 법률」 입법 투쟁 등에서 핵심적인 역할을 수행하였다.

---

40) 한정연은 2013년 5월에 발표된 「정신보건법」 전부 개정안에 대한 반대 투쟁을 활발하게 하였다. 전국 단위 조직으로 시작하였으나, 지리적인 한계로 인해 주요 활동들을 서울에서 수행하였고, 인력 부족의 문제로 인해 점차 활동이 줄어들었다.

41) 이후 2017년 9월 창립총회를 열고, 2018년 2월에 정신장애인 당사자단체 최초 사단법인 형태를 갖추게 되었다.

정신보건법 개정안 반대 투쟁[42)]

정신장애 당사자들이 본격적으로 시작한 장애인운동은 2013년 5월에 발표된 「정신보건법」 전부 개정안에 대한 반대 투쟁이라 할 수 있다. 2013년 강제입원이 개선되지 않은 「정신보건법」 전부 개정안이 발표되면서 당사자운동조직들이 연대하여 목소리를 내기 시작했다. 「정신보건법」 전부 개정안은 「정신보건법」을 처음으로 전면 개정하는 것이었다. 그러나 이 개정안에는 꾸준히 문제제기가 되어오던 강제입원의 개선에 미온적이었다. 그뿐만 아니라 정신질환자의 인권보장 강화, 의료독점 전달체계 개선, 재원조달체계 혁신의 기반 마련 등의 요구가 전체적으로 무시되었다.

「정신보건법」 전부 개정안에 대한 보다 조직적인 투쟁을 위해 한정연을 중심으로 하여 '정신장애인지역사회생존권연대'(이하 생존권연대)가 결성되었다.[43)] 이것을 시작으로 당사자조직들은 연대하며 중요한 이슈들에 대해 함께 목소리를 내기 시작했다. 생존권연대는 전부 개정안에 대한 반대성명서 발표, 기자회견, 국회의원들과의 접촉, 토론회 개최 등의 활동을 하였다. 이 과정에서 생존권연대는 관련 전문가들과 함께 '정신보건법바로잡기공동대책위원회'(이하 정신보건법 공대위)를 조직하여 반대 투쟁을 이어갔다. 정신보건법 공대위는 '정신장애인복지지원법추진공동행동'으로 명칭을 변경하여 「정신건강증진 및 정신질환자 복지서비스 지원에 관한 법률」(이하 「정신건강복지지원법」) 추진운동을 이어갔다. 2014년 12월 2일 입법토론회를 통하여 제안된 「정신장애인 권리보장 및 지원에 관한 법률」(안)은 수

42) 정신보건법 개정안 반대 투쟁에 관해서는 김현민(2019), pp.23-25의 내용에 전적으로 의존하고 있음을 밝힌다.

43) 생존권연대는 정신보건법 전부 개정안에 반대하는 6개 단체로 구성되었다. 생존권연대 소속 단체는 대한정신보건가족협회, 한국정신장애인연합, 한국정신장애연대(KAMI), 한국장애인단체총연맹, 한국장애인단체총연합회, 한국장애인복지학회가 그것이다.

차례 공청회를 통하여 법안명 등 일부 수정이 이루어졌고, 2015년 7월 24일 김춘진 의원 등 13인의 발의로 국회 보건복지상임위원회에 상정되었다.

이 활동은 공동행동을 중심으로 진행되었는데, 생존권연대나 공대위 활동에 비해 조직 간의 견해차가 컸다. 공동행동의 핵심적인 활동 목표였던 「정신장애인 권리보장과 복지지원에 관한 법률」과 법안 개정과 관련해서 두 개의 입장이 부딪쳤다. 「정신보건법」과 별개로 권리 · 복지 관련 법안을 별로도 만들자는 입장과 「정신보건법」 보완을 통해 복지서비스를 강화하는 형태로 입법을 추진하자는 입장이었다.

결국, 후자의 입장이 담긴 법안이 통과되면서 2016년 5월 29일, 「정신보건법」은 「정신건강증진 및 정신질환자 복지서비스 지원에 관한 법률」(이하 「정신건강복지법」)으로 20년 만에 전부 개정되었다.

한편, 생존권연대는 「정신보건법」 제24조(정신질환자의 보호 의무자에 의해 정신질환자를 정신의료기관에 입원할 수 있도록 한 조항)에 대한 위헌법률심판과정에 청구인이 되어 주도적인 역할을 하였다. 카미, 한정자, 파도손 등 다양한 당사자조직들이 참여하여 공익소송의 형태로 이루어진 2014년의 헌법소원 역시 각하되었으나, 당사자들은 여기에서 포기하지 않고 위헌법률심판의 청구인이 되어 끊임없이 강제입원의 위헌성을 지적하는 활동을 이어 나갔다. 그리고 결국, 「정신보건법」 제24조는 2016년 9월 헌법불합치 판결[44]을 받았다(헌재 2016. 9. 29. 2014헌가9).

44) 헌법재판소는 단순위헌결정을 통해 정신보건법의 효력을 즉시 상실시킨다면 정신질환자에 대한 보호입원이 필요한 경우에도 보호입원을 시킬 수 없는 법적 공백상태가 발생하기 때문에, 입법자가 「정신보건법」 제24조의 위헌성을 제거하고 합헌적인 내용으로 법률을 개정할 때까지 계속 적용될 필요성을 인정하여 헌법불합치 판결을 내렸다.

2) 장애인 교육권운동

(1) 학습권 확보운동

장애를 이유로 자행되었던 입학거절은 1997년 「특수교육진흥법」 개정으로 정당성을 상실하게 되었다. 개정된 「특수교육진흥법」 제13조에 학교장 등은 장애를 이유로 입학을 거절하지 못하도록 명문화했기 때문이다.[45)] 이 조항의 영향으로 1999년 서원대학교에 원서 자체를 접수하지 못했던

〈표 7-3〉 대학 입학 거부 사건일지

연도	월	학 교	거부 유형
1977	2	영남대학교 약대	정길석(지체장애), 구본영(지체장애) 입학 거부 – 실험실습 등에 지장 이유
1980	1	중앙대학교 동국대학교, 경희대학교 경희대학교 서울신학대학교 충북대학교, 제주대학교	신창현(시각장애) 원서접수 거부 이대희(시각장애) 원서접수 거부 전희원(시각장애) 원서접수 거부 김영조(시각장애) 원서접수 거부 조양수(시각장애) 원서접수 거부
1982	1	성균관대학교 약대	구자권(지체장애), 양명승(지체장애) 입학 거부
1984	1	동국대학교 경주캠퍼스 한의대	최동락(지체장애) 입학 거부 – 다음 해 재도전 합격
1997	2	서울예술전문대학	장유경(시각장애) 원서접수 거부 – 장애인단체장들 항의방문으로 원서접수, 합격
1999	12	서원대학교	서주현(뇌병변장애) 원서접수 거부
2000	2	청주대학교 서울교육대학교	황선경(시각장애) 편입학원서 거부 김훈태(시각장애) 입학 거부

출처: 김정열(2001).

45) 제13조 차별의 금지 등 ① 각급 학교의 장은 특수교육대상자가 당해 학교에 입학하고자 하는 경우 그가 지닌 장애를 이유로 입학의 지원을 거부하거나 입학전형합격자의 입학을 거부하는 등의 불이익한 처분을 하여서는 안 된다.

서주현 씨(뇌병변 1급)는 소송을 제기해 '학교 측은 모두 500만 원의 위자료를 지급하라'라는 판결을 받아냈으며, 학교 측은 이와 더불어 50만 원의 벌금형도 함께 받았다. 이외에도 2000년 서울교육대학교에 입학거절을 당한 김훈태 씨, 2000년 청주대학교에 편입원서를 냈다가 거절당한 황선경 씨(시각 1급) 등이 장애우권익문제연구소와 함께 학교를 상대로 소송을 제기하여 학교 측으로부터 편입학 권리를 획득하게 되었다(유동철, 2005: 24).

한편, 장애인의 교육권문제는 단순히 입학의 문제가 아니라 적절한 교육환경과도 직결되는 문제인데, 장애인 교육환경에 대한 장애인들의 적극적인 대응은 1995년 장애인특례입학제가 도입되면서부터 본격적인 논의의 쟁점으로 부각되기 시작했다. 적극적인 대응의 첫 사례는 2001년 3월 학내의 편의시설 부족으로 교육권을 침해받았다고 학교를 상대로 손해배상청구소송을 낸 박지주씨의 사례이다. 2002년 7월 26일 1심에서 법원은 편의시설과 관련, 장애학생에 대한 대학 측의 '배려의무'를 확인하고 "장애인용 책상 설치 등 비교적 손쉬운 요구를 배려하지 않아 원고가 신체적 불편과 정신적 피해를 본 점이 인정된다"면서 "피고는 원고에게 250만 원의 위자료를 지급하라"라는 판결을 내렸고, 항소 및 상고를 거쳐 결국, 2003년 10월 9일 위자료 250만 원을 지급받는 것으로 확정되었다(2003. 10. 19. 대법원 2003다38337). 박지주 씨의 소송은 입학 시의 차별이 아닌 입학 후의 교육권문제와 관련된 최초의 승소 판례를 남겼다는 점에서 그 의의를 찾을 수 있다(유동철, 2005: 24).

(2) 장애인교육권연대의 결성과 교육권확보운동

2003년 7월 15일 장애인교육권연대[46]가 결성되면서부터 대학입학 시 차별과 교육권의 문제를 넘어 장애인 교육 전반의 문제를 해결하기 위한 대중적인 투쟁이 시작되었다. 장애인교육권연대는 장애인 당사자, 특수교사, 장애아동의 부모, 이 교육 3주체가 모여 장애인 교육문제를 제기하고 해결해 나가려는 모습을 보여주었다.

1977년 제정된 「특수교육진흥법」은 1987년과 1994년 개정이 이루어졌음에도 많은 문제점이 나타나고 있었다.[47] 「특수교육진흥법」의 대상이 초 · 중생에만 한정되어 있었다는 점이 가장 큰 문제로 지적되었다. 「특수교육진흥법」에서는 '특수교육대상자'를 '특수교육을 필요로 하는 사람'이라고 규정하고 있지만(제2조 2항), 장애영유아나 고등교육, 교육기회에서 소외된 성인교육과 관련해서는 교육적 지원을 할 수 있는 법적 근거가 없었다. 그리고 「특수교육진흥법」에서는 입학을 거부할 수 없게 하는 등의 물리적 통합에 대해서는 언급하고 있지만, 통합교육을 위한 교육적 지원 등에 관한 구체적인 규정은 마련되어 있지 않았다.

또한, 장애 영 · 유아, 초등, 중등, 고등, 장애성인 교육과 관련해 의무교육이나 무상교육 등이 법에 명시되어 있지만, 학교나 관련 기관 등이 법 이행을 하지 않아 장애학생이 교육권을 침해받아도 이를 구제할 수 있는 방안이 「특수교육진흥법」에는 없었다.

이러한 교육의 현실에서 장애차별과 문제점을 개선하고, 교육권을 확보하기 위해 장애인교육권연대는 출범 직후 가칭 「장애인교육지원법」 제정 등을 목표로 전국의 교육청을 순회하며, 대중 집회를 개최하는 등 다양한 활동을 전개해 나갔다. 장애인교육권연대가 「장애인교육지원법」에 담고자 했던 요구안은 특수학급의 대폭 확대, 치료교육 교사와 특수교육 보조원의

46) 장애인교육권연대는 노들장애인야간학교, 한국뇌성마비장애인연합 등 장애인 당사자단체, 경남장애인부모회, 장애인참교육부모회, 정신지체인전국부모연합회 등 장애 학생의 부모단체, 전국교직원노동조합, 전국특수교육과학생연합 등 특수교사 및 예비교사 조직 34개 단체가 함께 모여 출범했다.

47) 이에 대한 구체적인 내용은 이성규(2011), pp.218-219를 참조할 것.

확대배치, 조기교육의 의무화, 장애인 대학생의 학습권 보장과 학령기 교육에서 소외된 성인교육을 위한 지원체계 마련, 특수교육 전달체계의 보강과 행정적 지원 확보, 전체 교육예산 중 장애인 교육예산의 6% 이상 확보 등을 골자로 하고 있었다(이성규, 2011: 239-240).

장애인교육권연대는 2004년 여름에 국가인권위원회를 점거하고, 윤종술 공동대표(경남장애인부모회 회장)와 도경만 집행위원장(전국교직원노동조합 특수교육위원회 위원장)이 단식농성을 하게 된다. 단식농성과 함께 전국적인 규모의 교사 결의대회와 부모 결의대회, 특수교육과 학생들의 집회 등이 이어지자, 교육인적자원부는 단식 17일째인 7월 21일에 농성장을 방문하여 장애인교육권연대와 그 요구사항에 대해 전격 합의를 이루게 된다. 이 합의로 인해 장애인의 교육권 보장에 대한 욕구와 목소리가 커지면서, 전국적으로 교육권운동을 활성화시켜 나갔다(김도현, 2007d: 121).

장애인교육권연대는 전국적인 조직력을 바탕으로 2005년 하반기부터 기존의 「특수교육진흥법」을 대체할 「장애인의 교육지원에 관한 법률」(약칭 「장애인교육지원법」) 제정을 위해 본격적인 활동을 시작하였다. 「장애인교육지원법」은 전국장애인교육권연대가 결성 당시에 지니고 있었던 문제의식과 2년간의 투쟁을 통해 다듬어진 요구안을 법률화한 것이라고 할 수 있는데, 2005년 7월 18, 19일 이틀에 걸쳐 국회에서 개최된 '장애인교육지원법 제정을 위한 대 토론회: 특수교육진흥법의 개선과제'에서 새로운 법률의 개괄적인 방향을 제시했다. 이후 11월과 12월에 걸친 전국의 순회 간담회를 통해 의견을 수렴한 장애인교육권연대는 2006년 2월 28일의 '장애인교육지원법 제정을 위한 대 토론회(2)'에서 구체적인 법률안을 공개하게 된다(김도현, 2007b: 268).

법안의 내용이 확정된 후, 장애인교육권연대는 3월 13일부터 5월 2일까지 37일의 단식농성을 포함한 총 52일간의 국가인권위원회 점거농성으로 국회의원들을 압박하여, 국회 입법 역사상 유례없는 229인의 공동 발의를 통해 정식으로 입법 발의하였다. 이러한 과정에서 정부 역시 장애인 부모들을 중심으로 한 강력한 대중투쟁에 직면하여, 2007년 2월 7일에 정부의 대응입법안인 「특수교육진흥법 전부 개정안」을 국회에 제출하였고, 이 두 법안을 중심으로 국회 교육위원회의 심의를 통해 만들어진 「장애인 등에 대한 특수교육법」이 4월 30일에 국회 본회의를 통과하였다. 그 결과, 2007년 5월 25일 「특수교육진흥법」이 폐지되면서 「장애인 등에 대한 특수교육법」이 제정되었다.

3) 장애인 노동권운동

(1) 장애인고용촉진법 개정운동

장애인고용촉진법 개정 논의의 배경

1997 IMF 경제위기 이후 장애인의 장기실업문제가 수면 위로 떠 올랐다. 특히, 중증장애인의 경우 법적인 보장도 받지 못하고, 일할 기회가 상실된 상태였다. 장애인들은 언제나 장기적인 실업과 불안정고용 · 노동의 형태를 띠고 있었기 때문에 장애인 실업문제는 장애인노동권의 문제와 직결된 것이었다(고춘완, 2005: 76).

1990년 「장애인고용촉진법」 시행 이후, 7년이 넘도록 장애인고용률은 법정 고용률인 2%에 훨씬 못 미치는 0.4%대의 비율에 그쳤다.[48] 「장애인

48) 나운환(1998)의 연구에 따르면, 1997년 장애인 근로자 수가 고용의무인원 43,411명에 훨씬 미치지 못하는 10,331명으로 나타나고 있어 대부분의 사업체가 장애인을 실제 고용하기보다는 부담금에 의존하고 있는 것으로 파악되었다. 그리고 장애인 근로자 수 10,331명이 장애인고용촉진법의 시행 효과로 보기는 어려웠다. 법 시행 전 이미 300인 이상 의무고용사

고용촉진법」은 장애가 심하거나 생계를 책임져야 하는 중 · 장년층 장애인들의 직업문제를 해결하지 못했다. 기업체의 취업률을 높이는 데 주력했던 장애인고용정책은 이들의 나이 제한과 장애 때문에 기업체 취업이 불가능했던 것이다. 이는 의무고용률이 늘지 않는 원인이 되었다.

그리고 장애인고용촉진공단 운영상의 병폐는 장애인단체뿐만 아니라 국감에서까지도 지속적으로 지적 받아왔다(조문순, 2001: 45-46). 즉, 장애인고용촉진공단은 예산 중 35.5%가 임직원 보수 등 인건비로 제출하고 있을 뿐만 아니라 노동부 퇴직자들의 재취업을 위한 역할로 전락하였으며, 지역센터건립 등 공단의 조직 불리기에만 주력한다는 것이었다.

전달체계 소관부서 이관 논의의 본격화

「장애인고용촉진법」과 장애인고용촉진공단의 문제점이 불거지면서 결국 「장애인고용촉진법」 개정 논의가 일기 시작하였다. 개정 논의의 가장 중요한 핵심은 이러한 문제점을 양산할 수밖에 없는 전달체계 구조의 개선에 관한 것이었다.

장애계에서는 장애인고용촉진공단을 복지부로 이관해야 한다는 주장을 제기하기 시작하였다. 장애인복지공동대책협의회는 1998년 2월 9일에 고용촉진공단의 복지부로의 이관에 대한 입장을 가지고 '새정부는 장애인직업정책을 복지담당부처에서 관리하도록 하여야 한다'라는 내용의 성명서를 발표한다(유동철, 2005: 16-17). 장애인권익문제연구소는 계속해서 '장애인 의무고용률의 답보상태와 중증장애인의 고용대책이 전혀 없는 점, 이원화된 전달체계로 인한 장애인단체의 외면, 특히 장애인고용촉진공단의 역

업체에 고용된 장애인 7,758명으로, 실제 고용효과는 10,331명도 아닌 2,573명에 불과하여 7년 동안 매년 367명이 동법의 효과 인원으로 볼 수밖에 없기 때문에 더욱 제정목적이 의문시되었다.

할 미흡으로 인해 정책의 획기적인 변화가 있어야 한다'라는 문제를 제기하였다(조문순, 2001: 100).[49]

이러한 장애계의 문제제기가 있자, 보건복지에 관심 있는 국회 내의 소모임인 국회복지포럼(회장 유재건)은 1998년 3월 12일 국회의원회관 소회의실에서 '중증장애인 직업재활 정책의 방향 및 실천방안'에 대한 공청회를 개최하여 부처이관에 대한 논의를 본격화했다. 이때 직업재활전문가들은 공단설립 이전의 장애인직업정책을 담당했던 재활협회의 실적과 공단의 실적을 비교하여 사업의 효과성이 전혀 없음을 지적하고, 전달체계의 소관부서 이관에 대한 지지입장을 밝혔다. 반면, 노동부는 장애인고용촉진공단의 이관에 반대라는 입장을 분명히 나타냈다(유동철, 2005: 17). 노동부의 반대 입장에도 불구하고 1998년 9월 15일 여당인 국민회의는 이 법을 재검토할 시기가 왔다고 판단하고, 장애인직업정책기획단을 발족한다. 장애인직업정책기획단은 장애계와 직업재활전문가, 입법위원 등이 중심이 되어 법안구성 작업에 착수하게 된다(이인영, 2001: 49-50).

장애인단체의 이원화에 따른 갈등 양상

장애인직업정책기획단이 결성되어 법 제정 움직임이 공식화되자, 공단의 이관을 찬성하는 분위기였던 장애계에 반대하는 장애인조직의 입장이 드러나기 시작하였다. 특히, 1998년 10월 전 장애계를 포괄하는 한국장애인복지단체연합회(가칭)의 구성이 가시화되면서, 그동안 유형별 장애인단

49) 사실 「장애인고용촉진법」 개정 논의의 출발은 장애우권익문제연구소의 문제제기로부터 시작되었다. 1997년 10월 22일 '「장애인고용촉진 등에 관한 법률」 개정에 관한 워크숍'에서 「장애인고용촉진법」은 명칭 자체가 고용에 한정되어 있으므로 한계가 있으며, 장애인직업재활과정이 제대로 명시되고 있지 않아 이직률이 높을 수밖에 없는 구조적인 원인이 되고 있으며, 중증 장애인고용촉진에 관한 규정이 전혀 없어 국제적인 흐름에도 어긋난다는 점을 지적한 바 있다(조문순, 2001: 54).

체의 연합체인 한국장애인단체총연합회[50]가 와해의 운명에 처하게 되자,[51] 더욱 큰 갈등이 생겨났다. 한국장애인복지단체연합회(가칭)는 한국장애인단체총연맹(이하 한국장총)으로 1998년 12월 3일에 정식 출범하였다. 이후 한국장총은 본격적인 법 제정 추진을 주도하게 된다(이동석, 2004: 53-54). 그러나 새로운 장애인단체의 설립은 장애인단체가 이원화됨으로써 장애인단체 간의 갈등을 일으키는 요인으로 작용하였다.[52] 이는 실제 「장애인고용촉진법」 개정과정에서 나타나게 된다. 「장애인고용촉진법」 개정 논의는 「장애인직업재활법」(안)에 대한 논의로 이어졌는데, 이 안을 놓고 장애계는 찬성세력과 반대세력으로 나눠졌다.

「장애인직업재활법」(안)에 대한 찬성세력은 주로 한국장애인복지공동대책협의회[53]를 중심으로 한 지역의 장애인단체와 기존의 장애인단체총연합회의 구성단체였던 농아인협회, 맹인복지연합회, 정신지체인애호협회 등이었다. 반대세력으로는 한국지체장애인협회, 전국장애인한가족협회, 한국장애인연맹(DPI), 교통장애인협회 등이 있었다.

---

50) 한국장애인단체총연합회(1996~1998, 이하 장총련)는 한국지체장애인협회, 한국농아인협회, 한국맹인복지연합회, 정신지체인애호협회로 구성되어 지 · 농 · 맹 · 정신지체의 4개 유형별 장애인단체로는 최초의 구성이었다(이인영, 2001: 50).

51) 장애인복지대책협의회장을 맡고 있던 김성재 교수(김대중 정부시절 청와대 민정수석, 정책기획수석, 문화관광부장관, 한국학술진흥재단 이사장 등 역임)가 초대 회장을 맡고, 당시 국민회의의 이성재 의원이 한국장총에 깊게 결합하여 있었다. 정치적인 힘을 지닌 두 사람이 깊게 개입된 이 단체의 출범으로 인해 한국장애인단체총연합회의 회원단체였던 한국농아인협회와 정신지체인애호협회가 한국장총으로 넘어가고, 한국장애인단체총연합회는 와해되고 말았다(유동철, 2005: 16).

52) 장애인단체 간의 갈등에 대한 자세한 내용은 조문순(2001)을 참조할 것.

53) 한국장애인복지공동대책협의회(1995~1998, 이하 '장대협')는 장애인직업관련법 개정과정에서 「장애인직업재활법」 제정촉구단계에서 적극적인 활동을 하였으며, 한국장애인단체총연맹의 결성과 함께 '98년 11월 발전적 해체를 하였다. 1995년 구성되었고, 소속단체는 22개였다. 장애인의 투표율을 확보하기 위한 선거법개정, 자치단체의 장애인복지현황조사, 인권침해사안 대응을 하였다(이인영, 2001: 58).

반대 입장에 서 있는 단체들은 '복지는 복지부에서, 장애인고용은 노동부에서'라는 성명서를 제출하면서 가시화되었으며,[54] 11월 8일 여의도에서 한국지체장애인협회가 중심이 되어 「장애인직업재활법」 제정을 반대하는 '범국민장애인총궐기대회'를 가져 본격적으로 반대하였다(조문순, 2001; 이인영, 2002: 50, 66).

장애인직업재활법안의 주요 내용

「장애인직업재활법」 제정에 대한 찬반공방이 제기되는 가운데에서도 장애인직업정책기획단은 이성재 의원이 기초한 「장애인직업재활법」(안)을 놓고, 네 차례의 기획단 회의를 통해 내용이 수정되었고, 법안은 보건복지위원회가 1998년 12월 21일에 전원 합의한 「장애인직업재활법」(안)의 주요 내용이 되었다. 그 주요 내용은 다음과 같다(조문순, 2001: 58-59). ① 장애의 유형과 정도, 장애인의 희망, 적성, 직업경험 등을 고려하여 장애인중심의 직업재활정책 실시, ② 중증장애인에 대한 개념 신설, ③ 장애인직업재활 실시 기관의 사업평가 및 예산반영, ④ 장애인직업재활과 관련한 교육부, 노동부, 복지부 협력, ⑤ 장애인직업재활에 관한 장 · 단기계획을 수립

---

54) 「장애인직업재활법」 제정을 반대하는 세력은 「장애인고용촉진법」 보완의 필요성은 있으나, 중증장애인이 중심이 되는 「장애인직업재활법」이 오히려 모든 장애인을 직업적 중증장애인으로 규정, 장애인을 노동주체로 인정하지 않아 사회통합에 반한다는 논리를 내세웠다. 또한, 중증장애인 고용문제가 부서이관으로 해결될 문제가 아니며 오히려 중복투자 등으로 인해 비용을 낭비하게 된다는 논리였다. 따라서 이러한 논리로 '노동문제는 노동부에서 복지문제는 복지부에서 담당해야 한다'라며 노동부에서 복지부로의 전달체계 이관을 담은 「장애인직업재활법」 제정에 대해서는 반대했다(DPI 성명서; 이인영, 2001: 57에서 재인용). 그러나 이인영(2001: 59)은 DPI 논리 이외에도 장애계가 양분적 양상을 보이게 된 배경에는 「장애인고용촉진법」에서의 이해관계가 있다고 지적한다. 즉, 대부분의 반대 입장을 표명한 단체들이 지체장애인단체들이었기에 경증고용에 상대적으로 강점이 있는 「장애인고용촉진 등에 관한 법률」을 고수하기에 충분한 이유가 있었다는 것이다.

및 연차보고서 제출, ⑥ 장애인직업재활과정을 직접 제공하고 다양한 직업재활사업을 개발하는 장애인직업재활 실시 기관을 장애인복지관, 장애인직업재활시설, 장애인단체 등으로 규정, ⑦ 장애인직업재활 전문요원 양성과 배치, ⑧ 지원고용실시, ⑨ 보호적 조건하에서 직업훈련 및 고용을 하는 실시 기관을 설치 및 지원, ⑩ 유보고용[55] 신설, ⑪ 창업자금 융자 · 지원, ⑫ 장애인은 직업재활과정의 전부 또는 일부를 신청할 수 있으며, 사업주의 자료 요청, ⑬ 국가 등은 미이행 시에는 고용기여금을 납부해야 한다. 그리고 이러한 사업을 위해 한국장애인직업재활공단을 두고, 소관부처는 보건복지부장관으로 했다. 그리고 이 법이 보건복지부 소관이라는 것을 분명히 하기 위하여 「장애인직업재활법」으로 변경하게 된다.

행정부처 간 갈등

장애인직업정책기획단의 활동 후, 「장애인직업재활법」(안)이 만들어져 새로운 법의 윤곽이 드러나자, 노동부와 환경노동위원회의 반발, 노동부의 고객집단인 경총과 한국노총의 반대성명서가 나타나기 시작했다. 급기야 1998년 12월 15일 정기국회를 마감할 무렵, 환경노동위원회에서 「장애인고용촉진 등에 관한 개정 법률」(안)을 통과시켰다. 그리고 이미 논의되고 있던 「장애인직업재활법」(안)은 보건복지위원회에서 12월 21일에 통과되었다. 동일한 정책대상을 두고 서로 다른 두 법이 법제사법위원회에 상정된 것이다. 이는 정책결정을 지연시키는 결과를 가져왔다.

---

55) 유보고용(reserved employment)은 고용 유형의 한 형태로 장애종별을 고려하여 특정 직종에 대해서는 일정 정도의 일자리 분량에 대해 장애인을 의무적으로 채용하도록 하는 것을 말한다. 달리 말하면, 일정한 직종을 지정하여 그 직종에 대해서는 특정 장애 유형의 장애인을 우선적으로 고용하는 제도이다.

〈표 7-4〉 복지상임위의 장애인직업재활법안과 환노위의 장애인고용촉진법개정안

구분	장애인직업재활법(안)	장애인고용촉진법 개정(안)
이념철학	자립을 통한 궁극적인 사회통합 도모	장애인의 고용촉진과 직업재활 및 직업안정 도모
소관부처	보건복지부	노동부
중증 장애인 지원	장애인에 대한 직접지원(직업재활과정 중 훈련수당과 직무지도원 배치), 직업재활과정 다양화, 보호고용, 지원고용	중증장애인고용 시 경증장애인고용에 따른 장려금의 2배 지급 보호고용체계 마련(취업이 곤란한 중증장애인에게 직업을 주어 고용하는 것, 보호고용한 장애인과 사업주에게 보조금 지급)
자영업 지원	독립적으로 기업을 경영하거나 전문적인 직업을 갖은 장애인에 대한 창업자금 융자지원	자영업을 영위하고 있는 장애인에게 자립에 관한 필요한 자금 융자지원
직업재활 과정	직업지도, 직업능력평가, 직업적응훈련, 직업훈련, 취업알선, 고용, 취업 후 지도 등을 포함한 계속적이고 종합적인 과정	직업지도, 직업능력개발훈련, 직업소개 등 장애인이 직업생활을 통해 자립할 수 있도록 하는 과정
국가책임 강화	의무고용 미달 시 고용기여금 납부, 지역사회 내 직업재활을 도모할 것 명시, 지정고용제 실시	-
전달체계	장애인직업재활공단과 각 지역 내 장애인복지관, 단체, 특수학교 등의 직업재활 실시 기관과의 연계	장애인고용촉진공단 및 필요한 사항에 대해서는 장애인단체에 사업을 위탁
전문인력	전문인력 양성 체계 마련	직업생활상담원

출처: 『장애인신문』, 1999년 1월 4일 자; 조문순(2001), p.54에서 재인용.

한해를 넘기며 장애인직업정책에 관한 결정이 보류되었으며, 어느 누구도 이 문제를 해결하기 위한 해법을 내놓지 못했다.

한국장총의 투쟁과 성과

이러한 상황에서 한국장애인단체총연맹의 「장애인직업재활법」(안) 제정 촉구를 위한 국회로비, 대규모 집회가 법률개정을 결정하게 하는 계기로 작용한다(조문순, 2001: 101). 「장애인직업재활법」 제정이 임시국회에서 무

산되고, 청와대 김유배 노동복지수석의 '장애인의 60%인 지체장애인이 「장애인직업재활법」 제정을 반대한다'는 발언이 이어지자, 한국장총은 1999년 8월 12일 국민회의 당사 앞에서 '장애인직업재활법 제정촉구를 위한 범장애인 결의대회'를 개최하였다. 그리고 이때 시민 · 재야단체 및 사회복지계 전반에서 「장애인직업재활법」 제정촉구를 위한 연대 · 지지 성명을 발표하기도 하였다(이인영, 2001: 53; 유동철, 2005: 17).

이 대규모 집회는 김대중 대통령으로 하여금 장애인정책의 개혁에 대한 의지표명을 이끌어냈다. 이로 인해 법률 결정과정이 속도감 있게 진행되기 시작했다. 그러나 행정부처의 갈등은 국무조정실의 개입으로 8차례의 회의를 열어 조정과정을 가졌지만, 합의되지 못했다. 그리고 비공식집단인 장애인단체 간의 갈등[56]은 제3자인 시민단체가 중재하려 했지만, 한국지체장애인협회와 서울장애인연맹의 불응으로 의견이 좁혀지지 못했다. 상임위원회 간의 갈등도 여당지도부와 상임위원회 간사들 간에 조정을 통해 해결하려 하였으나, 실패했다(조문순, 2001: 101).

이러한 상황에서 「장애인직업재활법」 제정이 좌절될 가능성이 짙어지자, 1999년 11월 17일부터 장애우일권리찾기연합[57] 회원 9명이 여의도순복음교회 앞에서 천막단식 농성을 진행하게 된다. 단식농성 중에 매일 오전 국회 앞 1인 피켓시위, 집회, 환노위 소속 국회의원 면담, 100만인 서명운동 등 다양한 방식으로 투쟁을 했다(장애우권익문제연구소, 1999; 김정열, 2005: 52). 이외에도 한국장총은 언론의 힘을 빌리기 위해 「장애인직업재활

56) 「직업재활법」 찬성 측에서는 지장협의 장기철 회장의 부정축재 의혹과 전과를 거론하며 공격하기도 하였으며, 반대 측에서는 한국장총을 장애인 당사자단체가 아닌 지원단체로서 대표성도 없으며, 장애인단체를 특정인에게 줄 세우기하고 있다는 비판을 하고, 비례대표였던 이성재 의원의 지역구 공천도 반대하는 등 두 세력 간의 갈등은 극한으로 치달았다(유동철, 2005: 17-18).

57) 장애우권익문제연구소 직업센터를 이용한 장애인들의 자조모임.

법」 관련 서신문 및 설명자료 제작, 국회의원과 각 언론사에 우편발송 등을 적극적으로 활용하였다(이인영, 2001: 66). 법안이 결정된다는 통보를 받고, 11월 30일 해단식 집회를 가졌다.

정치권은 더 이상 이 문제로 장애인들의 불만을 그대로 방치할 수 없었다.[58] 최종적으로 1999년 12월 4일, 새정치국민회에서 개최된 당정협의를 통해 법의 주무부처는 노동부로 하고, 기금의 1/3을 복지부가 사용하며, 사업의 계획을 보건복지부장관과 협의하는 것으로 조정하였다. 합의된 「장애인고용촉진 및 직업재활법」(안)은 환경노동위원회를 12월 7일에 통과하고, 1999년 12월 16일 본회를 통과하여 2001년 7월 1일부터 시행을 전제로 2000년 1월 12일 공식적으로 공포되었다(조문순, 2001: 101-102).

결국, 「장애인고용촉진법」 개정운동은 「장애인고용촉진 및 직업재활법」의 제정을 이끌어냈고, 장애인 노동권운동에서 중증장애인이 중심에 설 수 있는 계기를 만들어 냈다.

58) 이인영(2001: 54-55)에 따르면, 정치권(여권)은 얼마 남지 않은 회기와 다음 연도에 있을 총선을 염두에 둘 수밖에 없었으며, '정부 여당이 법안을 만들어 놓고 자동 폐기했다'라는 비난과 「장애인직업재활법」을 찬성했던 세력과 반대했던 세력 모두에게 신뢰를 잃게 된다는 부담감 때문에 타협법안을 마련하게 된다. 물론 「장애인직업재활법」 제정주도세력도 회기 내 처리가 불투명해지자 조정안 마련 쪽으로 대세가 기울게 된다. 그리고 이 시기 조정안에는 공단 이관은 불가하더라도 장애인고용촉진기금의 50%를 복지부에서 사용하고 직업재활업무를 보건복지부와 협의, 사용토록 한다는 규정을 법안에 명기할 것을 요구하였다. 그에 반해 노동부는 25%까지는 허용할 수 있어도 업무분담과 보건복지부 역할을 법안에 명시할 수는 없다는 입장을 주장했다.

(2) 노동권 방어 투쟁: 장애인고용장려금 축소 방침 철회를 위한 투쟁

이 시기에 있었던 또 하나의 장애인 노동권투쟁은 기존에 제도화되어 있었던 장애인노동권에 대해 방어하는 투쟁이다(고춘완, 2005: 76).

1990년에 제정된 「장애인고용촉진법」은 2000년에 「장애인고용촉진 및 직업재활법」으로 개정되었지만, 이 법률의 핵심인 장애인의무고용제도와 관련된 조항은 그대로 유지되었다. 국가 및 지방자치단체와 상시 고용인원 300인 이상의 사업장[59]에 2%(2024년 기준 5%)의 장애인고용의무를 부과하여, 이를 준수하지 않는 사업주로부터 고용부담금을 징수해 장애인고용촉진기금을 조성하고, 의무고용률을 초과 달성한 사업주에게 장애인고용장려금[60]을 지급해왔던 것이다. 그리고 이와 관련된 업무는 노동부 산하의 장애인고용촉진공단이 담당했다.

이러한 고용장려금 덕택에 중, 소, 영세사업주들은 장애인고용에 대한 경제적 부담을 덜게 되었고, 장애인 중심의 보호작업장을 만들 수 있는 기반이 되었다. 2003년 장애인고용장려금을 지원받은 업체 수가 3천여 개라는 사실은 이 제도가 장애인 취업에 얼마만큼 일조하고 있는지 알게 해준다(양희선, 2004: 78). 그런데 갑자기 노동부는 2003년 12월 29일에 기금의 고갈을 이유로 장애인고용장려금을 대폭 낮추는 방침을 발표했다. 장애인단체와 장애인고용사업장, 장애인 당사자와 부모들은 임금삭감, 해고, 폐

59) 2004년부터는 50인 이상 사업장.

60) 장애인고용장려금제도는 1999년부터 시행되었는데, 장애인 의무고용비율인 2%를 초과해서 장애인을 고용하는 사업주에게 초과 장애인 1인당 최저임금을, 여성과 중증장애인의 경우 59만 2천~82만 9천 원의 고용장려금을 지원해 왔다. 여기에 드는 예산은 의무고용률을 지키지 않는 사업주들로부터 1인당 39만 2천 원의 미고용부담금을 매월 징수, '장애인고용촉진기금'을 형성하여 충당하도록 되어 있었다(양희선, 2004: 78).

업 등의 사태가 발생할 것을 우려하며 즉각 반발했다. 한국 DPI와 한국시각장애인연합회를 중심으로 구성된 '장애인고용장려금축소저지범국민대책위원회(이하 고용장려금범대위)'는 12월 30일에 장애인고용촉진공단 이사장실과 전국의 각 지사를 점거하고 농성을 벌였다. 그러나 고용장려금범대위는 후속 조치를 마련하기 위한 위원회 구성 등에 대해 노동부와 합의하면서 8일 만에 농성을 종료했고, 고용장려금 인하조치는 그대로 시행되었다(김도현, 2007d: 152).

이처럼 좋은 취지에서 마련되고 미약하나마 장애인고용에 일조하고 있는 제도를 축소하게 된 이유는 무엇일까? 당시 노동사회연구소 양희선 기자의 보도에 따르면, 고용장려금은 장애인을 2% 이상 의무고용하지 않는 300인 이상의 사업장에서 미고용부담금을 징수해 장애인고용촉진기금을 조성하여 충당되고 있었는데, 이것은 장애인의 고용촉진이 기금 한도 내에서만 이루어질 수밖에 없는 한계를 가지고 있다. 장애인고용을 장려하는 것이 아니라 기금 한도 내에서라는 한계점을 가지고 출발한 정책이라는 모순을 가지고 있었다. 더구나 장애인고용을 기업이 잘 지키면 지킬수록 기금은 적자가 나고, 안 지키면 흑자가 나는 구조였던 것이다. 장애인고용촉진공단의 방만한 기금운용 또한 문제였다. 장려금을 제외한 기금의 사용처를 보면, 7개 장애인직업전문학교의 건립비용에 2천억 원을 사용했고, 이를 운영하는 데 연 2백억 원이 사용되었다. 그것도 부족해 공단의 13개 지사의 운영비로도 사용되고 있었으니, 공단운영비로만 쓰여도 언젠간 기금이 고갈될 판이었다. 여기에다 장애인 2% 의무고용이 지속적으로 부진을 보이자, 1999년 「장애인고용촉진 및 직업재활법」 시행령 개정을 통해 부담금 및 장려금 대상기준이 되는 장애인 범주에 산재장애인과 국가유공장애인을 포함시켜 장애인고용률을 높이고, 2000년에 시행령을 재개정하여 장려금 지급 기준단가를 인상함으로써 장려금 지출이 급증하게 된 점도 기금고갈의 원인으로 지적되었다(양희선, 2004: 79-80).

고용장려금의 지급이 축소되자,[61] 가장 큰 타격을 받은 것은 소규모 사업장에 고용되어 있던 중증장애인들이었다. 영세한 규모의 사업장들에게 장려금은 고용된 장애인의 최저임금을 보전해 주는 실질적인 자금원이었기에 장려금 축소에 따라 임금삭감과 해고가 빈발했다(김도현, 2007d: 152-153). 중증장애인을 고용하고 있던 사업장 중에는 장애인 자녀를 둔 부모들이 자금을 모아 운영하던 자립작업장이 많았는데, 이들 사업장과 중증장애인 부모들은 '장애인고용장려금축소철회를 위한 중증장애인사업장 공동대책위원회'(이하 중증장애인사업장공대위)를 결성(2004년 3월 31일)하고, 사이버 시위, 정부종합청사 앞 목요 정기집회, 1인 시위, 기획예산처 규탄 대중 집회 등 본격적으로 중증장애인의 노동권 확보를 위한 투쟁을 시작하였다.

2004년 8월 31일 민주노동당 단병호 의원실에서는 10월에 있을 국정감사를 대비해 장애인단체와 함께 '장애인노동권확보를 위한 국정평가 워크숍'을 개최한 바 있다. 이 워크숍에서 정부의 고용장려금 축소에 대해 "공단의 운영비와 사업비가 정부의 일반회계에서 나와야 함에도 기업으로부터 징수하는데 고갈의 원인이 있으며, 고용장려금 40% 삭감 결정은 불합리한 노동정책으로 인한 피해를 장애인에게 넘기고 있는 것"이라는 문제가 제기되었다. 또, "장애인을 위한 적극적 우대조치가 개별회사의 규정에 반영돼 실현될 수 있도록 제도를 보완"해야 하며, "중증장애인의 직업재활 정책의 보완, 차별금지법 및 전담기구 설치를 통해 장애인이 적극적으로 노동시장에 진입할 수 있는 길을 열어주어야 한다"라는 세부 실천과제가 정책대안으로 제시되기도 했다(양희선, 2004: 81-82).

이러한 노력의 결과로 정부의 일반회계에서의 장애인 노동 관련 예산이

61) 당시 정부방침에 의하면, 기존 중증여자장애인 기준 82만9천 원씩 지급하던 장려금을 최저생계비 절반 수준인 45만 원으로 축소되었다(양희선, 2004: 80).

얼마간 증액되기는 했지만, 고용장려금 축소조치는 철회되지 않았고, 중증장애인사업장공대위는 해산 후 관계 법률을 개정하기 위한 모임으로 전환하게 된다(김도현, 2007d: 153).

(3) 장애인노동조합 추진운동

1990년대 후반에 들어서면서 장애노동자들의 노동권을 위한 운동 중에서 주목할 만한 것은 장애인노동조합건설 추진운동이다.

장애인노동조합 건설에 관한 논의는 1998년 ‘장애인노동조합건설추진위원회1’ 활동이 있었으나, 1년 만에 활동이 중단되었다. 그리고 2001년 다시 장애인노동조합 건설에 대한 논의를 활성화시켜 ‘장애인노동조합건설 추진위원회2(이하 노건추)’가 만들어졌다. 장애인노동자가 처한 현실과 특성[62]이 장애인노동조합운동을 촉진시키고 있다고 보았으며, 장애인조합운동이 해야 할 활동을 다음과 같이 제기했다(장애인노동조합 건설 추진위, 2001; 고춘완, 2005: 75-76에서 재인용).

첫째, 고용불안정을 해소하기 위해 노동운동 진영은 물론 실업운동, 비정규직 운동과 밀접한 연대관계를 형성함으로써 장애인노동자의 고용안정을 확대해야 한다. 둘째, 장애인노동자를 광범위하게 조직하기 위해 실업장애노동자, 산재장애노동자, 자립작업장 장애노동자 등을 조직대상으로 해야 한다. 셋째, 장애인노동자의 노동3권 보장과 부당노동행위에 대한 적

62) 장애인노동자의 현실과 특성은 첫째, 장애인노동자는 실업노동자와 임시직, 일용직 등 반실업 노동자가 대부분이고, 고용불안이 심각하다. 둘째, 비숙련, 저기능, 저학력 노동자들이 대부분이며 소규모 영세사업장에서 근무하고 있다. 셋째, 장애인노동자들은 저임금, 장시간 노동, 임금 체불, 다양한 부당노동행위 등에 노출되어 있으며, 이러한 상황을 방어할 기제도 갖고 있지 않다. 넷째, 기존 노동운동에서의 소외와 불안정한 고용상태로 인하여 노동조합에의 조직률이 낮다(「노건추 자료집」, 2001; 고춘완, 2005: 75에서 재인용).

극적 대처, 작업편의시설의 확대 등을 위한 운동을 전개해야 한다. 넷째, 장애인 의무고용 2%를 강제하는 활동 등이 요구되고 있다.

이러한 노력의 결과, 2002년 4월 17일에는 대학로 마로니에 공원에서 우리나라 최초의 장애인노조인 '서울경인사무서비스직노동조합(현재는 사무연대노조로 조직 개편)' 산하, 오픈에스이 지부가 역사적인 출범식을 가졌다. 오픈에스이(대표이사 최민)는 데이터베이스 구축과 텔레마케터 사업을 병행하는 회사로 2001년 초에 설립되었으며, 사장을 위시한 경영층도 대부분 장애인이었다. 오픈에스이는 국립도서관, 국회전자도서관, 서울대 규장각 등에서 용역을 받아 DB 구축사업 등을 해왔다. 오픈에스이의 장애인 현장 노동자는 60명 안팎으로 전원 비정규직(거의 일용직 혹은 3개월 계약직)이고, 근골격계 질환에 시달리며 엄격한 노무관리를 견뎌야 했다. 또한, 회사 측에서는 장애인노동자들이 업무능력이 떨어진다는 이유로 약 2달에 한 번 꼴로 권고사직형태로 해고를 시켜 왔으며, 2002년 1월에는 기존 임금 85만 원에서 업무실적에 따라 65, 75, 95만 원으로 등급을 나누겠다고 일방적으로 통보하는 등 장애인의 고용불안과 착취를 일상화시켜 온 것으로 알려졌다. 그리하여 당시 장애인노동자들은 서울경인사무서비스노동조합 산하에서 노동조합을 결성하고, 장애인의 비정규직 철폐, 노동조합활동 보장, 노사공동위원회 구성, 휴게시설 보장, 작업환경 개선 및 식비 지급, 상근 수화통역사 채용 등의 요구를 가지고 임금과 단체협약을 진행시켰다(김도현, 2002a: 119; 최상철, 2008: 24-25).

오픈에스이 노조는 처음에는 총 22명의 장애인노동자들로 출발하였으나, 이후 비장애인노동자들까지 참여하는 노조로 확장시켰다. 이들은 장애인노동권 쟁취투쟁의 역사에 이름을 남겼지만, 안타깝게도 투쟁은 패배하고 만다. 장애인노동자들이 모두 계약직이었고, 계약기간이 끝난 뒤에 저절로 노동조합이 해산될 수밖에 없었다. 이러한 사실은 장애인노동권 문제가 장애인들에게 국한된 것이 아니라 불안정고용노동자들의 일반적인 문제임과 동시에 자본주의 생산 관계 속에서 노동권이 가장 많이 박탈된 노동자가 장애인노동자라는 사실을 극명하게 드러냈다(고춘완, 2005: 76).

4) 장애인 이동권운동

2000년대에 들어서 장애인운동의 가장 큰 특징은 1990년대 중반 이후 점차 약화되었다가 전국장애인한가족협회(약칭 전장협)의 소멸로 단절되다시피 했던 현장 대중투쟁의 복원이라 할 수 있다. 그리고 그 복원이 장애인이동권연대의 투쟁으로부터 시작되었다. 전장협의 마지막 분신이라고 할 수 있는 노들장애인야학이 오이도역 리프트 추락 참사를 계기로 시작한 장애인이동권 투쟁은 비타협적인 현장투쟁을 통해 장애인운동에 새로운 흐름을 만들어 냈다(김도현, 2007a: 55-56).

오이도역 추락 참사

1999년 혜화역에서 노들장애인야학의 학생 이규식이 탄 장애인 리프트가 추락하는 사고가 발생하였다. 그리고 이를 계기로 노들장애인야학에서는 '혜화역 리프트 추락사 대책위'를 구성하여 대응하면서 이동권 투쟁이 시작되었다. 당시 대책위는 안전한 승강기로 교체를 요구했지만, 예산상의 이유로 거부당하자 손해배상소송을 제기하였다. 결국, 500만 원의 위자료 지급판결이 나오면서 일단락된다(유동철, 2004; 고춘완, 2005: 37-38; 박현민, 2008: 58). 하지만 2001년 1월 22일 개통된 지 6개월이 안 된 지하철 4호선 오이도역에서 장애인용 휠체어 수직형 리프트[63]가 추락하는 사고가 또다

63) 수직형 리프트는 기계실이 따로 없는 일종의 간이형 엘리베이터를 말한다.

시 발생한다. 70대 장애인이었던 박소엽 할머니가 사망하였고, 남편은 중상을 입은 사건이었다.[64] 이를 계기로 이동권 문제는 새로운 국면을 맞이하게 된다. 1월 29일 노들장애인야학, 서울 DPI, 서울지체장애인협회, 장애인실업자연대, 장애인편의시설촉진시민연대 5개 단체는 오이도역의 사고 진상규명과 관련 공무원 처벌, 휠체어 리프트 검사기준 제정 등을 요구하며, '오이도역 장애인 수직형 리프트 추락참사대책위원회'를 구성[65]하고, 철도청, 보건복지부, 행정자치부, 산업자원부 등을 항의 방문하였다(이동석, 2004: 56; 고춘완, 2005: 39).

2월 6일에는 서울역 광장에서 '오이도역 추락 참사 진상규명과 이동권확보를 위한 투쟁결의대회'를 개최하였고, 서울역 선로를 점거하는 시위를 벌였다. 그리고 거의 모두 연행되었다. 이는 장애인운동사상 지하철 철로 점거라는 최초의 충격적인 투쟁이었다(박경석, 2013: 64).

2월 8일 오이도역 참사에 대한 기자회견, 2월 26일부터 4월 19일까지 39

64) 이 사건에 대한 한 신문의 보도내용을 보면 다음과 같다. "장애인을 위한 도로편의시설들이 엉망인 수준을 넘어서 장애인을 죽음의 위험으로 내몰고 있다. 각종 편의시설이 숫자 채우기에 급급해 생색내기용으로 설치된 뒤 사후관리는 전혀 되지 않고 있는 실정. 급기야 지난 22일 경기도 시흥시 정황동 지하철 4호선 오이도역에서는 장애인 노부부가 탄 장애인용 리프트가 로프철심이 끊어지면서 7m 아래로 추락하는 사고가 발생, 박 모(71) 할머니가 숨지고 고 모(71) 할아버지가 양다리 골절상을 입었다. 특히, 설치된 지 6개월밖에 안 된 이 리프트는 그동안 고장이 잦았음에도 불구, 단 한 차례도 안전점검을 받지 않았던 것으로 드러났다(『문화일보』, 2001. 1).

65) 대책위에 참가한 단체는 걷고 싶은 도시 만들기 시민연대, 노동의 소리, 노동자의 힘, 노들장애인야간학교, 동성애자인권연대, 민주노동당, 민주화실천가족운동협의회, 민중복지연대, 사회복지그룹 푸른하늘, 서울여성노동조합, 서울장애인연맹, 올바른 장애인 교육을 생각하는 교사모임, 인권운동사랑방, 전국에바다대학생연대회의, 장애여성공감, 장애인실업자연대, 장애인실업자종합지원센터, 장애인 인권확보를 위한 전국청년학생연합, 장애인편의시설촉진시민연대, 청년진보당, 피노키오장애인자립생활센터, 한국교통장애인협회, 한국독립생활공동체 '어우러기' 등이었다. 노들장애인야학은 혜화역 리프트 추락 사건에 대응했던 경험이 있었으므로 가장 적극적으로 결합해서 활동하였다(고춘완, 2005: 38).

일간의 휠체어 1인 시위, 3월 9일 지하철 타기 투쟁, 즉 서울역에서 청량리까지 지하철 연착시위를 벌였으며, 4월 20일 장애인의 날에는 장한평역에서 종로3가역까지 집단이동시위를 벌였다. 이를 통해 오이도역 참사를 사회에 알리고 장애인의 이동권 문제를 여론화시켰다(고춘완, 2005: 39).

대책위원회는 추락 사고에 대한 진상규명 및 관계 당국의 공식적인 사과, 그리고 재발 방지를 위한 대책 마련을 중심으로 활동을 전개했다. 구체적으로 대책위원회의 요구사항은 크게 4가지였다. 첫째, 오이도역 사건의 진상규명과 지하철 내 모든 장애인편의시설의 재점검 및 대책 마련을 위하여 장애인단체, 관계 당국, 전문가가 참여하는 '장애인편의시설 안전 대책위원회'를 구성할 것, 둘째 오이도역 사건의 책임을 지고 철도청장은 사퇴할 것, 셋째 오이도역 사건과 관련하여 산업자원부와 보건복지부장관은 공개 사과할 것, 넷째 「장애인 · 노인 · 임산부 등의 편의증진에 관한 법률」을 강화 및 개정할 것을 요구하였다(고춘완, 2005: 39).

또한, 대책위원회는 '장애인과 함께 지하철을 탑시다'라는 행사를 개최하였는데, 이는 사회에 대한 매우 공격적인 방식의 문제 제기였다. 지하철 연착 투쟁이 일반 시민에게 피해를 준다는 비난에 대해 대책위원회는 다음과 같은 적극적인 논리로 맞섰다. "지하철을 이용하는 시민들이 30분 늦게 되는 것을 이유로 우리의 선로 점거가 비난받아야 한다면 감수하겠다. 그러나 30분이 아닌 30년을 집 밖으로 나오지도 못하는 장애인의 현실에 대해 우리 사회는 함께 책임져야 한다." 그러나 이 행사는 실질적인 성과를 나타내기에는 어려움이 있었고, 대책위에 참가했던 단체들은 오이도역 사건 자체를 넘어 장애인의 이동권 문제에 대한 전면적이고 지속적인 활동이 이루어져야 한다는 것에 의견을 모으게 된다(김도현, 2007d: 105).

이동권연대의 출범과 투쟁

그리하여 '오이도역 대책위' 활동 이후에도 지속적으로 이동권 투쟁을 전개해야겠다는 생각에 2001년 4월 20일, '장애인이동권 쟁취를 위한 연대회의(이하 장애인이동권연대)'를 출범시키고,[66] 공동대표로 노들장애인야학의 박경석과 장애여성공감[67]의 박김영희 등을 내세운다. 이로써 대책위는 4월 20일 장애인의 날에 '장애인과 함께 지하철을 탑시다' 투쟁을 끝으로 발전적으로 해체되었고, 이동권연대가 이후의 투쟁을 주도하게 된다. 장애인이동권연대는 지하철의 모든 역사에 승강기를 설치할 것, 장애인도 대중버스를 이용할 수 있도록 대책을 즉각 강구할 것, 「장애인 · 노인 · 임산부 등의 편의증진에 관한 법률」을 개정 · 강화할 것, 장애인이동권 확보를 위해 정부와 장애인단체가 함께 협의할 '장애인이동권정책위원회'를 설치할 것 등을 요구했다. 이를 달성하기 위해 장애인이동권연대는 "장애인과 함께 지하철을 탑시다"를 통한 지하철 연착 투쟁을 하였다. 다수의 휠체어 이용 장애인들이 집단으로 지하철의 승 · 하차를 반복하여 실질적으로 열차의 운행을 지연시키는 전략이었다. 그러나 휠체어사용 장애인들이 단지 지하철을 이용하려는 것이었음에도, 편의시설 미비로 지하철이 연착됨으로써 일반 시민들에게 장애인이동권 침해의 실상을 그대로 보여주게 되었다(곽정란, 2003: 49).

66) 이동권연대는 노들장애인야간학교, 서울DPI,장애인실업자연대, 장애인실업자종합지원센터, 장애인편의시설촉진시민연대, 민중복지연대, 한국뇌성마비장애인연합 '바롬' 등 총 7개 단체로 출범하게 된다(고춘완, 2005: 39).

67) 김효진(2004: 232)에 따르면, 한국 장애여성 자조단체의 효시라고 할 수 있는 '장애여성공감'은 이동권연대의 구성단체로 활동하면서 활발한 연대활동을 해나갔다. 이동권연대의 투쟁에 중증장애인들과 장애여성들이 적극적으로 결합하고 있는 것은 장애인운동사적으로 볼 때 특별한 의미를 지닌다. 이제까지 장애인운동은 경증, 남성 장애인 주도로 이루어졌기 때문이다. 이동권 투쟁을 통해 장애인운동 안에서도 대상에 머물렀던 중증장애인과 장애여성이 운동의 주체로 등장하는 계기가 마련된 것이다.

장애인이동권연대는 쇠사슬을 목에 감고 지하철 선로를 점거하거나 단식시위를 벌이기도 했다. 그러나 무엇보다 장애인이동권연대를 세상에 알리고, 장애인의 이동권 문제를 사회문제로 부각시킨 것은 이른바 8.29버스 점거투쟁이었다. 장애인이동권연대는 2001년 8월 29일 운행 중이던 8-1번 버스를 점거, 일반 승객들과 운전기사를 하차시키고 쇠사슬로 휠체어를 버스 안에 고정시켰다. 버스 외부에서도 장애인이동권연대 소속 장애인들이 휠체어를 쇠사슬로 연결하여 버스를 둘러쌌다. 운전석에 휠체어와 몸을 쇠사슬로 묶고 손목에 수갑까지 채운 박경석 교장(노들장애인야간학교 교장, 장애인이동권연대 공동대표)은 "이미 수차례 우리도 버스를 탈 수 있게 해달라고 요구했는데도 아무런 대책도 없고 무관심한 정부에 항의하는 의미에서 나왔다"라며 국무총리나 책임 있는 당국자와의 면담을 요청했다. 이날 버스 점거농성은 국내 주요 일간지에 대서특필되었고, 방송사에서 주요 뉴스로 다루어졌다. 이 사건은 일반 시민단체들이 이동권운동에 동참하게 된 계기가 되었다(장애인이동권쟁취를위한연대회, 2001b: 45; 곽정란, 2003: 49).

그 밖에도 장애인이동권연대는 이순신 동상 고공시위, 사다리와 쇠사슬을 목에 걸고 진행한 종로거리 점거농성, 1인 휠체어 시위, 정치적 압력을 위한 인권위원회 및 당사 등의 점거농성, 천막농성, 단식투쟁 등 구사할 수 있는 모든 전술로 치열하게 투쟁했다. 이 과정에서 폭력적으로 시위를 진압하면서 구타, 부상, 연행, 구속 등이 잇따랐다(이동석, 2004: 56; 고춘완, 2005: 40; 박현민, 2008: 58).

이러한 노력에도 불구하고 장애인에 대한 사고는 계속 발생하였다. 2002년 5월 수도권 지하철 5호선 발산역에서 또다시 휠체어 리프트 추락 사망 사고가 발생했고(윤재봉 씨 사망), 2003년에는 송내역에서 시각장애인 장영섭 씨가 선로에 떨어져 들어오던 열차에 치여 사망한 사건이 발생하였다. 2004년 9월 24일에도 지체장애 1급 이광섭 씨가 제37차 '장애인도 버스를 탑시다' 행사에 참여했다가 귀가 중에 서울역 휠체어 리프트가 추락해 두개골 일부가 파열되는 사고가 발생했다. 이러한 사망 사고로 인해 장애인의 이동권운동은 새로운 전환점을 맞게 된다. 장애인의 이동권 문제는 '장애인이동권연대'만이 아닌 전체 장애인계로 확산된 것이다(박현민, 2008: 58).

장애인이동보장법률 제정추진운동 전개

이 시기부터는 장애인이동권연대가 조직으로 발전하여 강도 높은 이동권운동을 전개하였다. 장애인이동권연대는 지하철을 이용하는 장애인을 중심으로 자신들의 이동권이 침해되었다는 이유로 서울시, 지하철공사, 도시철도공사를 상대로 손해배상청구소송을 제기했으며, 보건복지부장관을 상대로 "저상버스도입의무 불이행"이 위헌임을 구하는 헌법소원을 제기하기도 하였다. 하지만 법률적 소송행위에서는 성과를 보지는 못했다.[68]

이에 장애인이동권연대는 철로 및 버스 점거를 통한 시위, 중증장애인들의 무기한 단식농성 등 격렬하고 다양한 전술들을 동원하였다. 그 결과, 서울시로부터 2004년까지 모든 지하철 역사에 엘리베이터를 설치하고, 저상버스 도입을 추진하기 위한 협의회를 구성하며, 중증장애인의 이동을 지원하기 위한 리프트 장착 콜택시 100대를 도입하겠다는 약속을 받아냈다. 이로써 장애인이동권연대는 단식농성을 마무리했다. 그러나 이것은 서울시의 잔치로 끝나고 말았다. 서울을 제외한 지역에서의 장애인이동권은 여전히 제자리걸음이었고, 「장애인등편의증진법」의 개정은 요원하기만 했

68) 헌법재판소는 "장애인이 복지를 향상해야 할 국가의 의무가 다른 다양한 국가과제에 대하여 최우선적으로 배려를 요청할 수 없을 뿐 아니라, 헌법의 규범으로부터 '장애인을 위한 저상버스의 도입'과 같은 구체적인 국가의 행위 의무를 도출할 수 없다"라는 이유로 청구를 기각했다(『위드뉴스』, 2003. 8. 8).

다. 설사 법이 개정된다 하더라도 보건복지부가 건설교통부 소관의 교통수단을 개선하고, 이동권 보장에 관한 정책수립과 예산마련을 한다는 것이 비현실적이라고 판단한 장애인이동권연대는 건설교통부 소관의 '장애인이동보장법률 제정추진운동'을 전개해 나갔다.

2003년에서 2004년을 지나면서 '장애인이동보장법률 제정과 장애인 교육예산 6% 확보'라는 요구를 전면에 내세우고 천막 단식농성, 저상버스 전국순회투쟁 등을 전개하고, '빈곤해결과 최저생계비 현실화를 위한 삼보일배' 등에 참여하는 등 다양한 투쟁을 함께 전개하였다.

2004년 7월 19일에 국회에서 「장애인 등의 이동보장법률」이 입법발의되었지만, 정부는 유사한 내용을 담으면서 주요한 내용들을 무력화시킨 「교통약자의 이동편의 증진법」을 11월 9일 국회에 발의했다. 「장애인 등의 이동보장법률」은 이동권을 명확하게 인권이라는 관점에서 명시하고 있으며, 저상버스 도입 등 핵심적인 조항을 의무사항으로 규정하고 있었다. 그리고 이동권 관련 정책의 수립과 심의에 장애인 당사자의 참여를 보장할 뿐만 아니라, 법률의 실질적 이행을 강제할 수 있는 여러 가지 제재 수단을 담고 있었다. 이에 반해 정부가 국회에 발의한 「교통약자의 이동편의 증진법」은 시혜와 배려라는 관점에서 장애인이동권의 문제에 접근하며, 재정문제를 이유로 저상버스 도입을 권고조항으로 처리하고, 실질적인 제재조항도 결여한 법률이었다(김도현, 2007d: 110).

이윽고 장애인이동권연대는 투쟁의 방식을 '점거'라는 방식으로 총력을 기울여 나갔다. 그리하여 2005년 1월 27일 비록 명칭은 정부법안인 「교통약자의 이동편의 증진법」을 따랐지만, 이동권이 독자적인 조항으로 명시된 법률이 제정되는 성과를 거두었다. 「교통약자의 이동편의 증진법」은 4년여 동안 지속적이고 조직적으로 전개한 장애인이동권연대의 투쟁 결과였다. 장애인이동권연대의 박경석 대표는 "장애인이동권 투쟁은 진보적인 장애인운동이 1998년 뼈아프게 단절되었던 투쟁의 역사를 새롭게 복원한 투쟁이었으며, 그동안 권리로 인정되지 않았던 장애인의 이동할 권리를 쟁취한 투쟁의 역사였다”(박경석, 2013: 66)라고 회고했다. 또한, 그는 장애인 이동권 투쟁은 그 성과에서도 “장애인들만의 문제가 아닌 모든 사람들의 시민적 권리를 확보하는 투쟁”이었다는 점에 의의를 부여했다.

이상 살펴본 바와 같이 장애인 이동권운동은 한국장애운동의 역사에 획을 긋는 투쟁이 되었다. 하지만 과거 이동권 투쟁에서 외쳤던 ‘장애인도 버스를 타고 싶다’라는 슬로건은 현재에도 여전히 유효하다. 지금도 장애인들은 거리에서 장애인의 이동권을 외치고 있다.

5) 장애인 참정권운동

장애인의 참정권 문제가 부각되기 시작한 것은 그리 오래되지 않았다. 1990년대 후반부터 선거에서 참정권을 행사하고 싶지만, 투표시설이 미비하거나 접근권이 확보되어 있지 않아 참정권을 행사하는 데 어려움이 있다는 목소리가 나오기 시작했다.

1997년 한국농아인연합회가 방송 3사를 상대로 한 수화자막방송실시를 위한 가처분신청을 한 것을 시작으로 2000년 투표시설 미비로 인한 참정권 침해소송에서부터 불거지기 시작했다. 2000년 제16대 총선에서 장애인운동 진영측은 투표소가 2층에 설치돼 선거권을 행사하지 못한 중증장애인 8명과 함께 국가를 상대로 손해배상청구소송을 제기하여 국가의 손해배상책임을 이끌어냈다. 재판부는 “선거권은 「헌법」에 규정된 국민의 권리이고, 「선거법」에도 장애인의 선거 편의 조치를 위하도록 하고 있는 만큼 국가는 이를 적극적으로 보장해야 한다”라면서 “투표의 공정성이 현저히 침해되지 않는 한 투표자의 편의를 최대한 고려해야 한다"라고 판결하였다. 이 소송에서 장애인 참정권보장에 대한 국가의 책임을 환기시키고, 장애인 선거권 보장에 대한 사회 일반의 관심을 높일 수 있었다(유동철, 2005: 21; 권선진, 2006: 328). 이러한 참정권 확보운동으로 선거 시 각 후보들은 홈페이지에 장애인의 접근성을 높이려는 노력을 조금이나마 기울이게 되었고, 점자 유인물도 소량 제작하는 등 변화된 모습을 조금씩 보이기 시작하였다.

참정권 요구 및 선거참여를 통한 정책개발도 지속되었다. 장애우권익문제연구소는 2002년 지방선거를 맞이하여 장애인 유권자 운동을 펼쳤다. 연구소는 정책과제 발간과 더불어 6 · 13 지방선거 장애우 유권자단을 구성, 전국 16개 광역자치단체장, 232개 기초단체장 후보들을 대상으로 장애인복지 공약을 평가하는 한편, 후보들의 토론회, 합동연설회 등 유세의 청각장애인 접근성 보장과 홍보물의 시각장애인 접근성 보장, 장애인 비하 발언 등을 감시하였다. 이와 같은 활동은 장애인들의 강화된 역량을 보여주는 것이었다(이동석, 2004: 57).

3. 장애인복지의 역사

1) 장애인복지법 전면 개정

1999년 개정

1999년 2월 8일에 「장애인복지법」의 전면 개정이 이루어졌다. 그 결과, 장애의 범주가 크게 확대되었다. 개정 전까지 장애는 지체장애, 시각장애, 청각장애, 언어장애, 정신지체 5가지 유형이었다. 하지만 개정 이후 장애인의 정의를 '주요 외부 신체기능의 장애, 내부 기관의 장애와 정신지체, 정신질환에 의한 장애로 인하여 장기간에 걸쳐 일상생활 또는 사회생활에 상당한 불편을 겪는 사람'으로 하여 규정함으로써 장애범주는 10종으로 확대되었다. 2000년 1월부터 1단계 조치로 장애인정 범위를 신장, 심장, 정신질환, 발달장애 등 내부장애로까지 확대하고, 뇌병변장애를 지체장애에서 분리하여 10종 장애로 확대하였다.[69] 장애인의 인간존엄과 완전한 사회참여와 평등을 기반으로 하는 사회통합을 기본이념으로 하며, 장애인의 정보접근권 보장을 위해 수화통역, 폐쇄자막, 점자 및 음성도서 등의 조치를 시행하고, 장애인 보조견, 장애 유형에 따른 재활서비스 제공, 장애인 생산품의 구매, 재활보조기구의 개발 · 보급 등의 시책을 강구하였다.

또한, 장애인 사용 자동차에 대한 지원, 장애인 보조견의 훈련 및 보급지원, 장애아동 부양수당 및 보호 수당을 신설하는 등 재가장애인에 대한 복지서비스를 확대하였다. 장애인복지에 대한 조사, 연구를 활성화하기 위하여 '장애인복지진흥회'를 설립하여 장애인문제에 대한 체계적인 연구를 할 수 있는 기반을 닦았다(조흥식, 2006: 87).

한편, 장애인복지시설을 장애인생활시설, 장애인지역사회재활시설, 장애인직업재활시설, 장애인유료복지시설, 기타 대통령령이 정하는 시설 등으로 구분하고, 장애인지역사회재활시설에 장애인복지관, 의료재활시설, 체육시설, 수련시설, 공동생활가정 등을 포함함으로써 재가 장애인을 위한 이용시설을 확대하였다. 이를 통해 장애인복지관에서 운영하는 그룹홈, 주간 및 단기보호센터 등이 법적 근거를 갖게 되었다.

이와 같이 1999년 「장애인복지법」의 개정으로 많은 변화가 있었지만, 근본적으로 장애인의 삶은 그다지 개선되지 않은 것으로 평가되었다. 박현

69) 2003년 7월 1일부터 호흡기장애, 간장애, 안면변형장애, 장루장애, 간질장애로 확대되어, 장애범주가 15종 장애로 확대되었다.

민(2008: 49)은 그 이유를 "장애의 정의와 범주의 확대는 국가 등록장애인이 확대되었을 뿐이지, 장애인들이 사회에 참여할 수 있는 다양한 장치들은 미비한 실정에 있기 때문"이라고 지적했다. 예컨대, 장애인의 사회보장과 관련된 제도로는 국민기초생활보장제도와 장애수당 두 가지가 있는데, 국민기초생활보장제도의 경우 장애로 인한 추가비용을 전혀 보전해 주지 못했으며, 장애수당의 경우 국민기초생활보장수급자에게만 지급되어 보편적인 권리의 성격을 띠지 못했던 것이다(유동철, 2007: 186-189).

2017년 개정

2017년에는 제5차 장애인정책종합계획을 수립하고 시행하기 위한 「장애인복지법」 개정이 이루어졌다. 2017년 개정의 핵심은 '장애등급제 폐지와 맞춤형 종합지원체계 구축'과 관련된 것이었다. 그 주요 내용은 다음과 같다(서동명 외, 2022: 66-67).

첫째, 장애등급제와 관련하여 기존의 '장애등급'을 '장애정도'로 변경하였다. 즉, 장애인등록은 하지만, 장애진단을 통해 장애등급이 아닌 장애정도를 사정받도록 하였다.

둘째, 맞춤형 서비스 제공을 위하여 '서비스지원종합조사'를 신설하였다. 이를 통해 장애인에게 개별 맞춤형으로 서비스를 제공할 수 있는 법적 근거를 마련하였다. '서비스지원종합조사'는 장애인 개인의 욕구와 그를 둘러싼 환경 등을 종합적으로 조사해서 필요하다고 판단되는 복지서비스를 장애등급과 관계없이 제공하는 것을 목적으로 하고 있다.

이에 따라 2019년 7월 장애등급제가 폐지되었고, 활동지원급여, 장애인보조기기, 장애인 거주시설, 응급안전서비스 등 일상생활지원서비스에 장애인 서비스지원종합조사가 도입·적용되었다. 그리고 2020년에는 장애인전용주차구역 주차표지 발급, 특별교통수단 등 이동지원서비스까지 확대되었고, 2022년에는 장애인연금 등 소득 · 고용지원서비스 분야까지 확대되었다.

2) 장애인차별금지법 제정

장애인복지의 역사에 있어서 하나의 획을 그을 만한 사건은 뭐니 뭐니 해도 수많은 장애인의 노력 끝에 제정 · 시행된 「장애인차별금지법」일 것이다. 「장애인차별금지법」은 장애인들이 겪는 기회의 박탈과 같은 명백한 차별에서부터 암묵적 형태의 차별에 이르기까지 다양한 형태로 지속되어 오는 차별로부터 장애인을 보호하기 위해서 제정된 것이다.

지금까지 이러한 차별을 근절시키기 위한 노력이 다양한 방법으로 시도되었지만, 장애인에 대한 인권침해 사례가 빈번히 제기되었을 뿐 아니라 지속적으로 발생하였다. 지금까지의 노력과 기존의 장애인 관련법은 선언적인 차별금지에 머물러 있어 실효성이 의문시되었으며, 장애인 차별의 특수성을 충분히 반영하지 못하여 장애인 당사자의 실질적인 구제가 이루어지지 못하는 경우가 많았고, 사법부의 판결 역시 차별행위 자체의 개선으로 연결되지 못하는 경우가 많았다. 이에 장애인의 실질적인 권리보장을 달성하기 위한 적극적인 차별시정의 노력이 필요하다는 점에서 출발하여 장애인 차별의 특수성을 충분히 담아낼 수 있는 별도 입법이 필요하다는 공감대가 형성되어 2007년 4월 10일 「장애인차별금지법」이 제정되었고, 2008년 4월 11일부터 시행에 이르게 되었다.

장애인차별금지법의 주요 내용

「장애인차별금지법」의 제정 취지와 목적은 “생활의 모든 영역에서 장애를 이유로 한 모든 차별을 금지하고, 장애인의 기본적 권리를 효과적으로 구제함으로써 장애인의 완전한 사회참여와 평등권을 실현"하는 데 있다(동법 제1조). 따라서 이 법의 주요 골자는 일상생활 전반의 장애인 차별행위를 규정하고, 차별로 인해 평등권을 침해당한 피해자를 위한 구제절차로 구성되어 있다. 「장애인차별금지법」은 총 6개 장(총칙, 차별금지, 장애여성 및 장애아동, 장애인차별시정기구 및 권리구제, 손해배상 입증책임, 벌칙)과 50개 조문으로 구성되어 있다. 「장애인차별금지법」에서는 장애를 '신체적 · 정신적 손상 또는 기능상실이 장기간에 걸쳐 개인의 일상 또는 사회생활에 상당한 제약을 초래하는 상태'라고 규정하고 있다(제2조 1항).

「장애인차별금지법」은 차별행위를 네 가지로 규정하고 있다. 법 제4조에 따르면, 직접차별, 간접차별, 정당한 편의제공 거부, 광고에 의한 차별로 구분된다. 이러한 차별행위는 장애인뿐만 아니라 장애인을 보조하기 위해 대리 동행하는 장애인 관련자와 장애인보조기구 또는 보조견에도 적용된다. 내용을 요약하면 〈표 7-5〉와 같다.

〈표 7-5〉 장애인차별금지법(제4조: 차별행위)에 따른 차별의 종류

구분	주요내용
1. 직접차별	• 장애인을 장애를 사유로 정당한 사유 없이 제한 · 배제 · 분리 · 거부 등에 의하여 불리하게 대하는 경우
2. 간접차별	• 장애인에 대하여 형식상으로는 제한 · 배제 · 분리 · 거부 등에 의하여 불리하게 대하지 아니하지만 정당한 사유 없이 장애를 고려하지 아니하는 기준을 적용함으로써 장애인에게 불리한 결과를 초래하는 경우
3. 정당한 편의제공 거부	• 정당한 사유 없이 장애인에 대하여 정당한 편의제공을 거부하는 경우
4. 광고를 통한 차별	• 정당한 사유 없이 장애인에 대한 제한 · 배제 · 분리 · 거부 등 불리한 대우를 표시 · 조장하는 광고를 직접 행하거나 그러한 광고를 허용 · 조장하는 경우

5. 장애인 관련자 차별	• 장애인을 돕기 위한 목적에서 장애인을 대리 · 동행하는 자(장애아동의 보호자 또는 후견인, 그 밖에 장애인을 돕기 위한 자)에 대하여 차별행위를 하는 경우
6. 장애보조기구 등 사용방해	• 보조견 또는 장애인보조기구 등의 정당한 사용을 방해하거나 보조견 및 장애인보조기구 등을 대상으로 하는 차별행위

「장애인차별금지법」은 차별금지 영역을 ① 고용, ② 교육, ③ 재화와 용역의 제공 및 이용, ④ 사법 · 행정절차 및 서비스와 참정권, ⑤ 모 · 부성권, 성 등, ⑥ 가족, 가정, 복지시설, 건강권 등, ⑦ 장애여성 및 장애아동 등 7개의 영역을 포함한다.

〈표 7-6〉 장애인차별금지법의 차별금지 영역

항목	주요 내용
고용	• 차별금지, 정당한 편의제공 의무, 의학적 검사 금지
교육	• 차별금지, 정당한 편의제공 의무
재화와 용역의 이용	• 재화 · 용역 제공, 토지 · 건물매매 임대 • 금융상품 · 서비스, 시설물 접근 · 이용 • 이동 및 교통수단, 정보접근, 정보통신 · 의사소통 • 문화 · 예술 · 체육에서의 정당한 편의 제공 • 개인정보보호, 국가 및 지방자치단체의 의무
사법 · 행정절차 및 서비스와 참정권	• 점자자료, 인쇄물, 음성변환 출력기, 수화통역, 대독 등 제공 • 인신구금 · 구속 시 장애 유형 및 상태를 고려한 정당한 편의제공 • 정당 및 후보자에 대한 정보 접근권 보장
모 · 부성권, 성 등	• 모 · 부성권의 차별금지, 성에의 차별금지 • 출산 · 임신 · 입양 시 장애로 인한 차별금지 및 실질적 평등보장
가족, 가정, 복지시설, 건강권	• 재산권 · 양육권, 친권 등에서 장애로 인한 불합리한 차별금지 • 복지시설 이용 시 장애로 인한 친권 향유, 가족면접, 외부소통 차별금지 • 의료행위에서 장애를 이유로 제한 · 배제 · 분리 · 거부 금지 • 선 · 후천적 장애발생의 예방 및 치료 등을 위한 시책 추진
장애여성 및 장애아동 등	• 장애여성 및 아동, 정신적 장애인 차별금지 • 성폭력예방교육 시 장애여성에 대한 성 인식 포함 • 장애여성 근로자 직장보육서비스 등 편의제공 등

출처: 이선우·이수경(2020), pp.153-154.

「장애인차별금지법」에서는 차별행위에 대한 권리구제에 관한 규정도 두고 있다. 즉, 차별행위가 발생하면 일차적으로 국가인권위원회에 진정을 접수하여 시정권고하게 된다(제38~41조). 권고를 받은 자가 정당한 이유 없이 이를 이행하지 않고, 차별행위가 악의적일 경우에는 법무부장관이 시정명령을 할 수 있다(제43조). 법무부장관의 시정명령을 정당한 사유 없이 이행하지 아니한 경우에는 3천만 원 이하의 과태료가 부과된다. 또한, 금지한 차별행위를 하고, 그 행위가 악의적인 것으로 판단되는 경우 법원은 피진정인 등 차별을 한 자에 대하여 3년 이하의 징역 또는 3천만 원 이하의 벌금에 처함으로써 「장애인차별금지법」 권리구제의 실효성을 한층 강화하고 있다(제49조, 제50조).

한편, 법 시행 이후 이루어진 개정작업은 타법 개정에 의한 소극적 개정이 대부분이었다. 주요 개정 내용을 살펴보면, 사법 절차에서 장애인이 조력을 받을 수 있는 권리를 강화하는 방향으로 제26조 6항[70]이 두 차례 개정되었다. 이 개정은 모두 의사소통에 어려움이 있는 사람의 인권을 보호하기 위함이었다. 지적장애가 있는 경우 스스로 장애인 편의제공을 신청하기 어려울 수 있는데, 실제 지적장애인이 장애인 편의제공 신청을 하지 못해 아무런 편의제공 없이 불이익을 받았다가 이것이 위법하다는 판결이 있었다.[71] 그 외 2014년 시각장애인에게 '점자 · 음성변환용 코드가 삽입된 자료'의 제공을 의무화한 개정이 있었다(김명수, 2019: 289-290).

70) ⑥ 사법기관은 사건관계인에 대하여 의사소통이나 의사표현에 어려움을 겪는 장애가 있는지를 확인하고, 그 장애인에게 형사사법 절차에서 조력을 받을 수 있음과 그 구체적인 조력의 내용을 알려주어야 한다. 이 경우 사법기관은 해당 장애인이 형사사법 절차에서 조력을 받기를 신청하면 정당한 사유 없이 이를 거부하여서는 아니 되며, 그에 필요한 조치를 마련하여야 한다. 〈개정 2010. 5. 11., 2012. 10. 22.〉

71) 서울중앙지방법원 2010. 9. 10. 선고, 2009가단99509 판결. 자세한 내용은 김재왕(2018)의 논문을 참조할 것.

법 제정의 의의와 한계

「장애인차별금지법」의 제정은 장애인 당사자주의에 입각한 입법 및 인권 패러다임의 전환을 의미하며, 시혜나 배려의 대상으로 바라보던 장애인에 대한 시선에서 벗어나 장애인을 권리의 주체로 자리매김하게 되었다는 점에서 큰 의의가 있다. 또한, 「장애인차별금지법」은 장애인 차별에 대한 판단기준을 제시하였다는 점에서도 의의가 크다(이선우 · 이수경, 2020: 150-151). 「장애인차별금지법」 제정 전에는 「장애인복지법」이 장애인 인권 및 복지에 관한 기본법의 역할과 기능을 수행해 왔다.[72] 그러나 「장애인차별금지법」이 제정되면서 그 역할과 기능이 바뀌었다. 「장애인복지법」은 장애인에 대한 복지서비스의 기본법으로서 기능하게 되었고, 「장애인차별금지법」은 장애인 인권보장규범으로서 기본법으로서 기능을 수행하게 된 것이다. 「장애인차별금지법」은 여러 장애 관련 법 중의 하나가 아닌, 존재하는 모든 관련법의 기본법으로서 해석의 기초를 제공하는 위상과 역할을 수행하고 있다고 볼 수 있다(김명수, 2019: 290). 그러나 동시에 「장애인차별금지법」은 한계를 지니고 있었다.

첫째, 「장애인차별금지법」에서 차별시정기구는 독립적인 장애인차별금지위원회가 아닌 국가인권위원회 산하의 소위원회 형태(장애인차별시정소위원회)로 두도록 하고, 시정명령은 법무부를 통해서만 매우 제한적으로 이루어질 수 있도록 하였다(김도현, 2007b: 265). 시정권고를 행사하는 기관과 시정명령을 행사하는 기관을 별개로 존재하게 함으로써 차별피해 당사자의 피해구제 측면에서 보면 효율성이 떨어질 수 있다. 또한, 일차적인 진정과 그에 따른 조사는 인권위원회가 하는데, 만일 인권위원회가 조사결

72) 「장애인복지법」 제4조(장애인의 권리), 제8조(차별금지) 등에서 장애인 인권을 다루고, 의료, 교육, 직업, 주거, 문화, 장애수당, 자립생활 지원 등에 관한 복지서비스를 규정하고 있다.

과 차별이라고 판단하여 시정권고를 내리더라도 이 시정권고가 이행되지 않으면, 법무부장관에게 시정명령의 발동을 요청해야 한다. 이렇게 되면 법무부장관은 필연적으로 시정명령의 발동여부를 판단해야 하고, 이를 위해서는 어떤 형태로든 조사를 해야 할 것이며, 여기에 또 시간이 소요될 수 있어 피해구제의 신속성 보장을 위한 시정기구 설치의 의의가 훼손될 우려가 있었다(남찬섭, 2007b: 15).

둘째, 위와 같은 한계는 「장애인차별금지법」의 실효성과도 관련이 있다. 「장애인차별금지법」 시행 이후 시정기구인 국가인권위원회에 진정된 진정 건수는 「장애인차별금지법」 시행 이전(653건)에 비해 10배 이상 급증, 6,540건으로 집계되어 국가인권위원회의 전체 진정사건의 53%를 차지했다. 하지만 취소 · 각하율은 90%에 이르는 것으로 나타났다. 이는 실질적인 권리구제가 이루어지지 않고 있음을 확인시켜준다. 장애 당사자가 우리나라의 장애인에 대한 차별이 많다고 느끼는 비중은 2008년도에 79.7%, 2011년도에 80.7%, 2014년도에는 68.4%에 달해 우리 사회에 여전히 장애인 차별이 산재하고 있음을 알 수 있다(김명수, 2019: 291).

셋째, 「장애인차별금지법」에서 입증책임은 진정인과 피진정인이 함께 나누어 갖는 '입증책임의 배분'이라는 완화된 형태로 규정하였다(제47조). 즉, 장애인은 차별행위가 있었다는 사실을 입증해야 하고, 아울러 상대방도 차별행위가 장애를 이유로 한 차별이 아니라거나 정당한 사유가 있었다는 점을 입증해야 한다.[73] 그러나 장애인은 현실적으로 경제력과 정보력이 열악하기 때문에 차별행위가 있었다는 사실을 입증하기가 쉽지 않다.

---

73) 김광이와 박종운(2007: 192)에 따르면, 입증책임을 진정인과 피진정인에게 배분하게 된 것은 입증책임의 전환을 규정한 장추련의 주장이나 민노당 발의법안의 내용에 부담을 느낀 정부부처의 주장이 민관공동기획단의 논의를 거치면서 여당 안이 만들어질 때 입증책임의 배분으로 돌아섰다고 한다.

의사소통에 어려움이 있는 장애인은 더더욱 그러하다. 특히, 지적장애인의 경우 자신이 차별행위가 있었음을 주장하는 것은 거의 불가능할 것으로 생각된다.[74] 따라서 차별행위가 있었다는 것을 진정인이 제기하면, 차별이 없었음을 피진정인이 입증하도록 하는 입증책임전환 구조가 필요하다.[75]

마지막으로 「장애인차별금지법」에서 악의의 반복적인 차별행위에 대해 실제 손해액보다 많은 금액을 피해자에게 배상하도록 하는 징벌적 손해배상이 규정되지 않은 점이 한계로 지적될 수 있다. 차별행위로 인해 피해를 입었을 경우 구제를 받을 수 있는 방법 중 궁극적 절차가 민사소송을 통해 금전적 보상을 받는 것이다. 그러나 정신적 피해가 주를 이루는 차별행위의 특성상 소송절차에서 이로 인한 손해의 발생 및 액수를 증명하기가 쉽지 않다. 또한, 장애인이 손해를 입증한다고 해도 판결에서는 대부분 상당히 소액만을 인정받게 되어 소송비용 등을 감안하면 소송의 실익이 크게 저하된다. 한편, 차별행위자의 입장에서 보면, 소송에서 패소하더라도 배상금액이 크지 않기 때문에 「장애인차별금지법」을 위반하는 데에 대한 제재효과가 크지 않다. 이처럼 실효성이 높지 않은 손해배상제도로 인해 장애인 차별로 인한 피해구제는 실질적인 구제로 이어지지 못하다는 비판이 제기되고 있다(박나원, 2021: 117).

---

74) 이와 관련해서는 지적장애인의 관점에서 「장애인차별금지법」을 비판적으로 고찰한 김진우(2008)의 논문을 참조할 것.

75) 「차별금지법」을 제정한 대다수 국가에서는 입증책임전환제도를 채택하고 있다. 예를 들면, 스웨덴의 「장애인차별금지법」 제24a조에서는 “차별받았거나 보복행위를 당할 수 있는 처지에 놓여 왔다고 생각하는 사람이 그렇게 생각할 만한 구실을 제공한 정황을 보여주고자 한다면, 그러한 차별이나 보복이 일어나지 않았다고 입증해야 할 책임은 고용주에게 있다”라고 규정하고 있다(김진우, 2008: 179). 우리나라의 「남녀고용평등과 일·가정 양립 지원에 관한 법률」에서도 입증전환제도를 채택하고 있다.

3) 장애인연금제도의 도입

장애인의 소득보장체계

사회적 취약계층인 장애인들의 소득을 보장해 줄 수 있는 방법으로는 사회보험, 공공부조 및 수당 등의 제도를 들 수 있다. 먼저, 사회보험의 경우, 국민연금의 장애연금과 산재보험의 장해급여가 여기에 해당한다.

장애연금은 국민연금가입자가 가입 중에 발생한 질병 또는 부상으로 인하여 치료 후에도 신체 또는 정신적 장애가 있는 경우 지급되는 급여이다. 「국민연금법상」 장애등급이 1~4급인 경우에 지급된다. 단, 4급인 경우에는 장애일시보상금으로 기본연금액의 225%가 지급된다.

산재보험의 장해급여는 근로자가 업무상의 사유에 의하여 부상을 당하거나 질병에 걸려서 치유된 후 신체 등에 장해[76]가 남아 있는 경우에 지급한다. 장해급여는 장해등급(1~14)에 따라 장해보상연금 또는 장해보상일시금으로 지급한다. 단, 장해등급 1~3급 장애인의 경우 연금으로만 지급한다. 장해등급 4~7급은 장해보상연금과 장해일시보상금 중 선택이 가능하고, 장해등급 8~14급은 장해보상일시금이 지급된다.

이처럼 사회보험체계에서는 업무상의 사고 등으로 장애를 입은 중도장애인을 위한 소득보장은 가능하지만, 선천적 장애인이거나 경제활동 이전에 장애를 입어 취업할 수 없는 장애인은 국민연금이나 산재보험에 가입할 수 있는 자격이 없다. 따라서 경제활동을 한 경험이 없는 장애인에게는 사회보험을 통해서 소득보장을 해줄 수 없는 문제가 있다.

장애인연금제도가 도입되기 전인 2007년의 경우, 공적 연금에 가입하지

---

76) 장해란 부상 또는 질병이 치유되었으나 정신적으로 또는 육체적 훼손으로 인하여 노동능력이 상실되거나 감소된 상태를 말한다.

않은 장애인은 73.0%로 장애인 4명 중 3명이 공적 연금에서 배제되어 있었고(『함께걸음』, 2007. 7.), 장애로 인해 발생되는 추가비용을 보전해 주는 시스템은 전혀 마련되어 있지 않았다.[77)]

둘째, 공공부조의 경우, 대표적인 제도로 국민기초생활보장제도를 들 수 있는데, 최저생계비 이하인 자를 국민기초생활수급권자로 지정해 생계급여를 지원하고 있다.

마지막으로 장애 관련 수당제도로 장애수당과 장애아동수당이 있다. 장애수당은 만 18세 이상으로서 국민기초생활보장수급자 및 차상위계층이면서 장애등급이 3~6급인 자에게 지급된다.[78)] 장애아동수당은 국민기초생활보장수급자 및 차상위계층이면서 만 18세 미만인 장애아동에게 지급된다.[79)] 현 제도는 수당이라는 명칭을 사용하고 있지만, 엄밀히 말해 모든 장애인에게 보편적으로 제공되는 데모그란트(demogrant)가 아닌 일정한 소득수준 이하의 장애인에게만 제공되기 때문에 수당의 성격보다는 공공부조의 성격을 갖고 있다.

국민연금의 장애연금수급자가 경제활동 참여자에게만 한정되는 반면에,

---

77) 2010년의 시점에서도 국민연금을 비롯한 공적연금제도에 가입되어 있는 장애인은 추정장애인의 37.5%에 불과했으며, 국민연금제도의 장애연금을 수급하고 있는 장애인은 약 72,000명으로 18세 이상 등록장애인의 3.3%에 불과했다(유동철, 2013: 158).

78) 장애수당은 부양수당이라는 이름으로 1990년부터 1급 지체장애 및 지적장애인을 대상으로 지급되기 시작하여, 1992년 1급 시각장애인을 포함하여 생계보조수당이라는 명칭으로 생활보호대상 중증장애인에게 지급해 왔다. 그러다 1999년 「장애인복지법」을 전면 개정하면서 현재의 장애수당으로 명칭을 변경하여 지급되고 있다. 「장애인연금법」이 시행되면서 중증장애인에게는 장애인연금이 지급됨에 따라 장애수당 수급대상자는 경증장애인으로 한정되었다. 2025년 기준 1인당 월 6만 원이 지급되며, 보장시설수급자의 경우는 월 3만 원이 지급된다.

79) 2025년 기준 생계 또는 의료급여수급자이고, 중증장애인의 경우 1인당 월 22만 원 지급되고, 주거 또는 교육급여수급자이면서 중증장애인의 경우 1인당 월 17만 원 지급되며, 경증장애인에게는 1인당 11만 원 지급된다. 그리고 보장시설수급자의 경우 중증장애인에게는 1인당 월 9만 원 지급되며, 경증장애인에게는 월 3만 원 지급된다.

장애수당은 기초수급자와 차상위계층 등 빈곤층 장애인에게 제한되어 있다. 그뿐 아니라 장애수당의 급여수준이 너무 낮아서 장애인가구의 빈곤이 별로 개선되지 않았다. 따라서 오랜 기간 장애인계에서는 기초장애연금제도의 도입을 주장해 왔다. 정부에서도 2008년 '장애인정책발전 5개년계획'에서 장애인을 대상으로 한 기초장애연금제도를 도입하여 장애로 인한 소득상실과 추가비용을 보전한다는 계획을 제시하였다(이선우 · 이수경, 2020: 168).

장애인연금제도

장애인연금제도의 내용을 담은 「장애인연금법」은 2010년 4월 12일 제정되어 2010년 7월부터 시행되었다. 「장애인연금법」에서는 장애인연금제도의 목적을 장애로 인하여 생활이 어려운 중증장애인의 생활 안정 지원, 복지증진 및 사회통합을 촉진하는 것으로 규정하였다(제1조).

장애인연금제도의 대상은 18세 이상의 등록한 중증장애인 중에서 본인과 배우자의 소득과 재산을 합산한 금액(소득인정액)이 선정기준액 이하의 자이다. 여기서 중증장애인은 「장애인연금법」상 근로능력이 상실되거나 현저하게 감소되는 등 장애 정도가 중증인 사람을 일컫는다. 종전의 장애등급상 1급과 2급 및 3급 중복장애인을 말한다. 3급 중복장애인은 3급의 장애인으로서 다른 유형의 장애가 하나 이상 있는 경우를 말한다. 그리고 선정기준액은 소득하위 70% 수준이다.[80)]

정리하면, 장애인연금제도의 대상은 18~64세의 장애인복지법상 장애등급이 1, 2급 및 3급 중복인자로서 소득 하위 70% 이하인 자이다.

장애인연금 급여는 기초급여와 부가급여로 구성된다.[81)] 기초급여는 근

80) 선정기준액은 「장애인연금법」 제4조에 따라 장애인 중 소득하위 70%가 장애인연금을 받을 수 있도록 매년 중증장애인 소득 · 재산 수준 변동 등을 반영하여 결정한다. 2025년 기준으로 선정기준액은 단독가구 기준 138만 원, 부부가구 기준 220만 8천 원이다.

로능력의 상실 또는 현저한 감소로 인하여 줄어드는 소득을 보전해 주기 위하여 지급하는 급여를 말한다. 일종의 소득보장 성격의 연금이다. 부가급여는 장애로 인하여 추가로 드는 비용의 전부 또는 일부를 보전해 주기 위하여 지급하는 급여를 말한다. 추가 지출비용 보전 성격의 연금이다.

소요재원은 전액 국비와 지방비 등 조세로 충당되며, 전달체계상 책임은 여타 공공부조사업과 동일하게 지방자치단체가 담당한다.

장애인연금제도의 성격은 매우 모호하다. 우선, 전체 명칭만 봐서는 사회보험의 느낌을 준다. 그러나 급여의 명칭은 수당의 일종이다. 하지만 모든 장애인에게 급여를 지급하지 않기 때문에 사회수당은 또 아니다. 지급대상도 기초수급자와 차상위계층으로 한정시켰기 때문에 공공부조의 성격도 띠고 있다. 급여수준도 기초연금수준이다. 이렇게 장애인연금의 성격이 모호한 이유는 그동안 중증장애인들이 받아왔던 장애수당을 이 연금제도로 이전시켰기 때문이다.

장애인연금은 장애인의 소득보전을 위한 것이므로 대상자 선정기준은 소득수준에 맞춰져야 한다. 장애의 속성은 지급대상과는 아무런 상관이 없는 것이다. 그런데 지급대상을 중증장애인, 그것도 가난한 중증장애인으로 제한하는 것은 제도 본래의 취지와는 맞지 않는 것이다. 따라서 향후 지속

81) 2025년도 기준 기초급여와 부가급여 수준은 아래와 같다.

구분	18~64세			65세 이상		
	기초급여*	부가급여	합계	기초급여	부가급여	합계
생계 · 의료급여수급자(재가)	342,510원	90,000원	432,510원	기초연금으로 전환	432,510원**	432,510원
생계 · 의료급여수급자(시설)	342,510원	–	342,510원		–	–
주거 · 교육급여수급자, 차상위	342,510원	80,000원	422,510원		80,000원	80,000원
차상위초과	342,510원	30,000원	372,510원		50,000원	50,000원

* 전년도 기초급여액에 전국소비자물가변동률 반영하여 매년 결정 · 고시한다(제6조). 감액 없는 최고지급액 기준(선정기준액 초과분 감액, 부부가 모두 받는 경우 20% 감액)

** 기초연금수급액이 기초생활보장급여에서 차감됨에 따른 전체 수급액 감소분 보전을 위해 기초연금수급액에 해당하는 금액을 부가급여로 추가 지급

적으로 지급대상을 확대하는 조치가 있어야 할 것이다.

급여수준 역시 지속적인 인상이 불가피하다. 기초연금과의 형평성을 맞춘다는 이유로 장애인연금의 기초급여액의 기준은 기초연금액 기준과 동일하게 적용되고 있다. 또한, 추가비용의 성격을 띠고 있는 부가급여는 장애수당을 명칭만 변경한 것에 불과하다. 게다가 부가급여액은 아직도 특정한 기준이 없이 지급되고 있다. 따라서 장애인연금의 기초연금 지급수준이 지속적으로 인상되어야 하며, 부가급여 역시 장애로 인한 추가비용에 대한 합리적인 산정기준이 마련되어야 할 것이다.

4) 장애인활동지원제도의 도입

(1) 활동보조서비스의 시작

한국에서 활동보조서비스의 역사는 2001년 정립회관에서 사회복지공동모금회의 지원으로 설립한 '정립동료상담학교'에서 시작되었다. 이 동료상담학교 수료생들이 '동료상담서포터'라는 지지모임을 만들었고, 정립회관의 자체예산으로 활동보조서비스 바우처(시급 2,000원 쿠폰 발행) 형태로 제공하였다. 이후 2002년 11월 서울시가 5개의 장애인자립생활센터에 4,500만 원을 제공하여 공적인 지원이 시작되었다. 이 5개의 자립생활센터는 장애인의 자립생활을 지원하기 위해 자체적으로 동료상담 및 활동보조서비스를 기획하여 제공하였다. 이후 2003년 여름 한국사회복지공동모금회는 전국에 걸쳐 7개의 장애인자립생활센터에 활동보조서비스 사업을 지원하기 시작하였고, 이때 사회복지공동모금회는 권익옹호, 동료상담, 자립생활프로그램, 활동보조서비스 가운데 두 가지를 의무적으로 시행하도록 규정을 두었다(전정식, 2005; 김경미, 2007; 이성규, 2011: 203). 그리고 2005년 4월부터 보건복지부는 전국 10개의 자립생활센터에 센터당 1억 5천만 원을 지원하였으며(지방비 포함), 1억 원의 사업비 중 4천만 원을 의무적으로 활동보조서비스 사업비로 사용할 것을 권고하였다. 그 후 활동보조서비스에 대한 욕구가 증가함에 따라 2007년 4월부터 416억 원의 예산으로 최중증 저소득장애인을 대상으로 활동보조서비스를 전국적으로 제도화하였다.

(2) 장애인활동지원제도의 추진 경과

2007년 4월 「노인장기요양보험법」이 국회를 통과할 때, 노인장기요양보험제도에서 장애인이 제외됨에 따라 장애인을 위한 장기요양서비스 지원의 필요성이 논의되었다. 국회는 부대결의로 장애인에 대하여 노인에 준하는 서비스를 제공할 수 있는 대책을 보고하도록 하였다. 부대결의안 내용은 2009년 7월부터 장애인을 대상으로 시범사업을 실시하고, 그 결과를 2010년 6월까지 국회에 보고하도록 하는 것이었다. 정부가 보고한 내용은 제1차 시범사업을 실시한 결과를 토대로 장애인장기요양보장제도는 장애인활동보조사업을 바탕으로 방문간호, 방문목욕 등 노인요양에 준하는 서비스를 추가하여 도입하는 것으로 추진 방향이 결정되었다.

2007년 5월 '장애인장기요양보장을 위한 정책연구'에 착수하였다. 2008년 1월부터 12월까지 '장애인장기요양보장 실시모형 개발 및 모의적용을 위한 정책연구'에 착수하여 동년 2월 '장애인장기요양보장추진단'(이하 추진단)을 설치 · 운영하여 실시모형 개발 등 정책연구를 실시하였고, 6월과 11월 토론회와 공청회를 개최하였다. 추진단에서는 세 가지 대안을 제시했다.

제1안은 2007년 4월부터 실시된 장애인활동보조서비스의 사회부조방식을 확대하여 시행하는 방안이었다. 장애인활동보조서비스 내용에 간병 및 대인수발 서비스 내용을 추가하고, 활동보조인의 질 향상을 통해 활동보조사업을 더 활성화한다는 방안이었다. 장애등급을 1~3등급으로 확대하고 이용비용에 있어 소득기준을 완화하는 방식 등이 고려되었다.

제2안은 독자적인 장기요양제도를 별도로 구축하고 활동보조사업과 병행하는 방안이었다. 활동보조사업 내용을 축소하여 기본적인 장애인복지 서비스의 체계를 장기요양, 취업지원, 및 지역사회 활동지원으로 구분하여, 이 중 장기요양에 관한 제도를 별도로 실시하는 방안이었다.

마지막으로 3안은 노인장기요양보험제도와 통합하여 실시하는 방안이었다. 지원 자격에 65세 이하 장애인을 포함하고, 평가판정을 거쳐 등급을 받은 자에게 노인장기요양보험제도의 급여를 지원한다는 것이었다. 새로운 제도에 관한 세 가지 안의 구체적인 내용은 〈표 7-7〉과 같다.

제1안의 경우 운영주체가 현재의 중앙정부 및 지방자치단체가 되어야 하므로 지역특성에 적합한 서비스 제공이 이루어질 수 있지만, 재원조달의 측면에서는 지역 간 재정자립도의 차이에 따른 형평성 문제가 나타날 소지가 있었다.

제2안의 경우인 독자적인 장애인 장기요양체계를 구축하면, 장애인의 사회참여 욕구를 충족시켜 줄 수 있고, 다양한 유형에 대한 서비스가 고려될 수 있다는 점에서 수요자의 욕구에 부합되는 장점이 있었다. 그러나 이를 위해서는 장애인 장기요양서비스 제공을 위한 인프라의 구축은 물론 독자적인 전달체계의 구축이 필요했다.

〈표 7-7〉 장애인장기요양제도 세 가지 대안

<table>
<tr><th colspan="2" rowspan="2">구분</th><th colspan="2">1안</th><th colspan="2">2안</th><th rowspan="2">노인요양보험과 통합</th></tr>
<tr><th colspan="2">활동보조사업 확대
(사회서비스)</th><th colspan="2">독자적 장기요양제도
(활동보조사업범위축소 · 병행)</th></tr>
<tr><th colspan="2"></th><th colspan="2"></th><th colspan="2"></th><th>3안</th></tr>
<tr><td colspan="2">재원조달</td><td colspan="2">조세+본인부담차등</td><td colspan="2">조세+본인부담차등</td><td>• 노인: 사회보험+본인부담
• 64세 미만 장애인: 조세 또는 특별기금+본인부담</td></tr>
<tr><td colspan="2">사회보장 법제</td><td>장애인복지법
(기존제도확대)</td><td>장애인
복지법</td><td>장애인복지법
(기존제도확대)</td><td>장애인
장기요양법</td><td>국민장기요양보험법
(보장법)</td></tr>
<tr><td rowspan="2">대상</td><td>연령</td><td colspan="2">• 64세 이하
• 64세 이하 19세(20세) 이상</td><td colspan="2">• 64세 이하
• 64세 이하 19세(20세) 이상</td><td>• 전 연령
(노인성 만성질환 중증장애)
• 19세(20세) 이상</td></tr>
<tr><td>기능 상태</td><td colspan="2">• 활동보조대상자 현 장애등급 1급에서 3등급까지 확대
• 신체 및 (정신적)장애로 인해 일상 활동에 심각한 제약을 받는 자
• 신체적 장애(외부장애) 일정등급 이상</td><td colspan="2">• 현 장애등급 1급에서 3등급까지에서 신체적 장애로 인해 일상 활동에 심각한 제약을 받는 자
• 신체적 장애(외부장애) 일정등급 이상</td><td>• 노인장기요양대상자 +
• 신체 및 (정신적)장애로 인해 일상 활동에 심각한 제약을 받는 자
• 신체적 장애(외부장애) 일정등급 이상</td></tr>
<tr><td colspan="2">선정기준 및 방식</td><td colspan="2">• 장애인등급판정제도와 활동보조인 등급판정제도
• 독립적 요양평가판정 체계</td><td colspan="2">• 장애인등급판정제도와 활동보조인 등급판정제도
• 독립적 요양평가판정 체계</td><td>• 노인장기요양등급판정 제도 활용
• 장애인욕구에 맞게 수정</td></tr>
<tr><td rowspan="2">급여 방식</td><td>현물</td><td colspan="2">• 요양시설보호 • 재가보호
• 주야간보호 • 단기보호
• 재활서비스 등</td><td colspan="2">• 요양시설보호 • 재가보호
• 주야간보호 • 단기보호
• 재활서비스 등</td><td>• 요양시설보호 • 재가보호
• 주야간보호 • 단기보호
• 재활서비스 등</td></tr>
<tr><td>현금</td><td colspan="2">• 없음(특별한 경우 제외)
• 현 장애수당과 연계해 지급</td><td colspan="2">• 없음(특별한 경우 제외)
• 현 장애수당과 연계해 지급</td><td>• 없음(특별한 경우 제외)</td></tr>
<tr><td colspan="2">본인부담
(비수급자)</td><td colspan="2">• 소득별 차등 지불</td><td colspan="2">• 소득별 차등 지불</td><td>• 재가 15%, 시설 20%</td></tr>
<tr><td colspan="2">서비스 지원체계</td><td colspan="2">• 지방자치단체 또는 제3의 관리주체</td><td colspan="2">• 지방자치단체 또는 제3의 관리주체</td><td>• 건강보험공단
• 국민요양보험공단
• 제3의 관리주체</td></tr>
<tr><td colspan="2">기타 고려사항</td><td colspan="5">서비스조정, 케어매니지먼트, 보건 · 복지제도연계 등</td></tr>
</table>

출처: 한국보건사회연구원(2008), p.101.

제3안인 노인장기요양보험과 통합하는 안은 기존의 노인장기요양보험 운영체계를 활용할 수 있는 장점이 있지만, 장애인은 노인과 다른 특성이 있으므로 장애인의 욕구를 충분히 충족시켜 주기가 어려운 문제가 있었다.

추진단에서는 두 가지 안, 즉 기존 활동보조서비스의 확대안과 노인장기요양보험에 통합하는 안으로 최종 의견을 모았다. 국회부대결의에 따라 시범사업이 실시되었는데, 1차 시범사업(2009.7.~2010.10.)에서는 두 가지 안으로 실시하고, 1차 시범사업의 평가결과 2차 시범사업(2010.9.~2011.3.)에서는 두 가지 안 중 기존의 활동보조서비스를 확대하는 안으로 결정되었다. 제도의 명칭에서도 1차 시범사업에서는 장애인장기요양보장제도라고 했으나, 2차에서는 장애인의 사회참여와 자립의 개념을 명칭에 반영하여 장애인활동지원제도로 정하고, 시범사업을 진행하였다. 제2차 시범사업은 1차

〈표 7-8〉 1차 · 2차 시범사업 주요 내용

구분	1차 장애인장기요양보장제도	2차 장애인활동지원제도
적용 대상	• 6개 시군구(제1안: 서울 서초구, 광주 남구, 경기 이천시, 익산시, 제주 서귀포시, 제2안: 부산 해운대구)에 거주하는 만 6세 이상 65세 미만 활동보조서비스 이용자 중 희망자 539명	• 7개 시군구(서울 서초구, 부산 해운대구, 광주 남구, 익산시, 제주 서귀포시, 대구 달서구, 경기도 평택시)에 거주하는 만 6세 이상 65세 미만 활동보조서비스 이용자 중 희망자 1,055명
급여	• 16등급(활동보조 4등급, 요양 4등급)으로 나누어 활동보조, 방문간호, 방문목욕 서비스 제공	• 활동지원 4등급으로 나누어 활동보조, 방문간호, 방문간호, 주간보호서비스 제공
전달 체계	• 실시주체–보건복지부 • 관리운영주체–지방자치단체 • 관련전문기관–국민연금공단, 건강보험공단	• 실시주체–보건복지부 • 관리운영주체–지방자치단체 • 관련전문기관–국민연금공단
재원	• 국고–20억 원 • 본인부담금–활동보조서비스 본인부담금 적용(4만 원)	• 국고–40억 원 • 본인부담금–활동보조서비스 본인부담금 적용(최대 8만 원)

시범사업에서 지원했던 활동보조, 방문간호, 방문목욕 급여 외에 주간보호 급여를 추가하고, 새로운 평가판정 도구 및 수가체계 마련과 서비스 질 관리 방안과 자격심의위원회 운영 등 다양한 모형의 모의적용을 하였다.

시범사업에 대하여 각각의 장단점을 검토한 결과 시범사업 추진단에서는 제1안인 '장애인활동보조지원사업'을 확대하는 것으로 결론을 내렸다. 그 이유는 다음과 같았다. 첫째, 장애인계에서는 요양이라는 표현 자체에 거부감을 가지고 사회참여에 대한 욕구가 크다. 둘째, 노인의 장기요양 문제는 보험제도로 가능하나, 장애인의 경우 기여방식의 보험 편입에 어려움이 예상되고, 특히 사회적 합의 도출이 어렵다는 점에서 조세방식이 더 바람직하다. 셋째, 시범사업 결과 제2안 지역인 부산 해운대구에서는 기존의 활동보조서비스를 받고 있는 인원 299명 중 시범사업에 신청한 인원은 28명으로 그 비율은 9.4%에 불과하였다. 그 외의 장애인은 기존의 활동보조서비스를 선호하고 있는 현실을 감안할 때, 제2안보다는 제1안이 바람직하다고 판단되었기 때문이다.

그러나 복지부는 2010년 9월 「장애인활동지원에 관한 법률」(안)을 입법예고했다. 연말 국회에서는 장애계의 반대와 국회의원들이 발의한 대체입법안이 있었음에도 단 한 번의 논의도 없이 정부안 단독으로 국회에 직권상정해 한나라당이 날치기로 법안과 예산을 통과시켜 버렸다. 그리하여 2011년 1월 4일 「장애인활동지원에 관한 법률」이 제정되었고, 그해 10월 5일부터 본격적인 장애인활동지원제도가 실시되었다. 그 추진 경과를 정리하면 〈표 7-9〉와 같다.

〈표 7-9〉 장애인활동지원제도 추진 경과

일 정	내용
2007. 4.	• 노인장기요양보험법안 부대결의
2007. 5.	• '장애인장기요양보장을 위한 정책연구' 착수
2008. 1.~2008. 12.	• '장애인장기요양보장 실시모형 개발 및 모의적용을 위한 정책연구' 착수
2008. 2.~2008. 12.	• 장애인장기요양보장추진단 설치 · 운영
2008. 6., 11.	• 정책토론회 및 공청회 실시
2009. 5.	• 장애인장기요양보장제도 제1차 시범사업 기본계획 확정
2009. 7.~2010. 1.	• 장애인장기요양보장제도 제1차 시범사업 실시
2010. 5.	• 제1차 시범사업 평가보고서 제출
2010. 6.	• '장애인장기요양제도 제1차 시범사업 평가 및 발전과제' 공청회 실시
2010. 6.	• 장애인장기요양보장제도 도입방안에 대한 국회 보고
2010. 9.~2011. 3.	• 장애인활동지원제도 제2차 시범사업 실시
2011. 1.	• 장애인활동지원에 관한 법률 제정
2011. 4.	• 장애인활동지원에 관한 법률 시행령 및 시행규칙 입법 예고
2011. 6.	• 제2차 시범사업 결과 평가보고서 제출 예정
2011. 10. 5.	• 장애인활동지원제도 실시

(3) 도입 당시 제도의 주요 내용

제도의 명칭과 목적

초기 제도의 명칭은 장애인장기요양보장제도로 논의되었으나, 점차 장애인에게 '요양'이라는 개념은 현 패러다임에 부적합하다는 의견이 제기되었다. 장애인은 '요양'의 대상이 아니라 '자립생활과 사회참가'를 위한 활동서비스가 중심이 되는 개념을 반영할 수 있는 명칭이 되어야 한다는 요구에 따라 '장애인활동지원제도'로 그 명칭이 변경되었다. 장애인활동지원제도의 도입에 따라 기존에 사용되었던 활동보조지원사업, 활동보조서비스라는 용어 대신 활동지원제도 및 활동지원급여라는 용어가 보편화되었고, 독립적인 개별법에 근거하여 활동지원제도가 시행되었다.

「장애인활동지원법」 제1조에 따르면, "이 법은 신체적 · 정신적 장애 등의 사유로 혼자서 일상생활과 사회생활을 하기 어려운 장애인에게 제공하는 활동지원급여에 관한 사항을 규정하여 장애인의 자립생활을 지원하고, 그 가족의 부담을 줄임으로써 장애인의 삶의 질을 높이는 것을 목적으로 한다"라고 명시되어 있다. 이처럼 장애인활동지원서비스는 중증장애인의 자립생활을 위한 서비스 중 가장 핵심적인 서비스라고 할 수 있다. 장애가 없었다면 당연히 행할 수 있었던 일상생활의 행위를 장애로 인하여 할 수 없게 되었을 때, 그 신체적 케어와 심리적 · 사회적 생활을 보조하기 위하여 동반되는 인적 지원서비스로서 자립생활의 철학에 근거하고 있다.

신청자격 및 대상자

장애인활동지원제도의 도입 당시 신청자격은 만 6세 이상 만 65세 미만의 1급 장애인이었다. 그러다 점차 1~3급(중복합산 장애등급 포함) 장애인으로 대상이 확대되었다. 다만, 다음의 경우에도 활동지원서비스를 신청할 수 있었다. 첫째, 활동지원수급자였다가 만 65세가 이후에 「노인장기요양보험법」에 따른 장기요양급여를 신청하여 받지 못하게 된 사람(장기요양등급외 판정을 받은 사람)의 경우이다. 둘째, 65세 미만의 활동지원수급자 또는 수급자였던 자가 노인장기요양수급자가 되었으나, 장기요양 인정등급을 포기한 경우이다. 다만, 최초 활동지원수급자 이력 이전에 장기요양급여수급자 결정 이력이 존재한 경우에는 신청할 수 없다. 셋째, 시설입소, 의료기관 입원 및 교정시설 또는 치료감호시설에 수용 중인 자가 퇴소 또는 퇴원을 앞두고 활동지원이 필요한 경우이다.

수급자 선정은 심신상태 및 활동지원이 필요한 정도 등을 평가한 인정점수를 기준으로 수급자격심의위원회의 심의를 거쳐 결정되었다. 장애등급을 받았다 하더라도 별도의 판정시스템을 통해 자격을 얻어야만 서비스 이용이 가능한 셈이었다. 수급자격의 유효기간은 2년이었다.

한편, 만 65세 이후에는 「노인장기요양보험법」에 따른 장기요양급여를 받게 되는데, 이 경우 활동지원 신청자격이 박탈되었다. 65세면 대부분의 사람들은 아직 왕성한 사회활동을 하고자 하는 연령이다. 그래서 정부에서도 비장애인을 대상으로 고령화에 따른 여러 가지 정책개발에 골몰한 반면, 장애인에게만 65세를 기점으로 환자가 되어 요양하기를 강요하는 것은 명백한 차별정책이라는 비판(송성민, 2015)으로부터 자유로울 수 없었다.

이처럼 장애인활동지원제도는 장애정도가 경증일지라도 실질적으로 활동지원서비스가 필요한 장애인과 65세 이상의 장애인이 배제된 제도였다. 말하자면, 장애등급과 연령에 따라 대상자가 제한된 것이다. 장애인활동지원제도의 도입 당시 서비스 필요 대상자는 전국 약 35만 명으로 추산되었는데, 실제 대상자는 5만 명으로 제한되었다. 그러나 활동지원제도는 별도의 판정체계(인정조사체계)가 있었기 때문에 장애등급은 신청자격으로 불필요했다. 서비스의 욕구(needs)와도 일치하지 않았다. 장애등급은 서비스에 대한 접근성을 방해하는 이중의 벽에 불과했다. 실질적으로 혼자서 일상생활과 사회생활을 하기 어려운 장애인임에도 불구하고 활동지원급여를 받을 수 없다는 것은 이 제도의 취지와 목적에 어긋나는 것이었다. 그뿐만이 아니었다. 65세가 되어 장기요양등급으로 전환되면서 급여량이 감소하여 사회생활에 어려움이 발생하는 문제가 발생하였다. 이처럼 장애등급 및 연령에 따른 대상자의 제한은 제도의 확산에 걸림돌이 되었다.

급여

급여의 내용은 활동보조, 방문간호, 방문목욕, 긴급활동지원 등으로 구분되었다. 급여의 양은 등급(1~4등급)에 따라 차등 지원(기본급여)되었으며, 독거와 출산 등 다양한 추가급여가 지원되었다. 활동지원급여는 월 한도액의 범위 내에서 이용해야 하며, 월 한도액을 초과하는 비용은 수급자 본인이 전액 부담해야 했다. 활동지원급여의 월 한도액은 기본급여와 추가급여를 합산한 금액을 말한다. 그러나 최중증장애인의 급여양이 월 180시간 이내, 하루 평균 3~4시간에 불과할 정도로 부족했다. 또한, 성인과 아동의 급여가 차등 적용됨으로써 아동의 욕구는 충족되지 않았다.[82] 활동보조시간의 절대적인 부족문제는 급여와 관련하여 큰 쟁점이 되었다. 약 1일 4시간 정도의 서비스로는 자립생활이 불가능하므로 서비스 상한 제한을 폐지하고, 장애인에게 필요한 서비스가 보장되어야 하며, 최중증 독거장애인의 경우 24시간 활동지원을 보장해야 한다는 목소리가 높아졌던 것이다.

재원

장애인활동지원제도는 그 재원을 조세에서 충당하고, 국가와 지방자치단체가 비용을 분담하는 체계로 설계되었다. 따라서 시행주체는 국가와 지방자치단체가 된다. 조세방식은 대상자 및 제도의 확대가 용이하고, 기존 인력 및 인프라를 활용할 수 있다는 장점이 있다. 또한, 보험료 부과와 징수의 행정력이 불필요하고, 체납자 급여제외문제가 발생하지 않아 보편적인 적용이 가능하다. 무엇보다 조세방식은 장애인 자립생활모델의 이념에 적합하다. 하지만 재정확보의 한계와 지방자치단체 간 재정격차문제의 해결이 과제로 남았다.

한편, 새로 도입된 제도는 본인부담금을 총 급여비용의 15% 한도 내에서 소득수준에 따라 차등 부담하도록 설계되었다. 다만, 기초수급자는 면제되었고, 차상위계층은 일정 수준 이하 정액 부담하도록 하였다. 기존 활

82) 성인의 경우 지원등급이 1등급~4등급으로 구분되어 지급되었으나, 아동은 1급과 2급으로 구분하여 지원되었다. 예컨대, 성인 1등급은 약 103시간으로 급여액은 86만 원이었는데, 아동의 경우 1등급은 약 62시간에 52만 원으로 차이가 났다.

동보조서비스보다 대폭적으로 본인부담금을 인상함으로써 중증장애인일수록 더욱 불리하게 만들어졌다. 이는 장애인의 서비스 억제요인으로 작용하기에 충분했다. 또한, 본인부담금 부과방식은 부양의무가 있는 가족이나 가족 구성원들의 소득을 기준으로 하고 있어, 경제적 능력이 취약한 장애인들은 서비스 시간을 나누어 이월시켜 쓰거나, 그렇지 않으면 서비스 이용을 포기하는 문제가 발생했다. 어려울수록 더 많은 서비스를 받고, 더 많은 서비스를 받을수록 더 많은 본인부담금을 내는 구조였다. 개인소득이 아닌 가구소득 기준의 적용은 장애인을 가족에 의해 보호받아야 하는 존재로 규정하는 것이나 다름없었다.

관리운영 및 서비스 제공기관

장애인활동지원제도의 관리운영기관은 국민연금공단으로 결정되었다. 국민연금공단은 2007년 4월부터 중증장애인에 대한 장애등급재심사 업무를 보건복지부로부터 위탁받아 수행하기 시작했다. 국민연금공단이 장애등급재심사를 시작으로 장애인복지의 전달체계에 깊이 관여하기 시작하면서 장애인활동지원제도의 관련 전문기관으로 선정되었다.

한편, 장애인활동지원제도의 서비스제공기관은 시군구청장 지정제로 운영되며, 인력은 기존의 활동보조인 외에 추가교육을 받은 요양보호사, 방문간호사 등이 참여하게 되었다. 제공기관이 신고제로 운영될 경우 발생하는 기관의 난립, 과도한 경쟁 등의 문제가 있어 지정제로 되었다. 대상자 수에 따른 적정 기관수가 참여하게 되고, 관리 · 감독이 가능하다는 장점이 있으나, 일정 범주의 기관만 참여 가능함에 따라 제공기관의 참여 문턱 높아 진입장벽이 있고, 서비스 질 경쟁이 상대적으로 적어 시장에서의 질 관리가 어려운 단점이 있다. 이러한 문제의 해결을 위해 지자체의 철저한 관리 · 감독이 요구되었다.

(4) 장애등급제 폐지에 따른 장애인활동지원제도의 변화

2011년 「장애인활동지원법」이 제정되고 시행된 이후 대상자와 급여의 확대 등 많은 변화를 거듭해 왔다. 무엇보다 가장 큰 변화는 2019년에 이루어진 장애등급제 폐지였다. 비록 단계적인 폐지였지만, 장애등급제가 시행된 이래 31년 만의 일이었다. 장애를 의학적 '등급' 대신 '정도'로 변경하고, 활동지원 등 돌봄서비스 제공에 '종합조사'를 통해 장애인 개인의 필요도와 사회 환경을 반영한다는 취지였다. 여기서는 2019년 장애등급제 폐지 직전과 직후를 기준으로 장애인활동지원제도의 변화를 살펴보기로 한다.

신청자격 및 대상자

장애등급제 폐지에 따른 장애인활동지원제도의 큰 변화 중 하나는 급여대상의 확대이다. 장애등급제 폐지 이전에는 활동지원이 필요함에도 불구하고 등급조건에 해당하지 못한 경우 신청 자체를 할 수 없었다. 그러나 장애등급제가 폐지됨에 따라 등급에 상관없이 필요에 따라 급여심사를 신청할 수 있게 되었다. 장애등급제 폐지 이전의 장애인활동지원제도 적용대상은 만 6세 이상부터 만 65세 미만의 「장애인복지법」상 등록 1~3급(중복합산 장애등급 포함) 장애인이었다. 그러나 장애등급제가 폐지됨에 따라 6세 이상부터 65세 미만[83]의 「장애인복지법」상 등록 장애인으로 변경되었다.[84] 소득수준과 무관하게 신청이 가능해졌다. 65세가 되면 노인장기요양서비스를 받게 되는데, 이때 급여대상에서 탈락한 경우에는 장애인활동지

83) 여기서부터는 만나이 법 개정사항을 반영하여 만을 생략하기로 한다.

84) 연령은 신청일 기준으로 판정하되, 신청은 6세 생일이 속하는 달의 전달부터 신청할 수 있다. 급여는 생일이 속하는 달 다음 달 1일 생성되고, 수급자로 선정 후 65세 도래 시 해당 월의 다음 달까지 수급자격이 유지된다(2024년 기준).

원급여를 신청할 수 있다. 단, 65세 이상인 경우 활동지원급여수급자 또는 수급자였던 사람에 한하여 신청할 수 있다.

한편, 앞서 언급한 것처럼 이전에는 활동지원급여수급자가 65세 이상이 되면, 장기요양급여대상자로 전환되면서 활동지원급여는 받지 못했다. 그런데 장기요양등급으로 전환되면서 급여량이 감소하는 문제도 발생했다. 이러한 문제를 개선하기 위하여 「장애인활동지원법」을 개정하여 2021년 1월부터 장기요양급여대상자가 활동지원서비스를 받을 수 있도록 하였다. 부연하면, 장기요양급여대상자가 되어 활동지원급여에 비해 급여량이 감소한 경우 예외규정에 따라 장기요양서비스와 활동지원서비스를 동시에 이용할 수 있게 되었다. 즉, 장기요양서비스를 그대로 유지하면서 활동지원 보전급여를 지원받게 된 것이다. 보전급여란 등록장애인 중 장기요양급여를 수급 중인 사람이 사회생활을 하기 어려워 활동지원급여가 필요한 경우, 장기요양급여에 활동지원급여를 부가적으로 지원하는 제도를 말한다. 즉, 보전급여는 활동지원급여와 장기요양급여 간의 차이만큼을 활동지원급여로 지원하는 제도로서 그 차이가 활동지원급여의 최저 구간 점수(15구간, 42점 이상) 이상일 경우 보전급여대상자로 선정된다. 보전급여 신청자격은 65세 이상으로 활동지원급여수급자 또는 수급자였던 사람으로 장기요양등급 판정을 받은 사람 또는 65세 미만으로 장기요양등급 판정을 받은 사람이다.

그런데 65세 미만의 활동지원급여수급자가 장기요양급여수급자가 된 경우, 장기요양급여 인정등급을 포기하면 예외적으로 활동지원 신청이 가능하다. 다만, 활동지원급여수급자로 결정되기 전에 장기요양등급 판정 이력이 있는 경우 신청이 불가능하다. 그런데 장기요양급여를 받는 65세 미만의 장애인은 활동지원급여를 신청할 수 없었으나, 2023년부터 노인성질환이 있는 65세 미만의 등록장애인도 활동지원급여를 신청할 수 있게 되었다. 장기요양급여가 그대로 유지되면서 보전급여로 지원된다.

한편, 서비스지원종합조사 결과 수급자로 인정된 경우 유효기간은 3년으로 하며, 신규 수급자인 경우 급여 개시일이 속한 달의 다음 달 1일부터 유효기간이 산정된다.

제외 대상

다음의 경우는 대상에서 제외된다. ①「노인장기요양보험법」 제2조 제1호에 따른 노인 등[85]에 해당하여 장기요양급여를 수급하는 사람, ②「국민기초생활 보장법」 제32조에 따른 보장시설에 입소한 사람,[86] ③「의료법」 제3조에 따른 의료기관에 60일 초과하여 입원 중인 사람, ④「형의 집행 및 수용자의 처우에 관한 법률」 또는 「치료감호 등에 관한 법률」에 따른 교정시설 또는 치료감호시설에 수용 중인 사람, ⑤ 그 밖에 다른 법령(또는 정부 예산)에 따라 활동지원급여와 비슷한 급여를 받고 있는 사람 또는 수급자격이 있는 사람, 예컨대, 가사간병방문지원, 장애아가족양육지원, 노인맞춤돌봄서비스 및 기타 이에 준하는 재가돌봄서비스 등의 대상자는 적용대상에서 제외된다. 단, 발달재활서비스는 비슷한 급여에 해당하지 않는다.

급여의 신청

급여신청은 주민등록상 주소지 읍면동에 신청해야 한다. 다만, 신체 또는 정신적 사유로 본인이 급여신청을 할 수 없는 경우에는 대리 신청이

85) '노인 등'이란 65세 이상의 노인 또는 65세 미만으로 치매 · 뇌혈관성 질환 등 관계 법령으로 정하는 노인성 질병이 있는 사람을 말함.

86) 장애인공동생활가정(그룹홈)과 장애인단기거주시설의 경우, 「국민기초생활 보장법 시행규칙」 제41조의 3에 따라 보장시설에 포함되지 않아 해당 시설에 거주하는 장애인은 활동지원급여를 신청할 수 있다.

가능하다. 읍면동은 신청자격 여부를 확인하고, 사회보장정보시스템을 통해 시군구로 전송한다. 시군구는 읍면동에서 전송받은 제출서류를 통해 신청자격 적격 여부와 서류 미비를 확인 후, 사회보장정보시스템을 통해 국민연금공단에 서비스지원종합조사를 의뢰한다. 국민연금공단은 서비스지원종합조사를 실시한 후, 시군구에 조사결과를 통보한다. 시군구는 수급자격 심의위원회를 열어 보장을 결정한다. 그리고 수급자로 선정된 대상자를 행복e음을 통해 사회보장정보원 및 공단에 전송하고, 수급자로 결정된 신청인에게 대상자 선정결과를 통보하는 절차를 거치게 된다.

장애등급제가 폐지되면서 대상자 선정과정에서 큰 변화 중 하나는 서비스 억제요인으로 작용했던 장애등급재심사가 사라진 것이다. 이로 인해 행정이 간소화되었고, 서비스에 대한 접근성이 향상되었다.

급여의 결정

급여신청이 이루어지면 국민연금공단으로 전송되고, 공단은 방문조사 담당자 2인 1조를 신청자 자택으로 파견하여 '서비스지원종합조사표'[87] 에 따라 신청인의 신체, 정신기능의 상태를 조사한다. 그리고 서비스가 필요

87) 이 조사표는 신청자의 기능제한, 사회활동, 가구특성 3영역을 조사하는 36개 문항으로 구성되어 있다. 기능제한 영역은 신청자 일상생활 수행능력을 평가하기 위한 문항으로 ADL, IADL, 인지특성으로 구성된다. ADL(Activities of Daily Living)은 일상생활 수행능력으로 목욕하기, 식사하기 등 사람들이 일상적으로 하는 활동에서 독립성을 유지하는 정도를 확인하는 항목이다. IADL(Instrumental Activities of Daily Living)은 도구적 일상생활 수행능력으로 전화 사용하기, 금전 관리 등 사회에서 기능할 때 필요한 도구적 기능을 수행하는 능력을 확인하는 항목이다. 사회활동과 가구 환경영역은 개인이 처한 환경을 고려해 활동지원의 필요 정도를 조사하기 위한 항목으로 구성되어 있다. 사회활동으로는 직장생활과 학교생활에 도움이 필요한 정도를 점수화한다. 가구 환경영역에서는 1인 독거가구, 취약가구, 본인을 제외한 가족의 사회생활 여부 등을 가구특성으로 점수화한다(곽지영 외, 2024: 266).

한 정도를 평가하여 종합조사결과가 42점 이상인 경우 활동지원급여대상자로 선정한다. 장애등급제 폐지 이전에는 활동지원인정조사표를 활용하여 서비스 급여와 내용을 결정하였다. 이때의 인정조사표는 신체 · 정신기능, 생활환경 영역 및 서비스 욕구에 대해 평가하고, 조사결과에 따라 급여가 차등적으로 지원되었다. 하지만 장애등급제 폐지에 따라 장애등급 대신 장애정도라는 용어가 사용되었고, 서비스에 대한 전반적인 조사를 하도록 개편되어 '서비스지원종합조사'라는 용어가 사용된 것이다. 인정조사표가 서비스지원종합조사표로 바뀌면서 조사영역과 질문내용에도 변화가 있었다. 즉, 인정조사표에서는 일상수행동작 영역, 수단적 일상생활 수행능력 영역, 장애특성 고려 영역, 사회 환경 고려 영역으로 나누었던 것이 서비스지원종합조사표에서는 기능제한, 사회활동, 가구환경 3가지로 바뀌었다.

도구의 대상연령에도 변화가 있었다. 성인용과 아동용으로 도구가 분리되었다. 장애등급제 폐지 이전 인정조사표에서는 수단적 일상생활능력 부분만 성인 · 아동이 분리되었지만, 장애등급제가 폐지되면서 도구를 완전히 분리하였다. 연령기준도 변화가 있었는데, 인정조사표에서는 만 6세 이상 만 15세 미만을 아동으로, 성인을 만 15세 이상 만 65세 미만으로 적용한 반면, 서비스지원종합조사표에서는 아동의 연령기준을 6세 이상 19세 미만으로, 성인은 19세 이상 65세 미만으로 적용하였다.

이와 같은 서비스지원종합조사표에 따른 조사내용을 종합적으로 점수화하여 급여가 지급된다. 그러나 서비스 종합조사 도구는 여전히 의료적 기준에 치중되어 있고, 질문은 폐쇄적이다.

급여의 종류

장애등급제 폐지 이전에는 수급자의 월 한도액은 활동지원등급별 기본급여와 수급자의 생활환경을 반영한 추가급여를 합산한 금액으로 산정하였다. 기본급여는 활동지원등급에 따라 4등급으로 구분하여 산정하였고, 추가급여는 생활환경 및 자립 활동 등에 따라 산정하였다. 최중증 취약가구와 나머지 가구구성원의 직장생활 등을 제외하고, 추가급여 사유가 중복되는 경우 모두 산정하였다.

그러나 장애등급제 폐지에 따라 기본급여와 추가급여로 지급되던 급여가 각각 활동지원급여와 특별지원급여의 형태로 바뀌었다. 활동지원급여는 서비스지원종합조사 결과 산출된 종합점수에 따라 지급되며, 1구간(465점 이상)~15구간(42점 이상 75점 미만), 그리고 특례구간(42점 미만의 구간)으로 서비스 월 한도액으로 정해진다.[88] 활동지원급여는 서비스 종류별로 시간당 금액 혹은 서비스 1회당 금액으로 정해져 있다. 서비스 수급자는 자신에게 할당된 월 한도액에 맞춰 서비스를 이용하게 된다. 그리고 장애인 활동지원과 발달장애인 주간활동서비스를 동시에 이용하는 수급자의 경우 발달장애인 주간활동 지원시간을 고려하여 활동지원급여의 월 한도액을 조정하도록 되어 있다.

특별지원급여는 출산 시 및 거주시설 퇴소 시에 한시적으로 지급된다. 즉, 수급자 또는 수급자의 배우자가 출산한 경우이거나 거주시설 등에서 퇴소하여 자립을 준비하는 경우에는 6개월, 보호자가 일시적으로 부재한 경우에는 최대 6개월의 범위에서 월 한도액을 가산하여 지급한다.[89]

장애등급제가 폐지되면서 등급 대신에 구간으로 바뀌었다고는 하나, 근본적으로 달라졌다고 말할 수 있는가 하는 의문이 든다. 그리고 구간별 점차 차가 30점가량 나는데, 30점 안의 장애인이 모두 같은 욕구와 어려움을

88) 2024년도 기준 1구간 월 한도액은 7,754,000원이며, 15구간은 971,000원, 특례구간은 762,000원이다.

89) 보호자 일시 부재의 경우 긴급한 보호 사유가 발생한 당월에 특별지원급여를 이용하게 하는 것이 취지이나, 지원대상으로 결정된 월에 추가적인 바우처 생성이 곤란함에 따라 해당 급여에 대해서는 부득이 예외지급 청구 방법을 활용한다.

가졌다고 할 수 있는가도 의문이다.

또한, 장애등급제가 폐지되면서 추가급여가활동지원급여로 포함되었는데, 이로 인해 기존 추가급여에서 가장 많은 급여량(점수에 따라 적게는 26만 원에서 많게는 353.9만 원)을 차지했던 1인 가구 및 취약가구 부분이 줄어들었다. 독거장애인의 경우 특별급여 형태를 신설해 더 많은 급여지원이 있어야 할 것으로 보인다.

급여의 내용

장애인활동지원제도 급여의 내용은 크게 변함이 없었다. 활동보조, 방문목욕, 방문간호, 긴급활동지원[90]으로 구분되며, 급여의 비용은 따로 정해져 있다. 활동보조는 활동지원사가 수급자의 가정 등을 방문하여 신체활동, 가사활동 및 이동보조 등을 지원하는 서비스를 말한다. 방문목욕은 활동지원 인력인 요양보호사가 목욕설비를 갖춘 장비를 이용하여 수급자의 가정 등을 방문하여 목욕을 제공하는 서비스를 말하며, 방문간호는 활동지원 인력인 간호사 등이 의사, 한의사 또는 치과의사의 지시서에 따라 수급자의 가정 등을 방문하여 간호, 진료의 보조, 요양에 관한 상담 또는 구강위생 등을 제공하는 서비스이다. 긴급활동지원은 수급자가 아닌 6세 이상 65세 미만의 장애 정도가 심한 장애인으로 지급 사유에 해당하는 경우 제공하는 서비스이다.

활동지원급여에 대한 제공도 변함없이 바우처방식으로 이루어진다. 바

90) 긴급활동지원 지급 사유는 가족의 사망, 가출, 행방불명, 구금 · 요양시설입소, 입원 등으로 신청인을 돌볼 가족이 없는 경우, 천재지변, 화재 또는 이에 준하는 사유로 긴급하게 돌봄이 필요한 경우, 「국민기초생활 보장법」 제32조에 따른 보장시설에서 갑작스런 퇴소 또는 이에 준하는 사유(보장시설 휴 · 폐업 등)로 사전에 활동지원급여를 신청할 수 없어 긴급하게 돌봄이 필요한 경우가 해당된다.

우처는 인정점수 등에 따른 급여수준에 맞추어 매월 생성되며, 서비스 이용에 따라 바우처 금액이 차감된다. 바우처를 이용할 수 있는 기관은 활동지원급여를 제공할 수 있는 곳으로 지정받은 기관이다. 중증장애인자립생활센터, 장애인복지관, 자활후견센터 등을 통해 활동지원사를 소개받고 이용하는 형태를 취한다.

기본적으로 사회서비스는 개별적 상황에 맞는 서비스 설계와 지원이 필요한 영역인데, 장애인활동지원서비스는 바우처를 통한 연령기준, 장애정도 등 획일적 기준에 의해 급여가 제공되고 있다. 그뿐만 아니라 바우처방식에 의한 부정수급의 문제가 끊임없이 제기되고 있다. 이러한 방식은 사회구조 다변화에 대응하고, 개인별 지원을 위한 이용자 중심적 지원체계를 구축하는데 본질적인 한계를 드러내므로 향후 획일적 기준 외에 개인별 상황에 맞는 지원설계와 실천이 핵심과제가 되어야 한다는 지적(김진우 외, 2014; 윤상용 외, 2025)이 나오고 있는 것이다.

관리운영 및 서비스 제공기관

장애인활동지원제도의 관리운영기관은 국민연금공단으로 변함이 없다. 서비스제공기관의 지정제 운용 역시 변함이 없다. 다만, 경쟁을 통한 서비스 질 제고를 위해 시 · 군 · 구당 복수(2개소 이상)의 활동지원기관을 지정하도록 되어 있다. 지정은 공모로 적합한 기관을 지정하되, 기관운영의 적정성 및 공익성 확보를 위하여 공공 · 비영리기관을 우선 지정하도록 하였다.

활동지원 인력은 기존의 활동보조인이 활동지원사로 명칭이 변경되었으며, 활동지원사 외에 추가교육을 받은 요양보호사, 방문간호사 등이 참여할 수 있다. 가족 및 친척 관계에 있는 사람에게 급여를 제공할 수 없는 것이 원칙이다. 다만, 수급자가 농어촌, 도서벽지 등 일반적인 활동지원급여를 받기 어렵다고 인정되는 경우에 한하여 급여제공이 가능하다.

장애인활동지원서비스 전달체계의 문제점은 제공기관과 제공인력 두 측면에서 제기되어 왔다. 먼저, 제공기관의 측면에서 보면, 제공기관을 운영하는 데 있어서 소요되는 인건비, 관리운영비 등을 전액 활동지원서비스 수수료로 충당하고 있었기 때문에 전담인력 부족으로 인한 서비스의 질 관리에 소홀하고, 제공기관의 기본적인 인프라 격차로 인한 서비스 격차 등의 문제가 발생하고 있다는 지적(김동기, 2014)이 있었다.

다음으로 제공인력의 측면에서 보면, 수급자와 활동지원사 간의 서비스 미스매칭 문제, 활동지원사의 열악한 노동조건, 낮은 서비스 단가로 인한 활동지원사의 비현실적인 임금수준 등의 문제가 지적(김철, 2017)되었다. 또한, 제공인력인 활동지원사들이 중증장애인을 기피하는 현상이 발생하고 있다는 점이 문제점으로 지적되었다(『한겨레』, 2014. 6. 9.; 『에이블뉴스』, 2015. 2. 24.; 송성민, 2015; 정영만, 2015). 장애인이 활동지원사를 구하는 것이 아니라 선택당하는 실정을 보여주었다. 장애인활동지원서비스 전달체계의 개선이 필요해 보인다.

재원조달

장애등급제 폐지 이전이나 이후에 변함없이 조세방식을 취하며, 국고보조율은 서울의 경우 50%, 지방의 경우 70%이다. 장애등급제 폐지에 따라 대상자가 늘어난 데 비해 예산은 그다지 증가하지 않았다. 이것은 장애등급제 폐지에 따른 장애인활동지원서비스의 수요를 모두 감당할 수 없다는 것을 의미한다. 예산은 적은데 수요가 늘어나게 되면, 대상자에게 맞춤형 서비스를 제공하기보다는 예산에 대상자 수를 맞출 수밖에 없게 된다. 장애계가 장애등급제 폐지운동을 하면서 예산확대를 주장했던 이유도 여기에 있었을 것이다.

한편, 장애인활동지원제도는 본인부담금이 존재한다. 기초생활보장제도의 생계, 의료급여수급자는 별도의 본인부담금이 없으며, 차상위계층은 정액 2만 원을 부담한다. 그 밖의 경우는 기준중위소득 수준에 따라 본인부담금이 부과된다. 본인부담률은 기준중위소득 70% 이하는 4%, 120% 이하는 6%, 180% 이하는 8%, 그리고 180% 초과는 19%이다.

장애등급제 폐지 이후 달라진 점은 본인부담금 기준이 전국 가구 평균소득에서 기준중위소득으로 바뀐 점이다. 그리고 기본급여와 추가급여에서 일정 비율에 따라 선정되었던 본인부담금이 활동지원급여에서만 산정되고, 특별지원급여는 면제되었다. 이로 인해 수급자의 부담이 많이 줄어 최대 50%까지 경감되었다(보건복지부 보도자료, 2019. 6. 25). 하지만 비장애인에 비해 소득이 낮은 장애인 당사자와 가족들에게는 여전히 부담되는 금액이다. 장애인에게 있어 본인부담금은 장애로 인한 추가지출이다. 장애가 없다면 부담하지 않아도 되는 지출이다. 따라서 본인부담금은 원론적으로 활동지원서비스라는 공적 사회서비스의 취지와 목적에 어긋나는 것이다.

5) 장애인특수교육법 제정

1977년 「특수교육진흥법」이 제정된 이래 특수교육은 양적, 질적으로 많은 변화가 있었지만, 그럼에도 불구하고 많은 문제점들이 나타나고 있었다. 특히, 「특수교육진흥법」은 초 · 중등 교육 중심의 학령기 장애인을 중심으로 하고 있어, 미취학 장애아동이나 교육의 기회를 놓친 성인장애인의 경우 심각한 교육차별을 받고 있다는 지적이 계속되어 왔다(이성규, 2011: 222). 이에 장애인교육권연대는 전국적인 조직력을 바탕으로 「특수교육진흥법」을 대체할 「장애인교육지원법」 제정을 위해 본격적인 교육권운동을 시작했던 것이다. 결과적으로는 「장애인교육지원법」 대신 「장애인 등에 대한 특수교육법」(이하 「장애인특수교육법」)이 제정되었고, 「특수교육진흥법」은 폐지되었다.

2007년 제정된 「장애인특수교육법」은 장애인 교육의 양(기회)과 질을 대폭적으로 개선할 수 있는 내용을 담고 있었다. 그 주된 내용을 정리하면 다음과 같다(김도현, 2007b: 268-269; 이성규, 2011: 223-226).

첫째, 「장애인특수교육법」은 초등학교와 중학교과정을 넘어 유치원과 고등학교과정에까지 의무교육을 확대하였다.

둘째, 기존 법률에서는 실질적으로 제외되어 있던 유아교육과 대학교육, 평생교육 등 생애주기별 전 교육과정에 제도적 지원이 이루어질 수 있는 내용을 담고 있었다. 즉, 만 3세 미만의 장애영아의 무상교육을 도입했고, 대학에 장애학생지원센터를 설립해 장애학생의 교육활동 편의를 제공하도록 하였으며, 장애성인의 교육권 보장을 위해서 국가와 지자체가 장애성인 평생교육시설을 설치 · 운영토록 했다.

셋째, 학급설치 규정을 법안에 포함시켰다. 즉, 학급설치 기준을 시행령이 아닌 법률로써 명시하고, 학급당 학생 수를 기존의 12인에서 4~7인으로 절반 정도로 감축(유치원 4인, 초등학교 · 중학교 6인, 고등학교 7인)하였으며, 특수학교와 특수학급 교원 배치는 시행령으로 위임했다.

넷째, 기존의 '치료교육'을 '관련 서비스'라는 영역을 새롭게 구성했다. 기존의 '치료교육'은 '치료지원'으로 변경하고, 상담 지원 · 가족 지원 · 보조인력 지원 · 학습보조기기 지원 · 보조공학기기 지원 · 통학 지원 · 정보접근 지원 등을 '관련 서비스'라는 이름으로 제공할 수 있도록 하였다.

그 밖에도 교육 현장에서의 장애인에 대한 차별행위를 구체적으로 명시하고, 이에 대한 벌칙 규정을 두었다.

〈표 7-9〉 특수교육진흥법의 주요 내용

구분	기존법	제정법	입법 의의 및 효과
명칭	「특수교육진흥법」	「장애인등에대한특수교육법」	장애아동의 교육권 강화
의무 교육연한	초, 중-의무교육 유치, 고교-무상교육	유치, 초, 중, 고등: 의무교육	특수교육에 대한 국가의 책무성 강화
장애영아교육	-	3세 미만 장애영아: 무상교육(전공과의 무상교육도 실시)	장애아동 조기발견 및 조기교육 가능, 장애아동 사교육비 절감
고등교육	-	대학 내의 장애학생지원센터 마련, 각종 학습지원 근거 마련	장애인의 고등교육권 확보
평생교육	-	장애인의 평생교육 근거 마련	장애성인의 평생교육 근거 마련
특수교육 실태조사	5년마다 실시	3년마다 실시	특수교육 정책 수립의 정확성 제고
특수학급 설치기준	시행령 규정: 1~12인의 경우 1개 학급설치	• 유치원: 1~4인일 경우 1개, 초과 시 2개 학급 이상 설치 • 초등, 중학교: 1~6인일 경우 1개, 초과 시 2개 학급 이상 설치 • 고등학교: 1~7인일 경우 1개, 초과 시 2개 학급 이상 설치	설치기준을 강화하여 모법에 명시
특수교육 지원센터	내용 없음	지역에 특수교육지원센터 설립을 모법에 명시	특수교육 관련 지원강화를 위한 특수교육지원센터 설립의 법적 근거 마련
치료교육	특수학교 치료교육 담당 교원을 배치하여 치료교육 실시	치료교육 조항 삭제, 치료지원 관련 서비스에 포함	의료서비스 외의 연계를 통해 강화된 치료지원 제공

출처: 이성규(2011), p. 224.

「장애인특수교육법」을 기반으로 한 장애인교육은 통합교육을 받는 학생 수의 증가, 특수학교 특수교사 대비 학생 비율의 저하 등 긍정적인 변화를 가져왔다. 하지만 여전히 많은 문제점들이 지적되고 있다(윤상용 외, 2025: 274-276).

첫째, 국공립 특수학교의 수가 여전히 부족하며, 지역별 · 장애영역별 불균형 현상이 심하다. 2024년 기준 전체 특수학교 195개 중 사립이 90개(41.1%)로 거의 절반에 이른다. 또한, 수도권에 학교가 집중되어 있으며, 지적 · 자폐성장애학생들을 대상으로 하는 지적장애학교가 대부분이다. 여전히 특수학교에 대한 수요는 많은데, 주위에 학교가 없어서 다닐 수 없는 사례가 많은 실정이다.

둘째, 특수학급의 유 · 초 · 중 · 고등학교의 연계성이 부족하고, 특수학급의 학급당 인원수가 여전히 과다하다는 지적이다. 유치원과 초등학교의 경우에는 비교적 특수학급의 수가 많으나, 중 · 고등학교에서는 이 수가 급격하게 감소하고 있다.[91] 또 초등학교까지 통합교육을 하던 학생들이 중 · 고등학교에서는 다시 특수학교로 진학하는 사례가 늘고 있다. 이는 중 · 고등학교까지 통합교육이 지속적으로 연계되지 못한다는 것을 의미한다. 또한, 일반학교 특수학급의 경우 한 학급당 4.7명의 학생이, 특수학교는 학급당 5.4명의 학생이 있는 것으로 조사되었는데(특수교육통계, 2024), 이는 학급당 학생 수가 적지 않으며, 특수학교가 일반학교 특수학급보다 더 열악한 것을 알 수 있다.

셋째, 장애영아를 위한 조기중재서비스 진단체제가 미비한 상황이다. 장애인교육에서 무엇보다 조기교육이 중요한데, 여전히 유치원 이후 특수교육을 시작하는 경향을 보이고 있다. 또 여전히 장애학생들은 낮은 취학률을 보이고 있다.

마지막으로 장애학생을 위한 대학의 각종 편의시설 부족의 문제, 대학 내 장애학생을 위한 지원기구의 미설치 문제, 전담직원의 빈번한 교체 문제 등

---

91) 2024년 4월 기준, 일반학교의 특수학급 수는 유치원의 경우 1,623개, 초등학교 7,360개, 중학교 2,899개, 고등학교 2,020개이다. 일반학교의 특수학급과 일반학급(전일제 통합학급) 현황은 윤상용 외(2025), p.265를 참조할 것.

장애학생에 맞는 적절한 교육 관련 서비스 부족문제가 지적되고 있다.

이와 같은 문제점에 대하여 윤상용 등(2005)은 우리나라 특수교육의 개편 방향을 여섯 가지로 제시하고 있다. 즉, ① 장애아동의 완전한 교육기회 보장, ② 특수교육 내용과 방법의 질적 제고를 위한 방안 마련, ③ 통합교육에 참여하는 행정인력의 의식전환, ④ 학교 졸업 후 성인으로서 독립생활 지원, ⑤ 고등학교에서 대학으로의 전환 지원강화, ⑥ 대학의 장애학생 지원서비스의 강화를 들고 있다.[92)]

6) 장애인고용촉진 및 직업재활법 제정

2000년 1월 12일 「장애인고용촉진 및 직업재활법」(이하 「직업재활법」)이 통과되었다. 「장애인직업재활법」은 이전의 법에 비하면, 장애인고용정책에 많은 변화를 일으킬 기반을 제공했다. 「직업재활법」의 주요 내용과 특징을 정리하면 다음과 같다(조문순, 2001; 정무성 외, 2006).

첫째, 이 법률의 긍정적인 변화는 직업에 있어서의 중증장애인에 대한 정의를 명시하고, 국가와 지방자치단체는 중증장애인에 대한 고용촉진과 직업재활 및 직업안정을 중요시해야 함을 명시하고 있다는 것이다. 이 법률은 그동안 고용확대 노력이 경증장애인 위주로 이루어졌기에 상대적으로 소외되었던 중증장애인의 고용촉진과 직업재활을 강조하였으며, 고용장려금의 지원 단가를 경증장애인의 두 배로 정하여 고용유인책을 강화하였다. 중증장애인이 정책대상으로 인정됨으로써 장애인이 일하면서 얻는 생산적 효용가치뿐만이 아니라 사회에의 소속감, 공동체의식함양 등 인간적 이익에도 눈을 돌리는 계기가 되었다.

---

92) 이에 대한 자세한 사항은 윤상용 외(2025), pp.276-278을 참조할 것.

둘째, 고용부담금의 1/3에 해당하는 금액을 그러한 용도에 사용할 수 있도록 규정함으로써 매년 일정 규모의 재원이 반드시 중증장애인의 직업재활사업에 투자될 수 있는 여건이 마련되었다.

셋째, 지원고용, 보호고용, 자영업 장애인 지원 등의 항목을 둠으로써 장애인의 직업재활을 위한 여러 가지 구체적인 조치와 방안이 제시될 수 있는 법적인 토대를 마련하였다.

넷째, 국가 및 지방자치단체의 책임을 강화하였다. 개정 전 법은 국가 및 지방자치단체의 2% 고용이 임의조항으로 규정되어 있던 반면, 개정 법률에서는 '고용하여야 한다'라는 강제규정으로 바뀌었으며, 재직 중인 공무원 수가 1만 명 미만일 경우 공개채용의 비율을 100분의 5로 하도록 했다.

넷째, 전문요원 양성 및 배치역할에 대한 사항을 규정하여 서비스와 프로그램의 발전을 위한 법적 토대를 마련하였다.

이러한 결과를 볼 때, 「장애인직업재활법」은 내용적으로 기존체제를 유지하는 선에서 중증장애인에 관한 규정과 지원이 대폭 반영되었고, 그동안 「장애인직업재활법」(안) 제정논의를 통해 제시되었던 많은 정책 내용이 취합되었다고 볼 수 있다.[93] 한 가지 주목할 만한 것은, 이 법의 핵심인 장애인의무고용제도도 그대로 유지되었다는 것이다. 1991년부터 시행된 장애인의무고용제도는 300인 이상 사업장에서 2%를 의무적으로 고용하도록 하고,[94] 이를 준수하지 않는 사업주로부터 고용부담금을 징수해 장애인고용촉진기금을 조성하고, 의무고용률을 초과 달성한 사업주에게 고용장려

93) 두 법의 단일안을 마련하는 과정이 '번갯불에 콩 구워 먹듯' 속전속결로 이뤄졌기에 「직업재활법」(안) 제정을 주장하는 쪽과 「장애인고용촉진법」의 개정을 주장하는 쪽의 자연스런 화해는 물론 「직업재활법」의 원래의 취지가 퇴색되었다는 주장도 제기되었다(함께 걸음, 2000. 1월호).

94) 2004년부터는 50인 이상 사업장으로 확대되었다.

금을 지급하는 제도이다. 사실 장애인의무고용제도는 장애인고용촉진기금 조성과 관련해서 근본적인 문제를 안고 있었다.[95] 우선, 고용촉진기금의 비합리적 사용의 문제점을 들 수 있다. 고용장려금을 수령하는 기업이 많아지면, 그만큼 부담금을 납부하는 기업도 늘어나야 했기 때문에 장애인의 고용을 촉진한다는 제도가 의무고용을 준수하지 않는 기업을 필요로 했다(김도현, 2007d: 152). 즉, 의무고용 미이행 사업장의 사업주가 납부하는 부담금으로 조성되는 장애인고용촉진기금이 전체 장애인고용서비스 예산에서 절대적 비중을 차지하는 재정구조하에서, 향후 의무고용 이행률이 높아질수록 부담금 수입은 감소할 수밖에 없으며, 이는 결국 장애인고용서비스 예산이 부족해지는 역설적인 상황을 맞게 될 수밖에 없다(윤상용 외, 2025: 38). 이처럼 장애인의무고용제도에서 고용촉진기금을 기업들의 고용부담금만으로 조성한다는 자체가 모순이었다. 따라서 장애인고용서비스 예산에 있어서 정부의 일반회계 비중의 확대가 요구된다.

그 밖에도 의무고용 적용대상 사업장 기준의 확대(예를 들면, 현행 50인 이상에서 30인 이상 사업장으로), 중증장애인 중심의 고용서비스 내실화, 중증장애인 근로지원인 서비스의 확대 등이 필요할 것으로 보인다.

95) 노동부 조사에 따르면, 2000년 12월 당시 민간기업의 경우 장애인노동자 수는 1만 8천여 명이며, 고용률은 1%도 안 되는 0.95%에 불과했다. 특히, 30대 재벌기업 230개 업체의 평균 고용률은 0.68%에 불과했다. 300인 이상의 대부분 사업장에서 의무고용률이 저조한 이유는 장애인노동자는 비생산적이며, 추가적 생산비용을 발생시킨다고 판단했기 때문이다. 이 때문에 기업들은 장애인을 고용하는 대신 분담금을 선택하는 것이었다(문상민, 2006: 42-43).

7) 교통약자의 이동편의증진법 제정

교통약자가 안전하고 편리하게 이동할 수 있도록 교통수단, 여객시설 및 도로에 이동편의시설을 확충하고 보행환경을 개선하여 사람 중심의 교통체계를 구축함으로써 교통약자의 사회참여와 복지증진에 이바지함을 목적으로 2005년 1월 27일 「교통약자의 이동편의증진법」(이하 「교통약자법」)이 제정되고, 2006년 1월 28일부터 시행되었다.

「교통약자법」에서는 교통약자의 이동권을 명시적으로 규정하고 있다. 동법 제3조에서는 “장애인 등 교통약자는 인간으로서의 존엄과 가치 및 행복을 추구할 권리를 보장받기 위하여 장애인 등 교통약자가 아닌 사람들이 이용하는 모든 교통수단, 여객시설 및 도로를 차별 없이 안전하고 편리하게 이용하여 이동할 수 있는 권리를 가진다”라고 명시하고 있다.

또한, 동법 제4조에서는 정부가 이동편의시설의 설치 및 관리실태, 보행환경실태, 저상버스 도입에 관한 사항, 특별교통수단 도입에 관한 사항 등을 의무사항으로 포함하는 5년 단위의 교통약자 이동편의 증진계획도 수립하도록 하고 있다.

한편, 「교통약자법」 제9조에서는 이동편의 대상시설을 교통수단, 여객시설 및 도로로 구분하고 있는데, 내용을 정리하면 〈표 7-10〉과 같다.

〈표 7-10〉 이동편의 대상시설과 이동편의시설

<table>
<tr><th>대상시설</th><th>세부 유형</th><th>이동편의시설</th><th>세부 시설 유형</th></tr>
<tr><td rowspan="3">교통수단</td><td rowspan="3">버스
도시철도 및 전철
철도, 항공기,
여객선</td><td>안내시설</td><td>안내방송, 문자안내판, 행선지 표시</td></tr>
<tr><td>내부시설</td><td>휠체어 승강 설비, 휠체어 보관함, 교통약자용 좌석, 장애인전용화장실</td></tr>
<tr><td>기타시설</td><td>수직손잡이, 장애인접근가능 표시, 출입구 통로</td></tr>
<tr><td rowspan="5">여객시설</td><td rowspan="5">버스정류장
환승시설
여객자동차터미널
도시철도 및
전철역사
공항터미널
항만터미널</td><td>매개시설</td><td>보행접근로, 주출입구, 장애인전용주차구역</td></tr>
<tr><td>내부시설</td><td>통로, 경사로, 승강기, 에스컬레이터 및 계단</td></tr>
<tr><td>위생시설</td><td>장애인전용화장실(대변기, 소변기, 세면대)</td></tr>
<tr><td>안내시설</td><td>점자블록, 유도 및 안내시설, 경보 및 피난시설</td></tr>
<tr><td>기타시설</td><td>매표소, 판매기, 음료대, 개찰구, 승강장, 보안검사장, 여객 탑승교, 대기시설</td></tr>
<tr><td>도로</td><td>도로, 보도, 지하도,
육교</td><td colspan="2">교통약자가 통행할 수 있는 보도, 지하도 · 육교, 장애인전용 주차구역, 교통약자가 이용할 수 있는 휴게실 및 지하도 상가, 음향신호기</td></tr>
</table>

출처: 이선우·이수경(2020), p.307.

「교통약자법」은 노선버스 및 도시철도의 이용 보장에 관해서도 규정하고 있다. 「교통약자법」 제14조 제1항에 따르면, 노선 여객자동차운송사업을 경영하는 자는 교통약자가 안전하고 편리하게 버스를 이용할 수 있도록 승하차 시간을 충분히 주어야 하고, 승하차 편의를 제공해야 하며, 일반버스와 저상버스 등의 배차순서를 적절히 편성해야 한다.

또한, 저상버스의 경우 특별시와 광역시의 운행하려는 버스 대수의 2분의 1의 비율이 운행되어야 하며, 특별시와 광역시를 제외한 시의 경우에는 운행하려는 버스 대수의 3분의 1이 운행되어야 한다. 그리고 휠체어 탑승 설비를 장착한 버스는 운행하려는 버스 대수의 2부의 1의 비율로 운행되어야 한다. 또 「교통약자법」 제15조 1항에 따르면, 도시철도 운송사업의 면허를 받은 자는 도시철도사업에 사용되는 차량의 10분의 1 이상에 해당하는 부분을 교통약자 전용구역으로 배정해야 한다.

한편, 「교통약자법」 제25조에서는 실태조사를 하도록 규정하고 있다. 조사내용으로는 교통약자의 숫자 등 현황, 이동 실태, 이동편의시설의 설치와 관리 현황, 보행환경 실태, 교통수단, 여객시설, 이동편의시설 및 보행환경에 대한 교통약자의 만족도를 포함하게 된다.

2021년 12월 31일 「교통약자의 이동편의증진법」이 개정되었다. 이로써 시내버스 · 마을버스 등의 대폐차 시 저상버스를 의무적으로 도입하도록 하는 등의 성과가 있었다(연윤실, 2022: 38). 그러나 특별교통수단의 국비지원 의무조항이 원안의 의무조항과 달리 '할 수 있다'라는 임의규정으로 통과되었다. 법률이 만들어지고 권리가 법에 명시되었어도, 그에 걸맞은 예산이 편성되지 않으면 아무리 법이라 할지라도 의미가 없다. 사회서비스, 노동, 소득보장, 문화, 교육 등 다양한 삶의 영역에서 충분한 사회보장이 이루어지려면 충분한 예산이 수반되어야 할 것이다. 그것은 국가의 책임이다.

종장

한국 장애인복지역사의 특징과 그 의미

종장
한국 장애인복지역사의 특징과 그 의미

지금까지 한국 장애인복지의 역사를 장애인의 역사, 장애인운동의 역사, 장애인복지의 역사로 구분하여 살펴보았다. 장애인의 역사는 역사 속에서 장애인이 어떠한 삶을 살았고, 사회적으로 어떠한 존재로 인식되었는가를 고찰하였다. 장애인운동의 역사는 역사 속에서 장애인에 대한 차별과 억압을 철폐하고, 그들의 인권 확보와 사회변화를 위해 어떠한 노력을 해왔는가를 고찰하였다. 장애인복지의 역사는 시대마다 장애인과 관련된 일련의 복지제도들은 어떠한 변화를 거쳐왔는가를 고찰하였다. 지금까지 논의에서 확인된 한국 장애인복지역사의 특징과 그 의미를 요약하면 다음과 같다.[1)]

1) 종장은 지금까지의 내용을 요약기술하는 것인 만큼 필요하다고 판단되는 경우를 제외하고 해당 내용의 주석을 앞선 내용의 주석으로 갈음한다.

1. 장애인의 역사

근대 이전

삼국시대에는 장애인에 대한 공식명칭이 불명확하지만, 『삼국사기』에는 불능자존자(不能自存者)라는 표현이 발견된다. 다만, 불능자존자라는 개념 속에는 장애인만을 의미하는 것이 아니라 취약계층도 포함되는 것으로 이해된다. 삼국시대에는 장애를 병으로 인식하였다. 이 시대 장애인은 자립해서 살아갔다. 하지만 흉년이나 전염병, 전쟁 같은 국가적 재난이 있을 때, 장애인은 우선적 국가지원의 대상이었다.

고려시대에는 중국으로부터 잔질, 폐질, 독질 등 장애 명칭이 유입되었는데, 장애인은 국가적으로 제도화된 처우를 받았다. 제힘으로 살아가기 어려운 장애인은 시정제도를 통해 보호를 받았고, 돌봐줄 친척이 없는 경우 동서 대비원에 입소하여 거주할 수 있었다. 그뿐만 아니라 고려시대의 장애인들은 맹승이나 맹인악사와 같은 전문직업과 관직제도에 의해 사회활동을 할 수 있었다. 나아가 능력에 따라 높은 관직에 오르기도 하였다.

조선시대 사람들도 장애인을 대개 병에 걸린 사람으로 인식했다. 그래서 장애인은 병신 혹은 병자로 불렸다. 기록상으로는 중국의 전통에 따라 독질자, 잔질자, 폐질자로 기록되었다. 물론 여러 가지 장애 유형에 따라 부르는 명칭도 조금씩 달랐다.

조선시대 장애인도 삼국이나 고려시대처럼 평소엔 다양한 직업을 갖고 스스로 먹고살았다. 그러나 자립이 어려운 경우에는 국가로부터 도움을 받았다. 전반적으로 조선시대의 장애인은 신분에 따라 그 삶이 달랐을 뿐 장애에 대한 편견이나 차별을 그다지 받지 않았던 것으로 보인다. 장애인은 단지 몸이 불편한 사람일 뿐 장애인이라고 해서 천대받지 않았고, 언제든지 병이 치유되면 장애도 사라지는 일시적인 현상으로 여겼다. 조선시대의 시각장애인들은 점복업이나 독경사와 같은 전문직업을 가지고 살았다. 사회적으로 개인의 자질이나 능력을 인정받았고, 양반층의 경우 과거를 통해 높은 관직에 오를 수 있었다.

그런데 조선 후기로 가면서 장애인에 대한 사회적 인식이 조금씩 부정적으로 변화하기 시작했다. 질병의 의미로 사용되었던 병신이라는 용어는 오늘날처럼 장애인을 비하하는 의미로 사용되기 시작했다. 18세기 중반 이래 장애인에 대한 차별적 시선은 탈춤에서 잘 나타나는데(박희병, 2003), 양반의 무능력함과 부도덕함을 풍자하기 위해 양반을 병신으로 설정하고 조롱하고 희화했던 것이다.

이처럼 근대 이전의 장애인에 대한 사회적 인식은 긍정적인 시각과 부정적인 시각이 모두 포함되며, 동정과 혐오의 양극단이 공존했다고 볼 수 있다. 그러나 전반적으로 차별받는 집단으로서 장애인이라는 범주가 적극적으로 형성된 것은 아니었기 때문에 장애인에 대한 사회적 인식도 매우 유동적이었다고 보아야 할 것이다.

개화기

개화기에도 잔질, 폐질, 독질이라는 명칭은 한동안 계속 사용되었다. 그런데 개화기부터 '불구자'라는 용어가 조금씩 사용되기 시작했다. 불구자는 '후구샤(不具者)'란 근대의 일본어에서 온 말로 '~를 갖추지 못한 사람'이란 뜻이다(이요한, 2009: 10-11). 그것이 개항 이후 우리나라에 들어와서 장애인을 부르는 말로 사용되기 시작한 것이다.

개화기 이후 사회의 급속한 변화로 인해 장애인들의 삶의 기반은 점점 흔들리기 시작했다. 그들의 삶은 날이 갈수록 열악했고, 사회적 인식도 점점 나빠져 갔다. 근대화로 인한 급격한 변화의 소용돌이 속에서 기존 장애인의 직업도 급속히 사라져 갔다. 특히, 시각장애인은 인쇄매체의 발달로 인해 근대적 교육기회로부터 배제되었다. 판수는 소위 문명개화의 관점에서 볼 때 척결해야 할 대상으로 간주되었다. 서양종교의 유입으로 판수들이 해오던 점복이나 독경도 미신 타파의 대상으로 전락하였고, 결국 판수들은 직업을 잃고 점점 실업자로 전락해 갔다.

한편, 개화기 장애에 대한 사회적 인식은 동정의 시선과 학대 및 멸시의 시선이 공존했다. 개화기에도 조선시대의 인식이 이어져, 장애인은 불쌍하고 측은한 존재로 여겨졌다. 반면, 또 다른 시선이 존재했다. 학대와 멸시, 혐오 등의 시선이 그것인데, 당시 사람들은 무능력한 관리들에 대한 원망과 분노의 감정을 사회적 약자인 장애인에게 표출했던 것이다. 그뿐만 아니라 개화기 사람들은 남을 비판할 때 장애인을 비유의 대상으로 삼곤 했다. 한편, 19세기 중반 이래 '병신(病身)'이라는 말이 많이 보편화되는데, 개항 이후 문명개화나 근대화 담론과 관련해 자주 사용되게 된다. 이때 병신이라는 용어에 혐오와 차별의 의미가 강하게 담긴다. 그런데 여기서 병신에 대한 개화주의자들의 인식에 주목할 필요가 있다. 개화주의자들은 부국강병이라는 국가주의적 이데올로기의 관점에서 병신을 바라보았기 때문에, 병신은 아무짝에도 쓸모없는 존재로 치부해 버렸다. 그들의 관점에서 병신은 죄악에 다름 아니었다.

일제강점기

일제강점기에는 병신이라는 용어가 조롱이나 비하, 욕설, 나아가 경멸적 용어로서 폭넓게 사용되었다. 그러나 조선의 장애 용어인 잔질, 독질, 폐질, 병신 등은 일제강점기에 이르러서 '불구자(不具者)'라는 용어로 빠르게 대체되어 갔다. 이 시기에 불구자라는 용어는 신체적 · 정신적 결함을 나타내는 용어로 사용되었을 뿐만 아니라 식민지 상황에서 조선인의 자기인식을 비유적으로 표현하는 수단이기도 했다(정근식, 2002; 권선진, 2006).

일제강점기는 보통 사람들에게도 고통의 시간이었지만, 그보다 열악한 처지의 장애인은 더욱 심한 고통을 겪어야 했다. 일제강점기에 장애인복지 정책이 거의 시행되지 않아 장애인은 거리로 내몰려 구걸로 연명할 수밖에 없었고, 사람들은 장애인을 무시하고 학대하는 지경에 이르게 되었다. 게다가 기독교가 급속히 확산하여 장애인은 죄지은 자, 치유와 동정의 대상이 되어 버렸고, 1930년대부터는 우생학이 유행하여 장애인을 열등한 사람으로 규정했던 것이다(정창권, 2024). 민족 내부의 '불구자'라는 존재는 민족의 쇠퇴에 대한 두려움을 환기시켰고, 이는 다시 식민지배정책을 비판하는 근거가 되기도 하였다(소현숙, 2017). 이러한 일제강점기의 왜곡된 장애관이 민족의 열등한 부분이자 제거되어야 할 부분으로서 장애인을 위치시키고 있으며, 사람들로 하여금 부정적인 장애의식을 대물림하도록 만들고 있는 것이다. 이 시기에 장애인에 대한 사회적 인식은 기본적으로는 불쌍하고 쓸모없는 존재이자 놀림의 대상이었으며, 우범자이자 범죄의 대상이었다. 장애인은 사회적 도덕의 타락을 이끄는 존재로 제거되어야 할 사회적 병폐로 인식되기도 했다. 법적으로도 장애인은 무능력하고 불완전한 존재로 규정되었다. 조선총독부는 장애인을 구제와 통제의 대상으로 바라보았다. 이러한 사실로 미루어볼 때, 현재 우리가 겪고 있는 장애문제는 일제강점기부터 본격적으로 형성되었음을 확인할 수 있다. 즉, 이 시기에 오늘날 좀처럼 해결되지 않는 편견과 차별 그리고 배제와 같은 부정적인 장애인식이 본격적으로 형성되었던 것이다.

미군정 및 한국전쟁기

미군정 및 한국전쟁기는 여전히 장애인을 바라보는 관점은 장애에 관한 개인적 책임을 바탕으로 한 동정적, 시혜적 관점이 지배적이었으나, 해방 이후 시기는 장애인에 대한 사회적 인식이 거의 없었다고 해도 과언이 아니다. 미군정기에는 전재민의 빈곤문제가, 한국전쟁기에는 아동보호의 문제가 최우선 관심사였기 때문에 장애인의 문제는 크게 부각되지 않았다.

해방 이후 시각장애인들의 삶은 더욱 힘들어졌다. 일본인을 주요 고객으로 삼아 영업하던 안마업이 일본인들의 철수로 심각한 타격을 입었다. 안마업자들은 전업해야 하거나 실업자로 전락할 수밖에 없었다. 또한, 미군정청 후생부는 1946년 4월 17일 「조선의료령」을 개정하면서, 시각장애인의 침구 안마술 면허와 영업에 관한 규정인 「안마술, 침술, 구술 영업 취체규칙」의 효력을 중지시켰다. 시각장애인의 공식 직종 인정을 중단한 결정이었다. 혼란스러운 상황에서 안마업에 대한 권리와 자격은 1951년 「국민의료법」이 제정될 때 다시 문제로 부각되었으나, 시행규칙이 마련되지 않아 실질적으로 시행되지 않았다. 일본 식민통치로 이식된 안마업은 한국사회에 자생적으로 뿌리내리기 어려웠다.

한국전쟁기 장애인에 대한 호칭은 불구자, 불구 폐질자, 장해자 등이었다. 정부 초기 입법에서는 장애(障碍)라는 용어 대신 장해(障害)라는 용어를 사용했는데, 이는 일본의 법률을 옮기는 과정에서 기인한 것이다. 그러나 이 시기에 일반적으로 널리 사용된 호칭은 '불구자'였다.

한국전쟁 이후 수많은 전쟁고아, 전쟁 피해자, 상이자가 발생하였고, 어느 때보다 심각한 가족해체의 상황에 직면해 있었다. 한국전쟁을 통해 당시 가장 대표적인 장애인문제로 기록된 것은 상이군경에 관한 것이었다. 이 시기 전쟁으로 인해 장애를 입은 상이군경들을 단지 국가유공자로 인식하였을 뿐 이들을 장애인으로 인식하는 수준은 아니었다. 따라서 상이군인이라는 특수한 집단을 위한 정책 외에 전체 장애인을 위한 복지정책은 거의 찾아보기 힘들었다. 상이군인에게 집중된 보상조치는 '국가에 의무를 다한 장애인'과 '그렇지 않은 장애인'(곽정란, 2013)으로 구분되는 결과를 가져왔다. 당시는 정부가 경제력을 상실하고 있었으며, 정권 또한 장기적인 독재권력이 장악하고 있었던 시기였던 만큼 장애인에 대한 국민의 올바른 인식을 기대하기는 어려웠다.

권위주의시대

일제강점기에 빠르게 확산된 '불구자'라는 명칭은 권위주의시대에도 계속해서 사용되었다. 또한, '폐질자'라는 전근대적 용어도 여전히 사용되었다. 그러다가 1981년 「심신장애자복지법」이 제정되면서, '불구자'라는 용어 대신에 '장애자' 또는 '심신장애자'라는 용어로 대체되었다. 이로 인해 장애인은 독자적인 정체성이자 고유한 인간형으로 분류되기 시작했고, 본격적으로 통치 가능한 독자적인 인식의 대상이자 주체로서 구성됨으로써 '장애'와 '장애자'란 말이 일반화되기 시작했다.

그러나 이 시기 장애인에 대한 인식 수준은 여전히 미미했다. 이 당시 장애인은 성치 못한 존재이며, 최소경비로 보호 또는 시설에 수용해야 하는 존재로 인식되었다. 또한, 장애인은 경제성장의 장애물로 인식되었다. 1981년 「심신장애자복지법」이 제정될 당시에도 장애인에 대한 사회담론은 '장애인은 사회에서 활동하기에 부적절한 존재', '보호를 받아야 하는 열등한 존재', '장애는 개인의 문제이고, 개인적 원인에 의하여 발생하는 것', '재활과정을 통해 사회의 일원으로 만들어져야 하는 존재'라는 것이었다. 그러다가 김순석 열사의 죽음과 세계 장애인올림픽을 통해 장애인들에 대한 인식전환의 계기를 맞게 되었다. 게다가 1980년대 중반 이후 이 사회를 휩쓴 민주화에 대한 열풍은 장애인들 또한 자신들의 권리를 자각하기 시작했으며, 장애인문제에 대한 국민적 관심을 촉구하기 시작하였다.

민주정부시대

민주정부시대에는 1988년에 개최된 장애인올림픽을 계기로 장애인 당사자나 일반 국민의 장애인에 대한 인식도 일대 전환의 계기를 맞이하게 된다. 장애인이라는 용어도 1980년대 초반까지는 불구자, 심신장애자, 정신박약자 등으로 혼용되다가, 1989년 「장애인복지법」이 제정되면서부터 공식적인 용어가 '장애인'으로 대체되었다.

민주정부시대 장애인들의 경제조건은 매우 열악했다. 장애인들은 노동시장에서 소외되고 차별받는 것이 현실이었다. 1993년 문민정부가 들어서도 오히려 노점상에 대한 탄압이 심해졌고, 급기야 장애인들은 생존권마저 박탈당하고 있었다. 끝내는 많은 장애인을 죽음으로 몰고 갔다. 만약 우리 사회가 장애와 가난에 대한 모멸감을 주지 않았더라면, 정부의 노점에 대한 지속적인 탄압이 없었더라면, 계속되는 상실감과 패배감을 안겨주지 않았더라면 일어나지 않았을 일이었다.

한편, 이 시기 장애에 관한 인식의 전환점을 맞게 된다. 장애 당사자들을 중심으로 장애문제는 개인의 문제가 아닌 사회·환경적인 문제임을 인식하고, 사회가 전적으로 책임을 져야 한다는 문제의식이 형성되기 시작하였다. 구조적인 장애문제는 사회의 책임이기 때문에 장애인에 대한 기본적인 생계보장은 당연히 국가가 책임져야 한다는 것이었다. 장애를 숙명으로 받아들이던 종전의 인식에서 벗어나 인간다운 삶을 제한하고 있는 사회적 제약에 대해 조직적인 대응이 필요하다는 사실 또한 인식하게 되었다(김윤정, 1997). 한편으로는 이 시기에 인권에 관한 국제적 동향의 영향으로 장애인에 대한 인권의식이 싹트기 시작한 의미 있는 변화도 있었다.

IMF 경제위기 이후

1997년 말에 불어 닥친 IMF 경제금융 위기는 한국사회에 전례 없는 사회문제를 발생시킨 충격적인 사건이었다. 산업화 시기에는 나타나지 않았던 노동시장의 양극화, 유례없는 대량실업과 빈곤인구의 양산 등 근본적인 경제사회구조의 변화를 경험하였다. 이러한 변화는 장애인에게도 크게 영향을 미쳤다. 특히, 노동과정에서의 장애인노동자에 대한 차별은 높은 실업률과 장기적인 실업상태를 만들어 내고 있었다. 또한, 장애인노동자의 비정규직화가 증가함으로써 장애인노동자의 고용불안이 심화되고 있었다.

한편, 2020년 감염병인 코로나19의 대유행은 한국사회를 완전히 바꿔놓았다. 전염병과 같은 사회적 재난에서 위험의 크기는 계급, 성별, 장애유무, 국적, 질병 이력 등에 따라 나타나는 법인데, 국내에서 처음 집단감염이 된 것도 장애인이 입원해 있는 정신병동이었고, 한국 최초의 코로나19 사망자도 장애인이었다. 코로나19 감염으로 인해 죽어서야 정신병원을 나올 수 있었던 현실이 대한민국의 현주소였다. 이 모든 것이 지역사회에서 주체적으로 살 수 있는 사회적 지원이 부재한 상황에서 비롯된 것이었다. 코로나19 상황에서 장애인들은 더욱 격리되고, 차별적 조처로 인해 가중된 고통을 겪어야만 했다. 강도 높게 시행된 사회적 거리두기로 인해 전국에 있는 많은 사회복지기관이 기관 업무 일부 혹은 전부 잠정 중단되었고, 이로 인한 피해는 고스란히 이용자들이 떠안아야 했다.

또 한편, IMF 경제위기 이후의 시대는 장애문제를 인권 차원에서 이해하기 시작한 시기였다. 다른 나라에서 찾아볼 수 없는 '장애인인권헌장'이 제정 선포되었고, 한국 최초의 인권법이라 불리는 「장애인차별금지법」의 제정과 유엔 장애인권리협약 가입국이 되면서 장애문제를 인권의 관점에서 바라보게 되었다. 즉, 장애문제를 인권의 문제로 국가 차원에서 인식하기 시작한 것이다. 특히, 「장애인차별금지법」의 제정은 장애인이 더 이상 복지의 대상으로만 존재하는 수동적 존재가 아니라 스스로 인권을 강화하는 계기를 마련하였다. 장애인들은 과거와 같이 도움을 받는 개별화된 존재가 아니라, 기본적 권리를 갖는 동등한 구성원으로서 자기 목소리를 내기 시작하였다. 장애는 사회구조적인 문제에서 비롯되는 것이므로 장애인에 대한 차별을 철폐하기 위해서는 사회구조의 변혁을 통해야 한다는 인식이 확산되었다.

소결

대표적인 취약계층으로서 동정의 대상, 복지지원의 대상으로만 여겨왔던 장애인에 대한 인식이 인권의 관점에서 바라보게 되기까지 오랜 시간이 걸렸다. 그러나 아직도 갈 길이 멀다. 이제는 더 이상 장애인을 동정의 대상으로 바라봐서는 안 된다. 장애인도 동등한 권리를 갖고, 그 권리를 당연히 보장해야 하는 주체로서 바라봐야 한다. 또한, 복지지원의 대상이 아니라 독립적으로 살아갈 수 있는 주체로서 바라봐야 한다. 그래야 장애 문제 해결이 더욱 쉬워지고, 사회적 비용도 줄일 수 있을 것이다.

2. 장애인운동의 역사

권위주의시대

장애인운동이 태동한 시기는 권위주의시대였다. 권위주의시대는 장애인 문제를 개인적 차원에서 사회적 차원으로 새롭게 인식하기 시작한 시기였다. 이 시기에는 자생적으로 출현한 장애인단체들을 중심으로 장애인운동이 이루어졌다. 그러나 장애인운동은 조직적이고 지속적이며 개혁적인 모습을 갖추지는 못했다. 생존권운동과 관련해서는 1960년대 시각장애인들의 안마업을 둘러싼 생존권 투쟁을 제외하고는 특별히 장애인운동이라 칭

할 만한 활동들이 전개되지 않았다. 교육권운동과 노동권운동은 주로 제도권 교육의 입학 거부와 공직 임용 거부 사건에 대한 대응의 형태로 전개되었다. 그 대응 방법은 장애인들 스스로가 대책위를 구성하여 서명운동과 탄원서를 제출하는 등의 방법이었다. 이는 장애문제가 알려지지 않은 상황에서 사회에 알리기 위한 전술로서는 적절하였지만, 본질적인 제도개선 투쟁으로는 발전하지 못했다.

민주정부시대

한국 장애인운동사에서 새로운 전환기를 맞게 된 것은 1987년 이후라고 볼 수 있다. 민주정부시대에 들어서 장애인운동은 대정부 투쟁의 형태로 나타났다. 장애인운동의 구체적인 목표는 주로 법과 제도를 만드는 것에 집중되었다. 즉, 이 시기의 장애인운동은 「심신장애자복지법」 개정 및 「장애인고용촉진법」 제정 그리고 「특수교육진흥법」의 전면 개정을 위한 투쟁을 중심으로 이루어졌다. 절대다수의 장애인들이 완전 실업상태에서 기본적인 생계유지마저 어려운 상태였기 때문에 「장애인고용촉진법」 제정운동은 노동권운동이자, 생존권 확보를 위한 투쟁이었다. 생존권운동과 노동권운동이 동시 이루어진 점은 이 시기 장애인운동의 특징이라 할 수 있다. '89년 양대 법안 쟁취를 위한 사회행동'을 통해 장애인은 운동은 본격화되어 가는데(김윤정, 1997), 장애인들은 최초로 장애인 전체의 이해를 반영하는 생존권 보장 확보를 위한 대정부 투쟁을 전개하였다. 양대 법안 투쟁을 통해 장애인들은 자신의 정치적 견해를 적극적으로 표명하며, 대중적 공간 속에서 조직 사업을 펼칠 수 있었다. 이 투쟁은 장애인문제의 실질적 해결을 위해서는 아래로부터의 대중운동이 활성화되어야 함을 확인시켜 주는 계기가 되었다(이성규, 2011).

또한, 이 시기에는 장애인의 생존권을 넘어 장애인의 이동권운동이 전개되었다. 물론 장애인 이동권운동의 뿌리는 장애자올림픽 서울 유치결정이 있었던 1984년 9월 19일에, 휠체어 장애인이던 김순석 열사가 서울시장 앞으로 '서울거리의 턱을 없애 달라'는 유서를 남기고 자살한 사건이었다. 그 후 1988년 서울올림픽과 함께 장애자올림픽이 개최되면서부터 장애인 이동권운동이 본격화되었다. 또한, 1992년 대통령 선거, 1995년 6.27 지방선거, 1996년 15대 총선 등을 계기로 장애인의 참정권 문제에 대해 장애인들이 직접 자기 목소리를 낸 것은 장애인 참정권운동의 시작이었다.

한편, 이 시기 장애인운동에 있어 운동성을 갖춘 전문가 조직이 등장했다는 것도 큰 특징 중의 하나였다. 1990년대 후반에는 정치적 역학관계에 따라 장애인단체의 상부구조인 연합체의 설립, 연합이 일어나는 시기였다. 1995년 '한국장애인복지공동대책협의회'의 설립과 함께 1996년에는 한국장애인단체총연합회가 설립되었으며, 1998년에는 한국장애인단체총연맹이 조직되었다. 이 시기의 장애인단체들은 장애의 원인이 사회에 있음을 더욱 명확히 하였다. 장애인이 이 사회의 특수한 존재로 남아 있어서는 안 되며, 장애인의 완전한 사회참여와 통합이 필요하며, 이를 위해 사회환경의 개선을 주장했다(이동석, 2004).

이 시기 장애인운동의 핵심 주체는 경증지체장애인과 전문가그룹이었으며, 생존권, 교육권, 노동권이라는 이슈가 주요한 쟁점이었다. 이 시기 장애인운동을 끌어나갔던 조직은 한국장애인총연맹, 장애우권익문제연구소, 전국지체부자유대학생연합회였다. 한국장애인총연맹은 장애인단체의 대표성을 띠었으며, 장애우권익문제연구소는 전문가그룹으로서 정책과 법률 입안에서 큰 역할을 하였다. 그리고 전국지체부자유대학생연합회는 경증지체장애인 중심으로 장애인운동을 역동적으로 이끌어가는 역할을 하였다.

운동의 전략과 전술 면에서도 입법청원, 서명, 점거농성, 혈서, 공청회, 대규모 거리집회 등의 다양한 전술을 보여주었다. 그리고 운동조직 면에서도 개별단체의 개별적 운동을 인정하면서도 공대위를 구성하는 연합전술 및 일반 시민사회단체와도 결합하는 개방성을 보이면서 적극적인 모습을 보였다. 장애인계의 숙원이었던 단일한 공동창구 마련을 위한 계기가 되었다는 점에서 장애인운동을 진일보시킨 것으로 평가되고 있다(유동철, 2005).

IMF 경제위기 이후

장애인운동은 1990년대 후반을 지나면서 투쟁의 주체 및 성격, 투쟁방식에서 많은 변화를 가져왔다. 우선, 투쟁주체의 중심이 경증장애인에서 중증장애인으로 바뀌었고,[2)] 투쟁방식도 소송, 입법청원, 단식, 점거, 서명운동, 국토순례, 공청회, 국제세미나, 철로점거, 쇠사슬 시위 등 다양한 방식들이 나타났다. 이슈나 운동영역도 다양해졌다. 「장애인연금법」 제정운동을 비롯하여 「장애인차별금지법」 제정운동, 장애인활동보조인서비스 제도화투쟁, 4 · 20장애차별철폐투쟁, 장애인등급제 폐지운동, 「정신건강복지법」 입법운동, 교육권 확보운동, 장애노동자들의 노동조합 결성 및 노동권 확보운동, 장애인이동권투쟁 등 다양한 영역에서 이루어졌다.

장애인이동권투쟁이나 4 · 20장애차별철폐투쟁은 장애운동에 있어 중요한 의미를 남겼다. 장애인이동권투쟁은 장애인들이 처한 차별과 억압, 인권유린의 상황을 전 사회에 폭로하고, 사회적 공감을 확보하는 계기를 마련하였다. 중증장애인을 중심으로 한 이동권투쟁은 한국 장애인운동을 주도해 온 투쟁이었다고 해도 과언이 아니다. 장애인이동권투쟁을 계기로 기층 민중운동과의 연대를 통해 차별철폐투쟁으로 발전시켰다. 4 · 20장애차별철폐투쟁은 장애인운동의 발전과정을 상징적으로 보여주었다. 이 시기

2) 장애인이동권투쟁, 4 · 20장애차별철폐투쟁, 자립생활운동, 장애인연금법 제정운동 등을 이끄는 사람들은 모두 중증장애인들이었다.

장애인운동의 주요 이슈들은 4 · 20장애차별철폐투쟁을 통해 사회적으로 확산되었다.

이 시기의 장애인운동은 장애인 당사자의 참여와 요구로 제안이 시작되고 실현되었다는 점, 그리고 장애문제의 접근이 복지의 관점에서 인권의 관점으로 변화되었다는 점은 긍정적으로 평가할 만하다. 또한, 장애인운동은 시민사회운동으로의 가능성을 어느 정도 보여주었다는 평가도 있다(신용호, 1996). 그리고 서울 중심의 운동이 전국적으로 확산되어 가고 있으며, 각 계층, 부분별 장애인운동이 활성화되어 가고 있다.

한편, 장애인운동이 사회복지실천으로서의 장애인복지에 주는 함의도 크다. 김윤정(1997)은 선구적인 논문에서 그 함의를 네 가지로 밝히고 있는데, 시사하는 바가 크다. 첫째, 장애인문제가 장애인이라는 한 개인만의 문제가 아니라 환경적이므로 장애인에게 불리하고 불평등한 사회적, 물리적 환경을 변화시키지 않은 상태에서 장애인복지는 그 효과성을 기대할 수 없다. 둘째, 장애인운동은 장애(인)문제를 일으키는 사회구조적 문제와 모순에 대한 인식의 확대를 가져올 수 있다. 셋째, 장애인운동은 장애인복지의 주체로 사회복지사와 더불어 장애인의 역할을 강조하고 있다. 넷째, 장애인운동은 장애인복지정책 형성과정의 중요 변수로 작용할 수 있다.

소결: 장애인운동의 과제

장애인운동 전문 연구자들은 우리나라 장애인운동이 더욱 진보적인 장애인운동으로 발전하기를 기대한다. 유동철은 "장애인단체의 운동은 운동산업(movement industry)이 되었으며, 운동산업은 독점산업으로 변질되고, 운동 권력은 제도 권력의 대리인이 되며, 운동문화는 대항문화를 차단하는 안전판 구실을 해왔다. 국가의 지원금에 의존하면서 정부의 시의적절한 파트너가 되어 적절한 긴장 관계 속에서 적절한 타협점을 찾아온 것이 대체적인 장애운동의 현주소이다"(유동철, 2005: 31)라고 신랄한 비판을 가했다. 너무도 아픈 질책이다. 장애계는 겸허히 받아들일 필요가 있다. 그러면서 그는 "장애운동은 보다 더 진보적이어야 한다"라고 주장했다. "진보적 장애운동은 정부에 대해 정책을 요구하는 장애운동과 차별화되는 정책적 대안들과 개혁 프로젝트를 제시할 수 있어야 하며, 다양한 장애인들의 요구에 귀 기울이고, 사회적 소수자들과의 연대를 넘어 진보세력과의 연대의 틀을 만들어나갈 수 있어야 한다"(유동철, 2005: 31)라는 것이다.

고춘완(2005: 85)도 한국의 장애인운동이 발전하기 위해서는 더욱 진보적이어야 한다는 견해를 보이는데, 그러기 위해서는 "장애운동이 사회운동의 주체로 성장해야 하며, 장애운동이 장애인들의 특수성에 근거한 권리 및 이익을 위한 운동에 제한되는 것이 아니라 보편성의 문제를 함께 추구해나가야 한다"라고 주장했다.

한편, 김도현(2007b)은 장애인운동의 계속적인 발전을 위해서는 장애인운동의 대중적 기반 확보 및 강화와 운동조직이나 운동단체 간의 연계체계 구축이 필요함을 강조했다.

첫째, 장애인운동의 대중적 기반을 확보하기 위해 장애인 당사자들이 장애문제를 하나의 사회문제로 철저하게 인식하여 장애인운동조직에 있어서 장애인이 주체가 되어야 한다는 것이다. 그러기 위해서는 장애인운동에 대한 명확한 개념의 확립이 필요하다고 보았다. 장애인과 일반 시민에게 장애인운동의 필요성과 목적을 이해시키고, 장애인이나 일반 시민의 의식을 높이는 효과를 기대할 수 있기 때문이다.

둘째, 현실적으로 운동조직 간에는 활동이 중복되고 있음에도 불구하고 정보교환의 부족으로 인해 활동의 효율성이 떨어지고 있다는 지적이다. 따라서 장애인운동이 대중적 운동으로서 광범위한 조직을 형성하기 위해서는 운동조직이나 운동단체 간의 연계체계가 구축되어야 한다는 것이다.

이러한 주장들은 우리나라 장애인운동이 더욱 진보적이어야 하며, 사회운동의 주체로 거듭나야 한다는 의미를 담고 있다. 따라서 향후 장애인운동은 장애인 당사자들이 장애인운동에 대한 명확한 개념과 철학을 확립함으로써 대중적 기반을 확보하고, 운동조직이나 단체는 물론 사회 진보세력과의 연대를 통해 정책적 대안을 제시해 나가는 방향으로 나아가야 할 것이다.

3. 장애인복지의 역사

근대 이전의 장애인복지

근대 이전의 복지제도들은 왕의 명령에 따라 임기응변적으로 이루어진 경우도 있고, 법률에 따라 정규적으로 행해진 경우도 있었다. 다만, 근대 이전의 복지제도들 가운데 장애인만을 별도의 구제대상으로 삼은 역사적 기록은 찾아볼 수 없었다. 장애인에 대한 복지는 일반복지에 포함해서 실시했던 것으로 이해하면 좋을 듯하다. 〈표 8-1〉은 지금까지 살펴본 근대 이전의 복지제도들을 간략하게 정리한 것이다.

〈표 8-1〉 근대 이전의 복지 관련 제도의 분류와 내용

구분	복지제도	종류	내용
빈곤 예방 제도	비황	상평창(常平倉)	• 고려 성종 12년(993년)에 물가조절, 기민구제, 농업장려를 표방하여 설치 • 풍년 시에는 쌀을 고가로 매입해서 모아두었다가 흉년 시에는 염가로 판매하여 곡물가격을 안정시키는 역할을 한 상시적 제도
		의창(義倉)	• 고려 성종 5년(897년)에 흉년에 대비하여 각 도에 설치 • 곡식의 잉여분을 모아두었다가 빈민에게 빌려주는 것

		환곡 (還穀)	• 조선조에 국고의 각종 곡물 중 절반은 보관하고 나머지는 민간에 무이자로 빌려주어 추수 후에 갚도록 하는 제도
		교제창· 제민창 (交濟倉· 濟民倉)	• 각 지역에 보관한 곡물을 흉년이 심한 다른 지역으로 이동하기 위하여 국토 남북의 교통이 편리한 연안지역에 설치 • 1672년부터 약 70년간(숙종에서 영조) 설치
		사창 (社倉)	• 촌락사회에서 공동으로 기근에 대비하여 곡식을 저장하는 것 • 조선에서는 숙종 10년(1685년)에 사창조례 제정
빈곤 구제 제도	구황	견면 (蠲免)	• 조세부담 등을 경감하는 제도 • 흉년 시에 세금이나 부역, 환곡의 부담을 면하는 제도
		진대 (賑貸)	• 고구려에서 시행한 것으로 흉년 시에 농민에게 종자와 곡식을 빌려주고 풍년에 갚게 하는 제도
		진휼 (賑恤)	• 빈곤한 자의 직접 구제로서 가장 오래된 구제형태 • 빈민에게 식량이나 소금, 옷 등을 제공하는 삼국시대 이후의 전통
		시식 (施食)	• 행려자를 위하여 큰길가의 역이나 사찰에 식탁을 마련하고 밥이나 죽 등을 제공하는 것
		경조(輕糶) 및 방곡(防穀)	• 궁민에게 곡식을 염가로 제공함으로써 곡물가격의 인상을 방지하는 제도 • 곡물의 매점매석 방지
		구황방 (救荒方)	• 곡식의 대용 식물을 조사하여 국민에게 알리는 것 • 흉년에 몸에 해로운 독초 등의 섭취방지와 곡물절약 목적
환과 고독 보호	보양	부양 (扶養)	• 친족부양의무의 범위를 규정한 것으로 동거가족은 물론 혈족의 경우는 10촌까지, 인족의 경우는 9촌까지, 그리고 3촌까지의 배우자 등으로 규정
		유양 (留養)	• 부양의무자가 없는 아동을 관청에서 수용 보호하는 것 • 고려 때부터 실시되었으나 정조 7년(1784년)에 「자휼전칙」에 의해 진휼청의 사업이 됨
		목양 (牧養)	• 민가에서 유기아동 등을 보호하는 것 • 고려시대에 사찰의 사업이었으나 조선 초에는 민간에서의 수양을 금함
		양로 (養老)	• 삼국시대 이래의 전통으로 국왕이 몸소 노인을 공경하는 행위(의복지급, 연회, 장수고령자 우대 등)를 보임으로써 경로 문화를 조성하기 위한 사업

<table>
<tr><td rowspan="5">의료
제도
등</td><td rowspan="5">의료</td><td>대비원
(大悲院)</td><td>• 고려시대 1036년에 설치된 빈곤자의 의료 시행기관</td></tr>
<tr><td>활인서
(活人署)</td><td>• 태조 원년(1392년)에 설치된 빈곤의료사업기관</td></tr>
<tr><td>제생원
(濟生院)</td><td>• 태조 6년에 설치된 의서편찬, 약물조사, 여자 의사 양성을 위한 기관</td></tr>
<tr><td>혜민서
(惠民署)</td><td>• 제생원이 1715년에 대체되어 일반서민의 의료시행</td></tr>
<tr><td>월령의
(月令醫)</td><td>• 숙종 때 만들어진 공의(公醫)로서 정부부서나 경성의 5부에 배치되어 일반서민의 의료에 종사</td></tr>
<tr><td rowspan="4">기타</td><td>고조
(顧助)</td><td></td><td>• 왕족이나 사족(士族)의 관혼상제비용을 지원하고 규정하는 사업</td></tr>
<tr><td rowspan="3">인보
(隣保)</td><td>오가통
(五家統)</td><td>• 호수(戶數)를 기준으로 지역을 세분화하고 그 지역 내의 성원이 공동연대 책임을 지고 생활문제에 우선적으로 대처하게 하는 것
• 조선 세조 때에 다섯 가구를 하나의 통으로 함</td></tr>
<tr><td>오가통절목
(五家統節目)</td><td>• 숙종 원년(1674년)에 제정</td></tr>
<tr><td>향약</td><td>• 지역주민들의 순화, 덕화, 교화를 목적으로 한 지식인들 간의 자치적인 협동조직
• 1600년경 율곡 이이의 제안으로 시행</td></tr>
</table>

개화기 장애인복지

개화기 역시 근대 전환기의 불안정한 시대 상황에서 장애인만을 대상으로 하는 별도의 복지정책은 시행되지 않았다. 장애인에 대한 보호는 일반복지정책에 포함해서 실시했던 것으로 보인다. 즉, 장애인은 별도의 구제대상이 아니라 빈민이나 이재민, 걸인 구호와 관련된 일반적인 구제에 포함되어 있었다. 개화기의 공공복지정책은 갑오개혁으로 인한 조선시대의 기존 진휼방식의 변화로 설명된다. 가장 대표적인 정책이 환곡을 대체할 사환제와 미곡시장을 활용한 진휼이었다. 조선 후기 정부와 대한제국 정부, 통감부가 주축이 되어 공공 의료복지활동도 전개되었다.

이처럼 조선시대의 빈민구제활동은 주로 정부에 의해 이루어져 왔다. 이는 왕정제도하에서는 당연한 것으로 여겨졌으며, 불교를 비롯한 종교 차원에서나 민간에서의 빈민구제는 인정에 의한 개별적이고 산발적인 활동이었다. 조직화되지 않은 개별적인 차원에서 구제활동이 이루어진 것은 구한말에도 마찬가지였다. 그러나 점차 보다 체계적이고 조직적이며, 지속적인 민간 구제활동의 시도들이 나타났는데, 바로 혜중국과 진민소의 설립이 그 계기가 되었다.

한편, 개항 이후 개화사상과 신교육사상이 유입되는 과정에서 서구사회에서 이루어지고 있는 특수교육에 대한 소개로 인해 장애인에 대한 새로운 형태의 접근이 이루어졌는데, 최초의 특수교육학교인 평양맹아학교의 설립이 그것이다. 평양맹아학교는 우리나라 특수교육의 효시를 이루었다는 점에서 의의를 지니고 있다.

일제강점기 장애인복지

일제강점기의 장애인에 대한 부정적 인식은 장애인복지정책에도 영향을 미쳤다. 즉, 일제강점기 장애인을 포괄적으로 지칭하는 불구자라는 개념이 확산되어 갔지만, 식민지라는 조건에서 일제의 복지정책은 지극히 미진한 것이었다. 그리고 장애인은 별도의 구제대상이 아니라, 빈민이나 이재민, 걸인 구호와 관련된 일반적인 구제에 포함되어 있었다. 즉, 장애인만을 위해 독립적으로 제도화된 정책은 없었으며, 각종 은사금의 이자로 지원되는 구제사업은 그때그때 임시적이고 즉흥적인 성격이 강했다.

일제강점기 중요한 사회복지법률 중 중요한 것은 공공부조에 관한 법률이었다. 1916년 「은사진휼자금 궁민구조규정」(恩賜賑恤資金 窮民救助規定, 이하 「부조규정」)이 최초의 공공부조법이었다. 이 「부조규정」은 1944년 「조선구호령」으로 대체되는데, 이것은 전체 국민의 구빈대책의 일환으로 실시되었기 때문에 장애인의 특성이 고려되지 않았다. 그뿐만 아니라 시행과 더불어 해방을 맞이하였기 때문에 그 효과는 거의 없었다.

한편, 총독부 직속사업으로서 1911년 6월 「제생원규정」(조선총독부 부령 제77호)에 의해 제생원(濟生院)이 설치되었다. 제생원은 고아와 장애아동 보호시설인데, 1905년 이필화가 설립한 경성고아원을 인수한 것이었다. 그러나 일제는 제생원을 하나의 상징적 시설로서 운영했을 뿐 이와 유사한 복지시설을 확충하는 노력은 하지 않았다. 그뿐만 아니라 일제가 제생원의 사업에서 장애아동에 대하여 시설보호에서 벗어나 정상적 학교체제로 개편하려는 노력을 기울이지 않았다. 이처럼 일제의 복지실천은 선별주의적이고, 잔여적인 복지모델을 한국사회에 이식하는 결과를 가져왔던 것이다.

미군정 및 한국전쟁기 장애인복지

8 · 15광복 이후에도 미군정의 실시, 남북의 분단, 한국전쟁 등 역사의 격동기를 거치는 동안 현대적인 장애인복지제도를 발전시키지 못했다. 미군정기에는 전재민구호사업, 한국전쟁기에는 아동보호사업에 치중할 수밖에 없었기 때문에 장애인의 문제는 크게 부각되지 않았다. 게다가 미군정기의 구호정책은 국가책임에 의한 국민들의 최저생활을 보장하는 측면보다는 응급구호적이며, 시혜적인 물질제공의 측면에 치우쳐 있었다. 그뿐만 아니라 미군정의 구호정책은 사회통제적인 성격이 매우 강했다. 이러한 상황에서 장애인복지정책을 기대하기는 어려웠다.

1950년대 장애인 관련 법률 및 제도를 보면, 주로 전쟁희생자에 대한 사회복지 차원의 원호를 목적으로 제정된 것들이었다. 특히, 상이군경들을 대상으로 한 법률이 많았다. 국가의 입장에서 보면, 상이군경들은 사회통제의 대상이었고, 일반 시민의 입장에서 보면, 자신을 대신하여 국가를 위해 희생한 사람들로 여겼다. 이처럼 전쟁으로 인해 장애를 입은 상이군경들을 단지 국가유공자로 인식했을 뿐 이들을 장애인으로 인식하는 수준에는 이르지 못했다. 따라서 상이군경이라는 특수한 집단을 위한 정책 외에 장애인 일반에 관한 제도나 법령은 찾아보기 힘들었다. 다만, 1949년 12월 31일에 제정 및 공포된 「교육법」에 특수학교와 특수학급에 관한 규정을 두고 있었다.

한편, 한국전쟁으로 인한 전쟁고아들과 장애를 입은 상이군경들에 대한 응급구호의 필요성이 증가하여 시설의 수가 급격히 증가했다. 1950년 '후생시설 설치기준'이 공포되면서, 사회복지시설에 대한 관권 개입의 역사가 시작되었다. 그러나 대부분 시설은 외원단체에 대한 의존도가 높았다. 당시 정부의 재정능력으로는 제대로 지원할 수 없었기 때문이다. 그리하여 국제기구나 미국정부의 원조, 그리고 외국민간원조단체로부터 원조를 제공받았다. 특히, 한국전쟁으로 인해 대거 한국에 들어온 외원단체들은 전쟁 중의 혼란한 시기와 전후 복구시기에 다양한 원조활동을 활발히 전개하였는데, 이로 인해 우리나라 국민의 고통이 많이 완화된 것이 사실이다.

권위주의시대의 장애인복지

권위주의시대의 장애인복지는 1970년대 후반까지 별다른 진전이 없이 개별적인 자선에 의존하는 수준이었다. 현대적 장애인복지의 개념은 1976년 UN의 '1981년 세계장애인의 해' 선포 및 군사정권의 정당성 확보 차원에서 정부가 1977년에 「특수교육법」을 제정하고, 1981년에 「심신장애자복지법」을 제정함으로써 형성되기 시작하였다. 「심신장애자복지법」은 장애인복지와 관련해서 국가가 처음으로 제도적 장치를 마련했다는 점에서 중요한 의의를 지닌다. 그뿐만 아니라 일반 장애인고용에 관한 내용이 공식적으로 법 조항에 등장한 것도 이 법이 처음이라 할 수 있다. 그럼에도 불구하고 「심신장애자복지법」의 제정은 국가의 장애인복지에 대한 의지로 이루어진 것이 아니었기 때문에 장애인고용과 관련해서 국가적 책임과 그 정책수단이 구체화되지는 못했다.

이 시기의 장애인복지정책의 특징은 장애인의 교육, 훈련, 재활이 강조되기 시작했다는 점이다. 하지만 이러한 정책은 재가장애인보다는 시설장애인에게 더 많은 초점이 맞추어져 있었으며, 개인주의적 장애관에 입각해 있었다.

민주정부시대의 장애인복지

1988년부터 이어진 「심신장애자복지법」 개정과 「장애인고용촉진법」 제정, 양대 법안 투쟁은 1989년과 1990년에 가서 비로소 결실을 보게 된다. 결과적으로 「심신장애자복지법」이 「장애인복지법」으로 전면 개정이 이루어졌고, 장애인노동자들의 고용창출과 기회의 확대를 위한 직접적인 제도적 장치로서 「장애인고용촉진 등에 관한 법률」이 제정되었다. 그리고 고용장려금제도와 장애인의무고용제 등을 확보할 수 있었다.

또한, 교육권운동의 성과로 1994년 「특수교육진흥법」 개정을 이루어냈다. 이것은 운동의 주체인 장애인 대학생들과 전국적인 장애인교육권연대의 노력이 있었기에 가능한 일이었다. 그리고 故 김순석 열사의 죽음에 뿌리를 두고 있는 장애인 이동권운동의 결과, 장애인편의시설의 확충을 위하여 1997년 4월 10일에 「장애인 · 노인 · 임산부 등의 편의증진에 관한 법률」을 제정되어 1998년 4월 11일에 시행되었다.

1990년대는 장애인운동세력의 성숙과 이를 뒷받침할 수 있는 정치세력의 형성으로 장애인문제를 사회문제로 인식하기 시작하였고, 시설에서의 보호뿐만 아니라 재가장애인에 대해 최저생계비 보장을 목적으로 한 복지급부가 시작되는 등 사회 · 경제적 지원이 확대된 시기였다. 그러나 장애인에 대한 인식이 개선되고 복지제도가 도입되었음에도 '경제성장론'에 밀려 최소한의 경제적 지원만이 이루어지던 시기였다. 한편, 시설도 대형중심에서 지역사회에 기반을 둔 소형시설로의 변화가 일어나기 시작하였으며, 장애인의 사회통합을 위한 각종 조치가 시행되는 시기였다. 장애인문제를 사회문제로 인식하기 시작하였으며, 이에 따라 시설에서의 보호뿐만 아니라 재가장애인에 대한 복지급여가 시작되었다.

IMF 경제위기 이후의 장애인복지

이 시기에는 많은 장애인복지의 변화가 있었다. 1999년 2월 8일에 「장애인복지법」의 전면 개정이 이루어졌다. 「장애인복지법」이 개정되면서 장애의 범주가 크게 확대되었고, 제도적 차원에서 장애인에 대한 사회복지정책의 기본적인 틀을 마련하였다는 점에서 큰 의미가 있었다.

장애인복지의 역사에 있어서 하나의 획을 그을 만한 사건은 뭐니 뭐니 해도 수많은 장애인들의 투쟁끝에 제정 · 시행된 「장애인차별금지법」이었다. 「장애인차별금지법」은 2007년 3월 6일 제정되어, 이듬해 2008년 4월 11일에 시행되었다. 「장애인차별금지법」의 제정은 장애인 당사자주의에 입각한 입법 및 인권 패러다임의 전환을 의미하며, 시혜나 배려의 대상으로 바라보던 장애인에 대한 시선에서 벗어나 장애인을 권리의 주체로 자리매김하게 되었다는 점에서 큰 의의가 있다.

또한, 「장애인연금법」(2010)과 「장애인활동지원법」(2011)의 제정은 장애인의 생존권과 직결되는 매우 중요한 장애인복지제도라는 점에서 큰 의미가 있다. 「장애인활동지원법」에 의한 장애인활동지원서비스는 중증장애인의 자립생활을 돕기 위한 서비스 중 가장 핵심적인 서비스라는 데 의의가 있다. 2011년 「장애인활동지원법」이 제정 및 제도의 시행 이후 대상자 및 급여의 확대 등 많은 변화를 거듭해 왔다. 무엇보다 가장 큰 변화는 2019년에 이루어진 장애등급제 폐지였다. 비록 단계적인 폐지였지만, 장애등급제가 시행된 이래 31년 만의 일이었다. 장애를 의학적 '등급' 대신 '정도'로 변경하고, 활동지원 등 돌봄서비스 제공에 '종합조사'를 통해 장애인 개인의 필요도와 사회환경을 반영한다는 취지였다.

그밖에도 2000년에 「장애인고용촉진 및 직업재활법」이 제정되었고, 2007년에는 장애인 교육의 양과 질을 대폭적으로 개선할 수 있는 내용을 담은 「장애인특수교육법」이 제정되었다. 그리고 이동권과 관련해서는 2005년 「교통약자의 이동편의증진법」이 제정되어, 2006년부터 시행되었다.

결론

자, 이제 결론을 맺어보자. 지금까지 장애인의 역사, 장애인운동의 역사, 장애인복지의 역사를 고찰하였는데, 그 결과 이 세 범주는 단절된 것이 아니라 연속선상에 놓여 있음을 확인할 수 있었다. 즉, 장애인의 역사는 장애인운동의 역사로 이어지고, 장애인운동의 역사는 장애인복지의 역사로 귀결된다는 것이다. 부연하면, 장애인에 대한 편견, 스티그마, 혐오와 경멸 등의 부정적 인식과 실제 차별받는 삶은 장애인운동을 낳았고, 그 장애인운동의 결과물이 장애인복지였다.

요컨대, 한국 장애인복지의 본질은 바로 장애인들의 목숨을 건 투쟁의 산물이었다. 근대 이후 한국정부는 단 한 번도 장애인들을 위해 먼저 손을 내민 적이 없었다. 근대 이후 한국 장애인의 역사는 차별의 역사였고, 장애인운동의 역사는 목숨을 걸고 차별에 저항한 권리투쟁의 역사였으며, 이 권리투쟁의 역사적 주체는 바로 장애인 당사자들이었다. 그리고 이 권리투쟁의 산물이 바로 장애인복지였던 것이다.

부록 한국 장애인복지역사 연표

<근대이전>

194년 – 고구려 고국천왕 16년 진대법 시행.

897년 – 고려 성종 5년 의창 설치.

963년 – 고려 광종 14년 제위보 운영.

993년 – 고려 성종 12년 상평창 설치.

1112년 – 고려 예종 7년 혜민국 설치.

1392년 – 조선 태조 원년 동서활인서 설치.

1397년 – 조선 태조 6년 제생원 설치.

1460년 – 조선 세조 6년 제생원 혜민국과 통합.

1466년 – 조선 세조 12년 혜민국을 혜민서로 개칭.

1685년 – 조선 숙종 10년 사창조례 제정.

<개화기>

1894년 – 미북감리교 소속 선교사 로제타 홀(Rosetta Hall)에 의해 평양맹아학교 설립. **우리나라 특수교육의 효시.**

1895년 – 사환제(社還制) 수립.

1896년 – 혜중국(惠衆局) 설립.

1898년 – 민간차원의 구휼기관 진민소(賑民所) 설립.

1900년 – 로제타 홀 평양의 정진여학교에 특수학급인 시각장애인반 설치하고 특수교육 시작. 페리(Jean Perry) 선교사에 의해 서울의 남맹아보호시설 설립.

1901년-혜민원(惠民院) 설치.

1903년-장로교 선교사 모펫부인(Alice Fish Moffeett)에 의해 평양의 남자맹학교 설립. →1915년 평양맹아학교로 설립 인가받음.

<일제강점기>

1911년 6월-조선총독부, 조선 내 고아 양육과 맹아자 교육, 정신병자 구료를 목적으로 「제생원규정」(조선총독부 부령 제77호)을 반포하고 제생원 설립.

1913년 4월 1일-조선총독부, 제생원 맹아부 설립→시각장애인에게 보통교육 외에 침구·안마업 위주의 직업교육 실시.

1914년-「안마술·침술·구술 영업취체규칙」 제정→안마술·침술·구술 면허증 교부.

1916년-「은사진휼자금 궁민구조규정」 제정. 최초의 공공부조법.

1944년 3월 1일-조선구호령 발표.

<미군정 및 한국전쟁기>

1945년 10월 1일-미군정청이 일본으로부터 제생원을 인수하여 보건후생부 산하에 두고, 학제를 6년제 초등학교로 변경하였으며, 교명도 국립맹아학교로 변경.

1945년-우리나라 최초의 장애인거주시설 천애원 설립→1947년 인가.

1947년 9월 1일-국립맹아학교에 5년제 중등부 신설. 이 중등과에 보통과·침안과·음악과 개설→우리나라 중등특수교육기관의 효시.

1949년 5월 6일-중앙각심원 설립.

1949년 12월 30일-「교육법」 제정→특수교육의 법적 근거 마련.

1950년 4월 14일-「군사원호법」 제정.

1950년 4월 28일-「순직 및 상이경찰관 보상금 급여」 규정 제정.

1951년 1월 22일-「중앙상이군인 정양원 직제」 제정.

1951년 3월 12일-「순직 및 상이형무관 보상금 급여 규정」 제정.

1951년 3월 15일-「중앙상이군인 정양원 규정」 제정.

1951년 4월 12일–「경찰원호법」 제정.

1952년 4월 27일–「중앙상이군경직업보도소 직제」 제정.

1952년 6월–삼육불구아동원 시설인가 및 설립.

1952년 9월 26일–「전몰군경유족과 상이군경연금법」 제정.

1955년 12월 2일–「중앙재활원직제」 제정.

1959년 1월 14일–맹농아교육 분리에 관한 대통령령 공포→동년 4월 국립맹아학교가 서울맹학교와 서울농아학교로 분리.

<권위주의시대>

1960년 8월 12일–중앙각심학원→국립각심학원으로 명칭 변경.

1962년–서울 월계초등학교에 **우리나라 최초의 특수학급 설치**.

1977년 12월 31일–**「특수교육진흥법」 제정.**

1978년 6월 17일–보건사회부, '심신장애자종합보호대책' 발표.

1981년–UN이 정한 '세계장애인의 해'. 후속조치로 1982년부터 1991년까지 UN이 정한 '세계장애인 10년'으로 결정.

1981년 4월 20일–제1회 '장애자의 날' 기념식 개최.

1981년 6월 5일–**「심신장애자복지법」 제정 및 시행. 우리나라 역사상 최초로 장애인복지에 관한 종합적인 법률.**

1982년 7월 24일–전국지체부자유대학생연합회 상임위원회 결성.

1982년 12월 3일–UN, '세계장애인의 해 행동계획' 채택.

1982년 12월 17일–한국 최초의 장애인종합복지관인 서울장애인종합복지관 개관.

1984년 1월 20일–장애자올림픽 서울 유치 결정.

1984년 5월 7일–장애인편의시설 의무화(건축법 시행령).

1984년 9월 19일–**故김순석 열사** 서울시장 앞으로 **'서울거리의 턱을 없애 달라'**는 유서를 남기고 자살.

1985년 2월 26일–한국장애인부모회 창립.

1986년 8월 18일 – 국립각심학원 폐지 → 국립재활원으로 개편.

1986년 9월 14일 – 장애인문제연구회 울림터 창립.

1986년 9월 – 한국DPI 창립.

1986년 10월 31일 – 국립재활원 개원(1949. 5. 중앙각심학원, 1960. 8. 국립각심학원).

1986년 12월 27일 – 한국지체장애인협회 창립.

1987년 **장애우권익문제연구소 설립.**

1987년 10월 24일 – **「특수교육진흥법」 개정.** 사립학교에 취학한 유치 · 초등 · 중학 · 고등부 과정의 모든 학생들에게도 국 · 공립학교와 동일하게 무상교육을 받을 수 있는 내용으로 개정.

1987년 11월 – **신망애재활원 사태 발생.** 청량리에 위치한 신망애재활원의 건축에 대하여 인근 주민들이 결사 반대하며 공사를 방해한 사건이다. 이 사건은 장애인계와 지역주민들이 극단적인 대치 상태를 보이면서 끝내 무산되는 아픔을 안겨주었다.

<민주정부시대>

1988년 3월 28일 – **'보람의 집' 장애인 20여명이 장애인의 생존권 보장을 요구하며, 서울 종로의 연동교회를 점거해서 한 달 이상 단식투쟁.** 이 운동의 개요는 순복음교회 목사들이 거둔 헌금을 장애자올림픽 지원금으로 기부하려는 것을 알게 된 장애인들이 기만적인 장애자올림픽에 기부하기보다는 영세장애인들에게 나누어 주어야 한다고 주장하는 것이었다.

1988년 4월 16일 – 장애인 대학생 동아리의 전국적 연합체인 전국지체부자유대학생연합회, 서울 · 경인지역장애인연합회가 주축이 되어 최초의 대규모 집회라고 할 수 있는 **'기만적인 장애인복지정책규탄대회'**를 명동에서 개최.

1988년 4월 17일 – 울림터의 회원 일곱 명 삼육재활원 점거 및 단식농성.

1988년 6월 7일 – 장애인단체들 프레스센터에서의 「장애인고용촉진법」 제정과 「심신장애자복지법」 개정을 촉구하는 대사회토론회의 개최.

1988년 7월 2일 – 박흥수 등 청년 장애인 8명이 장애자올림픽조직위원회 점거 투쟁에 돌입하여 보건사회부차관을 비롯한 정부 담당자들과 장애인 대표단과의 공청회 약속을 받아낸 후 해산.

1988년 10월 9일－장애인복지정책에 대한 정부의 안일한 태도를 규탄하기 위해 전국지체부자유대학생연합회, 전국특수교육과 대학생연합회, 서울경인지역 사회복지학과 대학생연합회 등이 장애인과 연합하여 안암동 개운사에서 **'기만적인 장애자올림픽 거부 및 장애인 생존권 결의대회'** 개최. 그들은 **'기만적인 장애인올림픽 행정당국 각성하라. 장애인고용촉진법 즉각 제정하라. 장애인복지예산 확대 지원하라'** 등의 구호를 내걸었다.

1988년 11월 1일－장애인등록사업 전국 확대 실시.

1989년 1월 27일－정립회관에서 '장애인고용촉진법 제정을 위한 공청회' 개최.

1989년 4월 16일－'기만적인 복지정책규탄 및 400만 장애인인권쟁취 결의대회' 개최.

1989년 10월 28일－'한국장애인총연맹'을 중심으로 양 법안과 관련된 투쟁에 공동으로 대처하기 위해 **'심신장애자복지법 개정 및 장애인고용촉진법 제정을 위한 공동대책위원회'(이하 양대법안공대위) 결성.**

1989년 10월 30일－투쟁의 정점을 이루게 되는 야당 당사 세 곳에 대한 순회 점거 농성(11월 9일까지)이 전지대련 소속 회원 30여 명을 중심으로 진행. 이 과정에서 장애계는 당시 3당 총재는 물론 관계자들로부터 양 법안의 제 · 개정에 대한 약속을 받아내게 되었다. 이 농성은 각 정당을 압박하여 장애인계의 요구가 반영된 법안이 통과되는 데 중요한 전기를 마련했다.

1989년 11월 7일－남부장애인복지관에서 양대법안 공대위 대표자 및 실무책임자들과 보사위 국회의원들간의 간담회 개최.

1989년 11월 10일－양대법안공대위측 기자회견 등을 통해 법제정시 장애계의 요구사항 등을 발표.

1989년 11월 11일－공대위 주최로 국회의사당에서 **'심신장애자복지법 개정과 장애인고용촉진법 제정을 위한 4백만 장애인 총결의대회' 개최.** 장애인들의 입법활동에 직접 참여하는 계기 마련.

1989년 11월 17일－명동성당에서 노상 철야단식을 단행(24일까지 8일간). 장애계의 요구를 노동소위 위원장 면담을 통해 공식적으로 요구.

1989년 11월 20일－국회 노동위 법안소위 이상수위원장은 장애계의 의견을 최대한 수렴할 것을 약속→법안소위심의과정에 공대위가 직접 참여하여 공대위측 법안 설명.

1989년 11월 21일－노동부 소위에서 법안단일화 작업 착수.

1989년 11월 27일－크게 쟁점화되었던 장애인의무고용률, 공단구조, 공단기금관리, 고용촉진금 등 4개 항목에 대한 합의를 통해 단일안 마련

1989년 12월 1일－「장애인복지법안」 국회상임위 통과.

1989년 12월 16일－「장애인고용촉진등에 관한 법률」 국회 본회의 통과.

1989년 12월 30일－「심신장애자복지법」 전면 개정→「장애인복지법」으로 제정 및 시행.

1990년 1월 13일－「장애인고용촉진 등에 관한 법률」 제정 공포.

1990년－장애관련 11개 단체들을 중심으로 '장애인고용촉진법의 올바른 시행을 위한 공동투쟁위원회'를 결성.

1991년 1월 1일－「장애인고용촉진 등에 관한 법률」 시행.

1991년 4월 13일－장애인운동청년연합회 창립.

1992년－UN이 정한 '세계장애인 10년'이 끝남에 따라 UN 아시아 · 태평양경제사회위원회(ESCAP)는 '아 · 태 장애인 10년(1993~2002)' 선포.

1993년 7월 15일－교육부 「특수교육진흥법」 개정 입법(교육부 공고 제1993-18호) 예고.

1993년 8월 15일－장애인운동청년연합회, 전국장애인한가족협회와 통합.

1993년 8월 27일－한국지체장애인협회, 여의도에서 '장애인 폭행 규탄 및 인권 쟁취 결의대회' 개최.

1993년 11월 6일－국회에 '장애인교육에 관한 기본법 제정'을 촉구하는 범국민대회 개최. 명동성당까지 평화행진.

1993년 12월 17일－「특수교육진흥법」 개정 법률안 최종 결정.

1993년 12월－「특수교육진흥법」 개정 법률안 국회통과.

1994년 1월 7일－「특수교육진흥법」 전면 개정.

1994년 5월 16일－교육부장관 직할기관으로서 '국립특수교육원' 설립.

1995년 3월 8일－**故최정환 열사(지체장애 1급)의 분신.**

1995년 3월 9일－대한성인장애인복지협의회, 전노련, 전장협을 중심으로 '장애인 노점상 최정환 분신 사건에 관한 진상규명 및 관련자 처벌을 위한 비상대책위원회' 구성.

1995년 3월 11일－최정환 열사 분신에 대해 300여명의 장애인과 노점상들이 서초구청 앞에서 규탄대회 개최.

1995년 3월 16일－전노련 주최로 종묘에서 '살인단속 분쇄 및 장애인 노점상 최정환 사건 규탄대회' 개최.

1995년 3월 21일－**최정환 열사 사망. "복수해달라, 400만 장애인을 위해서라면 죽어도 좋다"**라는 유언을 남김.

1995년 4월 20일－전장협, 전국민주노동조합총연맹, 산업재해노동자협의회와 함께 **'장애인고용촉진을 위한 노동자 · 장애인 결의대회'** 개최.

1995년 8월 4일－「장애인고용촉진 등에 관한 법률」 개정.

1995년 12월 30일－**「정신보건법」 제정.**

1996년 11월 26일－에바다학교의 학생들과 농아원의 학생들이 〈김영삼 대통령 할아버지께〉라는 제목의 탄원서를 발송하고, 그 다음날부터 농성에 들어감으로써 세상에 알려졌다. 에바다 복지회는 운영자들이 요직을 장악하고 있었고, 공금 및 국고 횡령, 작업장에서 장애인 강제노역과 임금 착취, 입양사업을 명목으로 한 해외로의 인신매매, 장애아동의 의문사 등 장애인시설 비리의 전형을 보여주었다. 이 사실이 알려지자 '에바다 비리재단 퇴진과 정상화를 위한 공동대책위원회'가 꾸려졌고, 거듭되는 투쟁으로 2003년 6월 7일에야 비로소 비리세력을 몰아내는 데 성공하였다. **'에바다 투쟁'**은 7년 동안 이어진 기나긴 투쟁이었다.

1996년 12월－**장애인편의시설촉진시민연대(이하 편의연대) 설립.**

1996년 12월－**'장애인복지발전 5개년계획'(1998～2002)' 수립 결정.** '장애인복지대책위원회' 제1차 회의에서 '장애인복지발전 5개년계획'을 수립하도록 결정함에 따라 '국민복지구상' 등 기존에 발표된 장애인복지시책을 기본으로 하여 복지 · 고용부문을 유기적으로 연계하여 OECD 회원국에 걸맞는 장애인복지 수준을 달성하기 위하여 중 · 장기 종합계획을 수립하여 1998년부터 2002년까지 5년간의 장애인복지증진을 위한 계획을 추진한 것이다.

1997년 1월－**'특수교육발전 5개년계획(1997～2001)'** 발표.

1997년－장애인공동생활가정(group home) 설치 운영 시작.

1997년 4월 10일－**「장애인 · 노인 · 임산부 등의 편의증진에 관한 법률」 제정.**

1997년 10월 22일－장애우권익문제연구소 「장애인고용촉진 등에 관한 법률」 개정에 관한 워크숍 개최.

<IMF 경제위기 이후의 시대>

1998년-**'장애인복지발전 5개년계획(1998~2002)' 수립 · 시행.** 장애인복지의 확대를 위하여 장애발생의 예방, 장애인의 생활안정지원의 강화, 사회참여 확대 및 편의시설 확충, 장애범주 확대 등의 사업을 추진하고 아울러 장애아의 교육기회 확대, 특수교육의 내실화, 특수교육 지원체제의 효율화를 통해 특수교육을 강화하며, 장애인 고용촉진을 위하여 장애인 직업능력개발 증진, 중증장애인 고용환경 개선, 사업체의 장애인고용촉진 등의 사업을 연차적으로 시행하는 것을 내용으로 하였다.

1998년 4월 11일-**「장애인 · 노인 · 임산부 등의 편의증진에 관한 법률」 시행.**

1998년 9월 15일-새정치국민회의 '장애인직업정책기획단' 발족.

1998년 10월 17일-전국장애인한가족협회, 한국DPI로 통합하면서 해소.

1998년 11월 8일-지체장애인협회, 서울DPI '범국민장애인총궐기대회' 개최.

1998년 12월 3일-**한국장애인단체총연맹(약칭 한국장총) 출범.**

1998년 12월 9일-**'한국장애인인권헌장' 제정 선포.** 장애인의 인간존엄과 가치를 확인하고 건전한 사회구성원으로서 장애인의 자립노력과 인권보호, 사회참여와 평등을 보장하는 기본원리와 장애인의 기본적 권리 명시.

1998년 12월 15일-환경노동위원회 「장애인고용촉진 등에 관한 개정법률」(안) 통과.

1998년 12월 21일-보건복지위원회 「장애인직업재활법」(안) 통과.

1999년 2월 8일-**「장애인복지법」 전면개정(2000년 1월 1일부터 시행).** 장애범주 확대: 지체, 시각, 청각, 언어, 정신지체 → 지체, 시각, 청각, 언어, 정신지체, 신장, 심장, 정신질환, 발달장애, 뇌병변장애까지 확대 시행.

1999년-1999년부터 청각장애인 및 시각장애인의 지역사회 생활을 보조해 주기 위해 시각장애인심부름센터 및 수화통역센터에 대한 국고보조 시행.

1999년 8월 12일-한국장총 '장애인직업재활법 제정촉구를 위한 범장애인 결의대회'를 국민회의 당사 앞에서 개최.

1999년 11월 17일-장애우일권리찾기연합(장애우권익문제연구소 직업센터를 이용한 장애인들의 자조모임) 회원 9명이 여의도순복음교회 앞에서 천막단식 농성 진행.

1999년 11월 29일-「장애인직업재활법」 수정안 보건복지위원회 통과.

1999년 11월 30일-환경노동위원회 「장애인고용촉진 등에 관한 개정법률」(수정안) 통과.

1999년 12월 4일－새정치국민회의 당정협의에서 「장애인고용촉진 및 직업재활법」 합의안 도출→법의 주무부처는 노동부로 하고, 기금의 1/3을 복지부가 사용하고, 사업의 계획을 보건복지부장관과 협의하는 것으로 조정.

1999년 12월 7일－환경노동위원회 「장애인고용촉진 및 직업재활법」 합의안 통과.

1999년 12월 16일－**「장애인고용촉진 및 직업재활법」(안) 국회 본회의 통과.**

2000년 1월 12일－「장애인고용촉진 등에 관한 법률」이 **「장애인고용촉진 및 직업재활법」으로 전부개정.** 이 법률은 그동안 고용확대 노력이 경증장애인 위주로 이루어져 상대적으로 소외되었던 중증장애인의 고용촉진과 직업재활을 강조하였으며, 고용장려금의 지원단가를 경증장애인의 두배로 정하여 고용유인책을 강화하였다.

2000년 7월 1일－**「장애인고용촉진 및 직업재활법」 시행.**

2001년 1월 22일－**오이도역 장애인 수직형 리프트 추락참사.** 개통된 지 6개월이 안된 지하철 4호선 오이도역에서 장애인용 휠체어 수직형 리프트가 추락하는 사고 발생.

2001년 1월 29일－**'오이도역 장애인 수직형 리프트 추락참사 대책위원회' 구성.**

2001년 2월 6일－서울역 광장에서 **'오이도역 추락참사 진상규명과 이동권확보를 위한 투쟁결의대회' 개최.**

2001년 2월 8일－'오이도역 장애인 수직형 리프트 추락참사 대책위원회' 오이도역 참사에 대한 기자회견.

2001년 2월 26일－'오이도역 장애인 수직형 리프트 추락참사 대책위원회' 휠체어 1인 시위(4월 19일까지 39일간).

2001년 3월 9일－'오이도역 장애인 수직형 리프트 추락참사 대책위원회' 지하철 타기 투쟁(서울역에서 청량리역까지 지하철 연착시위).

2001년 4월 20일－'오이도역 장애인 수직형 리프트 추락참사 대책위원회' 장한평역에서 종로3가역까지 집단이동 시위.

2001년 4월 20일－**'장애인이동권쟁취를위한연대회의(약칭 이동권연대)' 출범.** 공동대표로 노들장애인야학의 박경석과 장애여성공감의 박김영희 선출.→'오이도역 장애인 수직형 리프트 추락참사 대책위원회' 해체.

2001년 8월 29일－장애인이동권연대의 운행 중이던 8-1번 버스 점거 사건→장애인이동권연대를 세상에 알리고, 일반시민을 비롯한 언론기관, 정부기관 등에게 장애인이동권문제를 사회문제로 인식하는 계기가 되었다.

2001년 12월 3일–'생존권 쟁취와 최저생계비 현실화을 위한 농성단'이 오후 2시 명동성당 앞에서 농성 돌입 기자회견.

2001년 12월 5일–'생존권 쟁취와 최저생계비 현실화를 위한 투쟁대회' 진행.

2001년 12월 8일–'생존권 쟁취와 민중복지 실현을 위한 결의대회' 진행

2002년 2월 21일–**故최옥란 열사(뇌병변 1급)의 음독자살 시도.**

2002년 3월 26일–최옥란 열사 음독휴우증으로 인한 심장마비로 사망.

2002년 4월 17일–대학로 마로니에 공원에서 우리나라 최초의 장애인노조인 '서울경인사무서비스직노동조합(약칭 서사노) 산하 **오픈에이스지부의 출범식 개최.**

2002년 4월 19일–**'제2차 장애인복지발전 5개년 계획'(2003~2007) 기본 방향 정립.** 국무총리를 위원장으로 하고 학계, 민간전문가, 장애인단체, 사회단체 등 민간위원과 정부부처가 참여하는 '장애인복지조종위원회'에서 '제1차 장애인복지발전 5개년계획'의 추진상황을 평가하고 '제2차 장애인복지발전 5개년 계획'의 기본방향을 정립하였다. 기본방향의 내용은 장애발생의 사전예방 강화, 연령별, 장애종류 및 정도, 성별 등에 따른 서비스 제공, 장애인과 가족의 생산과 근로활동 조장, 장애관련 산업증진, 사회적 인식 개선과 정보접근 보장 등을 통한 장애인의 사회 참여기회 보장, 장애인 관련 정보 · 통계 인프라 및 종합적 네트워크 구축, 중앙 · 지방 · 민간(지역사회 등)이 연계된 복지전달체계 등이다.

2002년 4월 20일–**'4 · 20장애인차별철폐투쟁공동기획단(약칭 4 · 20공동기획단)' 결성.** 2002년 4월 20일 장애인의 날을 맞이하여 장애인이동권연대는 전국의 장애인단체와 시민사회단체들에게 제안하여 4 · 20공동기획단을 결성하게 된다. "기만적인 시혜와 동정을 거부한다"며, 4월 20일을 '장애차별철폐의 날'로 정하고, 다양한 요구와 행사를 진행하였다.

2002년 8월–제2차 장애인복지발전 5개년계획(2003~2007) 발표.

2002년 9월–정신지체인전국부모연합회, 한국뇌성마비부모회, 한국뇌성마비장애인연합 3개 단체로 구성된 **'장애인연금법제정공동대책위원회' 출범.**

2002년 10월 5일–'장애인연금법제정공동대책위원회'는 국회의원회관 소회의실에서 20개 단체의 122명이 참석한 가운데 '장애인정상화를 위한 지원법, 재활기본법, 무기여 장애연금법 법안 설명회'를 개최함으로써 장애인연금문제를 공론화 시키며 공식적인 활동에 들어갔다.

2002년 11월 28일 – 「장애인연금법」 제정을 위한 공청회 개최, 국회의원회관 소회의실 11개 단체 150여명, 한나라당, 민주당, 민주노동당 부대표 및 국회의원, 정책전문위원 참석.

2002년 12월 16일 – 대통령후보 초청대토론회에서 노무현 후보가 장애인연금제도의 도입에 대한 약속을 직접 언급.

2002년 12월 31일 – 대통령 인수위원회에서 장애인연금제도 포함 확인(김성환 위원).

2003년 1월 – 제2차 '장애인복지발전 5개년계획'에 장애인연금제도 도입 일정 및 계획 발표.

2003년 4월 13일 – 장애인연금법제정공동대책위원회 주최 '장애인연금법 실현을 위한 대토론회' 개최(여성프라자), 한나라당 이원형의원 장애인연금법 의원입법 약속.

2003년 4월 15일 – **장애인차별금지법제정추진연대(약칭 장추련) 출범**

2003년 5월 28일 – 청와대에서 김화중 보건복지부장관 장애인연금제도 시행 약속.

2003년 6월 26일 – 장애인연금법제정공동대책위원회 국회의사당 앞, 민주노동당과 함께 부유세 도입을 통한 장애인연금법제정을 위한 200만 서명운동 시작 및 기자회견.

2003년 7월 15일 – 장애인교육권연대 공식 출범.

2003년 9월 5일 – 한나라당 '장애인복지법 개정을 통한 제한적 장애수당 확대(안)' 상정, '국기법 수급자에 한해 모든 장애인에 수당 지급(안)'으로 수정 결의.

2003년 9월 8일 – '기만적인 장애수당 확대 철회와 장애인연금법 쟁취를 위한 대정부–국회 공개질의 기자회견 및 사회적 타살 빈곤장애인을 위한 위령제' 개최.

2003년 9월 16일 – 한나라당 이원형 의원 「장애인연금법」 입법 약속 파기. 장애인수당 확대 내용으로 법안 발의.

2003년 9월 26일 – 장애인연금법제정공동대책위원회, 한나라당 당사 앞에서 '장애인연금법 제정약속 일방적 파기로 장애인을 농락하는 한나라당 규탄 기자회견' 개최. 한나라당사 진입시도.

2003년 12월 30일 – 한국DPI와 한국시각장애인연합회를 중심으로 '장애인고용장려금축소저지범국민대책위원회(약칭 고용장려금범대위)' 구성.

2003년 – 교육부 **'특수교육 발전 종합계획(2003–2007)' 발표.** → 2004년부터 일반학교 내 장애인편의시설 확충, 지역교육청 단위별 특수교육지원센터 설치 · 운영 등을 위한 지원을 확대해 모든 장애아동이 유치원부터 고등학교까지 교육을 무상으로 받을 수 있도록 하였다.

2004년 3월 27일－4 · 20공동기획단 세종문화회관 앞에서 매일 집회와 노숙투쟁을 동시에 전개(4월 19일까지 거의 한 달여 동안).

2004년 3월 31일－'장애인고용장려금축소철회를 위한 중증장애인사업장 공동대책위원회(약칭 중증장애인사업장공대위)' 결성.

2004년 5월 14일－장추련 「장애인차별금지법」(안) 최초 공개.

2004년 7월 19일－「교통약자의 이동편의 증진법」 현애자의원 등 17인 발의.

2004년 9월 24일－지체장애 1급 이광섭이 제37차 '장애인도 버스를 탑시다' 행사에 참여했다가 귀가 도중 서울역 휠체어리프트가 추락해 두개골 일부가 파열되는 사고 발생.

2004년 12월 29일－「교통약자의 이동편의 증진법」 국회 통과.

2005년 1월 27일－「교통약자의 이동편의 증진법」 제정.

2005년 3월 24일－**4 · 20장애인차별철폐공동투쟁단(약칭 4 · 20공동투쟁단) 결성.** '4 · 20공동기획단'이라는 이름이 4 · 20투쟁의 대중적 성격을 제대로 드러내지 못한다는 의견이 받아들여져, '4 · 20장애인차별철폐공동투쟁단(약칭 4 · 20공동투쟁단)'으로 명칭을 바꾸어 활동을 전개했다.

2005년 3월 26일－4 · 20공동투쟁단, 제1회 전국장애인대회 개최. 5월 1일 세계노동절까지 '4 · 20장애인차별철폐투쟁' 전개.

2005년 4월－열린우리당의 장향숙 의원이 6천억 규모의 무기여장애인연금의 도입을 추진하겠다고 선언.

2005년 6월－한나라당의 정화원 의원이 「중증장애인연금법」 제정 추진하겠다고 선언.

2005년 7월 29일－「장애인기업활동 촉진법」 제정.

2005년 9월 20일－민주노동당 노회찬 의원에 의해 **「장애인차별금지 및 권리구제 등에 관한 법률」 정식 발의.**

2005년 10월 26일－전국장애인차별철폐연대준비위원회(약칭 전장연(준)) 출범. → 10월 말 인권단체, 사회단체, 정당 등을 포괄하는 '장애인차별금지법제정공동투쟁단' 구성.

2005년 10월 30일－「장애인기업활동 촉진법」 시행.

2005년 12월 19일－경남 함안 장애인 동사사건. 근육장애를 갖고 있던 조모씨(남 41세, 지체장애 5급)가 동파한 보일러에서 흘러나온 물에 얼어죽는 사고 발생.

2006년 1월 28일－「교통약자의 이동편의 증진법」 시행.

2006년 3월 9일－장향숙 의원 「장애인소득보장법」(안) 발의.

2006년 3월 15일－정화원 의원 「중증장애인연금법」(안) 발의.

2006년 4월 20일－4 · 20투쟁단 「장애인연금법」 제정을 위한 결의대회. 기자회견 개최.

2006년 4월 27일－**활동보조인서비스 제도화 투쟁:** 오후 2시부터 8시가 넘는 시간까지 중증장애인 50여명이 기어서 한강대교를 건너 노들섬까지 행진하며 활동보조인서비스 제도화을 위한 투쟁을 벌였다. 맨몸으로 한강대교를 기는 중증장애인 뒤편에는 30여 명의 장애인들이 서로의 휠체어를 쇠사슬로 묶고 차량을 막아섰다.

2006년 6월 2일－**故박기연 열사 지하철 투신 자살.**

2006년 6월 27일－**'69사투(死鬪)' 계획 발표.**

2006년 12월 18일－열린우리당 장향숙 의원, 한나라당 정화원 의원 「장애인차별금지법」(안) 각 발의.

2007년 1월 24일－중증장애인 활동가들 활동지원서비스의 대상 제한 폐지, 생활시간 보장, 자부담 폐지를 요구하며, 국가인권위원회를 점거하고 무기한 단식농성 돌입.

2007년 2월 22일－「장애인차별금지 및 권리구제 등에 관한 법률」(약칭 장애인차별금지법) 보건복지위 상임위 통과.

2007년 3월 2일－「장애인차별금지법」 법제사법위원회 상임위 통과.

2007년 3월 5일－한나라당 정화원 의원 국회에 「중증장애인기초연금법안」 제출.

2007년 3월 6일－**「장애인차별금지법」 국회 통과.** 회기 마지막 날 오후 5시 30분경 출석 국회의원 197명 중 196명 찬성으로 국회 본회의 통과.

2007년 3월 6일－**「장애인복지법」 전면개정.** 활동보조인 파견 및 장애인 자립생활 지원 내용 포함.

2007년 3월 30일－**「장애인권리협약」 서명.** UN 2006년 12월 13일 「장애인권리협약」 서명 → 우리나라 보건복지부장관 협약에 서명 → 협약비준 정부안 2008년 12월 12일 국회 통과 → 2009년 1월 10일 국내 발효.

2007년 4월 1일－중증장애인을 위한 활동보조서비스 전국시범사업 시행

2007년 4월 10일－**「장애인차별금지법」 제정.**

2007년 4월 25일－「장애인 등에 대한 특수교육법」 국회 상임위 통과.

2007년 4월 30일－「장애인 등에 대한 특수교육법」 국회 법사위 통과.

2007년 4월 30일－**「장애인 등에 대한 특수교육법」 국회 본회의 통과** → 「특수교육진흥법」 폐지.

2007년 5월 22일—'기초장애연금법제정공동투쟁단' 결성(104개 장애인단체). → 10월에 '장애인연금법제정공동투쟁단'으로 명칭 변경.

2007년 5월 25일—「**장애인 등에 대한 특수교육법**」 **제정.**

2007년 6월 11일—'기초장애연금법제정공동투쟁단'은 국회 앞에서 기초장애연금법 제정을 촉구하는 1인 시위(6월 28일까지)를 하면서 기초장애연금법 제정을 위한 토론회와 한나라당 정책위원장과의 면담을 가지게 되었다.

2008년 2월~12월— '장애인장기요양보장추진단' 설치 · 운영

2008년 3월 21일—「**중증장애인 생산품 우선구매 특별법**」 **제정.**

2008년 4월 11일—「**장애인차별금지법**」 **시행.**

2008년 4월 22일—국무회의에서 대통령 주재로 '장애인의 권리에 관한 협약 비준안' 심의 · 의결.

2008년 5월 26일—「**장애인 등에 대한 특수교육법**」 **시행.**

2008년 6월—국무총리 주재로 장애인정책조정위원회를 열어 **'제3차 장애인정책발전 5개년 계획(2008-2012)'**을 심의 · 확정하고, 장애인복지, 장애인교육 · 문화, 경제활동, 사회참여 등 4개 영역 58개 과제를 발표. 58개 과제 중 각 영역별 중점추진 과제로는 장애인복지분야에서 장애인등록판정체계 및 전달체계 선진화, 기초장애연금제도 도입, 장애인 장기요양보장제도 도입 추진, 장애인 주택서비스 확대, 장애아동 및 가족지원서비스 제공 등을 내용으로 하고 있다.

2008년 9월 22일—「**중증장애인 생산품 우선구매 특별법**」 **시행.** 「중증장애인 생산품 우선구매 특별법 시행령」 제정.

2008년 12월 12일—장애인권리협약비준 정부안 국회 통과.

2009년 1월 16일—박은수 의원의 소개로 장애인연금법제정공동투쟁단 「장애인연금법」(안) 국회 입법 청원.

2009년 3월 3일—민주당 의원총회, 「장애인연금법」(안) 당론으로 추진 확정.

2009년 3월 26일—전국장애인차별철폐연대 4 · 20공동투쟁단 복지부 앞 장애등급제 폐지 노숙농성.

2009년 4월 2일—박은수 의원 「장애인연금법」(안) 발의.

2009년 9월 15일—윤석용 의원 「중증장애인연금법」(안) 발의.

2009년 10월 29일—정부 「중증장애인연금법」(안) 발의.

2009년 11월 2일－한국장애인단체총연맹, 한국장애인단체총연합회, 한국여성장애인연합, 한국척수장애인협회 공동주최 '장애인연금 확보를 위한 결의대회' 개최.

2009년 12월 28일－**보건복지가족위원회 법안 소위, 「장애인연금법」(안) 통과.** 박은수 의원의 「장애인연금법」(안), 윤석용 의원의 「중증장애인연금법」(안), 박은수 의원이 소개한 장애인연금법제정공동투쟁단의 「장애인연금법」 제정에 관한 청원을 일괄하여 상정하였다. 제명과 수급권자, 부정수급권자에 대한 과태료 책정 등 세부 항목에 대해 결정하였으며, 장애인연금법은 「기초장애연금법」(대안)으로 법안심사소위원회 통과하였다.

2009년 12월 29일－**보건복지가족위원회 전체회의, 「장애인연금법」(안) 통과.** 박은수 의원과 윤석용 의원이 각각 대표 발의한 법안과 정부가 제출한 법안 및 박은수 의원이 소개한 청원 이상 4건의 안건을 병합 심사하여 각각 본회의에 부의하지 않는 대신 「기초장애연금법」(대안)으로 제안하기로 결정했다.

2010년 2월 12일－전국장애인차별철폐연대 장애등급판정기준 규탄.

2010년 3월 31일－**「장애인연금법」(안) 국회 법사위 통과.** 「기초장애연금법」(안)으로 올라온 법안이었지만, 법사위에서는 장애계의 의견을 절충하여 「장애인연금법」으로 하여 통과하기로 결정하였다. 또한 '1급, 2급 및 3급 이하를'을 '3급 중'으로 수정하였다.

2010년 3월 31일－**「장애인연금법」(안) 국회 본회의 통과.** 신상진 의원이 보건복지위 위원장 대리로 제안 설명이 이루어졌고, 재석 201인 중 201인의 찬성으로 장애인연금법안(대안)이 가결되었다.

2010년 3월－한국정신장애인연합 출범.

2010년 4월 12일－**「장애인연금법」 제정.**

2010년 4월 28일－장애판정 재심사 기관을 국민연금공단으로 명시한 「장애인복지법」 개정안 국회 본회의 통과.

2010년 5월 1일－장애인차별철폐연대 성명서 발표: **"장애의 사회환경적 요인을 무시하고 의료적 기준으로 장애인의 몸을 등급화하는 장애등급제는 시대착오적 발상이다. 장애등급심사의 목적은 예산의 절감과 복지축소 뿐이다."**

2010년 5월 25일－장애인차별철폐연대 장애등급심사 대응을 위한 연대기구 제안서를 각 장애인단체와 시민단체 대표에게 발송.

2010년 5월－한국정신장애연대 KAMI 설립.

2010년 7월 1일－**「장애인연금법」 시행.**

2010년 7월 30일－전국장애인차별철폐연대 장애인연금심사신청거부 선언 및 장애등급제폐지 공대위 출범 기자회견.

2010년 9월 13일－전국장애인차별철폐연대 장애등급심사 중단 및 예산 폐기를 위한 국민연금 장애인지원센터 점거하며 단식투쟁.

2010년 9월 16일－전국장애인차별철폐연대 장애등급제 폐지 결의대회.

2010년 9월 20일－전국장애인차별철폐연대 장애등급심사센터 점거 농성 해제.

2010년 11월 23일－전국장애인차별철폐연대 장애인활동지원 공투단 전국결의대회.

2010년 12월 2일－MB정권 가짜인권, 가짜복지 규탄 18회 '세계장애인의 날' 장애인 생존권 쟁취 전국투쟁의 결의대회.

2010년 12월 8일－**「장애인활동지원에 관한 법률」 국회 본회의 통과.**

2011년 1월 4일－**「장애인활동지원에 관한 법률」 제정.**

2011년 2월 12일－전국장애인차별철폐연대 장애판정기준 규탄.

2011년 3월 2일－전국장애인차별철폐연대 장애빈곤층 3대법안(국민기초생활보장법 개정, 장애인활동지원법 개정, 장애아동복지지원법 제정) 1박2일투쟁.

2011년 3월 26일－**2011년 4 · 20장애인차별철폐투쟁.** 제7회 전국장애인대회~5월 1일 세계노동절. 주최: 2011년 4 · 20장애인차별철폐공동투쟁단(420공투단). 투쟁목표: ① 4월 20일 시혜와 동정의 '장애인의 날'을 투쟁으로 장애인권을 쟁취하는 '장애인 차별철폐의 날'로 만들어 낸다. ② '차이'를 '차별'로 만들어내는 사회구조적 모순을 폭로하고 투쟁한다. ③ 아래로부터의 현장 투쟁을 통해 각 지역 진보적 장애인운동을 강화한다. ④ 이명박 정권의 기만적 '가짜복지'를 폭로하고 민중생존권 쟁취를 위한 투쟁에 연대한다. 타이틀: **차별에 저항하라!** 슬로건: **장애등급제 폐지! 보편적 복지 쟁취.**

2011년 4월 6일－4 · 20공투단 일방적 활동지원 시행령 강행 복지부 규탄 기자회견.

2011년 4월 11일－4 · 20공투단 진수희 보건복지부장관 면담 촉구 1박2일 1인 시위.

2011년 4월 12일－4 · 20공투단 국민기초생활보장법 집단수급신청 선포 기자회견(10시, 복지부) → 장애아동복지지원법 제정촉구 결의대회 및 천막농성돌입(1시, 국회앞) → 3대법안쟁취 전국집중 결의대회 및 종각역 노숙농성돌입(2시, 보신각).

2011년 4월 13일－4 · 20공투단 「장애아동복지지원법」 제정촉구 장애부모서명전달 및 서울대장정(10시, 보신각).

2011년 4월 14일－4 · 20공투단 장애빈곤층 3대법안 제개정 촉구 결의대회(2시, 복지부).

2011년 4월 19일－4 · 20공투단 사회서비스시장화 및 노동자권리말살 복지부규탄 기자회견(2시, 복지부).

2011년 4월 20일－'4 · 20장애인차별철폐투쟁의 날' 투쟁대회(2시, 보신각).

2011년 8월 4일－**「장애아동복지지원법」 제정.**

2011년 8월 21일－전국장애인차별철폐연대 장애등급제 · 부양의무제 폐지 촉구 광화문역 천막농성(2017년 9월 5일까지).

2011년 10월 5일－**「장애인활동지원법」 시행.**

2012년 2월 22일－**「장애인 · 고령자 등 주거약자 지원에 관한 법률」(약칭 주거약자법) 제정.** 장애인, 고령자, 국가유공자 중 보훈상이자를 주거약자에 포함하고, 이들에 대한 주거약자용 임대주택 공급, 주택개조비용 지원 등을 시행하도록 하며, 2년마다 주거약자에 대한 주거실태 정기조사를 실시하도록 하는 것이 주된 내용이다.

2012년 2월 22일－한국장애인부모회, 한국지적장애인복지협회, 한국자폐인사랑협회, 전국장애인부모연대 등 발달장애인 관련 국내 주요 4개 단체가 「발달장애인지원법」 제정을 목표로 **'발달장애인법제정추진연대' 결성.**

2012년 4월 20일－전국장애인차별철폐연대 4 · 20장애인차별철폐 투쟁결의대회.

2012년 5월 30일－김정록 의원에 의해 「발달장애인지원법률안」 대표 발의됨.

2012년 8월 5일－**「장애아동복지지원법」 시행.** 이 법은 18세 미만의 장애아동을 대상으로 하며, 장애아동과 가족을 위한 지원대책, 복지지원사업 연구개발, 조기발견을 위한 홍보, 전달체계 구축, 복지지원 수급 및 이용에 대한 관리감독 등을 위한 국가와 지자체의 임무를 제시하였다. 또한, 중앙장애아동지원센터 및 지역장애아동지원센터, 장애아동 및 가족에 대한 실태조사와 복지지원의 제공 등의 내용을 포함하고 있다.

2012년 8월 8일－장애등급제와 부양의무제 폐지를 위한 **'장애등급제 · 부양의무제폐지공동행동(공동행동)'**이 8일 서울 광화문광장에서 출범 기자회견을 열고 운동에 돌입. 장애등급제 · 부양의무제 폐지 촉구 100만인 서명운동 및 10만인 엽서쓰기운동 시작.

2012년 8월 15일－전국장애인차별철폐연대 성명서 발표. **죽음으로 내몬 보건복지부 규탄한다! 부양의무자 기준 즉각 폐지하라.**

2012년 8월 20일－장애등급제 · 부양의무제폐지 전국 집회.

2012년 8월 23일－**「장애인 · 고령자 등 주거약자 지원에 관한 법률」 시행.**

2012년 11월－모든 정당의 대선후보(새누리당 제외)와 장애등급제 폐지 공약 협약.

2012년 12월 7일–**'제4차 장애인정책종합계획(2013~2017)' 발표.** '장애인과 비장애인이 더불어 행복한 사회'를 비전으로 복지 · 건강, 교육 · 문화, 경제활동, 사회참여 · 권익증진의 4대 분야, 19개 중점과제, 71개 세부과제로 구성.

2012년 12월–한국정신장애인연합의 회원이 중심이 되어 **한국정신장애인자립생활센터 설립** → 정신장애인을 지원하기 위한 우리나라 최초의 자립생활센터.

2013년 2월 25일–전국장애인차별철폐연대 박근혜정부 출범 장애등급제 · 부양의무제 폐지 촉구 기자회견.

2013년 4월 15일–박근혜정부 보건복지부에 장애판정체계기획단 구성 → 장애등급제 폐지에 대한 정부차원의 논의 시작.

2013년 5월 28일–제13차 장애인정책조정위원회 회의에서 장애등급제(1~6등급)를 개인의 욕구 및 사회 · 환경적 요인을 고려한 장애판정기준을 마련하는 맞춤형서비스체계로 전환하여, 2014년까지 등급을 2~3개로 단순화한 후 2017년까지 단계적으로 장애등급제를 폐지하겠다고 밝힘.

2013년 6월 17일–전국장애인차별철폐연대 광화문 농성 300투쟁.

2013년 8월 23일–전국장애인차별철폐연대 장애등급제 · 부양의무제폐지 광화문 농성 1주년 맞이 투쟁.

2013년 9월–발달장애인을 위한 공공후견지원사업 시행.

2013년 12월 3일–전국장애인차별철폐연대 **장애등급제 · 부양의무제 나쁘자나** 30일 릴레이 캠페인. 제21회 세계장애인의 날에 서울 종로구 도렴동 광화문역사 안에서 공동행동이 100만인 서명운동.

2014년 4월 4일–**장애인종합판정개편지원단 구성.** 의학적 평가, 근로능력평가, 복지욕구사정 등 3개 분과 24명의 위원으로 구성.

2014년 4월 10일–전국장애인차별철폐연대 장애등급제폐지 국민연금공단 기자회견.

2014년 5월 20일–**「발달장애인 권리보장 및 지원에 관한 법률」 제정.**

2014년 6월 18일–전국장애인차별철폐연대 장애등급제 피해 긴급대책 촉구 기자회견.

2014년 8월 27일–전국장애인차별철폐연대 장애등급 재심사 중단 촉구 인권위 진정 기자회견.

2015년 6월 22일–장애등급제 개편 시범사업(1차 시범사업) 시행(12월 8일까지). 1차 시범사업 지역은 서울 노원구, 구로구, 인천 남구, 천안시, 완주군, 부산 해운대구.

2015년 6월 22일 – 「장애인복지법」 일부개정 → 장애인권익옹호기관 설립 근거 마련 → 2017년 중앙장애인권익옹호기관 설립, 광역시 · 도에 지역장애인권익옹호기관 설치.

2015년 7월 24일 – 김춘진 의원 등 13인의 발의로 「정신장애인 권리보장 및 지원에 관한 법률」(안) 국회 보건복지상임위원회에 상정.

2015년 8월 19일 – 전국장애인차별철폐연대 장애등급제 · 부양의무제 폐지 농성 3주년 1박2일 전국 집중 투쟁.

2015년 11월 21일 – **「발달장애인 권리보장 및 지원에 관한 법률」 시행.** 발달장애인의 자기결정권 보장, 성년후견제 이용지원, 의사소통도구 개발 및 전문인력 양성 등을 규정하였다. 또한, 발달장애인 자조단체 구성 및 지원, 발달장애인 전담조사제, 발달장애인 대상 범죄의 신고의무, 발달장애인지원센터 조사권 부여, 보호가 필요한 발달장애인을 위한 위기발달장애인쉼터 등의 내용을 포함한다.

2015년 12월 – 「한국수화언어법」 제정.

2015년 12월 29일 – **「장애인 · 노인 등을 위한 보조기기 지원 및 활용촉진에 관한 법률」 제정.**

2015년 12월 29일 – **「장애인 건강권 및 의료접근성 보장에 관한 법률」 제정.**

2015년 12월 31일 – 「장애인복지법 시행규칙」 개정으로 장애인직업재활시설에 직업적응훈련시설 신설.

2016년 1월 – 전국장애인차별철폐연대 장애등급제 · 부양의무자 기준 · 장애인수용시설 3대 적폐 폐지투쟁.

2016년 3월 22일 – 2017 대선장애인차별철폐연대 출범 및 문재인 포함 주요 대선후보(홍준표후보 제외) 장애등급제 폐지 공약 협의.

2016년 5월 29일 – 「정신보건법」이 **「정신건강증진 및 정신질환자 복지서비스 지원에 관한 법률」(약칭 정신건강복지법)으로 전부 개정.**

2016년 6월 1일 – 장애등급제 개편 2차 시범사업 실시(6개월간). 2차 시범사업 지역은 1차 참여지역에 경기 구리시, 대전 서구, 광주 광산구, 대구 달서구, 경북 구미시 추가.

2016년 6월 28일 – 전국장애인차별철폐연대 중 · 경 단순화는 장애인을 두 번 기만하는 것 장애등급제 개편시범사업 반대 기자회견.

2016년 8월 11일 – 전국장애인차별철폐연대 서울시 장애인복지재단점거 농성돌입, 탈시설정책촉구.

2016년 9월 – 「정신보건법」 제24조의 헌법불합치 판결(헌재 2016. 9. 29. 2014헌가9).

2016년 9월 27일 – 전국장애인차별철폐연대 장애등급제 · 부양의무제폐지 광화문 농성 1500일.

2016년 12월 30일 – 「**장애인 · 노인 등을 위한 보조기기 지원 및 활용촉진에 관한 법률**」 **시행.**

2017년 4월 – 장애등급제 개편 3차 시범사업 실시(4월~10월). 3차 시범사업은 18개 시 · 군 · 구(공단형 5개, 읍면동형 13개)에서 실시. 공단형은 서울 노원구, 부산 해운대구, 광주 광산구, 충남 천안시, 경북 구미시였고, 읍면동형은 서울 구로구, 대구 달서구, 광주 남구, 경기 구리시, 전북 익산시, 전남 여수시, 충남 서천군, 전북 완주군, 부산 금정구, 대전 서구, 경기 파주시, 충북 청주시, 강원 동해시였다.

2017년 4월 7일 – 전국장애인차별철폐연대 「장애등급제 어떻게 폐지할 것인가?」 장애등급제폐지 정책토론회 개최.

2017년 5월 30일 – 「**정신건강증진 및 정신질환자 복지서비스 지원에 관한 법률**」 **시행.**

2017년 8월 18일 – 전국장애인차별철폐연대 **3대적폐 완전폐지 천명하라!** 광화문농성 5주년 문화제 및 1박 2일 집중행동.

2017년 9월 5일 – 전국장애인차별철폐연대 10주년 및 광화문 지하 농성장 1842일 보고대회 – 광화문 지하농성장 1842일의 농성을 끝으로 막을 내림.

2017년 10월 20일 – 장애등급제 폐지 민관협의체 구성. 장애계 4명, 학계 6명, 복지부 2명 등 총 12명으로 구성.

2017년 12월 1일 – 장애등급제의 폐지를 위한 법 개정과 법적 기반 조성을 주된 내용으로 하는 「장애인복지법」 일부개정법률안 제354회 국회 본회의 통과.

2017년 12월 30일 – 「**장애인 건강권 및 의료접근성 보장에 관한 법률**」 **시행.**

2018년 8월 22일 – 「장애인복지법」 시행령 및 시행규칙 일부 개정안 입법예고. 2017년 12월 국회에서 통과된 「장애인복지법」 일부개정안 장애등급제 폐지 관련 사항을 정하기 위함.

2018년 9월 3일 – 정부주최로 장애등급제 폐지 추진 방향 및 그간의 민관협의체 논의 경과에 대해 장애계와 공유하고 의견을 수렴하기 위해 35개 장애인단체가 참여하는 토론회 개최.

2018년 11월 5일 – 장애계 주관으로 장애인서비스종합조사도구 개선을 위한 정책간담회 개최.

2019년 4월 15일 – 보건복지부 주최로 장애등급제 폐지 시행을 앞두고 장애등급제 폐지 세부 시행 방안에 대한 장애계 의견수렴을 위해 35개 장애인단체가 참여하는 토론회 개최.

2019년 7월 1일 – **31년만에 장애등급제 단계적 폐지.** 장애를 의학적 '등급' 대신 '정도'로 변경. 활동지원 등 돌봄서비스 제공에 '종합조사'를 통해 장애인 개인의 필요도와 사회환경을 반영한다는 취지.

2019년 9월 2일 – 청소년 발달장애학생 방과후활동서비스가 지역별로 순차적으로 진행.

2019년 12월 27일 – 헌법재판소 성년후견제도에 대한 헌법소원심판에서 9명의 헌법재판관 중 합헌의견 8명(보충의견 2명), 반대의견 1명으로 합헌 결정.

2021년 12월 31일 – 「교통약자의 이동편의증진법」 개정. 시내버스 · 마을버스 등의 대폐차 시 저상버스를 의무적으로 도입하도록 하는 등의 성과가 있었다.

2024년 7월 1일 – **제6회 장애등급제 '진짜 폐지' 결의대회.** 국회 앞에서 850여 명의 전국장애인차별철폐연대 활동가들이 이동권, 탈시설권, 교육권 등 장애인권리를 책임지고 보장할 것을 정치권에 촉구.

Reference 참고문헌

강만길, 『한국현대사』, 창작과 비평사, 1984.

강세윤 · 김윤태, 「의료재활」, 한국장애인재활협회편, 『한국장애인복지 50년사』, 양서원, 2006.

강태석, 「장애인고용제도 및 시책의 변천」, 한국재활재단편, 『한국장애인복지변천사』, 양서원, 1997.

강혜민, 「시대의 복수가 된 유언」, 정창조 외, 『유언을 만난 세계: 장애해방열사, 죽어서도 여기 머무는 자』, 오월의 봄, 2021.

고병진, 「한국 장애인운동의 단계와 향후 과제 연구」, 국민대학교 행정대학원 석사학위논문, 2001.

고춘완, 「한국장애운동의 성격에 관한 연구: 2000년 이후 전개된 운동을 중심으로」, 순천향대학교 산업정보대학원 석사학위논문, 2005.

고현진, 「미군정기의 노동운동」, 송건호 외, 『해방 40년의 재인식1』, 돌베개, 1985.

곽정란, 「근 · 현대 장애인복지제도를 통해 본 한국장애인의 역사」, 조한진 편저, 『한국에서 장애학하기』, 학지사, 2013.

______, 「장애인과 인권」, 『이론과 실천』 6(2), 2005.

______, 「한국 장애인운동의 특수교육학적 고찰」, 대구대학교 대학원 석사학위논문, 2003.

구선정, 「근대전환기 장애인의 재현 양상과 시선 고찰: 〈병인간친회록(病人懇親會錄)〉을 중심으로」, 『이화어문집』 63, 2024.

권선진, 「장애인 차별실태와 인권의식 개선방안에 관한 연구」, 『사회과학연구』 8, 2004.

______, 「장애인식」, 한국장애인재활협회편, 『한국장애인복지 50년사』, 양서원, 2006.

권유경, 「장애의 개념과 장애등급에 관한 고찰」, 김용득 · 유동철 편, 『한국장애인복지의 이해』, 인간과 복지, 2001.

권인희, 「장애인의 생존권에 관한 헌법적 연구」, 서강대학교 대학원 박사학위논문, 2011.

권태환 · 임현지 · 송호근, 『신사회운동의 사회학』, 서울대학교 출판부, 2001.

김경미 · 김미옥, 「한국장애인복지학 연구 동향에 관한 분석과 고찰」, 『한국사회복지학』 58(3), 2006.

김광이 · 박종운, 「장애인차별금지법 제정사와 쟁점」, 장애인차별금지실천연대, 『우리가 가는 길이 역사다: 시작에서 끝까지』, 젊은 기획, 2007.

김규성, 「시혜도 동정도 거부한다」, 『함께걸음』 통권12호(5월호), 1989.

______, 『한국의 장애인』, 한국장애인복지정책연구회, 1993.

김근홍 외 5인 공저, 『사회복지 역사와 철학』, 학지사, 2007.

김대성, 「장애인 당사자주의 운동의 참여와 연대정신」, 『진보평론』 18, 2003.

김도현, 「장애인노동권 · 생활권 쟁취를 위한 장애인운동의 과제」, 『진보평론』 12, 2002a.

______, 「장애인운동의 정체성 정립을 위한 모색」, 『진보평론』 11, 2002b.

______, 「역사적 흐름을 통해 본 장애인운동과 국가」, 『진보평론』 34, 2007a.

______, 「2007년 상반기, 장애인운동의 성과와 향후과제」, 『진보평론』 32, 2007b.

______, 『당신은 장애를 아는가』, 메이데이, 2007c.

______, 『차별에 저항하라』, 박종철 출판사, 2007d.

______, 「장애인 당사자주의의 비판적 이해를 위하여」, 『진보평론』 52, 2012.

김동기, 「장애인활동지원서비스 제공기관 현황과 과제」, 『보건복지포럼』, 한국보건사회연구원, 2014.

______, 「이념과 현실의 갈림길에서 장애인활동지원제도는 어디로 갈 것인가?」, 장애인활동지원제도 5년의 진단과 향후 5년의 대안마련 토론회 자료집, (사)한국장애인자립생활센터총연합회, 2015.

김동철 · 김문성, 『최근 한국 현대사: 해방부터 문재인 정부까지 역사적 유물론으로 보기』, 책갈피, 2020.

김동호, 「자립생활패러다임에서 본 한국 장애인복지관 연구」, 연세대학교 행정대학원 석사학위논문, 2000.

김명수, 「장애인 기본권의 헌법적 보장에 관한 연구: 법제의 분석과 개선방안을 포함하여」, 성균관대학교 대학원 박사학위논문, 2009.

______, 「장애인차별금지법의 제정 배경과 개선방안」, 『홍익법학』 20(1), 2019.

김미옥 · 김용득 · 이선우 공저, 『장애와 사회복지』, 학지사, 2004.

김병하, 「장애인 당사자주의의 특수교육(학)적 함의」, 『특수교육학연구』 40(1), 2005.

______, 『특수교육의 역사적 이해』, 형설출판사, 1983.

김병하 · 박경란, 「한국 청각장애교육 연구의 학사적 고찰: 1970년대 말까지」, 『특수교육저널: 이론과 실천』, 11(1), 2010.

김상학, 「소수자 집단에 대한 태도와 사회적 거리감」, 『사회연구』 7, 2004.

김상호, 「한국사회복지운동에 관한 정치사회학적 고찰: 그람시적 시각에서」, 경북대학교 대학원 석사학위논문, 1994.

김선규, 「장애인운동의 최근 흐름」, 『VOICE』 1, 2001.

김선민, 「장애와 인권」, 『나는 '나쁜' 장애인이고 싶다』, 삼인, 2006.

김성국, 「안토니오 그람시의 헤게모니 이론」, 『시민사회와 시민운동』, 한울, 1995.

김승국, 「특수교육제도의 변천」, 한국재활재단편, 『한국장애인복지변천사』, 양서원, 1997.

김아름, 「대한제국기 진휼정책의 개편과 진휼활동」, 『역사연구』 48, 2023.

김연명 편, 『한국복지국가 성격논쟁』, 인간과 복지, 2003.

김영욱, 「장애아 통합교육의 변천」, 한국재활재단편, 『한국장애인복지변천사』, 양서원, 1997.

김영환, 「특수교육기관 및 인구의 변천」, 한국재활재단편, 『한국장애인복지변천사』, 양서원, 1997.

김용득, 「한국 장애인복지 변천과 대안 담론 모색」, 『한국장애인복지학』, 1, 2004.

김용득 · 이동석, 「장애담론과 한국장애인복지의 변천」, 『성공회대논총』, 17, 2003.

김용탁, 「장애인노동권 확보를 위한 노동조합의 역할과 과제」, 『노동과 사회』 6월호, 2007.

김윤영, 「이르게 온 미래」, 정창조 외, 『유언을 만난 세계: 장애해방열사, 죽어서도 여기 머무는 자』, 오월의 봄, 2021.

김윤정, 「우리나라 장애인운동의 역사적 전개에 관한 고찰」, 가톨릭대학교 대학원 석사학위논문, 1997.

김윤희, 「1894~1919년 근대빈민구제담론의 구조와 허구성」, 『한국사학보』 64, 2016.

김은정, 「정상성에 도전하는 여성들」, 『한국여성인권운동사』, 한울, 1999.

김재왕, 「장애인차별금지법 판결 분석」, 『사회보장법연구』 7(1), 2018.

김정권, 「특수교육진흥법 논고」, 『특수교육학회지』 14(2), 1993.

김정열, 「입학 거부를 통해본 장애우 교육권」, 『입학 거부를 통해본 장애우 교육권, 무엇이 문제인가』, 사단법인 장애우권익문제연구소, 2001.

______, 『장애인 차별 실태 자료분석을 통한 인권의식 개선방안에 관한 연구』, 국가인권위원회, 2002.

______, 「장애인의 현실과 장애인운동」, 『경제와 사회』 67, 2005.

김종일 · 엄명용 · 최경구, 『사회문제론』, 청목출판사, 2010.

김주연, 「장애인의 인권보장에 관한 고찰」, 『인권복지연구』 4, 2008.

김진우, 「지적장애인 관점에서의 장애인차별금지법에 대한 비판적 고찰」, 『사회복지정책』 35, 2008.

김진우 외 15인, 『발달장애인복지론』, EM 커뮤니티, 2014.

김철, 「장애인활동지원서비스 공급체계의 문제점과 개선방안」, 『워킹페이퍼』, 2017.
김칠득, 「장애해방이란 과연 무엇인가」, 『울림터활동집』 7, 1988.
김태완, 「우리나라 장애인빈곤과 불평등 실태」, 『보건복지포럼』, 한국보건사회연구원, 2010.
김한배, 「사회변혁운동으로서의 장애운동과 울림터」, 『울림터활동집』 8, 1989.
김현민, 「당사자운동에 참여하는 정신장애인의 변화과정 연구」, 가톨릭대학교 대학원 박사학위논문, 2019.
김혜경, 「발달지체인 자기권리주장운동의 인권 실행과 새로운 사회운동」, 『정신지체연구』 4, 2002.
김효진, 「장애여성운동의 흐름」, 『진보평론』 21, 2004.
나운환, 「장애인근로자의 고용문제와 과제」, 『직업재활연구』 8, 1998.
나정희, 「중세 한국의 장애인정책 연구: 고려시대 폐질자의 경우를 중심으로」, 공주대 특수교육대학원 석사학위논문, 2001.
남병준, 「2011년 420장애인차별철폐투쟁, 생존권을 넘어 차별의 구조에 맞서다!」, 『정세와 노동』 68, 2011.
______, 「장애등급제를 폐지하라!」, 『복지동향』, 2010. 9.
남찬섭, 『미군정기 한국사회복지정책 고찰』, 연세대학교 대학원 석사학위논문, 1993.
______, 「장애인차별금지법 제정의 의의와 과제」, 『보건복지포럼』, 2007a.
______, 「장애인차별금지법의 제정과정과 쟁점: 장애인차별금지법 민관공동기획단 논의를 중심으로」, 『한국장애인복지학』, 6, 2007b.
노호창, 「교통약자의 이동권 및 교통편의 증진을 위한 법 개정에 관한 연구」, 『법학연구』 20(3), 2020.
데이비드 콩드, 『분단과 미국2: 1945~1950』, 사계절 편집부 역, 사계절, 1988.
류정순, 「빈곤의 규모 추정과 빈곤가구의 생활실태」, 김동춘 외, 『IMF 이후 한국의 빈곤』, 나남, 2000.
명숙, 「불평등사회의 코로나19: 집단감염사태가 비춰준 한국사회의 민낯」, 『함께걸음』, 374, 2020.
문상민, 「장애인 사회운동 연구: 사회적 권리모델을 중심으로」, 한신대학교 대학원 석사학위논문, 2006.
문용식, 「18세기 환곡 운영의 변화」, 『사학연구』 55.56, 1998.
______, 「18세기 후반 진휼사업과 진자 확보책」, 『사총』 44, 1995.
______, 「19세기 전반 환곡 진휼 기능의 변화과정」, 『역사와 경계』 19, 1990.

박경석, 「장애인 노동실태 및 장애인노동조합 필요성 인식에 관한 연구」, 숭실대학교 대학원 석사학위논문, 2001.

______, 「희망의 물리적 근거로 존재해온 장애인운동」, 『황해문화』, 2013.

박경석 · 정창조, 『출근길 지하철: 닫힌 문 앞에서 외친 말들』, 위즈덤하우스, 2024.

박경수, 「장애인복지 서비스 프로그램의 패러다임 동향 분석-Priestly의 다중 패러다임의 적용」, 『한국장애인복지학』 6, 2007.

박광준, 『사회복지의 사상과 역사』, 양서원, 2002.

______, 『한국사회복지역사론』, 양서원, 2013.

______, 『조선왕조의 빈곤정책: 중국 · 일본과 어떻게 달랐나』, 문사철, 2018.

박김영희, 「우리가 가는 길이 역사다: 장애인차별금지법 제정 역사에 관한 소고」, 『2012 아시아태평양 장애포럼컨퍼런스: 장애인의 권리실현, 행동하는 10년!』, 아시아태평양장애포럼, 2012.

박나원, 「장애인차별금지법의 한계와 개정 방향: 포괄적 '차별금지법안'과의 비교를 중심으로」, 『홍익법학』 22(3), 2021.

박병현, 『사회복지의 역사』, 공동체, 2010.

______, 『사회복지의 역사』(2판), 공동체, 2016.

박병현 · 최선미, 「사회적 배제와 하층계급의 개념 고찰과 이들 개념들의 한국빈곤정책에의 함의」, 『한국사회복지학』 45, 2001.

박보영, 「미군정 구호정책의 성격과 그 한계: 1945-1948」, 『사회연구』 9, 2005.

______, 「미군정 구호정책의 형성과정 연구, 1945~1948」, 고려대학교 대학원 석사학위논문, 2003.

박성준, 「대한제국기 진휼정책과 내장원의 곡물 공급」, 『역사학보』 218, 2013.

박세길, 『다시 쓰는 한국 현대사 1: 해방에서 한국전쟁까지』, 돌베게, 1988.

박순국, 「장애인복지단체의 변천」, 한국재활재단편, 『한국장애인복지변천사』, 양서원, 1997.

박순일, 『한국의 빈곤현실과 사회보장』, 일신사, 1994.

박은수, 「장애인연금법 제정과정 연구: 역사적 제도주의 관점으로」, 강남대학교 대학원 박사학위논문, 2010.

박을종, 「장애인편의시설 설치의 변천」, 한국재활재단편, 『한국장애인복지변천사』, 양서원, 1997.

박인용, 「한국사회 장애인 부모운동 연구: 장애인교육권연대를 중심으로」, 한신대학교 사회복지실천대학원 석사학위논문, 2007.

박진철, 「19세기 조선 재지사족의 위상변화와 권익 수호 방식」, 『한국민족문화』 49, 2013.

박창훈, 「전재민구호활동과 기독교: 미군정기를 중심으로」, 『한국교회사학회지』 46, 2017.
박태균, 「민간정부의 수립과 개혁」, 홍석률 · 박태균 · 정창현 지음, 『한국현대사2』, 푸른 역사, 2018.
박태룡 · 이재희, 「일정시대의 사회사업」, 『사회복지연구』 26, 2004.
박현민, 「한국사회 장애인운동의 역사에 관한 고찰: 주체형성과 변환을 중심으로」, 서울대학교 대학원 석사학위논문, 2008.
박희병, 「'병신'에의 시선-전근대 텍스트에서의」, 『고전문학연구』 24, 2003.
박희정, 「유서가 된 죽음」, 정창조 외, 『유언을 만난 세계: 장애해방열사, 죽어서도 여기 머무는 자』, 오월의 봄, 2021.
방귀희 · 정창권 · 윤종선 · 김언지, 『한국장애인사』, 솟대, 2014.
배용준, 「정책형성과정에 작용한 사회복지운동의 과정 및 변수분석: 장애인복지를 위한 공동대책위원회의 특수교육진흥법개정운동을 중심으로」, 부산대학교 대학원 석사학위논문, 1995.
배화숙, 「사회복지최저선 확보를 위한 사회복지운동에서 사회복지사의 역할」, 부산대학교 대학원 석사학위논문, 1996.
백남중, 「일제시대 장애인복지 교육에 대한 고찰-제생원 맹아부를 중심으로」, 중앙대학교 대학원 석사학위논문, 2001.
백은령, 「장애인복지시설」, 한국장애인재활협회편, 『한국장애인복지 50년사』, 양서원, 2006.
변용찬 외, 『장애인연금제도 도입방안에 관한 연구』, 한국보건사회연구원, 2004.
보건복지부, 『2019 장애인활동지원사업안내』, 2019a.
_________, 『수요자 중심의 장애인 지원체계 구축: 2019 장애인 활동 지원 사업안내(개정)』, 2019b.
_________, 『장애등급심사 결과 분석』, 보건복지부 장애인정책국, 2010.
부르스 커밍스, 『한국전쟁의 기원 1: 해방과 분단체제의 출현 1945~1947』, 김범 옮김, 글항아리, 2023a.
_________, 『한국전쟁의 기원 2-1: 폭포의 굉음 1947~1950』, 김범 옮김, 글항아리, 2023b.
_________, 『한국전쟁의 기원 2-2: 폭포의 굉음 1947~1950』, 김범 옮김, 글항아리, 2023c.
_________, 『한국전쟁의 기원』, 김자동 옮김, 일월서각, 1986.
서경석, 「시민운동과 장애인운동」, 『함께걸음』 1, 1993.
서동명 · 윤상용 · 이승기 · 염태산, 『장애인복지론』, 신정, 2022.
서상목 외, 『빈곤의 실태와 영세민대책』, 한국개발원, 1981.
서형범 엮음, 『개화기소설 단편선』, 현대문학, 2010.

석은영, 「우리나라 특수교육 발전에 관한 연구: 제도 및 법령 변천을 중심으로」, 단국대학교 특수교육대학원 석사학위논문, 2001.

성경균, 「한국의 정치체제변동과 사회정책의 변화: 정치사회학적 분석」, 『사회복지연구』 3, 1991.

소현숙, 「식민지 조선에서 '불구자' 개념의 형성과 그 성격」, 『한국학논총』 48, 2017.

송경옥, 「일제시대 한국인의 사회복지 활동에 관한 연구: 아동보호활동사례를 중심으로」, 서울대학교 대학원 석사학위 논문, 1992.

송성민, 「장애인활동지원서비스 5년의 제도적 문제점과 개선방안」, 장애인활동지원제도 5년의 진단과 향후 5년의 대안마련 토론회 자료집, (사)한국장애인자립생활센터총연합회, 2015.

송영욱, 「장애인복지제도의 변천」, 한국재활재단편, 『한국장애인복지변천사』, 양서원, 1997.

송찬섭, 「갑오개혁기 결세제도의 개혁과 환곡제의 변화」, 『역사연구』 1, 1992.

______, 「한말 사환제의 성립과 운영」, 『한국사론』 41-42, 1999.

______, 『조선후기 환곡제개혁연구』, 서울대학교출판부, 2002.

송호근 · 홍경준, 『복지국가의 시동-민주화, 세계화 그리고 한국의 복지정치』, 나남출판, 2006.

신동원, 「조선말의 콜레라 유행, 1821~1910」, 『한국과학사학회지』 11(1), 1989.

신동원, 「한국 근대 보건의료체제의 형성, 1876~1910」, 서울대학교 대학원 박사학위논문, 1996.

신명호 외, 「사회적 배제의 관점에서 본 빈곤층 실태 연구」, 국가인권위원회, 2004.

신상준, 「주한미군정청의 복지정책기조」, 『복지행정논총』 2, 1992.

신순철, 「『건국론』의 저술 배경과 성격」, 『원불교학』 4, 1999.

신용호, 「한국 장애우 복지 현실에 대한 사회학적 분석」, 『함께걸음』 통권 20호(1월호), 1990.

신용호, 「한국 장애인운동의 이론과 실제」, 장애우권익문제연구소, 1996.

심승구, 「조선시대 장애의 유형과 몸 인식」, 한국스포츠인류학회 학술대회 발표요지, 2006.

심재우, 「단성현 호적대장에 등장하는 장애인의 존재양태」, 『조선시대사학보』 36, 2006.

안상훈 · 조성은 · 길현종, 『한국 근대의 사회복지』, 서울대학교 출판부, 2005.

안성혁, 「장애인 직업훈련의 변천」, 한국재활재단편, 『한국장애인복지변천사』, 양서원, 1997.

양옥경, 「구한말 민간 빈민구제시설 '진민소'가 있었다」, 『복지저널』 46, 2012.

______, 「구한말 민간 빈민구제시설 진민소에 관한 연구」, 『한국사회복지학』 66(4), 2014.

양옥경 · 이방원 · 이방현, 「사료분석을 통해 본 개화기(1876~1910) 사회복지현상 연구」, 『사회과학연구논총』, 27, 2012.

양진석, 「17 · 18세기 환곡제도의 운영과 기능변화」, 서울대학교 대학원 박사학위논문, 1999.
양희선, 「현장에서: 고용장려금 축소 이후 설 땅 잃은 장애인노동권」, 『노동사회』 92, 2004.
여유진 외, 『빈곤과 불평등의 동향 및 요인분해』, 한국보건사회연구원, 2005.
여인석, 「조선 개항 이후 한의의 동태」, 『동방학지』 104, 1999.
연윤실, 「420 장애인차별철폐의 날 20년 '투쟁은 끝나지 않았다'」, 『복지동향』, 2022. 4.
오두환, 「갑오개혁기의 부세 금납화에 관한 연구」, 『경제사학』 7, 1984.
오세영, 「원불교사회복지의 형성, 그 특징과 의의」, 『원불교사상과 종교문화』 89, 2014.
______, 「해방공간 미군정의 전재민구호정책과 민간단체의 역할: 불법연구회의 활동을 중심으로」, 『신종교연구』 46, 2022.
______, 『사회복지역사』, 신정, 2024.
______, 『사회복지정책론』(4판), 신정, 2023.
______, 「일제강점기 장애인의 삶과 복지정책-조선총독부의 장애인식에 대한 비판적 고찰을 중심으로」, 『원불교사상과 종교문화』 103, 2025.
오일주, 「조선후기 재정구조의 변동과 환곡의 부세화」, 『실학사상연구』 3, 1992.
오정희, 「장애인 재활의료사업의 변천」, 한국재활재단편, 『한국장애인복지변천사』, 양서원, 1997.
오천균, 「조선소 맹교육의 사상과 제도」, 단국대학교 대학원 박사학위논문, 1989.
오혜경, 『장애인과 사회복지실천』, 아시아미디어리서치, 1999.
우주형, 「장애인 자립생활 지원의 법제도화 과제」, 『이론과 실천』7(4), 2006.
원재영, 「조선후기 황정연구」, 연세대학교 대학원 박사학위논문, 2014.
유길준, 『서유견문』, 채훈 옮김, 신화사, 1983.
______, 『서유견문』, 허경진 옮김, 서해문집, 2004.
유동철, 「무상급식, 장애인연금, 그리고 보편주의」, 복지국가SOCITY 5월 24일자 칼럼, 2010.
______, 「장애운동」, 한국장애인재활협회편, 『한국장애인복지50년사』, 양서원, 2006.
______, 「장애운동의 깃발: 당사자주의인가, 인권론인가」, 『시민과 세계』 4, 2003.
______, 「한국 장애운동의 성과와 과제」, 『사회복지정책』 21, 2005.
______, 『인권 관점에서 보는 장애인복지론』, 집문당, 2009.
______, 『인권 관점에서 보는 장애인복지론』, 학지사, 2013.
유동철 · 장중탁, 「장애 패러다임 변화에 따른 장애운동의 역사적 고찰」, 『동의법정』 21, 2004.
유몽인 저, 시귀선 · 이월영 역주, 『어우야담』, 한국문학사, 1996.
유완식, 「우리나라 장애인고용정책의 변천 및 발전방향」, 전광석 편, 『한국사회와 장애인정책-복지와 차별금지』, 인간과 복지, 2011.

유팔무 · 김호기, 『시민사회와 시민운동』, 한울, 1995.

윤국일 역, 『신편 경국대전』, 신서원, 1998.

윤삼호 · 김의수, 『장애의 이해』, 사단법인 한국장애인인권포럼 장애인정책모니터링센터, 2009.

윤상용, 「국제비교 관점에서 본 우리나라 장애소득보장체계 현황과 정책과제」, 『보건복지포럼』, 한국보건사회연구원, 2010.

______, 「장애인 최저소득보장제도 국제비교 연구: 최저소득보장체계의 국가 간 유형화에 기초한 유사 국가군의 비기여 소득보전급여 내용분석을 중심으로」, 『보건사회연구』 33(2), 2013.

______, 「장애인소득보장과 정책과제」, 공청회 자료집, 2009.

윤상용 · 김태완 · 강민희 · 최현수 · 이병화, 『장애인 소득보장체계 개편방안: 기초장애연금 도입을 중심으로』, 보건복지가족부 · 한국보건사회연구원, 2008.

윤상용 · 김태완 · 강민희 · 이송희 · 최미영 · 임영광 · 김동기, 『장애인 소득보장과 고용정책의 연계 동향 및 정책과제』, 한국보건사회연구원, 2009.

윤상용 · 이승기 · 서동명 · 염태산, 『장애인복지론』(4판), 신정, 2025.

윤수정, 「장애의 개념에 대한 헌법적 고찰: 「장애인차별금지 및 권리구제 등에 관한 법률」의 장애의 개념에 대한 논의를 중심으로」, 『공법학연구』 21(3), 2020.

윤점룡, 「특수교육진흥법 개정 법률안의 주요내용과 과제」, 『함께걸음』 통권 64호(1월호), 1994.

윤홍식, 「미군정하 한국복지체제, 1945-8: 좌절된 혁명과 대역전」, 『한국사회정책』 24, 2017.

은희녕 · 박현식, 「개항기 한국 '복지' 개념의 변용」, 『비판사회정책』 71, 2021.

이규태, 『한국인의 의식구조』, 신원문화사, 1983.

이금희, 「장애등급제 폐지의 정책결정과정에 관한 연구」, 성결대학교 대학원 박사학위논문, 2020.

이달엽 · 송상천 · 이진명, 「직업재활」, 한국장애인재활협회편, 『한국장애인복지 50년사』, 양서원, 2006.

이덕무, 『생활의 예절, 사소절』, 이동희 역, 민족문화추진회, 1981.

이동석, 「Priestly의 장애 이론 유형에 따른 한국 장애인 제도 및 운동의 변천에 관한 연구」, 성공회대학교 대학원 석사학위논문, 2003.

______, 「장애학의 다중 패러다임에 따른 한국 장애인운동의 성격 분석」, 『재활복지』 8(1), 2004.

이방원, 「개화기 고아구제 연구」, 『이화사학연구』 45, 2012.

______, 「개화기 서울사람들의 사회복지활동」, 『향토서울』 86, 2014.

______, 「한국 근대 민간사회복지 연구 동향과 과제: 관련 저서를 중심으로」, 『사회복지역사연구』 3, 2020.

______, 「한말 여성단체 '자선부인회' 연구」, 『이화사학연구』 50, 2015.

이방원 · 이방현, 「일제전기(1910-1931) 조선총독부의 사회사업과 그 특성」, 『향토서울』 88, 2014.

이방현, 「일제시대 신문에 나타난 정신질환자 사회표상」, 이화여자대학교 사회복지전문대학원 박사학위논문, 2010.

이방현 · 이방원, 『한국사회복지역사』, 신정, 2018.

이사벨라 버드 비숍, 『한국과 그 이웃나라들』, 이인화 역, 살림, 1994.

이상직, 「한국 장애인 탈시설운동의 역사, 2005-2021: '장애와인권발바닥행동'의 활동을 중심으로」, 『기억과 전망』 47, 2022.

이선우, 『장애인복지론』, 청목출판사, 2012.

이선우 · 이수경, 『장애인복지론』, 공동체, 2020.

이성광, 『민중의 역사 1: 반제 · 반봉건투쟁의 역사』, 한, 1991a.

______, 『민중의 역사 2: 자주 · 민주통일을 위하여』, 한, 1991b.

이성규, 『한국 장애인복지발달사』, 집문당, 2011.

이성재, 「그날의 울림」, 『함께걸음』 통권 3호(5월호), 1988.

이세영, 「조선후기의 권분과 부민의 실태」, 『역사문화연구』 34, 2009.

이승기, 「장애인차별금지법의 제정과정, 쟁점 그리고 함의」, 『사회보장연구』, 23(3), 2007.

이승헌, 「두드리라! 그러면 열릴 것이다: 에바다 민주화 투쟁 보고서」, 『진보평론』 17, 2003.

이연식, 「해방 직후 해외동포의 귀환과 미군정의 정책」, 서울시립대학교 대학원 석사학위논문, 1998.

이영환, 「미군정기 전재민 구호정책의 성격 연구」, 서울대학교 대학원 석사학위논문, 1989.

이영환, 『한국사회와 복지정책: 역사와 이슈』, 나눔의 집, 2004.

이예자, 「한국의 여성장애인운동과 발전방향」, 한국장애인재활협회, 2002.

이요한, 「1920~30년대 일제의 장애인정책과 특징」, 동국대학교 교육대학원 석사학위논문, 2009.

이용표, 「정신건강증진 및 정신질환자복지지원에 관한 법률 입법과정에 관한 평가와 과제」, 『한국복지교육』 38, 2017.

이윤상, 「1894~1910년 재정 제도와 운영의 변화」, 서울대학교 대학원 박사학위논문, 1996.

이익섭, 「장애자인식에 있어서의 제문제와 그 전환」, 『사회복지』겨울호, 1988.

______, 「한국장애인복지정책의 이념정립을 위한 고찰」, 한국사회복지학회 추계학술대회 자료집, 247-257, 1993.

이인영, 「신사회운동으로서의 장애인운동에 관한 고찰: 장애인고용촉진등에관한법률과 장애인고용촉진및직업재활법 정책결정과정을 중심으로」, 중앙대학교 대학원 석사학위논문, 2001.

이준우 · 김광선, 『사회복지역사』, 신정, 2023.

이진숙 · 이석형, 「장애인연금법의 정책결정과정분석」, 『사회복지정책』 37(3), 2010.

이철호, 「장애인차별금지법과 장애인의 인권」, 『한국콘텐츠학회』 8(8), 2008.

이청자, 「장애인복지시설의 변천」, 한국재활재단편, 『한국장애인복지변천사』, 양서원, 1997.

이헌창, 「개항기 시장구조와 그 변화에 관한 연구」, 서울대학교 대학원 박사학위논문, 1990.

이현주, 「해방 직후 인천의 귀환 전재동포 구호활동: 『대중일보』 기사를 중심으로」, 『한국근현대사연구』 29 여름호, 2011.

이혜경, 「권위주의적 자본주의 사회에서의 복지국가의 발달: 한국의 경험」, 『한국사회복지학』 21, 1993.

이혜숙, 『미군정기 지배구조와 한국사회』, 선인, 2009.

이혜원 · 이영환 · 정원오, 「한국과 일본의 미군정기 사회복지정책 비교연구」, 『한국사회복지학』 36, 1998.

임덕영, 「한국 자본주의 이행시기의 부랑인 및 부랑인 정책에 대한 고찰」, 성공회대학교 대학원 석사학위논문, 2008.

임안수, 「한국 맹인직업사 연구」, 단국대학교 대학원 박사학위논문, 1986.

______, 「근대 한국특수교육의 기원연대에 관한 연구」, 『특수교육저널-이론과실천』 6(3), 2005.

임안수 · 송영욱, 「장애인복지제도의 변천」, 한국재활재단편, 『한국장애인복지변천사』, 양서원, 1997.

임영일, 『식민지시대 한국사회와 운동』, 사계절, 1985.

임희섭, 『집합행동과 사회운동의 이론』, 고려대학교 출판부, 2001.

장애우권익문제연구소, 「연중기획, 이런 일 저런 일」, 『함께걸음』 5, 1994.

장애여성공감 엮음, 『시설사회: 시설화된 장소, 저항하는 몸들』, 와온, 2025.

장인협, 『공적부조제도에 관한 연구』, 서울대학교 대학원 박사학위논문, 1982.

전근배, 「국가의 거리: 코로나19와 장애인의 삶, 그 현황과 대책」, 『비판사회정책』 68, 2020a.

______, 「장애인운동과 국가: 복지와 민주주의에 관한 물음」, 『현대사상』 21, 2019.

______, 「코로나19 위기 동안의 장애인 활동가의 자가격리 경험에 관한 질적 사례연구」, 『한국장애학』 5(2), 2020b.

전호성, 「미군정시대의 구호정책에 대한 역사적 고찰」, 『신학과 신앙』 15, 2004.

전홍윤, 「90장애운동의 현단계와 전망」, 『함께걸음』 통권 25호(6월호), 1990.

정근식, 「식민지적 근대와 신체의 정치」, 『사회와 역사』 51, 1997.

______, 「장애의 새로운 인식을 위하여: 문화 비판으로서의 장애의 사회사」, 김창엽 외, 『나는 나쁜 장애인이고 싶다』, 삼인, 2002.

______, 「한국에서 근대적 나 구료의 형성」, 『보건과 사회과학』, 1(1), 1997.

정무성 · 양희택 · 노승현, 『장애인복지개론』, 학현사, 2006.

정민 · 이홍식 편역, 『한국 산문선5』, 민음사, 2017.

정영만, 「활동보조 4시간 지원 및 응급대응에 대한 당사자 제안: 최중증장애인의 외침」, 장애인활동지원제도 5년의 진단과 향후 5년의 대안마련 토론회 자료집, (사)한국장애인자립생활센터총연합회, 2015.

정윤형, 「조선왕조 후기의 재정개혁과 還上문제」, 서울대학교 대학원 박사학위논문, 1985.

정정훈, 「한국 2세대 인권운동의 형성과 전개: 1993년부터 2012년까지의 시기를 중심으로」, 중앙대학교 대학원 박사학위논문, 2020.

______, 『불온한 인권: 정치적 주체화의 권리』, 후마니타스, 2025.

정창권, 「신문자료로 보는 일제강점기 장애인 생활상」, 『Joural of Korean Culture』, 32, 2016.

______, 「조선시대 장애 복지법과 자립정책」, 『조선문학사연구』, 84, 2024.

______, 『근대 장애인사』, 사우, 2019.

______, 『세상에 버릴 사람은 아무도 없다』, 문학동네, 2005.

______, 『역사속 장애인은 어떻게 살았을까』, 글항아리, 2011.

정형지, 「조선후기 진자조달책」, 『이화사학연구』 20-21, 1993.

______, 「조선후기 진휼정책 연구: 18세기를 중심으로」, 이화여자대학교 대학원 박사학위논문, 1993.

정희경, 「한국 장애인운동의 역사」, 조한진 편저, 『한국에서 장애학하기』, 학지사, 2013.

조규환, 「16세기 구황정책의 변화」, 서울대학교 대학원 석사학위논문, 1996.

조근태, 「국민인식의 변천」, 한국재활재단편, 『한국장애인복지변천사』, 양서원, 1997.

조문순, 「장애인직업정책 결정과정의 참여자 갈등에 관한 연구」, 성공회대학교 대학원 석사학위논문, 2001.

조문순 · 이동석, 「장애인의 인간답게 살 권리를 확보하기 위한 일 제언」, 『대구재활연구』, 12, 2002.

조미경, 「한국 장애여성운동의 흐름과 과제」, 『민주주의와 인권』 2(1), 2002.

조선사연구회 엮음, 『한국의 역사』, 조성을 옮김, 한울, 1985.

조성렬, 「문학작품을 통해 본 한국인의 장애자관」, 단국대학교 대학원 석사학위논문, 1987.

조순경 · 이숙진, 『냉전체제와 생산의 정치』, 이화여대 출판부, 1995.

조영길, 「장애자복지와 장애자올림픽」, 『함께걸음』 창간호, 1988.

조윤정, 「1896~1909년 신문과 잡지를 통해 본 '자선' 개념의 형성과 변천」, 『한국현대문학연구』 57, 2021.

조임영, 「장애인차별금지 및 권리구제 등에 관한 법률의 '장애'의 정의에 대한 입법론 연구-비교법적 분석 · 검토를 통한 논증적 접근을 중심으로」, 『노동법논총』 44, 2018.

조흥식, 「장애인복지 정책의 변천」, 한국장애인재활협회편, 『한국장애인복지50년사』, 양서원, 2006.

주동진 · 엄진성, 「장애인관에 대한 동서비교」, 『퇴계학논집』 18, 2016.

주윤정, 「자선과 자혜의 경합-식민지기 '맹인' 사회사업과 타자화 과정」, 『사회와 역사』 80, 2008.

______, 「한국 시각장애인 직업권 형성에 관한 법사회학적 연구」, 서울대학교 대학원 박사학위논문, 2012.

______, 『보이지 않는 역사: 한국 시각장애인들의 저항과 연대』, 들녘, 2020.

진정식, 「장애인 자립생활운동과 대안문화」, 『진보평론』 21, 2004.

차성안, 「장애인 · 노인 · 임산부 등의 편의증진보장에 관한 법률 제정사」, 『사회보장법연구』 2, 2012.

최래옥, 「전통사회에서의 장애인관」, 『한국사회 장애 이데올로기 연구』, 장애인먼저실천중앙협의회, 1997.

최상철, 「세계 장애인의 날 투쟁 장애인 노동권을 향한 일보 전진」, 『정세와 노동』 41, 2008.

______, 「중증장애인의 생존권, 활동보조 제도화 투쟁」, 『정세와 노동』 14, 2006.

최선희, 「일제강점기 지역사회복지기관의 성격(인보관, 여자관)」, 『한국지역사회복지학』 49, 2014.

최영희, 『격동의 해방 3년』, 한림대학교 아시아문화연구소, 1996.

최옥채, 『한국사회복지 사회사 1』, 양서원, 2022a.

______, 『한국사회복지 사회사 2』, 양서원, 2022b.

______, 『한국사회복지 사회사 3』, 양서원, 2022c.

최원규, 「외국 민간원조단체의 활동과 한국사회사업 발전에 미친 영향」, 서울대학교 대학원 박사학위논문, 1996.

최진호, 「계몽의 가능성과 한계: 대한제국기 주체화와 장애의 문제」, 『코기토』 103, 2024.
최창무, 「조선왕조 후기의 구빈제도에 관한 연구」, 『복지행정논총』 2, 1992.
하만식, 『미군정기 사회복지제도에 관한 연구』, 동아대학교 정책과학대학원 석사학위논문, 1999.
하상락, 「경성고아원에 대한 소고」, 『향토서울』 45, 1988.
하원호, 「개항기 빈민의 생활과 사회적 저항」, 『내일을 여는 역사』 22, 2005.
한국보건사회연구원, 「장애인장기요양보장제도 도입방안과 쟁점」, 『장애인장기요양보장제도관련 정책토론회자료집』, 2008.
________________, 『장애인 장기요양보장 실시 모형개발 및 모의적용 연구』, 한국보건사회연구원 정책보고서, 2008.
한국장애인단체총연맹, 「'한국장애인 10년'으로 장애인복지의 전기(轉機) 마련」, 『복지동향』 39, 2002.
한국장애인재활협회편, 『한국장애인복지 50년사』, 양서원, 2006.
한규무 · 노기욱, 「대한제국기 경성고아원의 설립과 운영」, 『향토서울』 76, 2010.
한성희 · 황도순 · 윤점룡 · 김삼섭, 「특수교육과정의 변천」, 한국재활재단편, 『한국장애인복지변천사』, 양서원, 1997.
함께걸음 편집부, 「함께가자 우리 이 길을」, 『함께걸음』 통권 12호(5월호), 1989.
허원구, 「미군정 시대의 복지행정에 관한 연구」, 대구대학교 대학원 박사학위논문, 1991.
홍기대 · 손용택, 「한말 격변기의 내부 시선: 매천야록을 중심으로」, 『사회과교육』 62(2), 2023.
홍세미, 「옆에도 뒤에도 항상 그가 있었네」, 정창조 외, 『유언을 만난 세계: 장애해방열사, 죽어서도 여기 머무는 자』, 오월의 봄, 2021.
황병주, 「미군정기 전재민구호운동과 민족담론」, 『역사와 현실』 35, 2000.
황선익, 「해방 후 귀환구호운동의 전개와 미군정의 대응」, 『한국근현대사연구』 85, 2018.
황수경, 「장애인고용정책의 평가와 재설계 방향」, 2009 국회 정책세미나 장애인 고용정책의 방향과 의무고용제도의 전망 발표 자료집, 2009.
大友昌子著, 『帝国日本の植民地社会事業政策研究』, ミネルヴァ書房, 2007.
田中耕一朗, 『障害者運動と価値形成』, 現代書館, 2005.
E. H. 카 지음, 『역사란 무엇인가』, 김현택 옮김, 까치, 2016.
Oliver, M., *Understanding disability: form theory to practice*, NY: ST, Martin's Press, 1996.

오세영

현재 원광대학교 사회복지학과 교수로 재직하고 있다. 일본 북쿄대학(Bukkyo University) 대학원에서 사회복지학을 전공하여 박사학위를 받았으며, 사회복지의 사상과 역사를 비롯하여 사회복지정책, 사회복지행정, 그리고 장애인복지 분야에 관심을 가지고 저술과 강의를 해오고 있다. 저서로는 신정에서 펴낸 『한국 장애인복지의 역사』, 『장애인복지의 사상』, 『사회복지역사』, 『사회복지정책론』, 『사회보장론』, 『사회복지행정론』, 『사회복지학개론』을 비롯해 『사회복지학입문』(양서원), 『자원봉사론』(창지사), 『노인복지의 정책과 과제』(공저, 양서원), 『사회복지개론』(공저, 학지사) 등이 있으며, 일본에서 『よくわかる社会福祉の歴史』(공저, ミネルヴァ書房)를 펴냈다.

한국 장애인복지의 역사

초판발행 2025년 9월 5일 **1판 1쇄 인쇄** | 2025년 9월 10일 **1판 1쇄 발행**

지은이 오세영
펴낸이 최용구 | **펴낸곳 도서출판 신정**
주소 (04316) 서울시 용산구 원효로 89길 19 (원효로1가)
전화 02)3211-4782, 0266(영업부), 3211-4783(편집부), 3211-4784(팩스)
이메일 sjbook2002@naver.com | **홈페이지** www.sjbook.co.kr
등록 2001년 5월 11일 제13-702호
기획마케팅 최용구 장만동 최충구 송대용 | **책임편집** 석기은 황가연

ISBN 978-89-5912-948-5 93330
정가 28,000원